TRABALHO EFICAZ COM CÓDIGO LEGADO_

CB041965

O autor

Michael C. Feathers trabalha para a Object Mentor, Inc., uma das mais importantes empresas de assessoria, desenvolvimento de competências, transferência de conhecimento e serviços de liderança em desenvolvimento de software. Atualmente, presta assessoria e treinamento em Desenvolvimento Guiado por Testes (TDD), Refatoração, Design Orientado a Objetos, Java, C#, C++ e Programação Extrema (XP). É autor de CppUnit, uma versão C++ do framework de teste JUnit, e de FitCpp, uma versão C++ do framework de teste integrado de FIT. Membro da Association for Computing Machinery (ACM) e do Institute of Electrical and Electronics Engineers (IEEE), já coordenou a CodeFest em três conferências da Object-Oriented Programming, Systems, Languages & Applications (OOPSLA).

F288t Feathers, Michael C.
Trabalho eficaz com código legado / Michael C. Feathers ; tradução: Aldir José Coelho Corrêa da Silva ; revisão técnica: Eduardo Kessler Piveta. – Porto Alegre : Bookman, 2013.
xxii, 406 p. : il. ; 25 cm

ISBN 978-85-8260-032-0

1. Código legado. 2. Engenharia de programas. 3. Codificação. I. Título.

CDU 004.415.3

Catalogação na publicação: Ana Paula M. Magnus – CRB 10/2052

MICHAEL C. FEATHERS

TRABALHO EFICAZ COM CÓDIGO LEGADO_

Tradução:
Aldir José Coelho Corrêa da Silva

Revisão técnica:
Eduardo Kessler Piveta
Doutor em Ciência da Computação pela UFRGS
Professor Adjunto da Universidade Federal de Santa Maria – UFSM

2013

Obra originalmente publicada sob o título
Working Effectively with Legacy Code, 1st Edition
ISBN 978-0-13117705-5

Tradução autorizada a partir do original em língua inglesa da obra intitulada WORKING EFFECTIVELY WITH LEGACY CODE, 1ª Edição, autoria de FEATHERS, MICHAEL, publicado por Pearson Education, Inc., sob o selo Prentice Hall, copyright © 2005. Todos os direitos reservados. Este livro não poderá ser reproduzido nem em parte nem na íntegra, nem ter partes ou sua íntegra armazenado em qualquer meio, seja mecânico ou eletrônico, inclusive fotocópia, sem permissão da Pearson Education, Inc.

Edição em língua portuguesa publicada por Bookman Companhia Editora Ltda, uma empresa do Grupo A Educação SA, Copyright © 2013.

Gerente editorial: *Arysinha Jacques Affonso*

Colaboraram nesta edição:

Editora: *Mariana Belloli*

Capa: *Maurício Pamplona*

Leitura final: *Sandro Andretta*

Editoração eletrônica: *Techbooks*

Reservados todos os direitos de publicação, em língua portuguesa, à
BOOKMAN EDITORA LTDA., uma empresa do GRUPO A EDUCAÇÃO S.A.
Av. Jerônimo de Ornelas, 670 – Santana
90040-340 – Porto Alegre – RS
Fone: (51) 3027-7000 Fax: (51) 3027-7070

É proibida a duplicação ou reprodução deste volume, no todo ou em parte, sob quaisquer formas ou por quaisquer meios (eletrônico, mecânico, gravação, fotocópia, distribuição na Web e outros), sem permissão expressa da Editora.

Unidade São Paulo
Av. Embaixador Macedo Soares, 10.735 – Pavilhão 5 – Cond. Espace Center
Vila Anastácio – 05095-035 – São Paulo – SP
Fone: (11) 3665-1100 Fax: (11) 3667-1333

SAC 0800 703-3444 – www.grupoa.com.br

IMPRESSO NO BRASIL
PRINTED IN BRAZIL

Para Ann, Deborah e Ryan, os centros
luminosos de minha vida.

– Michael

Apresentação

Você se lembra do primeiro programa que escreveu? Eu me lembro do meu. Era um pequeno programa gráfico que escrevi em um dos primeiros PCs. Comecei a programar mais tarde do que a maioria dos meus amigos. Claro que vi computadores quando era criança, e lembro-me de ter ficado muito impressionado com um minicomputador que vi certa vez em um escritório, mas durante anos não tive nem mesmo a oportunidade de sentar em frente a um. Posteriormente, quando já era adolescente, alguns amigos compraram os primeiros TRS-80. Fiquei interessado, mas também um pouco preocupado. Sabia que se começasse a lidar com computadores, seria absorvido por eles. Parecia muito legal. Não sei por que tinha tanta certeza disso, mas recuei. Mais tarde, na faculdade, um colega de quarto tinha um computador, e comprei um compilador C para poder aprender a programar. Então começou. Ficava acordado noite após noite tentando fazer uma porção de coisas, estudando o código-fonte do editor emacs que veio com o compilador. Era viciante, desafiador e eu adorei.

Espero que você também tenha passado por experiências como essa – a simples alegria de fazer as coisas funcionarem em um computador. Quase todos os programadores que conheço passaram por isso. Essa alegria faz parte daquilo que nos leva a esse ofício, mas como encontrá-la no dia a dia?

Há alguns anos, liguei para meu amigo Erik Meade após deixar o trabalho uma noite. Como sabia que Erik tinha começado um serviço de consultoria com uma nova equipe, perguntei-lhe: "Como eles estão se saindo?". Ele respondeu: "Estão escrevendo código legado, cara". Essa foi uma das poucas vezes em minha vida que algo dito por um colaborador me tomou de assalto. Senti isso nas entranhas. A resposta de Erik me causou a mesma sensação que sinto quando visito equipes pela primeira vez. Mesmo se esforçando muito, no final das contas, devido a pressões do cronograma, ao peso da história ou à falta de um código melhor como medida de comparação, muitas pessoas acabam escrevendo código legado.

Mas o que é um código legado? Usei o termo sem defini-lo. Vejamos o que se entende pela definição literal: código legado é código que recebemos de alguém. Nossa empresa pode tê-lo adquirido de outra ou os membros da equipe original podem ter passado para outros projetos. Código legado, portanto, é código de outra pessoa. Mas, no jargão dos programadores, o termo significa muito mais do que isso. Com o tempo, o termo *código legado* assumiu significados com outras nuances e mais peso.

Em que você pensa quando ouve o termo *código legado*? Se for como eu, pensará em uma estrutura confusa e ininteligível, um código que você terá de alterar, mas que não compreende realmente. Pensará nas noites sem dormir tentando adicionar recursos que deveriam ser fáceis e pensará também na desmoralização, na sensação de que todos na equipe já estão "no limite" com essa base de código. Você mesmo já pensa em "jogar a toalha", pois não vale a pena continuar tentando melhorá-lo. Essa definição de código legado não tem nada a ver com o fato de o código ter vindo de outra equipe. Códigos se degradam de inúmeras maneiras, e muitas delas não estão relacionadas com quem as fez.

Na indústria, com frequência o termo *código legado* é usado como gíria para um código difícil de alterar e que não entendemos. Mas após anos trabalhando com diversas equipes, ajudando-as a superar problemas graves de código, cheguei a uma definição diferente.

Para mim, *código legado* é simplesmente código sem testes. Essa definição é um pouco aflitiva. O que os testes têm a ver com o código ser ruim? Em minha opinião, a resposta é simples, e esse é um ponto que desenvolverei ao longo do livro:

> Código sem testes é código ruim. Não importa o quão bem escrito, nem se ele é bonito, orientado a objetos ou se foi bem encapsulado. Com testes, podemos alterar o comportamento de nosso código de maneira rápida e verificável. Sem eles, não temos como saber se nosso código está melhorando ou piorando.

Você pode achar meu ponto de vista muito rígido. Mas, e no caso de código limpo? Se uma base de código estiver bem limpa e estruturada, isso é suficiente? Bem, não me entenda mal. Eu amo código limpo, mais do que a maioria das pessoas que conheço, mas embora código limpo seja algo bom, não é suficiente. As equipes se arriscam muito quando tentam fazer grandes alterações sem testes. É como fazer acrobacias aéreas sem uma rede de proteção. Requer uma habilidade incrível e uma compreensão clara do que pode ocorrer em cada passo. Com frequência, saber precisamente o que acontecerá se você alterar algumas variáveis é como saber se outro ginasta pegará seus braços após uma pirueta. Se você está em uma equipe com código claro, está em melhor posição do que a maioria dos programadores. Em meu trabalho, percebi que as equipes com esse grau de clareza em todo o código são raras. Elas parecem ser uma anomalia estatística. E não é só isso. Se não tiverem testes de suporte, as alterações de código ainda parecerão mais lentas do que nas equipes que os têm.

É verdade que as equipes se aperfeiçoam e começam a escrever códigos mais claros, mas leva muito tempo para um código antigo ficar mais claro. Em muitos casos, isso nunca acontecerá totalmente. Portanto, não vejo problemas em definir código legado como código sem testes. É uma definição apropriada e que aponta para uma solução.

Falei sobre testes, mas este livro não é sobre eles. É sobre sermos capazes de fazer alterações com confiança em qualquer base de código. Nos capítulos a seguir, descreverei técnicas que você pode usar para entender o código, testá-lo, refatorá-lo e adicionar recursos.

Uma coisa que você notará à medida que lê este livro é que ele não é sobre código bonito. Os exemplos que uso são inventados porque trabalho sob contratos de confidencialidade com os clientes. Mas, em muitos dos exemplos, tentei preservar o espírito de código que vi em campo. Isso não significa que os exemplos são sempre representativos. É claro que existem oásis de ótimos códigos por aí, mas, francamente, também há fragmentos de código bem piores do que qualquer coisa que eu pudesse usar como exemplo no livro. Além dos contratos de confidencialidade com os clientes, eu também não poderia usar código como esse sem correr o risco de ser chato e deixar passar pontos importantes em uma confusão de detalhes. Como resultado, muitos dos exemplos são relativamente curtos. Se você examinar um deles e chegar à seguinte conclusão: "Acho que ele não entendeu – meus métodos são muito maiores e muito piores do que isso", considere a recomendação que estou fazendo em seu aspecto geral e veja se é aplicável, mesmo se o exemplo parecer simples demais.

As técnicas aqui mostradas foram testadas em trechos de código significativamente grandes. Os exemplos ficaram menores por limitação do formato do livro. Especificamente, quando você encontrar reticências (...) em um fragmento de código, como o mostrado a seguir, leia-as como "aqui entram 500 linhas de código feio":

```
m_pDispatcher->register(listener);
...
m_nMargins++;
```

Se este livro não é sobre código bonito, é menos ainda sobre projeto bonito. Um bom projeto deve ser o objetivo de todos nós, mas em código legado isso é algo a que se chega com passos discretos. Em alguns capítulos, descrevo maneiras de adicionar código novo a bases de código existentes e mostro como fazer isso levando em consideração bons princípios de projeto. Você pode gerar áreas de código de muito boa qualidade em bases de código legado, mas não se surpreenda se alguns dos passos que tomar para a execução de alterações deixarem o código um pouco mais feio. Esse trabalho é como uma cirurgia. Temos que fazer incisões, revolver as entranhas e evitar julgamentos estéticos. Os principais órgãos e vísceras desse paciente podem ficar melhores do que são? Sim. Então, vamos apenas esquecer seu problema imediato, costurá-lo novamente e aconselhar que se alimente corretamente e treine para uma maratona? Poderíamos, mas o que temos de fazer realmente é pegar o paciente no estado em que se encontra, corrigir o que está errado e deixá-lo num estado mais saudável. Talvez ele nunca se torne um atleta olímpico, mas não podemos deixar "o melhor" se contrapor a "melhor". As bases de código podem ficar mais adequadas e fáceis de manipular. Quando um paciente se sente um pouco melhor, geralmente esse é o momento em que você pode ajudá-lo a se comprometer com um estilo de vida mais saudável. É o que estamos tentando fazer com o código legado. Estamos tentando chegar ao ponto de nos sentirmos à vontade com ele; esperamos e tentamos ativamente facilitar alterações no código. Quando esse objetivo é mantido na equipe, o projeto melhora.

As técnicas que descrevo neste livro são as que descobri e aprendi ao longo dos anos trabalhando com colaboradores e clientes para tentar estabelecer um controle sobre bases de código desregradas. Mas confesso que adotei essa ênfase em códigos legados acidentalmente. Quando comecei a atuar na Object Mentor, grande parte de meu trabalho envolvia ajudar equipes com problemas graves a desenvolver suas habilidades e interações ao ponto de poderem distribuir regularmente códigos de qualidade. Com frequência usávamos práticas de Programação Extrema para ajudar as equipes a assumirem o controle de seu trabalho, colaborarem intensivamente e entregarem o produto. Sempre achei que Programação Extrema é muito mais sobre criar uma equipe de trabalho que, por ser coesa, consegue distribuir software de qualidade a cada duas semanas do que uma maneira de desenvolver software.

Desde o início, no entanto, havia um problema. Vários dos primeiros projetos de Programação Extrema eram projetos do zero. Os clientes que visitei tinham bases de código significativamente grandes e estavam tendo problemas. Eles precisavam encontrar um jeito de assumir o controle de seu trabalho e começar a entregar o produto. Com o tempo, percebi que estava fazendo as mesmas coisas repetidamente com os clientes. Essa sensação chegou ao ápice em um trabalho que fiz com uma equipe da indústria financeira. Antes de minha chegada, eles descobriram que o teste de unidade era algo muito útil, mas os testes que executavam eram testes de cenário completos que faziam várias consultas a um banco de dados e exercitavam grandes trechos de código. Os testes eram difíceis de escrever e a equipe não os executava com muita frequência porque isso demorava muito. Quando me sentei com eles para eliminar dependências e testar trechos de código menores, tive uma terrível sensação de *déjà-vu*. Parecia que eu estava fazendo esse mesmo trabalho com toda equipe que encontrava, e esse era o tipo de coisa com a qual ninguém nunca quis se preocupar. Era simplesmente o trabalho rotineiro que executamos quando queremos começar a manipular o código de maneira controlada, quando sabemos como fazê-lo. Decidi, então, que valeria a pena pensar em como estávamos resolvendo esses problemas e registrá-los por escrito para ajudar as equipes a tornar suas bases de código mais controláveis.

Agora, uma nota sobre os exemplos: usei exemplos em várias linguagens de programação diferentes. A maioria, porém, foi escrita em Java, C++ e C. Escolhi Java porque é uma linguagem muito usada e incluí C++ porque apresenta alguns desafios especiais em um ambiente legado. Usei C por realçar vários dos problemas que surgem em código legado procedural. Essas linguagens abrangem grande parte dos problemas que surgem em código legado. No entanto, se as linguagens que você usa não aparecem nos exemplos, examine-os mesmo assim. Muitas das técnicas que abordo podem ser usadas em outras linguagens, como Delphi, Visual Basic, COBOL e FORTRAN.

Espero que você ache as técnicas deste livro úteis e que elas lhe permitam lembrar como é divertido programar. Programar pode ser um trabalho muito gratificante e agradável. Se você não se sente assim em seu trabalho diário, torço para que as técnicas que estou oferecendo o ajudem a ter essa sensação e que você consiga passá-la para sua equipe.

Agradecimentos

Em primeiro lugar, estou em débito com minha esposa, Ann, e meus filhos, Deborah e Ryan. Seu amor e apoio tornaram este livro e todo o aprendizado que o precedeu possíveis. Também quero agradecer ao "Tio Bob" Martin, presidente e fundador da Object Mentor. Sua abordagem rigorosa e pragmática de desenvolvimento e projeto, que separa o crucial do inconsequente, me deu algo a que me apegar cerca de 10 anos atrás, quando parecia que estava prestes a me afogar em uma onda de conselhos fantasiosos. E obrigado, Bob, por me dar a oportunidade de ver mais código e trabalhar com mais pessoas nos últimos cinco anos do que pensava ser possível.

Também devo agradecer a Kent Beck, Martin Fowler, Ron Jeffries e Ward Cunningham, por seus conselhos e por me ensinarem muito sobre trabalho em equipe, projeto e programação. Um agradecimento especial deve ser feito a todas as pessoas que revisaram os rascunhos. Os revisores oficiais foram Sven Gorts, Robert C. Martin, Erik Meade e Bill Wake; os não oficiais foram o Dr. Robert Koss, James Grenning, Lowell Lindstrom, Micah Martin, Russ Rufer e o Silicon Valley Patterns Group, e James Newkirk.

Obrigado também aos revisores dos vários rascunhos iniciais que postei na Internet. Seu feedback afetou significativamente o direcionamento do livro depois que organizei seu formato. Peço desculpas antecipadas para qualquer um de vocês que eu possa ter deixado de fora. Os revisores iniciais foram: Darren Hobbs, Martin Lippert, Keith Nicholas, Phlip Plumlee, C. Keith Ray, Robert Blum, Bill Burris, William Caputo, Brian Marick, Steve Freeman, David Putman, Emily Bache, Dave Astels, Russel Hill, Christian Sepulveda e Brian Christopher Robinson.

Obrigado ainda a Joshua Kerievsky, que fez uma revisão inicial essencial, e a Jeff Langr, que ajudou com sugestões e revisões pontuais em todo o processo.

Os revisores me ajudaram a polir o rascunho consideravelmente, mas se ainda houver erros, eles são somente meus.

Obrigado a Martin Fowler, Ralph Johnson, Bill Opdyke, Don Roberts e John Brant por seu trabalho na área de refatoração. Foi inspirador.

Também tenho um débito especial com Jay Packlick, Jacques Morel e Kelly Mower da Sabre Holdings e Graham Wright da Workshare Technology, por seu apoio e feedback.

Um obrigado especial também a Paul Petralia, Michelle Vincent, Lori Lyons, Krista Hansing e o resto da equipe da Prentice-Hall. Obrigado, Paul, por toda a ajuda e encorajamento que esse autor iniciante precisou.

Fico muito grato a Gary e Joan Feathers, April Roberts, Dr. Raimund Ege, David Lopez de Quintana, Carlos Perez, Carlos M. Rodiguez e o saudoso Dr. John C. Comfort pela ajuda e encorajamento ao longo dos anos. Também devo agradecer a Brian Button pelo exemplo do Capítulo 21, *Estou alterando o mesmo código em todos os lugares*. Brian escreveu esse código em cerca de uma hora quando desenvolvíamos um curso de refatoração juntos e ele se tornou meu trecho de código favorito nas aulas.

E um obrigado especial a Janik Top, cujo instrumental *De Futura* serviu como trilha sonora em minhas últimas semanas de trabalho neste livro.

Para concluir, agradeço a todos com quem trabalhei nos últimos anos cujos *insights* e desafios fortaleceram o material deste livro.

Michael Feathers
mfeathers@objectmentor.com
www.objectmentor.com
www.michaelfeathers.com

Prefácio

"Então começou..."

Em sua apresentação a este livro, Michael Feathers usa essa frase para descrever como começou sua paixão por software.

"Então começou..."

Você conhece essa sensação? Consegue se lembrar de um momento em sua vida em que possa dizer: "Então começou..."? Houve algum evento particular que mudou o curso de sua vida e acabou levando-o a pegar este livro e a começar a ler seu prefácio?

Eu estava na sexta série quando aconteceu comigo. Gostava de ciência e espaço e de tudo que fosse técnico. Minha mãe achou um computador de plástico em um catálogo e comprou-o para mim. Ele se chamava *Digi-Comp I*. Quarenta anos depois, aquele pequeno computador de plástico ocupa um lugar de honra em minha estante. Foi o catalisador que despertou minha eterna paixão por software. Com ele senti pela primeira vez como é prazeroso escrever programas que resolvem problemas para as pessoas. Eram apenas três flip-flops S-R e seis portas "and" de plástico, mas serviu – foi o suficiente. Então, para mim, começou...

Mas a satisfação que eu sentia começou a diminuir assim que percebi que os sistemas de software quase sempre se transformam em uma bagunça. O que começa como um projeto claro nas mentes dos programadores acaba se deteriorando com o tempo, assim como um alimento que se estraga. O pequeno e interessante sistema que construímos ano passado se transforma em uma horrível confusão de funções e variáveis desordenadas no ano seguinte.

Por que isso acontece? Por que os sistemas se deterioram? Por que não permanecem organizados?

Em alguns casos, culpamos nossos clientes. Às vezes os acusamos de mudar os requisitos. O que nos conforta é nossa crença de que, se os clientes ficassem satisfeitos com o que disseram que precisavam, o projeto os teria atendido. O cliente é culpado pela mudança de requisitos.

Bem, dessa você não sabia: *os requisitos mudam*. Para começar, projetos que não toleram mudanças nos requisitos são projetos fracos. Qualquer desenvolvedor de software competente deve ter por objetivo criar projetos que tolerem mudanças.

Esse parece ser um problema obstinadamente difícil de ser resolvido. Na verdade, tão difícil que quase todos os sistemas já produzidos sofrem de uma deterioração lenta e debilitante. A deterioração é tão difusa que inventamos um nome especial para programas ultrapassados. Nós os chamamos de **código legado**.

Código legado. O termo traz desgosto aos corações dos programadores. Evoca imagens de difíceis caminhadas por um pântano sombrio de vegetação rasteira e intrincada com parasitas por baixo e moscas incômodas por cima. Evoca odores de mofo, lodo, estagnação e deterioração. Embora a alegria inicial que tivemos com a programação possa ter sido intensa, o desgosto de lidar com código legado com frequência é suficiente para apagar essa chama.

Muitos de nós tentamos descobrir maneiras de *impedir* que o código se tornasse legado. Escrevemos livros sobre princípios, padrões e práticas que podem ajudar os programadores a manter seus sistemas organizados. Mas Michael Feathers teve um *insight* que o resto de nós não teve. A prevenção é imperfeita. Até mesmo a mais disciplinada equipe de desenvolvimento, conhecendo os melhores princípios, usando os melhores padrões e seguindo as melhores práticas, gerará desordens periodicamente. A deterioração continuará se acumulando. Não é suficiente tentar impedi-la – você precisa conseguir *revertê-la*.

É sobre isso que trata este livro. É sobre reverter a deterioração. Sobre pegar um sistema confuso, obscuro e desordenado e lentamente, gradualmente, pedaço a pedaço, passo a passo, transformá-lo em um sistema simples, bem estruturado e bem projetado. É sobre reverter a entropia.

Antes que você fique muito animado, um aviso: não é fácil nem rápido reverter a deterioração. As técnicas, padrões e ferramentas que Michael apresenta neste livro são eficazes, mas demandam trabalho, tempo, persistência e *cuidado*. Este livro não é uma fórmula mágica. Ele não lhe dirá como eliminar toda a deterioração acumulada em seus sistemas da noite para o dia. Em vez disso, descreve um conjunto de disciplinas, conceitos e atitudes que você carregará para o resto de sua carreira e que *o ajudarão a transformar sistemas que se deterioram gradualmente em sistemas que melhoram gradualmente.*

Robert C. Martin

Sumário

Introdução

Como usar este livro

Testei diversos formatos antes de me decidir pelo formato atual para este livro. Muitas das diferentes técnicas e práticas que são úteis no trabalho com código legado são difíceis de explicar isoladamente. Com frequência, as alterações mais simples são mais fáceis de fazer quando conseguimos encontrar pontos de extensão, criar objetos fictícios e eliminar dependências usando algumas das técnicas de eliminação de dependências. Decidi que a maneira mais fácil de tornar o livro inteligível e prático seria organizar a maior parte dele (*Parte II, Alterando software*) no formato de FAQs (perguntas frequentes). Já que técnicas específicas geralmente requerem o uso de outras técnicas, os capítulos de FAQs são altamente interligados. Em quase todos os capítulos, você encontrará referências, junto com os números das páginas, a outros capítulos e seções que descrevem técnicas e refatorações específicas. Peço desculpas se isso lhe fizer folhear demais o livro ao tentar encontrar respostas às suas perguntas, mas presumi que isso seria preferível a ler o livro do início ao fim, para entender como todas as técnicas funcionam.

Em *Alterando software*, tentei responder muitas dúvidas comuns que surgem no trabalho com código legado. Todos os capítulos foram nomeados de acordo com um determinado problema. Isso tornou seus títulos um pouco longos, mas espero que eles permitam encontrar rapidamente uma seção que o ajude com os problemas específicos que estiver tendo.

Alterando software fica entre um conjunto de capítulos introdutórios (*Parte I, A mecânica das alterações*) e um catálogo de refatorações, que são muito úteis no trabalho com código legado (*Parte III, Técnicas de eliminação de dependências*). Leia os capítulos introdutórios, principalmente o Capítulo 4, *O modelo de uso de pontos de extensão*. Esses capítulos fornecem o contexto e a nomenclatura de todas as técnicas que vêm a seguir. Além disso, se você encontrar um termo sem descrição no contexto, procure-o no Glossário.

As refatorações das *Técnicas de eliminação de dependências* são especiais, já que devem ser feitas sem testes e ajudam a defini-los. Recomendo que você leia todas para conseguir ver mais possibilidades quando começar a domar seu código legado.

PARTE I

A mecânica das alterações

CAPÍTULO 1

Alterando software

É ótimo alterar código. É o que fazemos para sobreviver. Mas há maneiras de alterar código que dificultam a vida, e maneiras que a tornam muito mais fácil. Na indústria, não falamos muito sobre isso. O mais perto que chegamos é a literatura sobre refatoração. Acho que podemos ampliar um pouco a discussão e falar sobre como lidar com códigos nas situações mais complexas. Para fazê-lo, temos que nos aprofundar na mecânica das alterações.

Quatro razões para alterarmos software

Para simplificar, examinemos as quatro razões principais da alteração de software.

1. Inclusão de uma funcionalidade
2. Correção de um bug
3. Melhoria do projeto
4. Otimização do uso de recursos

Adicionando funcionalidades e corrigindo bugs

A inclusão de uma funcionalidade parece o tipo mais simples de alteração a ser feita. O sistema de software se comporta de uma maneira e os usuários dizem que o sistema precisa fazer algo mais.

Suponhamos que estivéssemos trabalhando em um aplicativo baseado na Web e um gerente nos dissesse que deseja que o logotipo da empresa passe do lado esquerdo para o lado direito de uma página. Conversamos com ele e descobrimos que não é tão simples. Ele quer mover o logotipo, mas também quer outras alterações. Gostaria que se movimentasse na próxima versão. Isso é corrigir um bug ou adicionar uma nova funcionalidade? Depende de seu ponto de vista. Do ponto de vista do cliente, definitivamente ele está pedindo para corrigir um problema. Talvez tenha visto o site, participado de uma reunião com pessoas de seu departamento e então decidido alterar a posição do logotipo e pedir mais alguma funcionalidade. Do ponto de vista do desenvolvedor, a alteração poderia ser considerada uma funcionalidade totalmente nova. "Se pelos menos eles parassem de mudar de ideia, já teríamos terminado". Mas em algumas empresas, a movimentação do logotipo pode ser vista apenas como a correção de um bug, independente do fato de a equipe ter de executar várias tarefas novas.

É tentador dizer que tudo isso é subjetivo. Você vê como correção de um bug, eu como uma funcionalidade e ponto-final. Infelizmente, no entanto, em muitas empresas, a correção de bugs e a inclusão de funcionalidades devem ser rastreadas e manipuladas separadamente devido a contratos ou a iniciativas de programas de qualidade. No nível pessoal, podemos achar que em um momento estamos adicionando funcionalidades e em outro corrigindo bugs, mas no fim das contas estamos somente alterando código e outros artefatos. É uma pena que essa conversa sobre correção de bugs e inclusão de funcionalidades mascare algo que é muito mais importante para nós tecnicamente: a mudança de comportamento. Há uma grande diferença entre a inclusão de um novo comportamento e a alteração de um comportamento antigo.

O comportamento é a coisa mais importante acerca de software. É algo do qual os usuários dependem. Os usuários gostam quando adicionamos um comportamento (contanto que seja conforme eles querem), mas se alterarmos ou removermos um comportamento do qual dependem (introdução de bugs), perderemos sua confiança.

No exemplo do logotipo da empresa, estamos adicionando um comportamento? Sim. Após a alteração, o sistema exibirá um logotipo no lado direito da página. Estamos eliminando algum comportamento? Sim, não haverá um logotipo no lado esquerdo.

Examinemos um caso mais difícil. Suponhamos que um cliente quisesse adicionar um logotipo do lado direito de uma página, mas não houvesse um no lado esquerdo. Sim, estamos adicionando um comportamento, mas estamos removendo algum? Algo estava sendo renderizado no local onde o logotipo deve ser gerado?

Estamos alterando um comportamento, adicionando-o ou ambos?

Podemos chegar a uma diferença mais útil para nós, programadores. Se tivermos que modificar código (e HTML pode contar como código), poderia ser a alteração de um comportamento. Quando apenas adicionamos código e o chamamos, geralmente isso é a inclusão de um comportamento. Examinemos outro exemplo. Este é um método em uma classe Java:

```
public class CDPlayer
{
    public void addTrackListing(Track track) {
        ...
    }
    ...
}
```

A classe tem um método que nos permite adicionar listas de músicas. Adicionemos outro método que nos permita substituir listas de músicas.

```
public class CDPlayer
{
    public void addTrackListing(Track track) {
        ...
    }

    public void replaceTrackListing(String name, Track track) {
        ...
    }
    ...
}
```

Quando adicionamos esse método, incluímos um novo comportamento em nosso aplicativo ou apenas alteramos seu comportamento anterior? A resposta é: nem uma coisa nem outra. A inclusão de um método não altera o comportamento a não ser que o método seja chamado.

Façamos outra alteração de código. Inseriremos um novo botão na interface de usuário do CD player e o vincularemos ao método `replaceTrackListing`. Ao fazer isso, estamos adicionando o comportamento que especificamos em `replaceTrackListing`, mas também estamos alterando-o sutilmente. A UI (User interface) será renderizada de maneira diferente com esse novo botão. Ela pode acabar levando um microssegundo a mais para ser exibida. Parece quase impossível adicionar comportamento sem alterá-lo de alguma forma.

Melhorando o projeto

A melhoria no projeto é um tipo diferente de alteração de software. Quando alteramos a estrutura de um sistema de software para torná-lo mais fácil de editar, geralmente também queremos manter seu comportamento intacto. Quando eliminamos um comportamento nesse processo, isso costuma ser chamado de bug. Uma das principais razões para muitos programadores não tentarem melhorar o projeto é porque é relativamente fácil de perder comportamento ou de gerar comportamento indesejável.

O ato de melhorar o projeto sem alterar seu comportamento é chamado de *refatoração*. A ideia existente por trás da refatoração é a de que podemos tornar software mais fácil de ser mantido sem alterar comportamento se criarmos testes para assegurar que o comportamento existente não mude e tomarmos pequenas medidas para verificar isso no decorrer do processo. Muitas pessoas vêm limpando código em sistemas por anos, mas só nos últimos anos é que a refatoração se consolidou. A refatoração difere de uma limpeza geral porque não executamos apenas tarefas de baixo risco como reformatar código-fonte ou tarefas invasivas e arriscadas como reescrever partes dele. Em vez disso, fazemos uma série de pequenas modificações estruturais, suportadas por testes, para tornar o código mais fácil de alterar. O elemento-chave acerca de refatoração, do ponto de vista da mudança, é que não deve haver nenhuma mudança funcional quando você refatorar (embora talvez o comportamento mude um pouco porque as alterações estruturais podem afetar o desempenho, melhorando-o ou piorando-o).

Otimização

A otimização é como refatoração, mas, quando a fazemos, temos um objetivo diferente. Tanto com refatoração quanto com otimização, dizemos: "Vamos manter a funcionalidade exatamente como está quando fizermos as alterações, mas mudaremos outra coisa". Na refatoração, a "outra coisa" é a estrutura de programa; queremos facilitar a manutenção. Na otimização, é algum recurso usado pelo programa, geralmente tempo ou memória.

Juntando tudo

Pode parecer estranho que refatoração e otimização sejam tão parecidas. Elas parecem mais próximas uma da outra do que a inclusão de recursos ou a correção de bugs. Mas isso é realmente verdadeiro? O que é comum entre refatoração e otimização é que mantemos a funcionalidade intacta enquanto outra coisa muda.

Em geral, três coisas podem mudar quando trabalhamos em um sistema: estrutura, funcionalidade e uso dos recursos.

Examinemos o que costuma mudar e o que permanece mais ou menos igual quando fazemos quatro tipos diferentes de alterações (com frequência todos os três fatores mudam, mas vejamos o que é típico):

	Inclusão de um recurso	**Correção de um bug**	**Refatoração**	**Otimização**
Estrutura	Muda	Muda	Muda	-----
Funcionalidade	Muda	Muda	-----	-----
Uso de recursos	-----	-----	-----	Muda

Superficialmente, refatoração e otimização parecem mesmo muito semelhantes. Elas mantêm a funcionalidade intacta. Mas o que acontece quando levamos em consideração uma nova funcionalidade separadamente? Quando adicionamos um recurso, muitas vezes estamos adicionando uma nova funcionalidade, mas sem alterar a funcionalidade existente.

	Inclusão de um recurso	**Correção de um bug**	**Refatoração**	**Otimização**
Estrutura	Muda	Muda	Muda	-----
Nova funcionalidade	Muda	-----	-----	-----
Funcionalidade	-----	Muda	-----	-----
Uso de recursos	-----	-----	-----	Muda

A inclusão de recursos, a refatoração e a otimização mantêm a funcionalidade existente intacta. Na verdade, se levarmos em consideração a correção de bugs, ela muda realmente a funcionalidade, mas com frequência as alterações são muito pequenas se comparadas com a quantidade de funcionalidade existente que não é alterada.

A inclusão de recursos e a correção de bugs são bem parecidas com a refatoração e a otimização. Nos quatro casos, desejamos alterar alguma funcionalidade, algum comportamento, mas queremos preservar muito mais (consulte a Figura 1.1).

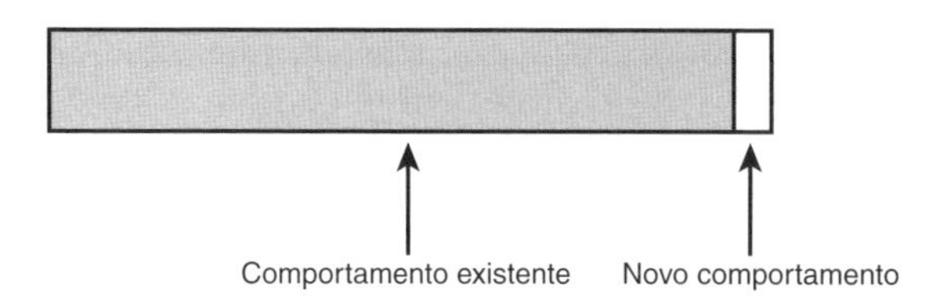

Figura 1.1 *Preservando o comportamento.*

Essa é uma bela visão do que deve ocorrer quando fazemos alterações, mas o que significa na prática? Pelo lado positivo, parece nos dizer no que temos de nos concentrar. Temos de assegurar que a pequena quantidade de itens que mudarmos seja alterada corretamente. Pelo lado negativo, não temos de nos concentrar somente nisso. Temos de descobrir como preservar o resto do comportamento. Infelizmente, sua preservação envolve mais do que apenas deixar o código intocado. Temos de saber se o comportamento não está mudando, o que pode ser difícil. Geralmente, a quantidade de comportamento que temos de preservar é muito grande, mas não é esse o problema. O problema é que quase sempre não sabemos o quanto desse comportamento está correndo risco quando fazemos nossas alterações. Se soubéssemos, poderíamos nos concentrar nesse comportamento sem nos preocupar com o resto. Conhecimento é o elemento essencial para fazermos alterações seguras.

A preservação do comportamento existente é um dos maiores desafios do desenvolvimento de software. Mesmo quando alteramos funcionalidades primárias, com frequência temos áreas muito grandes de comportamento que precisam ser preservadas.

A preservação do comportamento é um grande desafio. Quando é preciso fazer alterações e preservar o comportamento, isso pode envolver um risco considerável.

Para reduzir o risco, temos de fazer três perguntas:

1. Que alterações temos de fazer?
2. Como saber se as fizemos corretamente?
3. Como saber se não danificamos nada?

Até onde você pode fazer alterações se elas forem arriscadas?

A maioria das equipes com que trabalhei tentava gerenciar o risco de maneira muito conservadora. Elas diminuíam o número de alterações na base do código. Em alguns casos, trata-se de uma política da equipe: "Se não estiver com defeito, não conserte". Em outros, não é nada premeditado. Os desenvolvedores são apenas muito cautelosos quando fazem alterações. "Como? Criar outro método para isso? Não. Simplesmente colocarei as linhas de código nesse método mesmo, onde elas e o resto do código possam ser vistos. Envolve menos edição e é mais seguro".

É tentador achar que podemos reduzir problemas de software evitando-os, mas, infelizmente, eles sempre acabam ocorrendo. Quando evitamos criar novas classes e métodos, os que já existem ficam maiores e mais difíceis de entender. Quando fizer alterações em um sistema grande, você verá que será preciso algum tempo para conhecer a área com a qual está trabalhando. A diferença entre sistemas adequados e inadequados é que, nos adequados, nos sentimos relaxados após fazer esse reconhecimento e ficamos seguros quanto às alterações que estamos para executar. Em um código mal estruturado, a transição entre entender as coisas e fazer alterações é como saltar de um penhasco para fugir de um tigre. Hesitamos muito. "Estou pronto para fazer isso? Bem, acho que é preciso".

Evitar alterações tem outras consequências indesejadas. Quando as pessoas não fazem alterações, geralmente se esquecem de como fazê-las. Dividir uma classe grande em partes menores pode ser um trabalho complicado, a menos que você faça isso algumas vezes por semana. Se agir assim, se tornará rotina. Você terá mais destreza para saber o que pode ou não ser quebrado e será muito mais fácil seguir em frente.

A última consequência de evitar alterações é o medo. Infelizmente, muitas equipes vivem com um medo incrível de alterações, que fica pior a cada dia. Geralmente, elas não sabem o quanto têm medo até aprenderem técnicas melhores e o medo começar a diminuir.

Falamos sobre como evitar alterações é algo ruim, mas quais são as alternativas? Uma delas é apenas nos esforçarmos mais. Talvez possamos contratar mais pessoas para haver tempo suficiente para todos investigarem o código inteiro e fazerem alterações da maneira "correta". Certamente, mais tempo e verificação tornarão as alterações mais seguras. Ou não? Mesmo após toda essa verificação, saberemos se agimos corretamente?

CAPÍTULO 2

Trabalhando com feedback

Podemos fazer alterações em um sistema principalmente de duas maneiras. Gosto de chamá-las de *Editar e Rezar* e *Cobrir e Modificar*. Infelizmente, *Editar e Rezar* é um padrão na indústria. Quando usamos *Editar e Rezar*, planejamos cuidadosamente as alterações que vamos fazer, verificamos se entendemos o código que vamos modificar e então começamos as alterações. Ao terminar, executamos o sistema para ver se a alteração foi aceita e investigamos um pouco mais para saber se não danificamos nada. A investigação adicional é essencial. Ao fazer suas alterações, você rezará para fazê-las corretamente e reservará um tempo extra quando terminar para verificar se conseguiu.

Superficialmente, *Editar e Rezar* parece significar "trabalhar com cuidado", algo muito profissional. O "cuidado" estará em primeiro lugar e você gastará um tempo extra quando as alterações forem muito invasivas, porque mais coisas podem dar errado. Mas a segurança não existe apenas em função do cuidado. Não acho que qualquer um de nós escolheria um cirurgião que opera com uma faca de manteiga só porque ele trabalha com cuidado. Na verdade, alterações eficazes em software, como uma cirurgia eficaz, envolvem habilidades mais profundas. Trabalhar com cuidado não ajudará muito se você não usar as ferramentas e técnicas corretas.

Cobrir e Modificar é uma maneira diferente de fazer alterações. É uma abordagem que defende ser possível trabalhar com uma *rede de segurança* na alteração de software. A rede de segurança não é algo que colocamos embaixo de nossas mesas para nos amparar se cairmos da cadeira. Em vez disso, é como um manto que colocamos sobre o código em que estamos trabalhando para assegurar que alterações inadequadas não vazem e infectem o resto de nosso sistema de software. Cobrir software significa protegê-lo com testes. Quando temos um bom conjunto de testes para um trecho de código, podemos fazer alterações e descobrir muito rapidamente se os efeitos foram bons ou ruins. Continuaremos tendo o mesmo cuidado, mas com o feedback obtido poderemos fazer alterações com muito mais cautela.

Se você não estiver familiarizado com essa forma de usar testes, tudo isso pode soar um pouco estranho. Tradicionalmente, os testes são criados e executados após o desenvolvimento. Um grupo de programadores escreve o código e uma equipe de testadores executa testes em um momento posterior para ver se ele atende à especificação. Em algumas empresas de desenvolvimento muito tradicionais, é assim que se desenvolve software. A equipe pode obter feedback, mas ele demora mais. Após você trabalhar durante algumas semanas ou meses, pessoas de outro grupo lhe dirão se está tudo certo.

Quando os testes são feitos dessa forma, na verdade estamos "testando para mostrar correção". Embora esse seja um bom objetivo, os testes também podem ser usados de uma maneira muito diferente. Podemos "testar para detectar mudanças".

Em termos tradicionais, isso se chama teste de regressão. Periodicamente executamos testes que procuram um comportamento conhecido e adequado para saber se nosso sistema de software ainda funciona como no passado.

Quando você tiver testes definidos para as áreas em que for fazer alterações, eles atuarão como um torno de software. Você poderá manter grande parte do comportamento fixo sabendo que está alterando apenas o que pretendia.

Torno de software

torno (s.m). Um dispositivo de fixação, geralmente composto por duas garras fechadas ou abertas por um parafuso ou alavanca, usado em carpintaria ou trabalho em metal para manter uma peça posicionada. *The American Heritage Dictionary of the English Language, Fourth Edition*

Quando temos testes que detectam mudanças, é como se um torno fixasse nosso código. O comportamento do código permanece intacto. Quando fazemos alterações, sabemos que estamos mudando o comportamento, mas somente uma parte de cada vez. Resumindo, nosso trabalho está sob controle.

Testes de regressão são uma ótima ideia. Então, por que isso não é feito com mais frequência? A resposta é porque há um pequeno problema com testes de regressão. Geralmente, quando eles são feitos, são aplicados à interface do aplicativo. Independentemente de estarmos lidando com um aplicativo Web, de linha de comando ou baseado em GUI*, tradicionalmente testes de regressão são vistos como um estilo de teste de nível de aplicativo. Mas isso é inadequado. O feedback que ele pode nos dar é muito útil. Vale a pena fazê-lo em um nível de granularidade menor.

Imaginemos o seguinte cenário. Estamos entrando em uma função extensa que contém um grande volume de lógica complicada. Analisamos, pensamos, conversamos com pessoas que sabem mais sobre esse trecho de código do que nós e então fazemos uma alteração. Queremos nos certificar de que a alteração não danificou nada, mas como fazer isso? Felizmente, temos um grupo de qualidade com um conjunto de testes de regressão que podem ser executados durante a noite. Pedimos a eles para agendarem a execução, ao que dizem que sim, podem executar os testes durante a noite, mas foi bom termos

* N. de R.T.: Do inglês "graphical user interface".

pedido com antecedência. Geralmente, outros grupos tentam agendar a execução de testes de regressão no meio da semana, e se esperássemos mais poderia não haver tempo vago nem uma máquina disponível. Suspiramos aliviados e voltamos a trabalhar. Temos aproximadamente mais cinco alterações como a última para fazer. Todas elas estão em áreas igualmente complicadas. E não estamos sozinhos. Sabemos que várias outras pessoas também estão fazendo alterações.

Na manhã seguinte, recebemos um telefonema. Daiva terminou a execução e nos diz que os testes AE1021 e AE1029 falharam durante a noite. Ela não tem certeza se foram nossas alterações, mas está entrando em contato porque sabe que cuidaremos disso para ela. Depuraremos e veremos se as falhas ocorreram por causa de uma de nossas alterações ou se foi outra coisa.

Algo assim já lhe aconteceu? Acreditamos que sim.

Examinemos outro cenário.

Temos de fazer uma alteração em uma função um tanto longa e complicada. Felizmente, encontramos um conjunto de testes de unidade que foram definidos para ela. As últimas pessoas que mexeram no código escreveram um conjunto de cerca de 20 testes de unidade que o exercitaram totalmente. Nós os executamos e descobrimos que todos passaram. Em seguida, examinamos os testes para ter uma ideia de qual é o comportamento real do código.

Estávamos preparados para fazer nossa alteração, mas percebemos que é muito difícil concretizá-la. O código não é claro e gostaríamos realmente de entendê-lo melhor antes de efetuarmos nossas alterações. Os testes não pegarão nada, portanto, queremos tornar o código bastante claro para podermos ter mais confiança em nossa alteração. Além disso, não queremos que nós mesmos ou qualquer outra pessoa tenha o trabalho que estamos tendo para entendê-lo. Que perda de tempo!

Começamos a refatorar um pouco o código. Extraímos alguns métodos e movemos alguma lógica condicional. Após cada uma das alterações menores que fizemos, executamos aquele pequeno conjunto de testes unitários. Eles passaram em quase todas as vezes que os executamos. Há poucos minutos, porém, cometemos um erro e invertemos a lógica de uma condição, mas um teste falhou e a reversão demorou somente um minuto. Quando terminamos a refatoração, o código ficou muito mais claro. Fizemos a alteração que queríamos e estamos confiantes de que ela está correta. Então adicionamos alguns testes para verificação do novo comportamento. Os próximos programadores que trabalharem nesse trecho de código terão mais facilidade, além de testes associados à sua funcionalidade.

Você quer seu feedback em um minuto ou em mais tempo? Que cenário é mais eficiente?

O teste de unidade é um dos componentes mais importantes no trabalho com código legado. Os testes de regressão de nível de sistema são ótimos, mas testes pequenos e localizados são inestimáveis. Eles podem lhe dar feedback durante o desenvolvimento e permitir que você refatore com muito mais segurança.

O que é teste de unidade?

O termo *teste de unidade* tem uma longa história no desenvolvimento de software. A ideia comum na maioria das concepções dos testes de unidade é a de que são testes isolados de componentes de software individuais. O que são componentes? A definição varia, mas em testes de unidade geralmente nos preocupamos com as unidades comportamentais mais atômicas de um sistema. Em código procedural, com frequência as unidades são funções. Em código orientado a objetos, são classes.

Frameworks de testes automatizados

Neste livro, uso o termo framework de testes automatizados como uma expressão genérica para o código de teste que criamos para testar alguma porção de software e o código que é necessário para executá-lo. Podemos usar muitos tipos diferentes de framework de testes automatizados para trabalhar com nosso código. No Capítulo 5, *Ferramentas*, discuto o framework de teste xUnit e o framework FIT. Os dois podem ser usados na execução dos testes que descrevo no livro.

Podemos testar apenas uma função ou uma classe? Em sistemas procedurais, com frequência é difícil testar funções isoladamente. Funções de nível superior chamam outras funções, que chamam outras, até chegar ao nível de máquina. Em sistemas orientados a objetos, é um pouco mais fácil testar classes isoladamente, mas a verdade é que as classes não costumam viver separadamente. Pense em todas as classes que você já tenha criado que não usam outras classes. Elas são muito raras, não? Geralmente são pequenas classes de dados ou classes de estruturas de dados como pilhas e filas (e até mesmo essas podem usar outras classes).

Testar isoladamente é uma parte importante da definição de um teste de unidade, mas por que é importante? Afinal, muitos erros podem ocorrer quando porções de software estão integradas. Testes grandes abrangendo amplas áreas de código funcionais não deveriam ser mais importantes? Sim, eles são importantes, não vou negar, mas há alguns problemas nos testes grandes:

- **Localização de erros** – Quando os testes vão além do que devem testar, fica mais difícil determinar o que significa uma falha de teste. Geralmente dá bastante trabalho detectar a causa de uma falha de teste. Temos de examinar as entradas de teste, examinar a falha e determinar em que local do trajeto entre as entradas e saídas ela ocorreu. Sim, também temos de fazer isso nos testes de unidade, mas frequentemente é trivial porque os testes são muito pequenos.
- **Tempo de execução** – Testes maiores tendem a demorar mais para serem executados. Isso tende a tornar a execução um pouco frustrante. Testes que têm execução muito demorada acabam não sendo executados.
- **Cobertura** – Pode ser difícil vermos a conexão entre um trecho de código e os valores que o exercitam. Geralmente podemos descobrir se um trecho de código é exercitado por um teste usando ferramentas de cobertura,

mas quando adicionamos código novo, talvez tenhamos algum trabalho para criar testes de alto nível que exercitam o novo código.

Uma das coisas mais frustrantes nos testes maiores é que parece que conseguiremos localizar erros se executarmos os testes com mais frequência, mas isso é uma ilusão. Se executarmos nossos testes e eles passarem, e então fizermos uma pequena alteração e eles falharem, saberemos precisamente onde o problema foi gerado. Foi devido a algo que fizemos nessa última alteração. É só revertê-la e tentar novamente. Mas se nossos testes forem grandes, o tempo de execução pode ser muito demorado; a tendência será evitarmos executar os testes com uma frequência suficiente para realmente localizarmos erros.

Os testes de unidade preenchem lacunas que os testes maiores deixam passar. Podemos testar trechos de código independentemente e agrupar os testes para executar uns sob algumas condições e os demais sob outras. Com eles podemos localizar erros rapidamente. Se acharmos que há um erro em um trecho de código específico e pudermos usá-lo em um framework de testes automatizados, é só codificar um teste rapidamente para ver se o erro está mesmo ali.

Estas são as qualidades encontradas em bons testes de unidade:

1. São executados rapidamente.
2. Ajudam a localizar problemas.

Na indústria, com frequência as pessoas não sabem ao certo se alguns testes são de unidade. Um teste é realmente de unidade se usa mais de uma classe de produção? Volto às duas qualidades: O teste é executado rapidamente? Ajuda a localizar erros de imediato? Naturalmente, há um continuum. Alguns testes são maiores e usam várias classes juntas. Na verdade, podem lembrar pequenos testes de integração. Sozinhos, parecem ter execução rápida, mas o que ocorre quando você executa todos juntos? Quando temos um teste que exercita uma classe junto com vários de seus colaboradores, ele tende a crescer. Se você não se preocupar em tornar uma classe instanciável separadamente em um framework de testes automatizados, qual será o nível de dificuldade quando adicionar mais código? Ficará cada vez mais difícil. As pessoas se esquivarão. Com o tempo, o teste pode acabar levando 1/10 de segundo para ser executado.

Um teste de unidade que leve 1/10 de segundo para ser executado é um teste lento.

Estou falando sério. Quando redigi este texto, 1/10 de segundo era uma eternidade para um teste de unidade. Façamos o cálculo. Se você tiver um projeto com 3.000 classes e cerca de 10 testes para cada uma, teremos 30.000 testes. Quanto tempo demorará a execução de todos os testes desse projeto se eles levarem 1/10 de segundo por classe? Cerca de uma hora. É muito tempo para esperar por feedback. Você não tem 3.000 classes? Corte pela metade. Ainda ficamos com meia hora. Por outro lado, e se os testes levarem 1/100 de segundo por classe? Agora estamos falando de 5 a 10 minutos. Quando os testes têm essa duração, certifico-me de usar um subconjunto, mas não me importo em executar todos em intervalos de algumas horas.

Com a ajuda da Lei de Moore, espero ver feedbacks de teste quase instantâneos até para os maiores sistemas que encontrar em minha vida. Acredito que trabalhar com esses sistemas será como trabalhar em um código que consegue responder. Ele será capaz de nos informar quando estiver sendo alterado de maneira inadequada.

Testes de unidade têm execução rápida. Se não forem executados rapidamente, não são testes de unidade.

Outros tipos de testes com frequência parecem testes de unidade. Um teste não é de unidade quando:

1. Comunica-se com um banco de dados.
2. Comunica-se por uma rede.
3. Usa o sistema de arquivos.
4. Temos de realizar tarefas especiais (como editar arquivos de configuração) para executá-lo.

Testes que fazem essas coisas não são ruins. É útil tê-los e provavelmente iremos criá-los em frameworks de testes automatizados. No entanto, é importante conseguir separá-los dos verdadeiros testes de unidade para que você possa manter um conjunto de testes para executar *rapidamente* sempre que fizer alterações.

Teste de nível superior

Os testes de unidade são ótimos, mas os testes de nível superior também são úteis, pois abrangem os cenários e interações de um aplicativo. Os testes de nível superior podem ser usados para definir claramente o comportamento para um conjunto de classes em um dado momento. Quando você for capaz de fazer isso, conseguirá escrever testes para as classes individuais mais facilmente.

Cobertura de testes

Como podemos começar a fazer alterações em um projeto legado? A primeira coisa que devemos lembrar é que, se pudermos escolher, é sempre mais seguro definir testes para as alterações que fizermos. Quando alteramos código, podemos introduzir erros; afinal, somos humanos. Mas quando cobrimos nosso código com testes antes de alterá-lo, temos mais probabilidade de capturar quaisquer equívocos que cometermos.

A Figura 2.1 mostra um pequeno conjunto de classes. Queremos fazer alterações no método `getResponseText` de `InvoiceUpdateResponder` e no método `getValue` de `Invoice`. Esses métodos são nossos pontos de alteração. Podemos cobrí-los escrevendo testes para as classes em que residem.

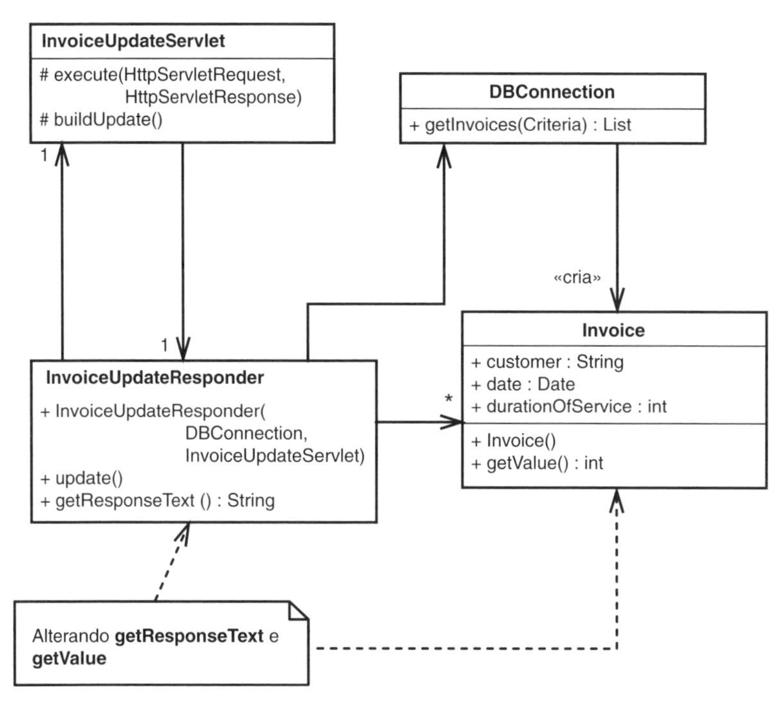

Figura 2.1 *Classes de atualização de faturas.*

Para criar e executar testes, temos de poder criar instâncias de `InvoiceUpdateResponder` e `Invoice` em um framework de testes. Podemos fazê-lo? Parece bem fácil criar um objeto `Invoice`; ele tem um construtor que não aceita argumentos. Mas `InvoiceUpdateResponder` pode ser complicado. Ele aceita um objeto `DBConnection`, uma conexão real com um banco de dados ativo. Como manipularemos isso em um teste? Teremos de configurar um banco de dados com dados para executar nossos testes? É muito trabalho. O teste com banco de dados não será lento? Seja como for, não nos preocuparemos com o banco de dados agora; queremos apenas abranger nossas alterações em `InvoiceUpdateResponder` e `Invoice`. Ainda temos um problema maior. O construtor de `InvoiceUpdateResponder` precisa de um objeto `InvoiceUpdateServlet` como argumento. Será fácil criar um? Poderíamos alterar o código para que ele não use mais o servlet. Se `InvoiceUpdateResponder` precisar de pouca informação proveniente de `InvoiceUpdateServlet`, podemos passá-lo em vez de passar o servlet inteiro, mas não deveríamos ter um teste para verificar se fizemos essa alteração corretamente?

Todos esses problemas envolvem dependências. Quando as classes dependem diretamente de itens difíceis de usar em um teste, é complicado modificá-las e trabalhar com elas.

> A dependência é um dos problemas mais críticos de desenvolvimento de software. Grande parte do trabalho com código legado envolve a eliminação de dependências para facilitar as alterações.

Então, como faremos? Como definir testes sem alterar código? O pior é que, em muitos casos, isso não é muito prático. Às vezes, pode até mesmo ser impossível. No exemplo que acabamos de ver, poderíamos tentar contornar o problema do argumento `DBConnection` usando um banco de dados real, mas e quanto ao servlet? Teremos de criar um servlet completo e passá-lo para o construtor de `InvoiceUpdateResponder`? Vamos conseguir colocá-lo no estado correto? É possível. O que faríamos se estivéssemos trabalhando em um aplicativo desktop com GUI? Podemos não ter nenhuma interface de programação. A lógica pode ter sido inserida diretamente nas classes da GUI. O que fazer então?

O dilema do código legado

Quando alteramos código, devemos definir testes. Para definir testes, com frequência temos de alterar código.

No exemplo da classe `Invoice`, podemos tentar executar os testes em um nível mais alto. Quando é difícil criar testes sem alterar uma classe específica, às vezes é mais fácil testar uma classe que a use; de qualquer forma, geralmente temos de eliminar dependências entre as classes em algum local. Nesse caso, podemos eliminar a dependência de `InvoiceUpdateServlet` passando a única coisa de que a classe `InvoiceUpdateResponder` realmente precisa. Ela precisa de um conjunto de identificações de faturas contidas em `InvoiceUpdateServlet`. Também podemos eliminar a dependência que `InvoiceUpdateResponder` tem de `DBConnection` introduzindo uma interface (`IDBConnection`) e alterando `InvoiceUpdateResponder` para que a use. A Figura 2.2 mostra o estado dessas classes após as alterações.

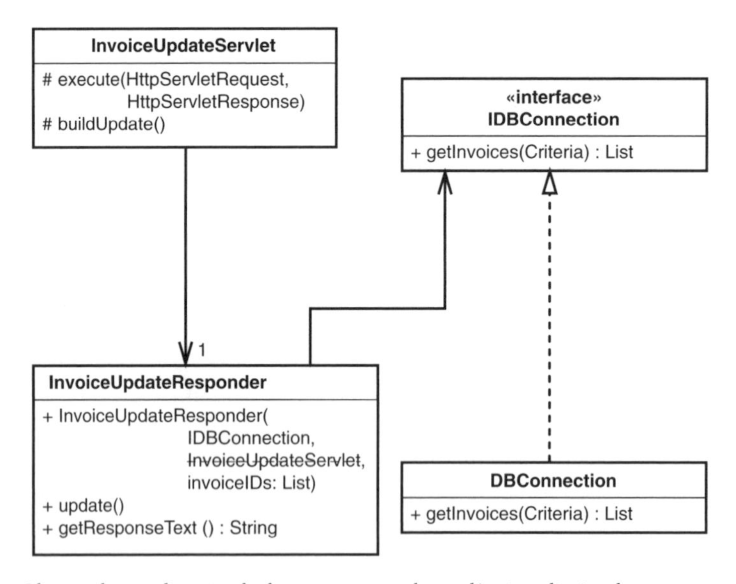

Figura 2.2 *Classes de atualização de faturas com as dependências eliminadas.*

É seguro fazer essas refatorações sem testes? Pode ser. Essas refatorações se chamam, respectivamente, *Primitivizar parâmetro* (361) e *Extrair interface* (339). Elas estão descritas no catálogo de técnicas de eliminação de dependências no fim do livro. Quando eliminamos dependências, geralmente podemos escrever testes que tornem as alterações invasivas mais seguras. O segredo é fazer as refatorações iniciais de maneira bastante conservadora.

Ser conservador é crucial quando há a possibilidade de introdução de erros, mas às vezes, quando eliminamos dependências para cobrir código, isso pode não ter um resultado tão bom quanto o que obtivemos no exemplo anterior. Podemos introduzir parâmetros que não sejam estritamente necessários em métodos do código de produção ou dividir classes de maneiras estranhas só para definir testes. Se fizermos isso, acabaremos dando uma aparência deselegante ao código nessa área. Se estivéssemos sendo menos conservadores, apenas o corrigiríamos imediatamente. Podemos agir assim, mas vai depender do nível de risco envolvido. Quando os erros são um problema, e geralmente são, vale a pena ser conservador.

Quando eliminamos dependências em código legado, com frequência temos de ignorar nosso senso de estética. Algumas dependências são eliminadas sem gerar confusão; outras são menos ideais do ponto de vista de projeto. São como pontos de incisão em uma cirurgia: pode ficar uma cicatriz em seu código após o trabalho, mas o mecanismo interno deve melhorar.

Se você puder proteger o código em volta do ponto em que eliminou dependências, também curará essa cicatriz.

O algoritmo de alteração de código legado

Aqui está um algoritmo que você pode usar quando precisar fazer uma alteração em uma base de código legado.

1. Identifique os pontos de alteração.
2. Encontre os pontos de teste.
3. Elimine dependências.
4. Escreva testes.
5. Faça alterações e refatore.

O objetivo que devemos perseguir diariamente ao trabalhar com código legado é fazer alterações, mas não qualquer alteração. Queremos fazer alterações funcionais que agreguem valor, trazendo ao mesmo tempo uma parte maior do sistema para a cobertura dos testes. No fim de cada etapa de programação, temos de poder nos dedicar não só a código que forneça alguma nova funcionalidade, mas também a seus testes. Com o tempo, áreas testadas da base de código aparecerão como ilhas se destacando no oceano. Trabalhar nessas ilhas será muito mais fácil. Posteriormente, as ilhas se tornarão grandes massas de terra. Você acabará trabalhando em continentes de código coberto por testes.

Examinaremos cada um desses passos e veremos como este livro ajudará a lidar com eles.

Identifique os pontos de alteração

Os locais onde você terá de fazer alterações vão depender muito de sua arquitetura. Se você não conhecer seu projeto suficientemente bem para saber se está fazendo alterações no local correto, consulte o Capítulo 16, *Não entendo o código suficientemente bem para alterá-lo*, e o Capítulo 17, *Minha aplicação não tem estrutura.*

Encontre os pontos de teste

Em alguns casos, é fácil encontrar locais para escrever testes, mas frequentemente em código legado isso pode ser difícil. Consulte o Capítulo 11, *Preciso fazer uma alteração. Que métodos devo testar?*, e o Capítulo 12, *Preciso fazer muitas alterações em uma área. Tenho de quebrar dependências de todas as classes envolvidas?*. Esses capítulos oferecem técnicas que você pode usar para determinar quando precisa escrever seus testes para alterações específicas.

Elimine as dependências

Geralmente, as dependências são os obstáculos mais óbvios à execução de testes. As duas maneiras desse problema se manifestar são a dificuldade de instanciar objetos e de executar métodos em frameworks de testes. Em código legado é frequente termos de eliminar dependências para definir testes. O ideal é que sempre tivéssemos testes que nos informassem se o que estamos fazendo para eliminar dependências causa problemas, mas é comum não os termos. Consulte o Capítulo 23, *Como saber se não estou quebrando algo?*, para ver algumas práticas que podem ser usadas para tornar as primeiras incisões em um sistema seguras quando você começar a incluí-lo em testes. Após fazer isso, consulte o Capítulo 9, *Não consigo submeter esta classe a um framework de testes*, e o Capítulo 10, *Não consigo executar este método em um framework de testes*, para ver cenários que mostram como contornar problemas comuns de dependência. Essas seções mencionam intensamente o catálogo de técnicas de eliminação de dependências do fim do livro, mas não abordam todas. Reserve algum tempo para examinar o catálogo e ver mais sugestões de como eliminar dependências.

Problemas de dependências também surgem quando temos uma ideia para um teste, mas não conseguimos escrevê-lo facilmente. Se você descobrir que não consegue escrever testes devido a dependências de métodos grandes, consulte o Capítulo 22, *Preciso alterar um método monstro e não consigo es-*

crever testes para ele. Se descobrir que consegue eliminar dependências, mas demora demais para construir seus testes, consulte o Capítulo 7, *Leva uma eternidade fazer uma alteração*. Esse capítulo descreve o trabalho adicional de eliminação de dependências que você pode executar para acelerar seu tempo médio de construção.

Escreva testes

Acho os testes que escrevo em código legado um pouco diferentes dos que escrevo para código novo. Consulte o Capítulo 13, *Preciso fazer uma alteração, mas não sei que testes escrever*, para aprender mais sobre o papel dos testes no trabalho com código legado.

Faça alterações e refatore

Defendo o uso do desenvolvimento guiado por testes (TDD – test-driven development) para a inclusão de funcionalidades em código legado. Há uma descrição do TDD e algumas outras técnicas de inclusão de funcionalidades no Capítulo 8, *Como adiciono um recurso?*. Após fazer alterações em código legado, com frequência entendemos melhor seus problemas, e os testes que escrevemos para incluir funcionalidades nos dão cobertura para refatorar. O Capítulo 20, *Esta classe é muito grande e não quero que ela cresça mais*, o Capítulo 22, *Preciso alterar um método monstro e não consigo escrever testes para ele*, e o Capítulo 21, *Estou alterando o mesmo código em todos os lugares*, abordam muitas das técnicas que você pode usar para melhorar a estrutura de seu código legado. Lembre-se de que o que descrevo nesses capítulos são apenas "passos iniciais". Eles não mostram como tornar seu projeto ideal, limpo ou enriquecido com padrões. Vários livros mostram como fazer essas coisas, e quando você tiver a oportunidade de usar as técnicas, recomendo que o faça. Esses capítulos mostram como tornar o projeto melhor, onde "melhor" depende do contexto e geralmente é apenas um pouco mais fácil de ser mantido do que o projeto anterior. Mas não desconsidere o trabalho. As tarefas mais simples, como dividir uma classe grande só para torná-la mais fácil de manipular, costumam fazer uma diferença significativa nos aplicativos, apesar de serem um pouco mecânicas.

O restante do livro

O restante deste livro lhe mostrará como fazer alterações em código legado. Os dois capítulos seguintes contêm material de apoio sobre três conceitos cruciais no trabalho com código legado: detecção, separação e pontos de extensão.

Capítulo 3

Detecção e separação

Seria bom se não precisássemos fazer nada de especial a uma classe para começar a trabalhar com ela. Em um sistema ideal, poderíamos criar objetos de qualquer classe em um framework de testes e trabalhar. Poderíamos criar objetos, escrever testes para eles e então passar para outras atividades. Se fosse assim tão fácil, não haveria necessidade de escrevermos sobre isso, mas, infelizmente, costuma ser difícil. As dependências existentes entre as classes podem dificultar muito o teste em grupos de objetos. Podemos querer criar um objeto de uma classe e testá-lo, mas, para criá-lo, precisaremos de objetos de outra classe e esses objetos precisarão de objetos de uma outra classe, e assim por diante. Acabaremos com quase todo o sistema em um conjunto de testes. Em algumas linguagens, isso não é problema. Em outras, principalmente C++, o tempo de vinculação sozinho pode tornar a obtenção de uma resposta rápida quase impossível se não eliminarmos as dependências.

Em sistemas que não foram desenvolvidos simultaneamente com os testes de unidade, com frequência temos de eliminar dependências para as classes poderem passar por um framework de testes, mas essa não é a única razão para as eliminarmos. A classe que queremos testar pode produzir efeitos em outras classes e nossos testes precisam conhecê-los. Em alguns casos, conseguimos detectar esses efeitos através da interface da outra classe. Em outros, não. A única opção que temos é simular a outra classe para podermos sentir os efeitos diretamente.

Geralmente, quando queremos definir testes, há duas razões para a eliminação de dependências: *detecção* e *separação*.

1. **Detecção** – Eliminamos as dependências para *detectar* quando não estamos conseguindo acessar os valores que nosso código calcula.
2. **Separação** – Quando não conseguimos que um trecho do código seja executado em um framework de testes, eliminamos as dependências para *separar*.

Aqui está um exemplo. Temos uma classe chamada `NetworkBridge` em um aplicativo de gerenciamento de rede:

```
public class NetworkBridge
{
    public NetworkBridge(EndPoint [] endpoints) {
        ...
    }

    public void formRouting(String sourceID, String destID) {
        ...
    }
    ...
}
```

NetworkBridge aceita uma matriz de objetos EndPoints e gerencia sua configuração usando algum hardware local. Os usuários de NetworkBridge podem usar seus métodos para rotear tráfego de um endpoint para outro. NetworkBridge executa esse trabalho alterando configurações da classe EndPoint. Cada instância da classe EndPoint abre um soquete e se comunica pela rede com um dispositivo específico.

Essa foi apenas uma pequena descrição do que NetworkBridge faz. Poderíamos dar maiores detalhes, mas do ponto de vista de testes já há alguns problemas claros. Se quisermos escrever testes para NetworkBridge, como o faremos? A classe poderia muito bem fazer algumas chamadas ao hardware ao ser construída. Precisamos do hardware disponível para criar uma instância da classe? Pior ainda, como saber o que a ponte está fazendo a esse hardware ou aos endpoints? Para nós, a classe é uma caixa fechada.

Pode não ser tão ruim. Talvez possamos escrever um código para detectar pacotes pela rede. Podemos ter um hardware com o qual NetworkBridge se comunique para que pelo menos ela não congele quando tentarmos criar uma instância sua. Talvez possamos configurar a ligação para termos um cluster local de endpoints a serem usados em testes. Essas soluções podem funcionar, mas dão muito trabalho. A lógica que queremos alterar em NetworkBridge pode não precisar de nenhuma dessas coisas; só não temos como saber. Não podemos executar um objeto dessa classe e testá-lo diretamente para ver como funciona.

Esse exemplo ilustra tanto o problema da detecção quanto o da separação. Não podemos detectar o efeito de nossas chamadas a métodos dessa classe nem executá-la separadamente do resto do aplicativo.

Que problema é pior? A detecção ou a separação? Não há uma resposta clara. Normalmente, precisamos das duas e ambas são razões para a eliminação de dependências. Uma coisa é óbvia, no entanto: há muitas maneiras de separar software. Na verdade, há um catálogo inteiro dessas técnicas no fim do livro, mas existe uma ferramenta básica para a detecção: simular colaboradores.

Simulando colaboradores

Um dos grandes problemas que encontramos no trabalho com código legado é a dependência. Se quisermos executar um trecho de código isoladamente e ver o que ele faz, frequentemente temos de eliminar dependências em outro código. Mas raramente é assim tão simples. Com frequência esse outro código é o único local em que podemos detectar facilmente os efeitos de nossas ações. Se pudermos inserir algum outro código em seu lugar e testar através dele, poderemos escrever nossos testes. Na orientação a objetos, esses outros trechos de código costumam ser chamados de *objetos fictícios*.

Objetos fictícios

Um *objeto fictício* é aquele que representa algum colaborador da classe quando ela está sendo testada. Eis um exemplo. Em um sistema de ponto de venda, temos uma classe chamada `Sale` (consulte a Figura 3.1). Ela tem um método chamado `scan()` que aceita um código de barras para algum item que o cliente quer comprar. Sempre que `scan()` é chamado, o objeto `Sale` deve exibir o nome do item que foi procurado e seu preço na tela de uma caixa registradora.

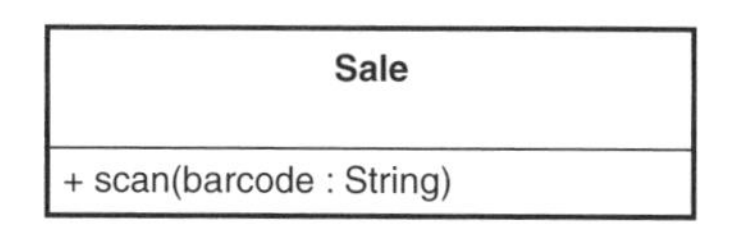

Figura 3.1 *Sale.*

Como podemos fazer um teste para ver se o texto correto aparece na tela? Bem, se as chamadas à API da tela da caixa registradora estiverem emendadas profundamente na classe `Sale`, vai ser difícil. Pode não ser fácil detectar o efeito na tela. Mas se pudermos encontrar o local no código em que a tela é atualizada, teremos o diagrama mostrado na Figura 3.2.

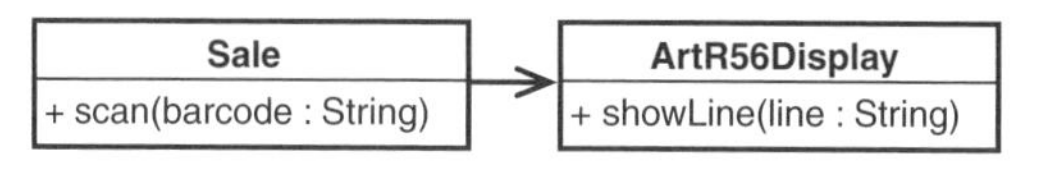

Figura 3.2 *Sale se comunicando com uma classe de exibição.*

Aqui introduzimos uma nova classe, `ArtR56Display`. Essa classe contém todo o código necessário à comunicação com o dispositivo de exibição específico que estamos usando. Tudo que temos de fazer é fornecer a ela uma linha de texto contendo o que queremos exibir. Podemos mover todo o código de exibição de `Sale` para `ArtR56Display` e obter um sistema que faça exatamente o mesmo que fazia antes. Ganhamos algo com isso? Sim, após terminarmos poderemos passar para o projeto mostrado na Figura 3.3.

Agora a classe `Sale` pode usar um objeto `ArtR56Display` ou outro colaborador, um objeto `FakeDisplay`. O interessante em termos uma tela fictícia é que podemos criar testes para ela e descobrir o que `Sale` faz.

Como isso funciona? Sale aceita uma tela, e uma tela é um objeto de qualquer classe que implemente a interface Display.

```
public interface Display
{
    void showLine(String line);
}
```

Tanto ArtR56Display quanto FakeDisplay implementam Display.

Um objeto Sale pode aceitar uma tela através do construtor e usá-la internamente:

```
public class Sale
{
    private Display display;

    public Sale(Display display) {
        this.display = display;
    }

    public void scan(String barcode) {
        ...
        String itemLine = item.name()
                + " " + item.price().asDisplayText();
        display.showLine(itemLine);
        ...
    }
}
```

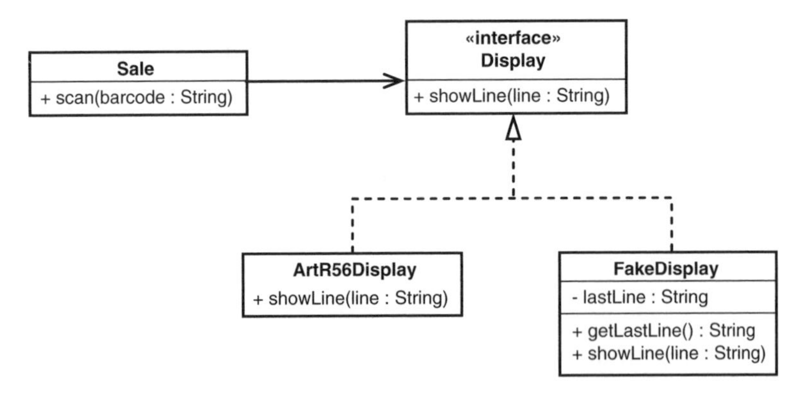

Figura 3.3 *Sale com a hierarquia de telas.*

No método scan, o código chama o método showLine no objeto display. Mas o resultado depende do tipo de tela que fornecermos ao objeto Sale quando o criarmos. Se fornecermos um objeto ArtR56Display, ele tentará fazer a exibição no hardware da caixa registradora. Se fornecermos um objeto FakeDisplay, ele não fará isso, mas veremos o que teria sido exibido. Aqui está um teste que podemos usar para ver esse caso:

```
import junit.framework.*;

public class SaleTest extends TestCase
{
    public void testDisplayAnItem() {
        FakeDisplay display = new FakeDisplay();
        Sale sale = new Sale(display);

        sale.scan("1");
        assertEquals("Milk $3.99", display.getLastLine());
    }
}
```

A classe FakeDisplay é um pouco peculiar. Aqui está ela:

```
public class FakeDisplay implements Display
{
    private String lastLine = "";

    public void showLine(String line) {
        lastLine = line;
    }

    public String getLastLine() {
        return lastLine;
    }
}
```

O método showLine aceita uma linha de texto e a atribui à variável lastLine. O método getLastLine retorna essa linha de texto sempre que é chamado. Esse é um comportamento bem exíguo, mas nos ajuda muito. Com o teste que escrevemos, podemos descobrir se o texto certo será enviado para a tela quando a classe Sale for usada.

Objetos fictícios oferecem suporte a testes reais

Às vezes, quando as pessoas veem o uso de objetos fictícios, dizem: "Isso não é um teste real". Afinal, esse teste não mostra o que é realmente exibido na tela. Suponhamos que alguma parte do sistema de software de tela de caixa registradora não estivesse funcionando apropriadamente; esse teste nunca mostraria. Bem, é verdade, mas não significa que não seja um teste real. Mesmo se pudermos projetar um teste que nos mostre os pixels exatos que foram exibidos em uma tela de caixa registradora real, isso significa que o sistema de software funciona com todos os tipos de hardware? Não – mas também não significa que não temos um teste. Quando escrevemos testes, temos de dividir e conquistar. Esse teste nos diz como os objetos Sale afetam as telas e só. Mas isso não é trivial. Se descobrirmos um bug, a execução desse teste pode nos ajudar a ver se o problema não está em Sale. Se pudermos usar informações como essa para nos ajudar a localizar erros, economizaremos um bom tempo.

Quando escrevemos testes para unidades individuais, acabamos obtendo fragmentos pequenos e bem entendidos. Isso pode tornar mais fácil raciocinar sobre nosso código.

Os dois lados de um objeto fictício

Os objetos fictícios podem parecer confusos quando os vemos pela primeira vez. Uma das coisas mais estranhas é que, de certa forma, eles têm dois "lados". Examinemos a classe FakeDisplay novamente, na Figura 3.4.

O método showLine é necessário em FakeDisplay porque FakeDisplay implementa Display. Ele é o único método de Display e o único que Sale verá. O outro método, getLastLine, é para uso do teste. É por isso que declaramos display como um FakeDisplay e não como um Display:

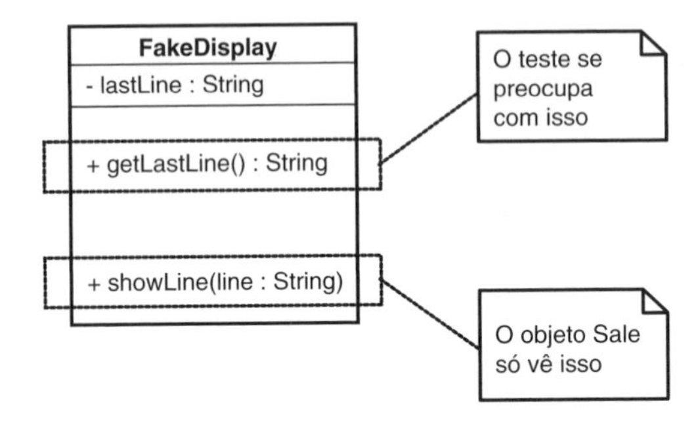

Figura 3.4 *Dois lados de um objeto fictício.*

```
import junit.framework.*;

public class SaleTest extends TestCase
{
    public void testDisplayAnItem() {
        FakeDisplay display = new FakeDisplay();
        Sale sale = new Sale(display);

        sale.scan("1");
        assertEquals("Milk $3.99", display.getLastLine());
    }
}
```

A classe Sale verá a tela fictícia como Display, mas no teste temos de usar o objeto como FakeDisplay. Se não o fizermos, não poderemos chamar getLastLine() para descobrir o que a venda está exibindo.

Natureza dos objetos fictícios

O exemplo que mostrei nesta seção é muito simples, mas demonstra a ideia central existente por trás dos objetos fictícios. Eles podem ser implementados de várias maneiras. Em linguagens orientadas a objetos, com frequência são implementados como classes simples como a classe FakeDisplay do exemplo anterior. Em linguagens não orientadas a objetos, podemos implementar um objeto fictício definindo uma função alternativa que registre valores em alguma estrutura de dados global que possamos acessar em testes. Consulte o Capítulo 19, *Meu projeto não é orientado a objetos. Como posso fazer alterações seguras?*, para ver detalhes.

Objetos mock

Os objetos fictícios são fáceis de criar e constituem uma ferramenta muito útil para a detecção. Se você tiver de criar muitos deles, talvez queira considerar um tipo mais avançado de objeto fictício, chamado *objeto mock*. Os objetos mock são objetos fictícios que fazem asserções internamente. Aqui está o exemplo de um teste que usa um objeto mock:

```
import junit.framework.*;

public class SaleTest extends TestCase
{
    public void testDisplayAnItem() {
        MockDisplay display = new MockDisplay();
        display.setExpectation("showLine", "Milk $3.99");
        Sale sale = new Sale(display);
        sale.scan("1");
        display.verify();
    }
}
```

Nesse teste, criamos um objeto mock de tela. O interessante nos objetos mock é que podemos lhes dizer que chamadas esperar e então pedir que verifiquem se receberam essas chamadas. É exatamente isso que ocorre nesse caso de teste. Informamos à tela que o esperado é que seu método `showLine` seja chamado com o argumento "`Milk $3.99`". Após a expectativa ser definida, apenas demos prosseguimento e usamos o objeto dentro do teste. Nesse caso, chamamos o método `scan()`. Depois, chamamos o método `verify()`, que verificou se todas as expectativas foram atendidas. Se não tiverem sido, o teste falhará.

Os objetos mock são uma ferramenta poderosa e há várias estruturas de objetos mock disponíveis. No entanto, as estruturas de objetos mock não estão disponíveis em todas as linguagens e objetos fictícios simples são suficientes na maioria dos casos.

CAPÍTULO 4

O modelo de pontos de extensão

Uma das coisas que quase todas as pessoas notam quando tentam escrever testes para código existente é que código é algo pouco adequado a testes. Não se trata apenas de programas ou linguagens específicas. As linguagens de programação em geral não parecem suportar os testes muito bem. Parece que as únicas maneiras de obtermos um programa facilmente testável são escrever testes quando o desenvolvemos ou demorar um pouco mais tentando "projetar visando à testabilidade". Esperamos muito da primeira abordagem, mas já que grande parte do código existente é baseada no imediatismo, a última não tem obtido tanto sucesso.

Algo que notei é que, ao tentar testar código, comecei a pensar nele de uma maneira um pouco diferente. Poderia ter considerado isso apenas como uma excentricidade minha, mas descobri que essa maneira diferente de olhar código me ajuda quando trabalho em linguagens de programação novas e desconhecidas. Já que não poderei abordar todas as linguagens de programação neste livro, decidi resumir esse modo de ver aqui na esperança de que, da mesma forma que ele me ajuda, também venha a ajudá-lo.

Uma grande folha de texto

Quando comecei a programar, tive a sorte de começar suficientemente tarde para ter uma máquina só minha e um compilador para ser executado nela; muitos de meus amigos começaram a programar na época dos cartões perfurados. Quando decidi estudar programação na escola, trabalhava no terminal de um laboratório. Podíamos compilar nosso código remotamente em uma máquina DEC VAX. Havia um pequeno sistema de contabilidade instalado. A cada compilação, diminuia o dinheiro em nossa conta e tínhamos um tempo de máquina fixo a cada semestre.

Nesse ponto de minha vida, um programa era apenas uma listagem. A cada duas horas, eu ia do laboratório até a sala da impressora, pegava a impressão de meu programa e a examinava, tentando descobrir o que estava certo ou errado. Não tinha conhecimento suficiente para me preocupar muito com modularidade. Tínhamos de escrever código modular para mostrar que sabíamos fazê-lo, mas naquele momento o que me preocupava mais era saber se o código produziria as respostas certas. Quando comecei a escrever código orientado a objetos, a modularidade era bem acadêmica. Eu não trocava uma classe por outra no decorrer de um exercício escolar. Quando ingressei na indústria, comecei a me preocupar muito com essas coisas, mas na escola um programa era apenas uma listagem para mim, um longo conjunto de funções que precisava escrever e entender uma a uma.

Parece certo ver um programa como uma listagem, pelo menos se considerarmos como as pessoas se comportam em relação aos programas que escrevem. Se não soubéssemos nada sobre o que é programação e víssemos uma sala cheia de programadores trabalhando, poderíamos achar que são estudiosos examinando e editando documentos longos e importantes. Um programa pode parecer uma grande folha de texto. A alteração de uma parte do texto pode mudar o significado do documento inteiro, portanto, as pessoas fazem essas alterações com cuidado para evitar erros.

Superficialmente, tudo isso é verdade, mas e quanto à modularidade? Quase sempre nos dizem que é melhor escrever programas compostos de pequenas partes reutilizáveis, mas com que frequência as pequenas partes são reutilizadas independentemente? Com pouca frequência. É difícil reutilizar. Mesmo quando as partes de software parecem independentes, elas costumam depender umas das outras de maneiras sutis.

Pontos de extensão

Quando começamos a tentar extrair classes individuais para testes de unidade, geralmente precisamos eliminar muitas dependências. O interessante é que quase sempre temos muito trabalho a fazer, independente de quanto o projeto é considerado "bom". A extração de classes de projetos existentes para teste muda realmente nossa opinião do que significa "bom" em relação ao projeto. Também nos leva a considerar software de uma maneira totalmente diferente. A ideia de um programa como uma folha de texto já não serve mais. Como devemos considerá-lo, então? Examinemos um exemplo, uma função em C++.

```
bool CAsyncSslRec::Init()
{
    if (m_bSslInitialized) {
        return true;
    }
    m_smutex.Unlock();
    m_nSslRefCount++;

    m_bSslInitialized = true;

    FreeLibrary(m_hSslDll1);
    m_hSslDll1=0;
    FreeLibrary(m_hSslDll2);
```

```
    m_hSslDll2=0;

    if (!m_bFailureSent) {
        m_bFailureSent=TRUE;
        PostReceiveError(SOCKETCALLBACK, SSL_FAILURE);
    }

    CreateLibrary(m_hSslDll1,"syncesel1.dll");
    CreateLibrary(m_hSslDll2,"syncesel2.dll");

    m_hSslDll1->Init();
    m_hSslDll2->Init();

    return true;
}
```

Realmente parece apenas uma folha de texto, não? Suponhamos que quiséssemos executar todo o método, exceto esta linha:

```
PostReceiveError(SOCKETCALLBACK, SSL_FAILURE);
```

Como faríamos isso?

É fácil. Tudo que temos de fazer é entrar no código e excluir a linha.

Agora, vamos restringir um pouco mais o problema. Queremos evitar executar essa linha de código porque PostReceiveError é uma função global que se comunica com outro subsistema e esse subsistema é difícil de manipular em um teste. Portanto, o problema passa a ser: como executar o método sem chamar PostReceiveError ao fazer o teste? Como fazer isso e ainda permitir a chamada a PostReceiveError em produção?

Para mim, essa é uma pergunta com muitas respostas possíveis e que leva à ideia de um ponto de extensão.

Aqui está a definição de ponto de extensão. Vamos investigá-la e então ver alguns exemplos.

Ponto de extensão

Um ponto de extensão é um local em que você pode alterar o comportamento de seu programa sem editar nesse local.

Há um ponto de extensão na chamada a PostReceiveError? Sim. Podemos eliminar o comportamento nesse local de algumas maneiras. Aqui está uma das mais simples. PostReceiveError é uma função global, ela não faz parte da classe CAsyncSslRec. O que aconteceria se inseríssemos um método com exatamente a mesma assinatura na classe CAsyncSslRec?

```
class CAsyncSslRec
{
    ...
    virtual void PostReceiveError(UINT type, UINT errorcode);
    ...
};
```

No arquivo de implementação, podemos adicionar um corpo para ele como este:

```
void CAsyncSslRec::PostReceiveError(UINT type, UINT errorcode)
{
    ::PostReceiveError(type, errorcode);
}
```

Essa alteração deve preservar o comportamento. Estamos usando esse novo método para executar a delegação para a função global PostReceiveError usando o operador de escopo C++ (::). Temos uma pequena indireção aqui, mas acabaremos chamando a mesma função global.

E se agora criarmos uma subclasse da classe CAsyncSslRec e sobrepusermos o método PostReceiveError?

```
class TestingAsyncSslRec : public CAsyncSslRec
{
    virtual void PostReceiveError(UINT type, UINT errorcode)
    {
    }
};
```

Se fizermos isso, voltarmos para onde estamos criando CAsyncSslRec e alternativamente criarmos TestingAsyncSslRec, anularemos efetivamente o comportamento da chamada a PostReceiveError nesse código:

```
bool CAsyncSslRec::Init()
{
    if (m_bSslInitialized) {
        return true;
    }
    m_smutex.Unlock();
    m_nSslRefCount++;

    m_bSslInitialized = true;

    FreeLibrary(m_hSslDll1);
    m_hSslDll1=0;
    FreeLibrary(m_hSslDll2);
    m_hSslDll2=0;

    if (!m_bFailureSent) {
        m_bFailureSent=TRUE;
        PostReceiveError(SOCKETCALLBACK, SSL_FAILURE);
    }

    CreateLibrary(m_hSslDll1,"syncesel1.dll");
    CreateLibrary(m_hSslDll2,"syncesel2.dll");

    m_hSslDll1->Init();
    m_hSslDll2->Init();

    return true;
}
```

Agora podemos criar testes para esse código sem o indesejado efeito colateral.

Esse ponto de extensão é o que chamo de *ponto de extensão de objeto*. Conseguimos alterar o método que é chamado sem alterar o método que o chama. Os *pontos de extensão de objeto* estão disponíveis em linguagens orientadas a objetos e são apenas um entre muitos tipos diferentes de pontos de extensão.

Por que usar pontos de extensão? Para que serve esse conceito?

Um dos maiores desafios da execução de testes em código legado é a eliminação de dependências. Quando temos sorte, as dependências são pequenas e localizadas; mas, em casos extremos, elas são numerosas e estão espalhadas por toda a base de código. O uso de pontos de extensão em software nos ajuda a ver as oportunidades que já existem na base de código. Se pudermos substituir um comportamento no local dos pontos de extensão, poderemos excluir dependências seletivamente em nossos testes. Também poderemos executar outro código onde essas dependências estavam se quisermos detectar condições no código e criar testes para essas condições. Com frequência esse trabalho nos ajuda a definir testes suficientes para darmos suporte a um trabalho mais agressivo.

Tipos de pontos de extensão

Os tipos de pontos de extensão disponíveis para nós variam entre as linguagens de programação. A melhor maneira de explorá-los é examinar todos os passos envolvidos na conversão do texto de um programa em código sendo executado na máquina. Cada passo identificável expõe diferentes tipos de pontos de extensão.

Pontos de extensão de pré-processamento

Na maioria dos ambientes de programação, o texto de um programa é lido por um compilador. O compilador emite então instruções de código objeto ou bytecode. Dependendo da linguagem, podemos ter passos de processamento posteriores, mas e quanto aos passos iniciais?

Só algumas linguagens têm um estágio de construção anterior à compilação. C e C++ são as mais comuns delas.

Em C e C++, um pré-processador de macros é executado antes do compilador. Com o passar dos anos, ele foi execrado e ridicularizado incessantemente. Com ele, podemos pegar linhas de texto de aparência tão inócua quanto esta:

```
TEST(getBalance,Account)
{
    Account account;
    LONGS_EQUAL(0, account.getBalance());
}
```

e fazê-las aparecer assim para o compilador:

```
  class AccountgetBalanceTest : public Test
      { public: AccountgetBalanceTest () : Test ("getBalance" "Test") {}
            void run (TestResult& result_); }
    AccountgetBalanceInstance;
      void AccountgetBalanceTest::run (TestResult& result_)
{
      Account account;
{ result_.countCheck();
  long actualTemp = (account.getBalance());
  long expectedTemp = (0);
  if ((expectedTemp) != (actualTemp))
{ result_.addFailure (Failure (name_, "c:\\seamexample.cpp", 24,
StringFrom(expectedTemp),
StringFrom(actualTemp))); return; } }

}
```

Também podemos aninhar código em instruções de compilação condicionais como a mostrada a seguir para dar suporte à depuração e a plataformas diferentes (aarrrgh!):

```
...
m_pRtg->Adj(2.0);

#ifdef DEBUG
#ifndef WINDOWS
    { FILE *fp = fopen(TGLOGNAME,"w");
    if (fp) { fprintf(fp,"%s", m_pRtg->pszState); fclose(fp); }}
#endif

m_pTSRTable->p_nFlush |= GF_FLOT;
#endif

...
```

Não é uma boa ideia usar pré-processamento excessivo em código de produção, porque isso tende a diminuir a clareza do código. As diretivas de compilação condicionais (`#ifdef`, `#ifndef`, `#if` e assim por diante) nos forçam a manter vários programas diferentes no mesmo código-fonte. As macros (definidas com `#define`) podem ser usadas na execução de algumas coisas boas, mas fazem apenas uma simples substituição de texto. É fácil criar macros que ocultem bugs terrivelmente obscuros.

Fora essas considerações, fico feliz que as linguagens C e C++ tenham um pré-processador porque ele nos fornece mais pontos de extensão. Aqui está um exemplo. Em um programa em C, temos dependências de uma rotina de biblioteca chamada `db_update`. A função `db_update` se comunica diretamente com um banco de dados. A menos que possamos inserir outra implementação da rotina, não conseguiremos detectar seu comportamento.

```
#include <DFHLItem.h>
#include <DHLSRecord.h>
```

```
extern int db_update(int, struct DFHLItem *);

void account_update(
    int account_no, struct DHLSRecord *record, int activated)
{
    if (activated) {
        if (record->dateStamped && record->quantity > MAX_ITEMS) {
            db_update(account_no, record->item);
        } else {
            db_update(account_no, record->backup_item);
        }
    }
    db_update(MASTER_ACCOUNT, record->item);
}
```

Podemos usar pontos de extensão de pré-processamento para substituir as chamadas a `db_update`. Para fazer isso, vamos introduzir um arquivo de cabeçalho chamado `localdefs.h`.

```
#include <DFHLItem.h>
#include <DHLSRecord.h>

extern int db_update(int, struct DFHLItem *);

#include "localdefs.h"

void account_update(
    int account_no, struct DHLSRecord *record, int activated)
{
    if (activated) {
        if (record->dateStamped && record->quantity > MAX_ITEMS) {
            db_update(account_no, record->item);
        } else {
            db_update(account_no, record->backup_item);
        }
    }
    db_update(MASTER_ACCOUNT, record->item);
}
```

Dentro dele, podemos fornecer uma definição para `db_update` e algumas variáveis que serão úteis para nós:

```
#ifdef TESTING
...
struct DFHLItem *last_item = NULL;
int last_account_no = -1;

#define db_update(account_no,item)\
    {last_item = (item); last_account_no = (account_no);}
...
#endif
```

Com essa substituição de db_update, podemos escrever testes para verificar se a função foi chamada com os parâmetros corretos. Podemos fazer isso porque a diretiva #include do pré-processador C nos fornece um ponto de extensão que podemos usar para substituir texto antes de ser compilado.

Os pontos de extensão de pré-processamento são muito poderosos. Não acho que gostaria de um pré-processador para Java e outras linguagens mais modernas, mas é bom termos essa ferramenta em C e C++ para compensar alguns dos outros obstáculos a testes que essas linguagens apresentam.

Não mencionei isso anteriormente, mas há outra coisa importante que devemos saber sobre os pontos de extensão: todo ponto de extensão tem um *ponto de ativação*. Examinemos a definição de um ponto de extensão novamente:

Ponto de extensão

Um ponto de extensão é um local em que você pode alterar o comportamento de seu programa sem editar nesse local.

Quando você tiver um ponto de extensão, terá um local em que o comportamento pode mudar. Mas não podemos realmente ir até esse local e alterar o código só para testá-lo. O código-fonte deve ser o mesmo tanto na produção quanto no teste. No exemplo anterior, queríamos alterar o comportamento no texto da chamada a db_update. Para explorar esse ponto de extensão, temos de fazer uma alteração em outro local. Nesse caso, o ponto de ativação é uma definição de pré-processamento chamada TESTING. Quando TESTING é definida, o arquivo localdefs.h define macros que substituem chamadas a db_update no arquivo-fonte.

Ponto de ativação

Todo ponto de extensão tem um ponto de ativação, um local onde você pode tomar a decisão de usar um comportamento ou outro.

Pontos de extensão de vinculação

Em vários sistemas de linguagem, a compilação não é o último passo do processo de construção. O compilador produz uma representação intermediária do código e ela contém chamadas a código de outros arquivos. Os vinculadores unem essas representações. Eles convertem cada uma das chamadas para que você possa ter um programa completo no tempo de execução.

Em linguagens como C e C++, há um vinculador separado que executa a operação que acabei de descrever. Em Java e linguagens semelhantes, o compilador executa o processo de vinculação em segundo plano. Quando um arquivo-fonte contém uma instrução import, o compilador verifica se a classe importada foi mesmo compilada. Se não tiver sido, ele a compila, se necessário, e então verifica se todas as suas classes serão de fato resolvidas corretamente em tempo de execução.

Independentemente do esquema usado por sua linguagem para converter referências, em geral é possível explorá-lo para substituir partes de um programa. Examinemos o caso de Java. Aqui está uma pequena classe chamada `FitFilter`:

```
package fitnesse;

import fit.Parse;
import fit.Fixture;

import java.io.*;
import java.util.Date;


import java.io.*;
import java.util.*;

public class FitFilter {

    public String input;
    public Parse tables;
    public Fixture fixture = new Fixture();
    public PrintWriter output;

    public static void main (String argv[]) {
        new FitFilter().run(argv);
    }

    public void run (String argv[]) {
        args(argv);
        process();
        exit();
    }

    public void process() {
        try {
            tables = new Parse(input);
            fixture.doTables(tables);
        } catch (Exception e) {
            exception(e);
        }
        tables.print(output);
    }
    ...
}
```

Nesse arquivo, importamos `fit.Parse` e `fit.Fixture`. Como o compilador e a JVM encontram essas classes? Em Java, você pode usar uma variável ambiental de caminho de classe para determinar onde o sistema Java deve procurar as classes. Na verdade, você pode criar classes com os mesmos nomes, inseri-las em um diretório diferente e alterar o caminho de classe para se vincular às classes `fit.Parse` e `fit.Fixture` diferentes. Embora seja confuso usar esse truque em código de produção, ele pode ser uma maneira conveniente de eliminar dependências em um teste.

Suponhamos que quiséssemos fornecer uma versão diferente da classe Parse para teste. Onde ficaria o ponto de extensão?

O ponto de extensão ficaria na chamada `new Parse` *do método* `process`.

Onde está o ponto de ativação?

O ponto de ativação é o caminho da classe.

Esse tipo de vinculação dinâmica pode ser feito em muitas linguagens. Na maioria, há alguma maneira de explorar os pontos de extensão de vinculação. Mas nem toda vinculação é dinâmica. Em muitas linguagens mais antigas, quase toda vinculação é estática; ela ocorre uma vez após a compilação.

Muitos sistemas de construção C e C++ efetuam a vinculação estática para criar executáveis. Com frequência, a maneira mais fácil de usar o ponto de extensão de vinculação é criar uma biblioteca separada para quaisquer classes ou funções que você quiser substituir. Ao fazer isso, poderá alterar seus scripts de construção para se vincular a eles e não aos de produção quando estiver testando. Isso pode ser um pouco trabalhoso, mas deve compensar se você tiver uma base de código que esteja repleta de chamadas a uma biblioteca de terceiros. Por exemplo, imagine um aplicativo CAD que tivesse várias chamadas a uma biblioteca gráfica. Aqui está um exemplo de código típico:

```
void CrossPlaneFigure::rerender()
{
    // desenha o rótulo
    drawText(m_nX, m_nY, m_pchLabel, getClipLen());
    drawLine(m_nX, m_nY, m_nX + getClipLen(), m_nY);
    drawLine(m_nX, m_nY, m_nX, m_nY + getDropLen());
    if (!m_bShadowBox) {
        drawLine(m_nX + getClipLen(), m_nY,
                 m_nX + getClipLen(), m_nY + getDropLen());
        drawLine(m_nX, m_nY + getDropLen(),
                 m_nX + getClipLen(), m_nY + getDropLen());
    }

    // desenha a figura
    for (int n = 0; n < edges.size(); n++) {
        ...
    }

    ...
}
```

Esse código faz muitas chamadas diretas a uma biblioteca gráfica. Infelizmente, a única maneira de verificarmos se ele de fato está fazendo o que você deseja é examinando a tela do computador quando as figuras forem redesenhadas. Em código complicado, além de tedioso, isso é muito propenso a erros. Uma alternativa é usar pontos de extensão de vinculação. Se todas as funções de desenho fizerem parte de uma biblioteca específica, você pode criar versões stub que se vinculem ao resto do aplicativo. Se só quiser eliminar a dependência, pode usar apenas funções vazias:

```
void drawText(int x, int y, char *text, int textLength)
{
}

void drawLine(int firstX, int firstY, int secondX, int secondY)
{
}
```

Se a função retornar valores, você terá de retornar algo. Geralmente um código que indique sucesso ou o valor padrão de um tipo é uma boa opção:

```
int getStatus()
{
    return FLAG_OKAY;
}
```

O caso de uma biblioteca gráfica é um pouco atípico. Uma razão para que ele seja um bom candidato a essa técnica é ser quase uma interface puramente de "solicitação". Você está emitindo chamadas a funções para lhes pedir que façam algo sem pedir muita informação em retorno. Pedir informações é difícil porque com frequência os valores padrão não são a coisa certa a ser retornada quando você está exercitando seu código.

A separação costuma ser uma das razões para o uso de um ponto de extensão de vinculação. Você também pode fazer detecção; só requer um pouco mais de trabalho. No caso da biblioteca gráfica, apenas fingimos; poderíamos introduzir algumas estruturas de dados adicionais para registrar chamadas:

```
std::queue<GraphicsAction> actions;

void drawLine(int firstX, int firstY, int secondX, int secondY)
{
    actions.push_back(GraphicsAction(LINE_DRAW,
            firstX, firstY, secondX, secondY);
}
```

Com essas estruturas de dados, podemos sentir os efeitos de uma função em um teste:

```
TEST(simpleRender,Figure)
{
    std::string text = "simple";
    Figure figure(text, 0, 0);

    figure.rerender();
    LONGS_EQUAL(5, actions.size());
```

```
    GraphicsAction action;
    action = actions.pop_front();
    LONGS_EQUAL(LABEL_DRAW, action.type);

    action = actions.pop_front();
    LONGS_EQUAL(0, action.firstX);
    LONGS_EQUAL(0, action.firstY);
    LONGS_EQUAL(text.size(), action.secondX);
}
```

Os esquemas que podemos usar para sentir os efeitos podem ficar bem complicados, mas é melhor começar com um esquema mais simples e só deixar que ele se complique até onde necessário para atender às necessidades de detecção.

O ponto de ativação de um ponto de extensão de vinculação fica sempre fora do texto do programa. Às vezes, pode ficar em um script de construção ou de implantação. Isso torna o uso dos pontos de extensão de vinculação um pouco mais difícil de ser notado.

Dica de uso

Se você usar pontos de extensão de vinculação, certifique-se de que a diferença entre os ambientes de teste e produção seja óbvia.

Pontos de extensão de objeto

Os pontos de extensão de objeto talvez sejam os pontos de extensão mais úteis disponíveis nas linguagens de programação orientadas a objetos. O que precisamos saber é que, quando vemos uma chamada em um programa orientado a objetos, ela não define que método será realmente executado. Examinemos um exemplo Java:

```
cell.Recalculate();
```

Ao olharmos este código, parece necessário que haja um método chamado `Recalculate` para ser executado quando fizermos a chamada. Para o programa ser executado, é preciso que haja um método com esse nome; mas a verdade é que pode haver mais de um:

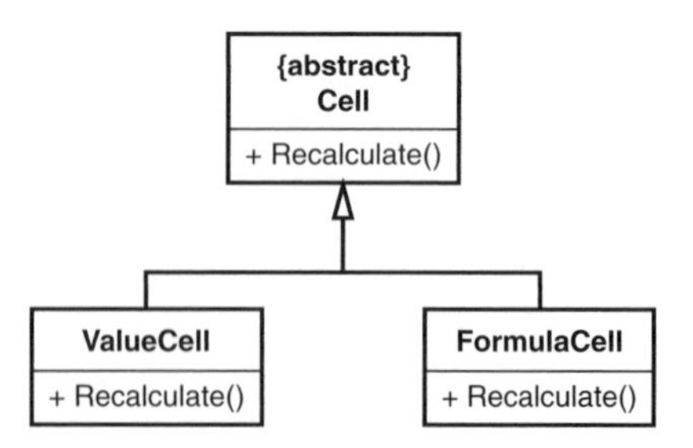

Figura 4.1 *Hierarquia de Cell.*

Que método será chamado nesta linha de código?

```
cell.Recalculate();
```

Sem saber para que objeto cell aponta, simplesmente não podemos dizer. Poderia ser o método Recalculate de ValueCell ou o método Recalculate de FormulaCell. Poderia até mesmo ser o método Recalculate de alguma outra classe que não herde elementos de Cell (se for esse o caso, foi particularmente inadequado usar o nome cell nessa variável!). Se pudermos alterar o método Recalculate que será chamado nessa linha de código sem alterar o código circundante, essa chamada será um ponto de extensão.

Nas linguagens orientadas a objetos, nem todas as chamadas de métodos são pontos de extensão. Aqui está um exemplo de chamada que não é um ponto de extensão:

```
public class CustomSpreadsheet extends Spreadsheet
{
    public Spreadsheet buildMartSheet() {
        ...
        Cell cell = new FormulaCell(this, "A1", "=A2+A3");
        ...
        cell.Recalculate();
        ...
    }
    ...
}
```

Nesse código, estamos criando uma célula e usando-a no mesmo método. A chamada a Recalculate é um ponto de extensão de objeto? Não. Não há um ponto de ativação. Não podemos alterar que método Recalculate será chamado porque a escolha depende da classe da célula. A classe da célula é definida quando o objeto é criado e não podemos alterá-la sem modificar o método.

E se o código tivesse esta aparência?

```
public class CustomSpreadsheet extends Spreadsheet
{
    public Spreadsheet buildMartSheet(Cell cell) {
        ...
        cell.Recalculate();
        ...
    }
    ...
}
```

Agora a chamada a cell.Recalculate em buildMartSheet é um ponto de extensão? Sim. Podemos criar um objeto CustomSpreadsheet em um teste e chamar buildMartSheet com o tipo de Cell que quisermos. Acabaremos variando o que a chamada a cell.Recalculate faz sem alterar o método que a chama.

Onde está o ponto de ativação?

Nesse exemplo, o ponto de ativação é a lista de argumentos de buildMartSheet. Podemos decidir que tipo de objeto será passado e alterar o comportamento de Recalculate da maneira que nos for apropriada para o teste.

A maioria dos pontos de extensão de objeto é muito simples. Aqui está um complicado. Há um ponto de extensão de objeto na chamada a Recalculate nesta versão de buildMartSheet?

```
public class CustomSpreadsheet extends Spreadsheet
{
    public Spreadsheet buildMartSheet(Cell cell) {
        ...
        Recalculate(cell);
        ...
    }

    private static void Recalculate(Cell cell) {
        ...
    }

    ...
}
```

O método Recalculate é estático. A chamada a Recalculate em buildMartSheet é um ponto de extensão? Sim. Não precisamos editar buildMartSheet para alterar o comportamento nessa chamada. Se excluirmos a palavra-chave static em Recalculate e o tornarmos um método protegido e não privado, poderemos criar subclasses e sobrepô-lo durante o teste:

```
public class CustomSpreadsheet extends Spreadsheet
{
    public Spreadsheet buildMartSheet(Cell cell) {
        ...
        Recalculate(cell);
        ...
    }
    protected void Recalculate(Cell cell) {
        ...
    }

    ...
}

public class TestingCustomSpreadsheet extends CustomSpreadsheet {
    protected void Recalculate(Cell cell) {
        ...
    }
}
```

Isso tudo não é um pouco indireto? Se não gostarmos de uma dependência, por que não ir diretamente ao código e alterá-la? Às vezes funciona, mas em código legado particularmente complicado a melhor abordagem quase sempre é você fazer o que puder para modificar o código o menos possível ao definir testes. Se conhecer os pontos de extensão que sua linguagem oferece e souber como usá-los, deve conseguir definir testes com mais segurança do que conseguiria de outra forma.

Os tipos de pontos de extensão que mostrei são os principais. Você pode encontrá-los em muitas linguagens de programação. Examinemos novamente o exemplo que iniciou este capítulo para ver que pontos de extensão conseguimos detectar:

```
bool CAsyncSslRec::Init()
{
    if (m_bSslInitialized) {
        return true;
    }
    m_smutex.Unlock();
    m_nSslRefCount++;

    m_bSslInitialized = true;

    FreeLibrary(m_hSslDll1);
    m_hSslDll1=0;
    FreeLibrary(m_hSslDll2);
    m_hSslDll2=0;

    if (!m_bFailureSent) {
        m_bFailureSent=TRUE;
        PostReceiveError(SOCKETCALLBACK, SSL_FAILURE);
    }

    CreateLibrary(m_hSslDll1,"syncesel1.dll");
    CreateLibrary(m_hSslDll2,"syncesel2.dll");

    m_hSslDll1->Init();
    m_hSslDll2->Init();
    return true;
}
```

Que pontos de extensão estão disponíveis na chamada `PostReceiveError`? Façamos uma lista.

1. `PostReceiveError` é uma função global, portanto, podemos facilmente usar o *ponto de extensão de vinculação* nesse local. Podemos criar uma biblioteca com uma função stub e nos vincular a ela para eliminar o comportamento. O ponto de ativação seria nosso makefile ou alguma configuração em nosso IDE. Teríamos de alterar nossa construção para nos vincular a uma biblioteca de teste ao testarmos e a uma biblioteca de produção quando quisermos construir o sistema real.
2. Poderíamos adicionar uma sentença `#include` ao código e usar o pré-processador para definir uma macro chamada `PostReceiveError` quando estivéssemos testando. Portanto, temos um *ponto de extensão de pré-processamento* aí. Onde está o *ponto de ativação*? Podemos usar uma diretiva define do pré-processador para ativar ou desativar a definição da macro.
3. Poderíamos também declarar uma função virtual para `PostReceiveError` como fizemos no início deste capítulo; logo, também temos um *ponto de extensão de objeto* aqui. Onde está o ponto de ativação? Nesse caso, o ponto de ativação é o local onde decidirmos criar um objeto. Podemos criar um objeto `CAsyncSslRec` ou um objeto de alguma subclasse de teste que sobreponha `PostReceiveError`.

É mesmo muito interessante que haja tantas maneiras de substituir o comportamento nessa chamada sem a edição do método:

```
bool CAsyncSslRec::Init()
{
    ...
    if (!m_bFailureSent) {
        m_bFailureSent=TRUE;
        PostReceiveError(SOCKETCALLBACK, SSL_FAILURE);
    }
    ...

    return true;
}
```

É importante que você selecione o tipo correto de ponto de extensão quando quiser submeter trechos de código a teste. Em geral, os *pontos de extensão de objeto* são a melhor opção em linguagens orientadas a objetos. Os *pontos de extensão de pré-processamento* e os *pontos de extensão de vinculação* podem ser úteis em algumas situações, mas não são tão explícitos como os *pontos de extensão de objeto*. Além disso, pode ser difícil manter testes que dependam deles. Gosto de reservar os *pontos de extensão de pré-processamento* e os *pontos de extensão de vinculação* para casos em que haja muitas dependências e eu não tenha alternativas melhores.

Quando você se acostumar a ver código na forma de pontos de extensão, será mais fácil saber como testar os elementos e como estruturar um código novo para facilitar a execução de testes.

Capítulo 5

Ferramentas

De que ferramentas você precisa quando trabalha com código legado? Precisa de um editor (ou um IDE) e de seu sistema de construção, mas também precisa de uma framework de testes. Se houver ferramentas de refatoração para sua linguagem, elas também podem ser muito úteis.

Neste capítulo, descreverei algumas das ferramentas que estão disponíveis atualmente e o papel que elas podem desempenhar em seu trabalho com código legado.

Ferramentas de refatoração automatizada

É aceitável refatorar manualmente, mas se você tiver uma ferramenta que faça alguma refatoração para você, isso economizará muito tempo. Nos anos 1990, Bill Opdyke começou a trabalhar em uma ferramenta de refatoração de C++ como parte do trabalho de sua tese sobre refatoração. Embora não tenha sido disponibilizada comercialmente, pelo que sei, seu trabalho inspirou esforços em outras linguagens. Um dos mais significativos foi o navegador de refatoração Smalltalk desenvolvido por John Brant e Don Roberts na Universidade de Illinois. O navegador de refatoração para Smalltalk dava suporte a um número muito grande de refatorações e por bastante tempo serviu como estado da arte em termos de tecnologia de refatoração automatizada. Desde então, houve diversas tentativas de adicionar o suporte à refatoração a várias linguagens amplamente usadas. Quando este texto foi escrito, muitas ferramentas de refatoração para Java estavam disponíveis. A maioria é integrada em IDEs, mas algumas não. Também há ferramentas de refatoração para Delphi e outras relativamente novas para C++. Ferramentas para refatoração de C# estavam sendo desenvolvidas ativamente quando este texto foi redigido.

Com todas essas ferramentas, parece que ficou muito mais fácil refatorar. E ficou, em alguns ambientes. Infelizmente, o suporte à refatoração varia em muitas delas. Lembremos novamente o que é refatoração. Aqui está a definição de Martin Fowler encontrada em *Refactoring: Improving the Design of Existing Code* (1999)*:

> **refatoração** (s.). Alteração feita na estrutura interna de um sistema de software para torná-lo mais fácil de entender e mais barato de modificar sem comportamento existente.

Uma alteração só é uma refatoração se não alterar o comportamento. As ferramentas de refatoração devem verificar se uma alteração não está alterando o comportamento, e muitas delas fazem isso. Essa era uma regra básica no navegador de refatoração para Smalltalk, trabalho de Bill Opdyke, e em várias das primeiras ferramentas de refatoração para modificar seu Java. No entanto, algumas ferramentas periféricas não fazem a verificação – e se não verificam, você poderia introduzir bugs sutis ao refatorar.

Vale a pena selecionar suas ferramentas de refatoração com cuidado. Descubra o que os desenvolvedores de ferramentas dizem sobre a segurança de suas ferramentas. Execute seus próprios testes. Quando encontro uma nova ferramenta de refatoração, geralmente executo pequenas verificações de integridade. Quando você tenta extrair um método e lhe dar o nome de um método já existente nessa classe, ela marca isso como um erro? E se for o nome de um método de uma classe base – a ferramenta detecta isso? Se não detectar, você poderia sobrepor erroneamente um método e danificar o código.

Neste livro, discuto o trabalho com e sem o suporte à refatoração automatizada. Nos exemplos, menciono se estou supondo a disponibilidade de uma ferramenta de refatoração.

Seja como for, presumo que as refatorações fornecidas pela ferramenta preservem o comportamento. Se você descobrir que as fornecidas por sua ferramenta não preservam o comportamento, não use as refatorações automatizadas. Siga o conselho dado para casos em que não há uma ferramenta de refatoração – será mais seguro.

Testes e refatoração automatizada

Quando você tiver uma ferramenta que faz refatorações automaticamente, será tentador achar que não é preciso escrever testes para o código que está para ser refatorado. Em alguns casos, isso é verdade. Se sua ferramenta executa refatorações seguras e você passa de uma refatoração automatizada a outra sem fazer nenhuma outra edição, você pode presumir que suas edições não mudaram o comportamento. No entanto, nem sempre é o que ocorre.

---

* N de E.: Publicado pela Bookman Editora sob o título *Refatoração – Aperfeiçoando o Projeto de Código Existente* (2004).

Aqui está um exemplo:

```
public class A {
    private int alpha = 0;
    private int getValue() {
        alpha++;
        return 12;
    }
    public void doSomething() {
        int v = getValue();
        int total = 0;
        for (int n = 0; n < 10; n++) {
            total += v;
        }
    }
}
```

Em pelo menos duas ferramentas de refatoração para Java, podemos usar uma refatoração para remover a variável `v` de `doSomething`. Após a refatoração, o código fica assim:

```
public class A {
    private int alpha = 0;
    private int getValue() {
        alpha++;
        return 12;
    }
    public void doSomething() {
        int total = 0;
        for (int n = 0; n < 10; n++) {
            total += getValue();
        }
    }
}
```

Vê o problema? A variável foi removida, mas agora o valor de `alpha` é aumentado 10 vezes em vez de 1. É claro que essa alteração não preservou o comportamento.

É uma boa ideia ter testes definidos para seu código antes de começar a usar refatorações automatizadas. Você pode fazer alguma refatoração automatizada sem testes, mas precisa saber o que a ferramenta está ou não verificando. Quando começo a usar uma ferramenta nova, a primeira coisa que faço é por à prova seu suporte à extração de métodos. Se puder confiar o suficiente para usá-lo sem testes, deixarei o código em um estado muito mais testável.

Objetos mock

Um dos grandes problemas que encontramos no trabalho com código legado é a dependência. Quando queremos executar um bloco de código de maneira autônoma e ver o que ele faz, geralmente temos de eliminar as dependências de outro código. Mas raramente é assim tão simples. Se removermos o outro código, precisaremos de algo em seu lugar que forneça os valores certos quando estivermos testando para podermos pôr nosso bloco de código totalmente em prática. Em código orientado a objetos, normalmente essas partes substitutas são chamadas de objetos mock.

Várias bibliotecas de objetos mock estão disponíveis livremente. O site www.mockobjects.com é um bom local para a busca de referências da maioria delas.

Frameworks de teste de unidade

As ferramentas de teste têm uma história longa e variada. Todo ano encontro quatro ou cinco equipes que compraram alguma cara ferramenta de teste de licença "por máquina" que acaba não compensando seu preço. Não podemos ser injustos com os fornecedores de ferramentas, a execução de testes é um problema difícil, e com frequência as pessoas se deixam seduzir pela ideia de que podem efetuar testes com uma GUI ou uma interface Web sem ter de fazer nada de especial em seus aplicativos. Pode ser feito, mas geralmente dá mais trabalho do que algum membro de equipe admitiria. Além disso, uma interface de usuário não costuma ser o melhor local para a criação de testes. Normalmente as UIs são voláteis e muito diferentes da funcionalidade que está sendo testada. Quando testes baseados em UIs falham, pode ser difícil descobrir o motivo. Mesmo assim, as pessoas gastam somas consideráveis tentando executar todos os seus testes com esses tipos de ferramentas.

As ferramentas de teste mais eficazes que encontrei têm sido gratuitas. A primeira foi o framework de teste xUnit. Originalmente escrito em Smalltalk por Kent Beck e em seguida portado para Java por Kent Beck e Erich Gamma, o xUnit é um projeto pequeno e poderoso para um framework de teste de unidade. Aqui estão seus recursos-chave:

- Permite que os programadores escrevam testes na linguagem em que estão desenvolvendo.
- Todos os testes são executados isoladamente.
- Os testes podem ser agrupados em conjuntos para que possam ser executados e reexecutados sob demanda.

A estrutura xUnit foi portada para a maioria das principais linguagens e algumas linguagens menores e diferenciadas.

O mais revolucionário no projeto de xUnit é sua simplicidade e foco. Ele nos permite escrever testes com menos desordem e confusão. Embora tenha sido projetado originalmente para testes de unidade, você pode usá-lo para escrever testes maiores porque para o xUnit não importa se um teste é grande ou pequeno. Se o teste puder ser escrito na linguagem que você estiver usando, o xUnit conseguirá executá-lo.

Neste livro, a maioria dos exemplos são em Java e C++. Em Java, o JUnit é o framework xUnit mais adequado e se parece muito com grande parte dos outros xUnits. Em C++, costumo usar um framework de teste que escrevi chamado CppUnitLite. Ele tem uma aparência um pouco diferente e também será descrito neste capítulo. A propósito, não estou ignorando o autor original do CppUnit ao usar o CppUnitLite. Essa pessoa era eu mesmo, e só depois que lancei o CppUnit é que descobri que ele poderia ser bem menor, mais fácil de usar e bem mais portável se usasse alguns idiomas C e apenas um subconjunto simples da linguagem C++.

JUnit

No JUnit, você escreve testes criando subclasses de uma classe chamada `TestCase`.

```
import junit.framework.*;

public class FormulaTest extends TestCase {
    public void testEmpty() {
        assertEquals(0, new Formula("").value());
    }

    public void testDigit() {
        assertEquals(1, new Formula("1").value());
    }
}
```

Cada método de uma classe de teste definirá um teste se tiver uma assinatura com este formato: `void testXXX()`, onde `XXX` é o nome dado ao teste. Cada método de teste pode conter código e asserções. No método `testEmpty` mostrado acima, há código para a criação de um novo objeto `Formula` e para a chamada de seu método `value`. Também há um código de asserção que verifica se esse valor é igual a `0`. Se for, o teste passa. Caso contrário, falha.

Em poucas palavras, é isso que acontece quando executamos testes JUnit. O carregador de testes JUnit carrega uma classe de teste como a mostrada anteriormente e então usa a reflexão para encontrar todos os seus métodos de teste. Em seguida, usa um subterfúgio. Ele cria um objeto totalmente separado para cada um desses métodos de teste. No código anterior, cria dois deles: um objeto cuja única função é executar o método `testEmpty` e outro apenas para executar `testDigit`. Mas quais seriam as classes dos objetos? Nos dois casos ela é a mesma: `FormulaTest`. Cada objeto é configurado para executar exatamente um dos métodos de teste em `FormulaTest`. O importante é que temos um objeto totalmente separado para cada método. Não há como eles afetarem um ao outro. Aqui está um exemplo:

```
public class EmployeeTest extends TestCase {
    private Employee employee;

    protected void setUp() {
        employee = new Employee("Fred", 0, 10);
        TDate cardDate = new TDate(10, 10, 2000);
        employee.addTimeCard(new TimeCard(cardDate,40));
    }

    public void testOvertime() {
        TDate newCardDate = new TDate(11, 10, 2000);
        employee.addTimeCard(new TimeCard(newCardDate, 50));
        assertTrue(employee.hasOvertimeFor(newCardDate));
    }

    public void testNormalPay() {
        assertEquals(400, employee.getPay());
    }
}
```

Na classe `EmployeeTest`, temos um método especial chamado `setUp`. O método `setUp` é definido em `TestCase` e é executado em cada objeto de teste antes que o método de teste seja executado. Ele nos permite criar um conjunto de objetos que será usado em um teste. Esse conjunto de objetos é criado da mesma forma antes da execução de cada teste. No objeto que executa `testNormalPay`, um funcionário criado em `setUp` é verificado para sabermos se o pagamento é calculado corretamente para um cartão de ponto, que foi adicionado em `setUp`. No objeto que executa `testOvertime`, um funcionário criado em `setUp` para esse objeto recebe um cartão de ponto adicional e há uma verificação que examina se o segundo cartão de ponto aciona uma condição de hora extra. O método `setUp` é chamado para cada objeto da classe `EmployeeTest` e cada um desses objetos recebe seu próprio conjunto de objetos criados via `setUp`. Se você tiver de fazer algo especial depois que um teste terminar sua execução, pode sobrepor outro método chamado `tearDown`, definido em `TestCase`. Ele é executado após o método de teste de cada objeto.

Quando você encontrar pela primeira vez um framework xUnit, deve achá-lo um pouco estranho. Afinal, por que as classes de casos de teste têm `setUp` e `tearDown`? Por que não podemos criar apenas os objetos de que precisamos no construtor? É claro que poderíamos, mas lembre-se do que o carregador de classes faz com as classes de casos de teste. Ele vai até cada classe de caso de teste e cria um conjunto de objetos, um para cada método de teste. Trata-se de um grande conjunto de objetos, mas não é tão ruim se esses objetos ainda não tiverem alocado o que precisam. Ao inserir código em `setUp` para criar o que precisamos somente quando precisamos, podemos economizar muitos recursos. Além disso, retardando `setUp`, também podemos executá-lo quando detectarmos e relatarmos algum problema ocorrido durante a configuração.

CppUnitLite

Quando fiz a versão portada inicial do CppUnit, tentei mantê-la o mais próximo possível do JUnit. Achei que seria mais fácil para as pessoas que já tivessem visto a arquitetura xUnit; portanto, parecia o melhor a fazer. Quase imediatamente, me deparei com uma série de coisas que eram difíceis ou impossíveis de implementar de uma maneira simples em C++ devido a diferenças de recursos entre as linguagens C++ e Java. O principal problema era a falta de reflexão em C++. Em Java, você pode seguir uma referência a métodos de uma classe derivada, encontrar métodos em tempo de execução e assim por diante. Em C++, é preciso escrever código para registro do método que se deseja acessar no tempo de execução. Como resultado, o CppUnit ficou um pouco mais difícil de usar e entender. Você teria de criar sua própria função suite em uma classe de teste para que o carregador de teste pudesse executar objetos para métodos individuais.

```
Test *EmployeeTest::suite()
{
    TestSuite *suite = new TestSuite;
    suite.addTest(new TestCaller<EmployeeTest>("testNormalPay",
            testNormalPay));
    suite.addTest(new TestCaller<EmployeeTest>("testOvertime",
            testOvertime));
    return suite;
}
```

Desnecessário dizer que isso é muito cansativo. É difícil manter-se concentrado criando testes quando você precisa declarar métodos de teste em um cabeçalho de classe, defini-los em um arquivo-fonte e registrá-los em um método de suite. Vários esquemas de macro podem ser usados na resolução desses problemas, mas prefiro começar novamente. Acabei obtendo um esquema em que alguém poderia escrever um teste apenas criando este arquivo-fonte:

```
#include "testharness.h"
#include "employee.h"
#include <memory>

using namespace std;

TEST(testNormalPay,Employee)
{
    auto_ptr<Employee>  employee(new Employee("Fred", 0, 10));
    LONGS_EQUAL(400, employee->getPay());
}
```

Esse teste usa uma macro chamada `LONGS_EQUAL` que compara dois inteiros longos procurando correspondência. Ela se comporta da mesma forma que `assertEquals` no JUnit, mas é personalizada para tipos `long`.

A macro `TEST` usa alguns subterfúgios. Ela cria uma subclasse de uma classe de teste e a nomeia concatenando os dois argumentos (o nome do teste e o nome da classe que está sendo testada). Em seguida, cria uma instância dessa subclasse que é configurada para executar o código entre chaves. A instância é estática; quando o programa é carregado, ele se adiciona a uma lista estática de objetos de teste. Posteriormente, um executador de testes pode percorrer a lista e executar cada um dos testes.

Após criar esse pequeno framework, decidi não lançá-lo porque o código da macro não estava muito claro, e durante muito tempo tentei convencer as pessoas a escrever código mais claro. Um amigo, Mike Hill, se deparou com alguns dos mesmos problemas antes de nos conhecermos e criou um framework de teste específico para a Microsoft chamado TestKit, que manipulava o registro da mesma forma. Encorajado por Mike, comecei a reduzir o número de recursos C++ usados em meu pequeno framework e então o lancei. (Esses problemas foram um grande entrave no CppUnit. Quase diariamente recebia e-mails de pessoas que não conseguiam usar templates, exceções ou a biblioteca padrão com seus compiladores C++.)

Tanto o CppUnit quanto o CppUnitLite são adequados como frameworks de teste. Como os testes escritos com o CppUnitLite são um pouco mais curtos, ele foi o escolhido para os exemplos C++ deste livro.

NUnit

O NUnit é uma estrutura de teste para as linguagens .NET. Você pode escrever testes para código C#, código VB.NET ou qualquer outra linguagem que seja executada na plataforma .NET. O NUnit é muito parecido com o JUnit no que diz respeito ao funcionamento. A única diferença significativa é que ele usa atributos para marcar métodos de teste e classes de teste. A sintaxe de atributos depende da linguagem .NET em que os testes são escritos.

Aqui está um teste NUnit escrito em VB.NET:

```
Imports NUnit.Framework

<TestFixture()> Public Class LogOnTest
    Inherits Assertion

    <Test()> Public Sub TestRunValid()
        Dim display As New MockDisplay()
        Dim reader As New MockATMReader()
        Dim logon As New LogOn(display, reader)
        logon.Run()
        AssertEquals("Please Enter Card", display.LastDisplayedText)
        AssertEquals("MainMenu",logon.GetNextTransaction().GetType.Name)
    End Sub

End Class
```

`<TestFixture()>` e `<Test()>` são atributos que marcam `LogonTest` como uma classe de teste e `TestRunValid` como um método de teste, respectivamente.

Outros frameworks xUnit

Há muitas versões do xUnit para várias linguagens e plataformas diferentes. Em geral, elas dão suporte à especificação, agrupamento e execução de testes de unidade. Se você precisar encontrar uma versão xUnit para sua plataforma ou linguagem, acesse www.xprogramming.com e examine a seção Downloads. Esse site é gerido por Ron Jeffries e é o repositório de todas as versões xUnit.

Frameworks de teste geral

Os frameworks xUnit que descrevi na seção anterior foram projetados para uso em testes de unidade. Eles podem ser usados para testar várias classes ao mesmo tempo, mas esse tipo de trabalho é mais apropriadamente domínio do FIT e do Fitnesse.

Framework for Integrated Tests (FIT)

O FIT é um framework de teste conciso e elegante que foi desenvolvido por Ward Cunningham. A ideia por trás do FIT é simples e poderosa. Se você puder criar documentos sobre seu sistema e embutir tabelas dentro deles que descrevam as entradas e saídas de seu sistema, e se esses documentos puderem ser salvos como HTML, o framework FIT poderá executá-los como testes.

O FIT recebe HTML, executa testes definidos em tabelas HTML e produz saída HTML. A saída tem a mesma aparência da entrada e todos os textos e tabelas são preservados. No entanto, as células das tabelas são coloridas com verde para indicar valores que fizeram um teste passar e vermelho para indicar valores que fizeram um teste falhar. Você também pode usar opções para ter informações de resumo inseridas na HTML resultante.

A única coisa que você deve fazer para que esse esquema funcione é personalizar algum código de manipulação de tabelas de forma que ele saiba como executar blocos de seu código e recuperar resultados a partir dele. Isso não costuma ser muito difícil porque o framework fornece código que dá suporte a vários tipos de tabelas diferentes.

Uma das coisas mais poderosas do FIT é sua capacidade de promover comunicação entre pessoas que escrevem software e pessoas que devem especificar o que ele tem de fazer. As pessoas que especificam podem criar documentos e embutir testes reais dentro deles. Os testes serão executados, mas não passarão. Desenvolvedores posteriores podem adicionar os recursos e os testes passarão. Tanto usuários quanto desenvolvedores podem ter uma visão comum e atualizada das capacidades do sistema.

Este espaço é muito pequeno para a descrição de tudo que o FIT oferece. Mais informações podem ser obtidas em http://fit.c2.com.

Fitnesse

O Fitnesse é basicamente o FIT hospedado em um wiki. Grande parte dele foi desenvolvida por Robert Martin e Micah Martin. Trabalhei em uma pequena parte, mas deixei de lado para me concentrar neste livro. Espero ansiosamente voltar a trabalhar nele logo.

O Fitnesse dá suporte a páginas Web hierárquicas que definem testes FIT. Páginas de tabelas de teste podem ser executadas individualmente ou em conjuntos e várias opções diferentes facilitam a colaboração dentro de uma equipe. O Fitnesse está disponível em http://www.fitnesse.org. Como todas as outras ferramentas de teste descritas neste capítulo, ele é gratuito e tem suporte de uma comunidade de desenvolvedores.

PARTE II

Alterando software

Capítulo 6

Não tenho muito tempo e preciso alterar

Encaremos os fatos: o livro que você está lendo neste exato momento vai passar a descrever um trabalho adicional – trabalho que você não deve estar fazendo atualmente e que poderia atrasar o término de alguma alteração que está prestes a ser feita em seu código. Você deve estar se perguntando se valeria a pena se ocupar disso agora.

A verdade é que o trabalho dedicado à eliminação de dependências e à escrita de testes para suas alterações demora um pouco, mas quase sempre você acaba economizando tempo – e se livrando de muita frustração. Quando? Bem, depende do projeto. Em alguns casos, você pode escrever testes para um código que precisa alterar e isso leva duas horas. A alteração feita posteriormente pode levar 15 minutos. Talvez, ao se lembrar da experiência, você diga: "Só perdi duas horas – valeu a pena?". Depende. Você não sabe quanto tempo esse trabalho poderia ter demorado se os testes não fossem escritos. Também não sabe quanto tempo a depuração teria demorado se você cometesse um erro, tempo que seria economizado se houvesse testes definidos. Não estou falando apenas de quanto tempo você teria economizado se os testes encontrassem o erro, mas também de quanto tempo os testes economizarão quando você estiver tentando encontrar um erro. Quando há testes definidos para o código, geralmente é mais fácil estreitar o universo de problemas funcionais.

Examinemos os custos. Suponhamos que, ao fazer uma alteração simples, criássemos testes como garantia; todas as alterações são feitas corretamente. Compensa ter testes? Não sabemos quando voltaremos a essa área do código para fazer outra alteração. Na melhor das hipóteses, você voltará ao código na próxima iteração e começará a recuperar seu investimento rapidamente. Na pior, levará anos até que alguém volte a modificar o código. Mas há chances de que o leiamos periodicamente, mesmo que só para saber se é preciso fazer uma alteração ali ou em outro local. Ele seria mais fácil de entender se as classes fossem menores e houvesse testes de unidade? Possivelmente sim. Mas esse é o pior dos cenários. Com que frequência ele ocorre? Normalmente, as alterações ficam próximas nos sistemas. Se você estiver alterando-o hoje, há chances de que tenha uma alteração próxima em breve.

Quando trabalho com equipes, geralmente começo pedindo aos membros que participem de um experimento. Em uma iteração, tentamos não fazer alterações no código sem testes que deem cobertura a ela. Se alguém achar que não é possível escrever um teste, é preciso fazer uma reunião rápida na qual o grupo seja questionado se é possível escrever o teste. No começo, essas iterações são terríveis. As pessoas acham que não estão realizando todo o trabalho necessário. Mas, aos poucos, começam a perceber que o código ficou melhor. Está ficando mais fácil fazer alterações e, no fundo, eles sabem que é disso que precisam para avançar de uma maneira melhor. Leva tempo para uma equipe vencer esse obstáculo, mas se houvesse algo que eu pudesse fazer instantaneamente para qualquer equipe do mundo, seria fornecer essa experiência compartilhada, uma experiência que é perceptível em todos: "Não vamos precisar voltar àquilo novamente".

Se você ainda não teve essa experiência, precisa ter.

Basicamente, testar faz o trabalho avançar mais rápido e isso é importante em quase todas as empresas de desenvolvimento. Mas para ser sincero, como programador, fico feliz simplesmente pelo fato de ele tornar o trabalho muito menos frustrante.

Quando você supera essa fase, a vida não vira um mar de rosas, mas melhora. Se você sabe o valor dos testes e sentiu a diferença, a única coisa com a qual tem de lidar é a fria e calculista decisão do que fazer em cada caso específico.

Acontece algum dia em todos os lugares

Seu chefe chega e diz: "Os clientes estão ansiosos por este recurso. Podemos concluí-lo hoje?".

"Não sei."

Você faz uma verificação. Há testes definidos? Não.

Pergunta: "Com que urgência precisa dele?".

Você sabe que pode fazer as alterações inline em todos os 10 locais em que precisa mudar algo e que terá terminado perto das 5 da tarde. Trata-se de uma emergência, certo? Depois será corrigido, não será?

Lembre-se: o código é como a sua casa, você precisa viver nela.

O mais difícil em tentar decidir se testes devem ser escritos quando se está sob pressão é o fato de que você pode não saber quanto tempo vai demorar a inclusão do recurso. Em código legado, é particularmente difícil fazer tais estimativas. Há, porém, algumas técnicas que podem ajudar. Consulte o Capítulo 16, *Não entendi o código suficientemente bem para alterá-lo*, para ver detalhes. Quando não souber quanto tempo levará a inclusão de um recurso e achar que vai demorar mais do que o tempo disponível, você ficará tentado a apenas improvisar o recurso da maneira mais rápida que puder. Em seguida, se tiver tempo suficiente, poderá voltar e fazer alguns testes e refatorações. E essa é justamente a parte mais difícil. Com frequência, antes de concordar que é necessário, as pessoas evitam esse trabalho. Pode ser um problema de motivação. Consulte o Capítulo 24, *Estamos frustrados. Isso não vai melhorar*, para ver algumas maneiras construtivas de avançar.

Até aqui, o que descrevi soa como um dilema: faça agora ou pague o preço mais tarde. Escreva testes quando fizer suas alterações ou aceite o fato de que será mais difícil com o passar do tempo. Pode ser mais difícil, mas às vezes não é.

Se você tiver de fazer uma alteração em uma classe imediatamente, tente instanciá-la em um framework de testes. Se não conseguir, consulte antes o Capítulo 9, *Não consigo submeter esta classe a um framework de testes*, ou o Capítulo 10, *Não consigo executar este método em um framework de testes*. Fazer o código que você está alterando funcionar em um framework de testes pode ser mais fácil do que parece. Se você consultar essas seções e decidir que não tem como eliminar dependências e definir testes agora, examine as alterações que tem de fazer. É possível executá-las escrevendo um código novo? Em muitos casos, sim. O resto deste capítulo contém descrições de várias técnicas que podemos usar para fazer isso.

Leia sobre essas técnicas e leve-as em consideração, mas lembre-se de que elas devem ser usadas com cuidado. Quando usá-las, você estará adicionando código testado em seu sistema, mas se não abranger o código chamador, não estará testando seu uso. Portanto, sempre tenha cuidado.

Brotar Método

Quando você tiver de adicionar um recurso a um sistema e ele puder ser formulado completamente como código novo, escreva o código em um novo método. Chame-o a partir dos locais em que a nova funcionalidade deve estar. Talvez você não consiga submeter esses pontos de chamada a testes facilmente, mas pelo menos pode escrever testes para o novo código. Eis um exemplo:

```
public class TransactionGate
{
    public void postEntries(List entries) {
        for (Iterator it = entries.iterator(); it.hasNext(); ) {
            Entry entry = (Entry)it.next();
            entry.postDate();
        }
        transactionBundle.getListManager().add(entries);
    }
    ...
}
```

Temos de adicionar código que verifique se alguma das novas entradas já existe em `transactionBundle` antes de postarmos suas datas e adicioná-las. Ao examinarmos o código, parece que isso deve ocorrer no começo do método, antes do laço de repetição (ou simplesmente "laço"). Mas, na verdade, poderia ocorrer dentro do laço. Poderíamos alterar o código para que ele assumisse a seguinte forma:

```
public class TransactionGate
{
    public void postEntries(List entries) {
        List entriesToAdd = new LinkedList();
        for (Iterator it = entries.iterator(); it.hasNext(); ) {
            Entry entry = (Entry)it.next();
            if (!transactionBundle.getListManager().hasEntry(entry) {
                entry.postDate();
                entriesToAdd.add(entry);
            }
        }
        transactionBundle.getListManager().add(entriesToAdd);
    }
    ...
}
```

Parece uma alteração simples, mas é bem invasiva. Como saber se está correta? Não há nenhuma separação entre o novo código adicionado e o código antigo. Pior, estamos tornando o código um pouco mais confuso. Estamos combinando duas operações aqui: a postagem da data e a detecção de entradas duplicadas. Esse método é razoavelmente curto, mas já está menos claro, e também introduzimos uma variável temporária. Variáveis temporárias não são necessariamente ruins, mas às vezes atraem novo código. Se a próxima alteração que tivermos de fazer envolver o trabalho com todas as entradas não duplicadas antes de serem adicionadas, só há um lugar no código em que existe uma variável assim: exatamente nesse método. Será tentador também inserir esse código no método. Poderíamos ter feito isso de uma maneira diferente?

Sim. Podemos tratar a remoção de entradas duplicadas como uma operação totalmente separada. Podemos usar o *desenvolvimento guiado por testes* (86) para criar um novo método chamado `uniqueEntries`:

```
public class TransactionGate
{
    ...
    List uniqueEntries(List entries) {
        List result = new ArrayList();

        for (Iterator it = entries.iterator(); it.hasNext(); ) {
            Entry entry = (Entry)it.next();
            if (!transactionBundle.getListManager().hasEntry(entry) {
                result.add(entry);
            }
        }
        return result;
    }
    ...
}
```

Seria fácil escrever testes que nos levassem a um código assim para esse método. Quando tivermos o método, poderemos voltar ao código original e adicionar a chamada.

```
public class TransactionGate
{
    ...
    public void postEntries(List entries) {
        List entriesToAdd = uniqueEntries(entries);
        for (Iterator it = entriesToAdd.iterator(); it.hasNext(); ) {
            Entry entry = (Entry)it.next();
            entry.postDate();
        }
        transactionBundle.getListManager().add(entriesToAdd);
    }
    ...
}
```

Ainda temos uma nova variável temporária, mas o código está bem menos confuso. Se tivermos de adicionar mais código usuário das entradas não duplicadas, poderemos criar um método para esse código e chamá-lo daqui. Se tivermos ainda mais código que precise trabalhar com as entradas, poderemos introduzir uma classe e passar todos os novos métodos para ela. O resultado final será que esse método ficará menor, e no geral teremos métodos mais curtos e fáceis de entender.

Esse foi um exemplo de *Brotar Método*. Eis as etapas que você deve executar:

1. Identifique onde precisa fazer a alteração em seu código.
2. Se a alteração puder ser formulada como uma sequência de instruções em um local de um método, escreva uma chamada para um novo método que fará o trabalho envolvido e desative-a com um comentário. (Gosto de fazer isso antes mesmo de escrever o método para poder ter uma ideia de como ficará a chamada de método dentro do contexto.)
3. Determine que variáveis locais são necessárias no método de origem e torne-as argumentos da chamada.
4. Determine se o método brotado terá de retornar valores para o método de origem. Se tiver, altere a chamada para que seu valor de retorno seja atribuído a uma variável.
5. Desenvolva a técnica brotar método usando o *desenvolvimento guiado por testes.*
6. Remova o comentário do método de origem para ativar a chamada.

Recomendo o uso de *Brotar Método* sempre que você puder considerar o código que está adicionando como um fragmento de trabalho distinto ou ainda não puder definir testes para um método. É muito melhor adicionar código diretamente.

Há situações em que queremos usar *Brotar Método* mas as dependências da classe são tão complexas que não é possível criar uma instância sem improvisar vários argumentos do construtor. Uma alternativa é usar *Passar Nulo* (108). Se não funcionar, considere transformar o método brotado em um método público estático. Você pode ter de passar variáveis de instância da classe de origem como argumentos, mas isso permitirá que a alteração seja feita. Pode parecer estranho criar um método estático para esse fim, mas pode ser útil em código legado. Costumo considerar os métodos estáticos das classes como uma área provisória. Com frequência, após criarmos vários métodos estáticos e vermos que eles compartilham algumas variáveis, notamos que podemos criar uma nova classe e passar os métodos estáticos para ela como métodos de instância. Quando eles realmente merecem ser métodos de instância da classe atual, podem ser trazidos de volta para a classe quando ela é finalmente coberta por testes.

Vantagens e desvantagens

Brotar Método tem algumas vantagens e desvantagens. Examinemos primeiro as desvantagens. Para começar, ao usá-la, você estará indicando que está abandonando o método de origem e sua classe temporariamente. Não vai submetê-lo a teste nem melhorá-lo – vai apenas adicionar alguma nova funcionalidade em um novo método. Às vezes, abandonar um método ou uma classe é uma opção prática, mas mesmo assim é desagradável. Deixa o código em uma espécie de limbo. O método de origem pode ter um código complicado e só uma parte com um novo método. Pode não ficar claro por que só essa parte está ocorrendo em outro local, o que deixa o método de origem em um estado curioso. Mas pelo menos mostra um trabalho adicional que você pode fazer quando submeter a classe de origem a testes posteriormente.

Agora, vejamos as vantagens. Quando você usar *Brotar Método*, estará separando claramente o novo código do código antigo. Mesmo se não puder submeter o código antigo a teste imediatamente, poderá pelo menos ver as alterações separadamente e ter uma interface clara entre o novo código e o antigo. Você verá todas as variáveis afetadas e isso pode tornar mais fácil determinar se o código está correto no contexto.

Brotar Classe

Brotar Método é uma técnica poderosa, mas em algumas situações de dependência complicadas não tem poder suficiente.

Considere o caso em que você tivesse de fazer alterações em uma classe, mas não houvesse um meio de criar objetos dela em um framework de testes em um prazo razoável, portanto, não poderia derivar um método e escrever testes para ele nessa classe. Você pode ter um grande conjunto de dependências relacionadas à criação, coisas que dificultam a instanciação da classe. Ou ter muitas dependências ocultas. Para eliminá-las, teria de executar refatorações invasivas a fim de desassociá-las o suficiente para compilar a classe em um framework de testes.

Nesses casos, você pode criar outra classe para armazenar suas alterações e usá-la a partir da classe de origem. Examinemos um exemplo simplificado.

Aqui está um método antigo em uma classe C++ chamada `QuarterlyReportGenerator`:

```
std::string QuarterlyReportGenerator::generate()
{
    std::vector<Result> results = database.queryResults(
                                       beginDate, endDate);
    std::string pageText;

    pageText += "<html><head><title>"
            "Quarterly Report"
            "</title></head><body><table>";
    if (results.size() != 0) {
        for (std::vector<Result>::iterator it = results.begin();
                it != results.end();
                ++it) {
            pageText += "<tr>";
            pageText += "<td>" + it->department + "</td>";
            pageText += "<td>" + it->manager + "</td>";
            char buffer [128];
            sprintf(buffer, "<td>$%d</td>", it->netProfit / 100);
            pageText += std::string(buffer);
            sprintf(buffer, "<td>$%d</td>", it->operatingExpense / 100);
            pageText += std::string(buffer);
            pageText += "</tr>";
        }

    } else {
        pageText += "No results for this period";
    }
    pageText += "</table>";
    pageText += "</body>";
    pageText += "</html>";

    return pageText;
}
```

Suponhamos que a alteração a ser feita no código fosse a inclusão de uma linha de cabeçalho para a tabela HTML que ele está produzindo. A linha de cabeçalho deve ter essa aparência:

```
"<tr><td>Department</td><td>Manager</td><td>Profit</td><td>Expenses</td></tr>"
```

Além disso, suponhamos que essa fosse uma classe enorme, que demorasse cerca de um dia submetê-la a um framework de testes e que não tivéssemos esse tempo agora.

Poderíamos formular a alteração como uma pequena classe chamada `QuarterlyReportTableHeaderProducer` e desenvolvê-la usando o *desenvolvimento guiado por testes* (86).

```
using namespace std;

class QuarterlyReportTableHeaderProducer
{
public:
    string makeHeader();
};
```

```
string QuarterlyReportTableProducer::makeHeader()
{
    return "<tr><td>Department</td><td>Manager</td>"
        "<td>Profit</td><td>Expenses</td>";
}
```

Quando a tivermos, poderemos criar uma instância e chamá-la diretamente em `QuarterlyReportGenerator::generate()`:

```
...
QuarterlyReportTableHeaderProducer producer;
pageText += producer.makeHeader();
...
```

Tenho certeza de que você deve estar pensando: "Ele não pode estar falando sério. É ridículo criar uma classe para essa alteração! É apenas uma classe minúscula que não traz nenhum benefício ao projeto. Ela introduz um conceito totalmente novo que apenas torna o código confuso". Bem, nesse momento, é verdade. A única razão para o fazermos é sairmos de uma situação de dependência complicada, mas olhemos mais de perto.

E se chamássemos a classe de `QuarterlyReportTableHeaderGenerator` e lhe déssemos este tipo de interface?

```
class QuarterlyReportTableHeaderGenerator
{
public:
    string generate();
};
```

Agora a classe faz parte de um conceito que conhecemos. `QuarterlyReportTableHeaderGenerator` é um gerador, da mesma forma que `QuarterlyReportGenerator`. As duas têm métodos `generate()` que retornam strings. Podemos documentar essas características comuns no código criando uma classe de interface e fazendo ambas herdarem elementos dela:

```
class HTMLGenerator
{
public:
    virtual ~HTMLGenerator() = 0;
    virtual string generate() = 0;
};

class QuarterlyReportTableHeaderGenerator : public HTMLGenerator

{
public:
    ...
    virtual string generate();
    ...
};
```

```
class QuarterlyReportGenerator : public HTMLGenerator
{
public:
    ...
    virtual string generate();
    ...
};
```

À medida que avançarmos, poderemos submeter `QuarterlyReportGenerator` a testes e alterar sua implementação para que execute grande parte de seu trabalho usando classes geradoras.

Nesse caso, pudemos incorporar rapidamente a classe ao conjunto de conceitos que já tínhamos no aplicativo. Em outros, não podemos, mas isso não deve nos deter. Algumas classes brotadas não podem ser trazidas para dentro dos conceitos principais do aplicativo. Então, elas se tornam conceitos novos. Você poderia gerar uma classe e achar que ela é insignificante para seu projeto até fazer algo semelhante em outro local e ver a similaridade. Às vezes podemos fatorar código duplicado nas novas classes, e geralmente temos de renomeá-las, mas não espere que tudo aconteça ao mesmo tempo.

A maneira como consideramos uma classe brotada quando a criamos e a maneira como a consideramos após alguns meses com frequência são significativamente diferentes. O fato de termos essa nova classe peculiar no sistema nos impele a pensar. Quando você tiver de fazer uma alteração próxima a ela, talvez se pergunte se a alteração faz parte do novo conceito ou se o conceito precisa mudar um pouco. Tudo isso é parte do processo progressivo de projetar.

Basicamente, dois casos nos levam a usar *Brotar Classe*. Em um caso, as alterações nos levam em direção à inclusão de uma responsabilidade inteiramente nova em uma de suas classes. Por exemplo, em software de cálculo de impostos, certas deduções podem não ser possíveis em determinados momentos do ano. Podemos saber como adicionar uma verificação de data à classe `TaxCalculator`, mas essa verificação não é um pouco secundária à responsabilidade principal de `TaxCalculator`: o cálculo do imposto? Talvez ela devesse ser uma nova classe. O outro caso é aquele com o qual começamos este capítulo. Temos uma pequena funcionalidade que poderíamos inserir em uma classe existente, mas não podemos submeter a classe a um framework de testes. Se pudéssemos pelo menos fazê-la ser compilada em um framework de testes, poderíamos tentar usar *Brotar Método*, mas às vezes não temos nem essa sorte.

O que devemos reconhecer nesses dois casos é que, mesmo se a motivação for diferente, quando você examinar os resultados, não haverá uma diferença substancial entre eles. Uma funcionalidade é suficientemente forte para ser uma nova responsabilidade? Isso é algo do âmbito da tomada de decisões. Além disso, já que o código muda com o passar do tempo, a decisão de fazer brotar uma classe costuma parecer sensata quando olhamos para trás.

Aqui estão os passos de *Brotar Classe*:

1. Identifique onde precisa fazer alterações em seu código.
2. Se a alteração puder ser formulada como uma sequência de instruções em um local de um método, pense em um bom nome para uma classe que pudesse fazer esse trabalho. Depois, escreva código que crie um objeto dessa

classe nesse local e chame um método nela que fará o trabalho que você precisa fazer; agora desative essas linhas com comentários.

3. Determine que variáveis locais são necessárias do método de origem e torne-as argumentos do construtor das classes.
4. Determine se a classe brotada terá de retornar valores para o método de origem. Se tiver, ofereça um método na classe que forneça esses valores e adicione uma chamada no método de origem para recebê-los.
5. Desenvolva primeiro o teste da classe brotada (consulte *desenvolvimento guiado por testes* (86)).
6. Remova o comentário do método de origem para ativar a criação e as chamadas.

Vantagens e desvantagens

A principal vantagem de *Brotar Classe* é que a técnica permite que você avance em seu trabalho com mais confiança do que teria se estivesse fazendo alterações invasivas. Em C++, *Brotar Classe* tem a vantagem adicional de não ser preciso modificar nenhum arquivo de cabeçalho existente para a alteração ser feita. Você pode incluir o cabeçalho da nova classe no arquivo de implementação da classe de origem. O fato de estar adicionando um novo arquivo de cabeçalho a seu projeto também é algo bom. Com o tempo, você inserirá no novo arquivo de cabeçalho declarações que poderiam acabar entrando no cabeçalho da classe de origem. Isso diminui a carga de compilação da classe de origem. Pelo menos, você saberá que não está piorando uma situação ruim. Em algum momento posterior, deve poder revisitar a classe de origem e submetê-la a testes.

A principal desvantagem de *Brotar Classe* é a complexidade conceitual. À medida que os programadores conhecem novas bases de código, eles desenvolvem um senso de como as principais classes funcionam em conjunto. Quando você usar *Brotar Classe*, começará a esvaziar as abstrações e fazer grande parte do trabalho em outras classes. Em algumas situações, isso é o que deve ser feito. Em outras, somos levados a fazê-lo só porque não há saída. As coisas que idealmente teriam ficado naquela classe principal acabam ficando em classes brotadas só para tornar possível a realização segura de alterações.

Encapsular Método

É fácil incluir um comportamento em métodos existentes, mas com frequência não é o mais correto a fazer. Quando criamos um método, geralmente ele faz apenas uma coisa para um cliente. Qualquer código extra que você adicionar depois será suspeito. Há chances de que você esteja adicionando-o só porque ele deve ser executado ao mesmo tempo que o código ao qual foi adicionado. Nos primórdios da programação, isso se chamava *associação temporal* e é algo muito deselegante quando feito excessivamente. Quando agrupamos atividades só porque devem ocorrer ao mesmo tempo, o relacionamento entre elas não é muito forte. Posteriormente, você pode descobrir que precisa fazer uma das duas coisas sem a outra, mas a essa altura elas já devem ter se desenvolvido em conjunto. Sem um ponto de extensão, separá-las pode ser um trabalho difícil.

Quando você tiver de adicionar comportamento, pode fazê-lo de uma maneira não tão ligada. Uma das técnicas que pode usar é *Brotar Método*, mas há outra que às vezes é muito útil. Ela se chama *Encapsular Método*. Aqui está um exemplo simples:

```
public class Employee
{
    ...
    public void pay() {
        Money amount = new Money();
        for (Iterator it = timecards.iterator(); it.hasNext(); ) {
            Timecard card = (Timecard)it.next();
            if (payPeriod.contains(date)) {
                amount.add(card.getHours() * payRate);
            }
        }
        payDispatcher.pay(this, date, amount);
    }
}
```

Nesse método, estamos somando os cartões de ponto diários de um funcionário e enviando suas informações de pagamento para um objeto PayDispatcher. Suponhamos que surgisse um novo requisito. Sempre que pagarmos a um funcionário, teremos de atualizar um arquivo com o nome do funcionário para que ele possa ser enviado para algum software de relatório. O local mais fácil para a inserção do código é o método de pagamento. Afinal, tudo deve acontecer ao mesmo tempo, não é? E se, em vez disso, fizéssemos assim?

```
public class Employee
{
    private void dispatchPayment() {
        Money amount = new Money();
        for (Iterator it = timecards.iterator(); it.hasNext(); ) {
            Timecard card = (Timecard)it.next();
            if (payPeriod.contains(date)) {
                amount.add(card.getHours() * payRate);
            }
        }
        payDispatcher.pay(this, date, amount);
    }

    public void pay() {
        logPayment();
        dispatchPayment();
    }


    private void logPayment() {
    ...
    }
}
```

No código, renomeei pay() como dispatchPayment() e o tornei privado. Em seguida, criei um novo método de pagamento que o chama. Nosso novo método pay() registra um pagamento e então o despacha. Clientes que estavam acostumados a chamar pay() não precisarão saber da alteração ou se importar com ela. Eles só fazem sua chamada e tudo funciona perfeitamente.

Esse é um tipo de *Encapsular Método*. Criamos um método com o nome do método original e o delegamos ao nosso código anterior. Usamos esse esquema quando queremos adicionar um comportamento a chamadas existentes do método original. Se quisermos que ocorra o registro sempre que um cliente chamar pay(), essa técnica pode ser muito útil.

Há uma outra forma de *Encapsular Método* que podemos usar quando quisermos apenas adicionar um novo método, um que ainda não tenha sido chamado por ninguém. No exemplo anterior, se quiséssemos que o registro fosse explícito, poderíamos adicionar um método makeLoggedPayment a Employee desta forma:

```
public class Employee
{
    public void makeLoggedPayment() {
        logPayment();
        pay();
    }

    public void pay() {
        ...
    }

    private void logPayment() {
        ...
    }

}
```

Agora os usuários têm a opção de fazer o pagamento das duas maneiras. Essa abordagem foi descrita por Kent Beck em *Smalltalk Patterns: Best Practices* (1996).

Encapsular Método é uma ótima maneira de introduzirmos pontos de extensão ao adicionar novos recursos. Há apenas duas desvantagens. A primeira é que o novo recurso adicionado não pode ser intercalado na lógica do recurso anterior. Deve ser algo que você faça antes ou depois do recurso antigo. Mas isso é ruim? Na verdade, não. Faça quando puder. A segunda desvantagem (e a mais real) é que é preciso criar um novo nome para o código antigo que havia no método. Nesse caso, chamei o código do método pay() de dispatchPayment(). O nome aumentou um pouco e, para ser sincero, não gosto do modo como o código acabou ficando nesse exemplo. O método dispatchPayment() está fazendo mais do que despachar; ele também calcula o pagamento. Se eu tivesse testes definidos, poderia ter extraído a primeira parte de dispatchPayment(), inserido em seu próprio método chamado calculatePay() e dado ao método pay() a aparência a seguir:

```
public void pay() {
    logPayment();
    Money amount = calculatePay();
    dispatchPayment(amount);
}
```

Esse código parece separar bem todas as responsabilidades.

Aqui estão as etapas da primeira versão de *Encapsular Método*:

1. Identifique um método que precise alterar.
2. Se a alteração puder ser formulada como uma sequência de instruções no mesmo local, renomeie o método e crie um novo com o mesmo nome e assinatura do método antigo. Lembre-se de *Preservar Assinaturas* (296) ao fazer isso.
3. Insira uma chamada ao método antigo no novo método.
4. Desenvolva um método para o novo recurso, teste primeiro (consulte *desenvolvimento guiado por testes* (86)) e chame-o a partir do novo método.

Na segunda versão, em que não nos preocupamos em usar o mesmo nome do método antigo, os passos se parecem com os seguintes:

1. Identifique um método que precise alterar.
2. Se a alteração puder ser formulada como uma sequência de instruções no mesmo local, desenvolva um novo método para ela usando o *desenvolvimento guiado por testes* (86).
3. Crie outro método que chame o método novo e o método antigo.

Vantagens e desvantagens

Encapsular Método é uma boa maneira de introduzirmos uma funcionalidade nova e testada em um aplicativo quando não pudermos escrever testes facilmente para o código chamador. *Brotar Método* e *Brotar Classe* adicionam código a métodos existentes e os tornam mais longos em pelo menos uma linha, mas *Encapsular Método* não aumenta o tamanho dos métodos existentes.

Outra vantagem de *Encapsular Método* é que a técnica cria explicitamente a nova funcionalidade independentemente da funcionalidade existente. Quando usamos o encapsulamento, não misturamos o código de uma finalidade com o de outra finalidade.

A principal desvantagem de *Encapsular Método* é que pode levar a nomes inadequados. No exemplo anterior, renomeamos o método `pay` como `dispatchPay()` só porque precisávamos de um nome diferente para o código do método original. Se nosso código não for muito frágil ou complexo, ou se tivermos uma ferramenta de refatoração que execute a técnica *Extrair Método* (389) seguramente, poderemos fazer algumas extrações adicionais e obter nomes melhores. No entanto, em muitos casos, encapsulamos porque não temos nenhum teste, o código é frágil e essas ferramentas não estão disponíveis.

Encapsular Classe

A técnica equivalente no nível de classe a *Encapsular Método* é *Encapsular Classe*. Ela usa praticamente o mesmo conceito. Se tivermos de adicionar comportamento a um sistema, podemos adicioná-lo a um método existente ou a outro elemento que use esse método. Em *Encapsular Classe*, esse elemento é outra classe.

Examinemos o código da classe Employee novamente.

```
class Employee
{
    public void pay() {
        Money amount = new Money();
        for (Iterator it = timecards.iterator(); it.hasNext(); ) {
            Timecard card = (Timecard)it.next();
            if (payPeriod.contains(date)) {
                amount.add(card.getHours() * payRate);
            }
        }
        payDispatcher.pay(this, date, amount);
    }
    ...
}
```

Queremos registrar o fato de que estamos pagando um funcionário específico. Uma medida que podemos adotar é criar outra classe que tenha um método pay. Os objetos dessa classe poderão ser associados a um funcionário, executar o registro no método pay() e então fazer a delegação ao funcionário para realizar o pagamento. Com frequência, a maneira mais fácil de fazer isso, se você não puder instanciar a classe original em um framework de testes, é usar *Extrair Implementador* (334) ou *Extrair Interface* (339) nela e fazer o encapsulador implementar essa interface.

No código a seguir usamos *Extrair Implementador* para transformar a classe Employee em uma interface. Agora uma nova classe, LoggingEmployee, implementa essa classe. Podemos passar qualquer objeto Employee para um objeto LoggingEmployee para que ele faça o registro e o pagamento.

```
class LoggingEmployee extends Employee
{
    public LoggingEmployee(Employee e) {
        employee = e;
    }

    public void pay() {
        logPayment();
        employee.pay();
    }

    private void logPayment() {
```

```
        ...
    }
    ...
}
```

Essa técnica se chama *padrão Decorador*. Criamos objetos de uma classe que encapsula outra classe e os passamos adiante. A classe encapsulada deve ter a mesma interface da classe que está encapsulando para que os clientes não saibam que estão trabalhando com um encapsulador. No exemplo, `LoggingEmployee` é o decorador de `Employee`. Ela precisa ter um método `pay()` e qualquer outro método de `Employee` que seja usado pelo cliente.

O padrão Decorador

Um Decorador nos permite construir comportamentos complexos pela composição de objetos no tempo de execução. Por exemplo, em um sistema industrial de controle de processos, poderíamos ter uma classe chamada `ToolController` com métodos como `raise()`, `lower()`, `step()`, `on()` e `off()`. Se precisarmos que ações adicionais ocorram sempre que executarmos `raise()` ou `lower()` (ações como alarmes audíveis que alertem as pessoas a sair do caminho), poderíamos inserir essa funcionalidade nesses mesmos métodos da classe `ToolController`. No entanto, há chances de que as melhorias não parem por aí. Eventualmente, podemos ter de registrar quantas vezes ativamos e desativamos o controlador. Também podemos ter de notificar outros controladores que estejam próximos quando executarmos `step()` para que eles evitem fazer o mesmo nesse momento. A lista do que podemos fazer com nossas cinco operações simples (`raise`, `lower`, `step`, `on` e `off`) é interminável e não vai adiantar simplesmente criar subclasses para cada combinação de atividades. O número de combinações desses comportamentos poderia ser infinito.

O padrão Decorador é um ajuste ideal para esse tipo de problema. Quando você usar o Decorador, criará uma classe abstrata para definir o conjunto de operações que precisam ser suportadas. Em seguida, criará uma subclasse para herdar da classe abstrata, aceitar uma instância da classe em seu construtor e fornecer um corpo para cada um desses métodos. Aqui está essa classe para o problema de `ToolController`:

```
abstract class ToolControllerDecorator extends ToolController
{
protected ToolController controller;
    public ToolControllerDecorator(ToolController controller) {
        this.controller = controller;
    }
    public void raise() { controller.raise(); }
    public void lower() { controller.lower(); }
    public void step() { controller.step(); }
    public void on() { controller.on(); }
    public void off() { controller.off(); }
}
```

A classe pode não parecer muito útil, mas é. Você pode criar uma subclasse e sobrepor qualquer método ou todos eles para adicionar outro comportamento. Por exemplo, se tivermos de notificar outros controladores quando executarmos step(), poderíamos ter uma classe StepNotifyingController com esta forma:

```
public class StepNotifyingController extends ToolControllerDecorator
{
    private List notifyees;
    public StepNotifyingController(ToolController controller,
            List notifyees) {
        super(controller);
        this.notifyees = notifyees;
    }
    public void step() {
        // notifica todos os participantes aqui
            ...
        controller.step();
    }
}
```

O interessante é que podemos aninhar as subclasses de ToolControllerDecorator:

```
ToolController controller = new StepNotifyingController
                        (new AlarmingController
                        (new ACMEController()), notifyees);
```

Quando executarmos uma operação como step() no controlador, ela notificará todos os objetos notifyees, emitirá um alarme e procederá à ação de avançar. Essa última parte, executar realmente a ação de avançar, ocorre em ACMEController, que é uma subclasse concreta de ToolController, e não de ToolControllerDecorator. Ela não passa a tarefa para nenhuma outra classe; apenas executa cada uma das ações do controlador de ferramentas. Quando você estiver usando o padrão Decorador, precisará de pelo menos uma dessas classes "básicas" no encapsulamento.

O Decorador é um bom padrão, mas é melhor usá-lo com parcimônia. Navegar por código que contém decoradores que decoram outros decoradores é muito parecido com descascar as camadas de uma cebola. É um trabalho necessário, mas que provoca choro.

Essa é uma ótima maneira de adicionar funcionalidade quando você tiver muitos chamadores para um método como pay(). No entanto, há outra maneira de encapsular que não é tão calcada em decoradores. Examinemos um caso em que temos de registrar chamadas a pay() em um único local. Em vez de encapsular a funcionalidade em um decorador, podemos inseri-la em outra classe que aceite um funcionário, faça o pagamento e registre informações sobre ele.

Aqui está uma pequena classe que faz isso:

```
class LoggingPayDispatcher
{
    private Employee e;
```

```
    public LoggingPayDispatcher(Employee e) {
        this.e  = e;
    }

    public void pay() {
        employee.pay();
        logPayment();
    }

    private void logPayment() {
        ...
    }
    ...
}
```

Agora podemos criar LogPayDispatcher no local onde temos de registrar os pagamentos.

O essencial em *Encapsular Classe* é que você pode adicionar um novo comportamento em um sistema sem adicioná-lo a uma classe existente. Quando há muitas chamadas ao código que queremos encapsular, geralmente compensa adotar um encapsulador de estilo decorador. Quando você usar o *padrão Decorador*, poderá adicionar transparentemente um novo comportamento a um conjunto de chamadas existentes como pay() ao mesmo tempo. Por outro lado, se o novo comportamento só tiver de ocorrer em alguns locais, a criação de um encapsulador que não seja um decorador pode ser muito útil. Com o tempo, você deve prestar atenção nas responsabilidades do encapsulador e ver se ele pode se tornar outro conceito de alto nível em seu sistema.

Aqui estão os passos para *Encapsular Classe*:

1. Identifique um método em que tenha de fazer uma alteração.
2. Se a alteração puder ser formulada como uma sequência de instruções em um local, crie uma classe que aceite a classe que você vai encapsular como argumento do construtor. Se tiver problemas para criar uma classe que encapsule a classe original em um framework de testes, talvez você tenha de usar *Extrair Implementador* (334) ou *Extrair Interface* (339) na classe encapsulada para poder instanciar o encapsulador.
3. Usando o *desenvolvimento guiado por testes* (86), crie um método nessa classe que faça o novo trabalho. Escreva outro método que chame o método novo e o método antigo na classe encapsulada.
4. Instancie a classe encapsuladora em seu código no local em que deve ativar o novo comportamento.

A diferença entre *Brotar Método* e *Encapsular Método* é muito trivial. Você está usando *Brotar Método* quando opta por escrever um novo método e chamá-lo a partir de um método existente. E está usando *Encapsular Método* quando opta por renomear um método e substituí-lo por outro que faça o novo trabalho e chame o método antigo. Geralmente uso *Brotar Método* quando o código que tenho no método existente comunica um algoritmo claro para o leitor. Gosto de usar *Encapsular Método* quando acho que o novo recurso que estou adicionando é tão importante quanto o trabalho que já havia aí. Nesse caso, após encapsular, com frequência acabo obtendo um novo algoritmo de alto nível, algo deste tipo:

```
public void pay() {
    logPayment();
    Money amount = calculatePay();
    dispatchPayment(amount);
}
```

Optar pelo uso de *Encapsular Classe* é uma questão totalmente diferente. Há um limiar mais alto para esse padrão. Geralmente, dois casos me levam a usar *Encapsular Classe*:

1. O comportamento que desejo adicionar é totalmente independente e não quero poluir a classe existente com um comportamento não relacionado ou de baixo nível.
2. A classe ficou tão grande que não quero deixá-la pior. Em um caso como esse, faço o encapsulamento apenas para marcar o caminho e fornecer um mapa para alterações posteriores.

O segundo caso é muito difícil de executar e aceitar. Se você tiver uma classe muito grande com, digamos, 10 ou 15 responsabilidades diferentes, pode parecer um pouco estranho encapsulá-la apenas para adicionar alguma funcionalidade trivial. Na verdade, se você não apresentar um caso convincente a seus colaboradores, poderá levar uma surra no estacionamento ou, pior, ser ignorado pelo resto de seus dias de trabalho; portanto, deixe-me ajudá-lo a resolver esse caso.

O maior obstáculo a melhorias em bases de código grandes é o código existente. "Que novidade", você poderia dizer. Mas não estou falando sobre como é duro trabalhar em um código difícil; estou falando sobre o que esse código nos leva a achar. Se você ficar muito tempo analisando código feio, poderá acreditar que ele sempre será feio e que qualquer pequena ação que executar para melhorá-lo simplesmente não valerá a pena. Você pode pensar: "De que adianta eu melhorar essa pequena parte se 90% do tempo ainda estarei trabalhando com uma joça obscura? Certo, posso melhorar essa parte, mas em que isso me beneficiará hoje? Ou amanhã?". Se você olhar as coisas por esse prisma, sou obrigado a concordar. Não vai ajudar muito. Mas se você fizer persistentemente essas pequenas melhorias, seu sistema começará a ter uma aparência significativamente diferente no decorrer de alguns meses. Em algum momento, você irá para o trabalho de manhã, esperando pôr as mãos em uma joça qualquer, e perceberá que "esse código até que parece muito bom. Parece que alguém esteve aqui refatorando recentemente". Nesse momento, quando você perceber a diferença entre código bom e código ruim, será outra pessoa. Pode até mesmo querer refatorar mais do que o necessário à conclusão do trabalho, só para facilitar a vida. Isso pode parecer ingênuo se você ainda não vivenciou, mas já vi acontecer a muitas equipes. A parte difícil é o conjunto inicial de passos, porque às vezes eles parecem bobos. "O quê? Encapsular uma classe só para adicionar esse pequeno recurso? Parece pior do que antes. É mais complicado." É sim, mas por enquanto. Quando você começar realmente a dividir aquelas 10 ou 15 responsabilidades nessa classe encapsulada, vai lhe parecer muito mais apropriado.

Resumo

Neste capítulo, descrevi um conjunto de técnicas que você pode usar para fazer alterações sem submeter as classes existentes a testes. Do ponto de vista de projeto, é difícil saber o que achar delas. Em muitos casos, elas nos permitem distanciar as novas responsabilidades das antigas. Em outras palavras, começamos a nos mover em direção a um projeto melhor. Mas, em alguns casos, sabemos que a única razão para criarmos uma classe é porque queríamos escrever um novo código com testes e não estávamos preparados para nos dedicar a testar a classe existente. Essa é uma situação muito real. Quando as pessoas fazem isso em projetos, você começa a ver novas classes e métodos brotando ao redor das carcaças das classes grandes anteriores. Mas então algo interessante acontece. Após algum tempo, elas se cansam de evitar as carcaças antigas e começam a submetê-las a testes. Parte dessa atitude vem da familiaridade. Se você tiver de olhar para essa grande classe não testada repetidamente para descobrir de onde pode gerar coisas a partir dela, vai conhecê-la melhor. Ela passará a ser menos assustadora. A outra parte vem do cansaço absoluto. Você se cansa de ver o lixo em sua sala e quer limpá-lo. O Capítulo 9, *Não consigo submeter esta classe a um framework de testes*, e o Capítulo 20, *Esta classe é muito grande e não quero que ela cresça mais*, são bons pontos de partida.

Capítulo 7

Leva uma eternidade fazer uma alteração

Quanto tempo demora fazer alterações? A resposta varia muito. Em projetos com código terrivelmente obscuro, as alterações podem demorar muito tempo. Temos de vasculhar o código, entender todas as ramificações de uma alteração e então executá-la. Em áreas mais claras do código, isso pode ser mais rápido, mas em áreas realmente confusas pode demorar bastante. Algumas equipes se saem bem pior do que outras. Para elas, até mesmo as alterações de código mais simples têm implementação demorada. Os membros dessas equipes podem descobrir que recurso é preciso adicionar, visualizar exatamente onde a alteração deve ser feita, entrar no código e executá-la em cinco minutos e, mesmo assim, não conseguir liberar sua alteração por várias horas.

Examinemos as razões e algumas das soluções possíveis.

Compreensão

À medida que o código cresce em um projeto, gradualmente ele ultrapassa a compreensão. O tempo que leva descobrir o que alterar apenas continua a aumentar.

Parte desse problema é inevitável. Quando adicionamos código a um sistema, podemos adicioná-lo a classes, métodos ou funções existentes, ou podemos adicionar novas classes, métodos ou funções. Nos dois casos, demora um pouco descobrir como fazer uma alteração se não estamos familiarizados com o contexto.

No entanto, há uma diferença-chave entre um sistema bem mantido e um sistema legado. Em um sistema bem mantido, pode demorar um pouco sabermos como fazer uma alteração, mas, quando descobrimos, geralmente é fácil e nos sentimos muito mais confortáveis com o sistema. Em um sistema legado, podemos demorar muito para descobrir o que fazer e é difícil alterar. Você também pode se sentir como se não tivesse ido muito além da compreensão básica que teve de adquirir para fazer a alteração. Nos piores casos, parece que nunca haverá tempo suficiente para a compreensão de tudo o que é preciso fazer para efetuar uma alteração e você tem de percorrer o código cegamente e começar, esperando conseguir resolver todos os problemas encontrados.

Sistemas divididos em pequenas partes bem nomeadas e compreensíveis permitem um trabalho mais rápido. Se a compreensão for um grande problema em seu projeto, consulte o Capítulo 16, *Não entendo o código suficientemente bem para alterá-lo*, e o Capítulo 17, *Meu aplicativo não tem estrutura*, para ver algumas ideias de como proceder.

Tempo de latência

Com frequência, as alterações demoram muito por outra razão bastante comum: o tempo de latência. Tempo de latência é o tempo passado entre uma alteração e o momento em que você obtém feedback real sobre a alteração. Enquanto escrevo este texto, o veículo Spirit está se movimentando pela superfície de Marte tirando fotos. Leva cerca de sete minutos para sinais irem da Terra a Marte. Felizmente, o Spirit tem software de condução a bordo que o ajudam a se mover por conta própria. Imagine como seria dirigi-lo manualmente da Terra. Você opera os controles e 14 minutos depois fica sabendo a distância percorrida. Então decide o que quer fazer em seguida, faz e espera mais 14 minutos para saber o que aconteceu. Parece ridiculamente ineficiente, não? Mas, se pensarmos bem, é exatamente a maneira como a maioria de nós trabalha ao desenvolver software. Fazemos algumas alterações, começamos uma construção e só descobrimos o que ocorreu depois. Infelizmente, não temos software que saiba como superar obstáculos na construção, coisas como falhas em testes. O que tentamos fazer, em vez disso, é agrupar um conjunto de alterações e fazê-las todas ao mesmo tempo para não termos de construir com muita frequência. Se nossas alterações forem boas, avançamos, porém tão lentos quanto o veículo em Marte. Quando encontramos um obstáculo, avançamos ainda mais lentamente.

O que é mais triste nessa forma de trabalhar é que, na maioria das linguagens, isso é totalmente desnecessário. É uma total perda de tempo. Em grande parte das linguagens populares, sempre podemos quebrar dependências de uma maneira que nos permita recompilar e executar testes em qualquer código em menos de 10 segundos. Se uma equipe estiver realmente motivada, seus membros podem fazê-lo em menos de cinco segundos, na maioria dos casos. Isso nos mostra o seguinte: você deve poder compilar cada classe ou módulo de seu sistema separadamente uns dos outros e em seus próprios conjuntos de testes. Quando tiver isso, conseguirá obter um feedback muito rápido e isso ajuda o desenvolvimento a avançar mais velozmente.

A mente humana tem algumas qualidades interessantes. Quando temos de realizar uma tarefa curta (de 5-10 segundos) e só podemos dar um passo a cada minuto, geralmente a realizamos e fazemos uma pausa. Se tivermos de fazer algo para descobrir o que deve ser executado no próximo passo, começamos a planejar. Após planejarmos, nossas mentes devaneiam até podermos passar para o próximo passo. Quando diminuímos o tempo entre as etapas de um minuto para alguns segundos, a qualidade do trabalho mental passa a ser diferente. Podemos usar o feedback para testar as abordagens rapidamente. Nosso trabalho fica mais parecido com dirigir e não com esperar em um ponto de ônibus. Nossa concentração é mais intensa porque não estamos sempre esperando a próxima chance de fazer algo. O mais importante é que o tempo que levamos para detectar e corrigir erros é muito menor.

O que nos impede de trabalhar desse jeito o tempo todo? Algumas pessoas conseguem fazer isso. Pessoas que programam em linguagens interpretadas com frequência podem obter feedback quase instantâneo quando trabalham. Para o resto de nós, que trabalha em linguagens compiladas, o principal obstáculo é a dependência, a necessidade de compilar algo com o qual não estamos preocupados só porque queremos compilar alguma outra coisa.

Eliminando dependências

As dependências podem ser problemáticas, mas, felizmente, podemos quebrá-las. Em código orientado a objetos, muitas vezes o primeiro passo é tentar instanciar as classes de que precisamos em um framework de testes. Nos casos mais fáceis, podemos fazer isso simplesmente importando ou incluindo a declaração das classes das quais dependemos. Em casos mais difíceis, tente usar as técnicas do Capítulo 9, *Não consigo submeter esta classe a framework de testes*. Quando você conseguir criar um objeto de uma classe em um framework de testes, talvez tenha outras dependências a quebrar se quiser testar métodos individuais. Nesses casos, consulte o Capítulo 10, *Não consigo executar este método em um framework de testes.*

Quando temos uma classe que precisamos alterar em um framework de testes, geralmente, podemos nos beneficiar de tempos muito velozes de edição-compilação-vinculação-teste. O custo de execução para a maioria dos métodos costuma ser relativamente baixo em comparação com os custos dos métodos que eles chamam, principalmente se as chamadas forem a recursos externos como bancos de dados, hardware ou a infraestrutura de comunicação. As vezes em que isso não acontece normalmente são casos em que os métodos são de cálculo intensivo. As técnicas que descrevi no Capítulo 22, *Preciso alterar um método monstro e não consigo escrever testes para ele*, pode ajudar.

Em muitos casos, a alteração pode ser simples assim, mas geralmente quem trabalha em código legado fica paralisado no primeiro passo: tentar submeter uma classe a um framework de testes. Pode ser um esforço muito grande em alguns sistemas. Algumas classes são muito grandes; outras têm tantas dependências que elas parecem ofuscar totalmente a funcionalidade na qual queremos trabalhar. Em casos como esses, compensa ver se conseguimos separar um bloco maior do código e colocá-lo sob testes. Consulte o Capítulo 12, *Preciso fazer muitas alterações em uma área. Tenho de quebrar dependências de todas as classes envolvidas?*. Tal capítulo contém um conjunto de técnicas que você pode usar para encontrar *pontos de fixação* (173), locais onde é mais fácil a escrita de testes.

No restante deste capítulo, descreverei o que você pode fazer para mudar a maneira como seu código está organizado para facilitar as construções.

Dependências de construção

Em um sistema orientado a objetos, se você tiver um grupo de classes que queira construir mais rapidamente, a primeira coisa que terá de descobrir é que dependências vão atrapalhar. Geralmente, isso não é tão difícil: você só precisa tentar usar as classes em um framework de testes. Quase todos os problemas que encontrar serão resultado de alguma dependência que você terá de quebrar. Após as classes serem executadas em um framework de testes, ainda haverá algumas dependências que poderão afetar o tempo de compilação. Compensa examinar tudo que dependa do que você pôde instanciar. Esses itens terão de ser recompilados quando você reconstruir o sistema. Como minimizar isso?

O modo de resolver esse problema é extraindo interfaces para as classes de seu grupo que forem usadas por classes de fora do grupo. Em muitos IDEs, podemos extrair uma interface selecionando uma classe e fazendo a seleção no menu que exibe a lista de todos os métodos da classe e permite que selecionemos quais queremos que façam parte da nova interface. Posteriormente, as ferramentas nos permitem fornecer o nome da nova interface. Também nos dão a opção de deixar que ela substitua onde puder referências à classe por referências à interface na base de código. É um recurso incrivelmente útil. Em C++, é um pouco mais fácil usar *Extrair Implementador* (334) em vez de *Extrair Interface* (339). Não precisamos alterar os nomes de referências em todos os lugares, mas temos de alterar os locais que criam instâncias da classe anterior (consulte *Extrair Implementador* para ver detalhes).

Quando tivermos esses grupos de classes cobertos por testes, teremos a opção de alterar a estrutura física de nosso projeto para facilitar as construções. Podemos fazer isso movendo os grupos para um novo pacote ou biblioteca. As construções ficarão mais complexas, mas aqui está o segredo: à medida que quebrarmos dependências e dividirmos as classes em novos pacotes ou bibliotecas, o custo geral de uma reconstrução do sistema inteiro aumentará um pouco, mas o tempo médio de uma construção pode diminuir drasticamente.

Examinemos um exemplo. A Figura 7.1 mostra um pequeno conjunto de classes em colaboração, todas no mesmo pacote.

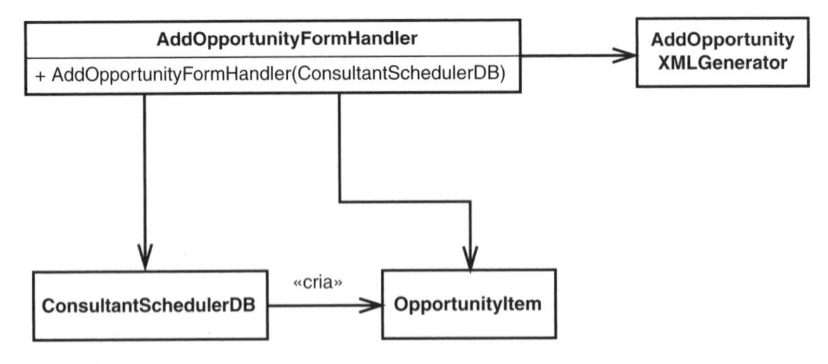

Figura 7.1 *Classes de manipulação de oportunidades.*

Queremos fazer algumas alterações na classe AddOpportunityFormHandler, mas seria bom se também pudéssemos executar nossa construção mais rápido. A primeira etapa é tentar instanciar um AddOpportunityFormHandler. Infelizmente, todas as classes das quais ela depende são concretas. AddOpportunityFormHandler precisa de um ConsultantSchedulerDB e um AddOpportunityXMLGenerator. Essas duas classes podem depender de outras classes que não estão no diagrama.

Se tentarmos instanciar um AddOpportunityFormHandler, sabe-se lá quantas classes mais acabaremos usando. Podemos resolver isso começando a quebrar dependências. A primeira dependência que encontramos é ConsultantSchedulerDB. Temos de criar uma para passar para o construtor de AddOpportunityFormHandler. Seria incômodo usar essa classe porque ela se conecta com o banco de dados e não queremos fazê-lo durante o teste. No entanto, poderíamos usar *Extrair Implementador* (334) e quebrar a dependência como mostrado na Figura 7.2.

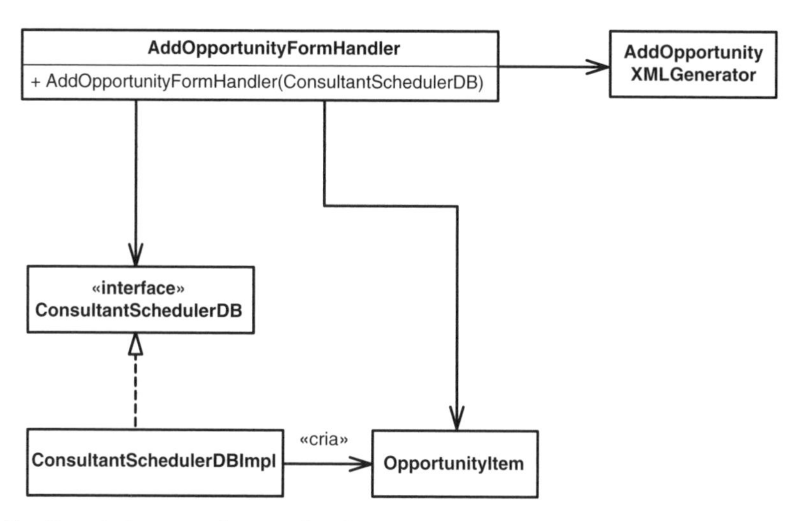

Figura 7.2 *Extraindo um implementador de ConsultantSchedulerDB.*

Agora que ConsultantSchedulerDB é uma interface, podemos criar um AddOpportunityFormHandler usando um objeto fictício que implemente a interface ConsultantSchedulerDB. O interessante é que, quebrando essa dependência, aceleramos nossa construção em certas circunstâncias. Na próxima vez que fizermos uma modificação em ConsultantSchedulerDBImpl, AddOpportunityFormHandler não precisará ser recompilada. Por quê? Porque ela não depende mais diretamente do código de ConsultantSchedulerDBImpl. Podemos fazer quantas alterações quisermos no arquivo de ConsultantSchedulerDBImpl, mas a menos que façamos algo que nos force a alterar a interface ConsultantSchedulerDB, não teremos de reconstruir a classe AddOpportunityFormHandler.

Se quisermos, podemos nos distanciar ainda mais da recompilação forçada, como mostrado na Figura 7.3. Aqui está outro projeto para o sistema que obtivemos usando *Extrair Implementador* (334) na classe OpportunityItem.

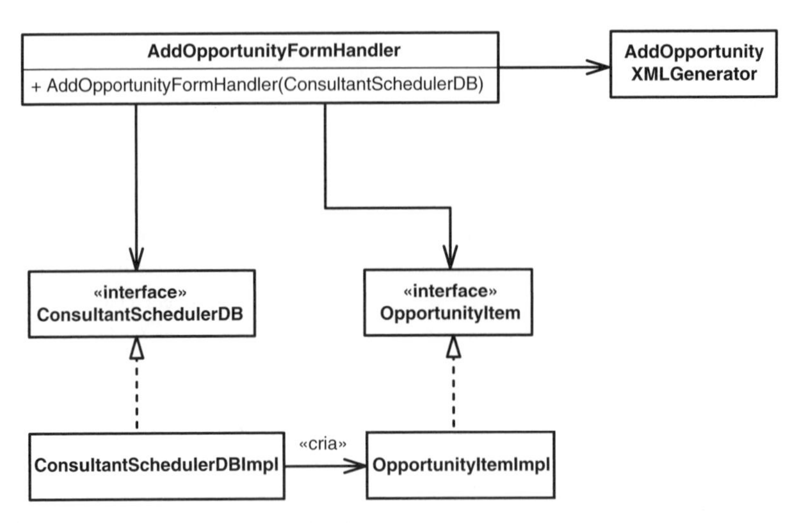

Figura 7.3 *Extraindo um implementador de* `OpportunityItem`.

Agora `AddOpportunityFormHandler` não depende do código original de `OpportunityItem`. De certa forma, inserimos um "firewall de compilação" no código. Podemos fazer quantas alterações quisermos em `ConsultantSchedulerDBImpl` e `OpportunityItemImpl` sem forçar `AddOpportunityFormHandler` a ser recompilada nem demandar o mesmo de seus usuários. Se quiséssemos deixar isso explícito na estrutura de pacotes do aplicativo, poderíamos dividir nosso projeto nos pacotes separados mostrados na Figura 7.4.

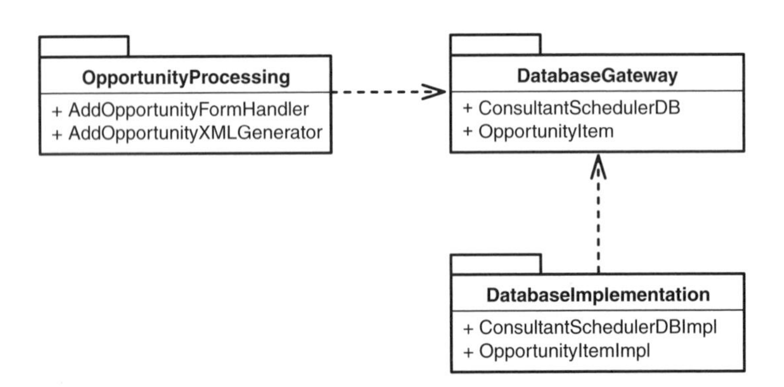

Figura 7.4 *Estrutura de pacotes refatorada.*

Agora temos um pacote, `OpportunityProcessing`, que realmente não depende da implementação do banco de dados. Quaisquer testes que criarmos e inserirmos no pacote devem ser compilados rapidamente, e nem mesmo o pacote precisará ser recompilado quando alterarmos código nas classes de implementação do banco de dados.

O princípio de inversão de dependência

Quando o código depende de uma interface, geralmente essa dependência é muito pequena e irrelevante. O código não tem de mudar a menos que a interface mude, e normalmente as interfaces mudam com muito menos frequência do que o código que existe por trás delas. Quando você tiver uma interface, poderá editar ou adicionar novas classes que a implementem, tudo isso sem afetar trechos de código que usam a interface.

Portanto, é melhor depender de interfaces ou classes abstratas do que depender de classes concretas. Quando você depender de elementos menos voláteis, reduzirá as chances de que alterações específicas acionem uma recompilação em massa.

Até agora, fizemos algumas coisas para impedir que `AddOpportunityFormHandler` seja recompilada ao modificarmos classes das quais ela depende. Isso acelera as construções, mas é apenas metade do problema. Também podemos acelerar as construções para código que dependa de `AddOpportunityFormHandler`. Examinemos o projeto dos pacotes novamente, na Figura 7.5.

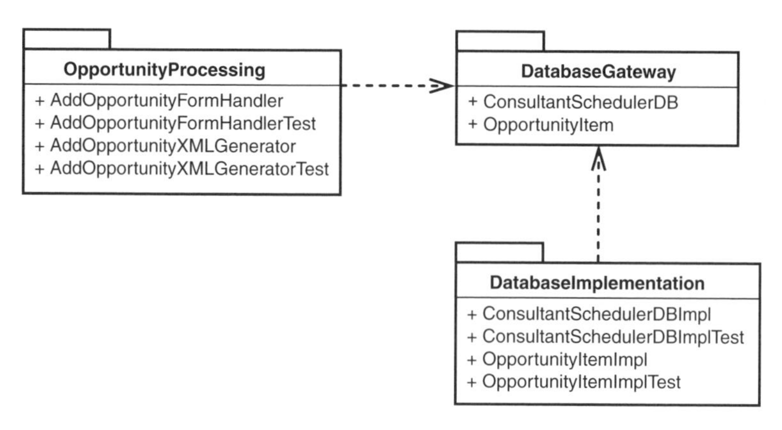

Figura 7.5 *Estrutura de pacotes.*

`AddOpportunityFormHandler` é a única classe pública de produção (que não é de teste) de `OpportunityProcessing`. Qualquer classe de outros pacotes que depender dela terá de ser recompilada quando a alterarmos. Também podemos quebrar essa dependência usando *Extrair Interface* (339) ou *Extrair Implementador* (334) em `AddOpportunityFormHandler`. Assim, as classes de outros pacotes poderão depender das interfaces. Ao fazer isso, estaremos protegendo eficientemente todos os usuários desse pacote contra a recompilação quando executarmos a maioria das alterações.

Também podemos quebrar dependências e alocar classes em pacotes diferentes para acelerar o tempo de construção, o que traz muitas vantagens. Quando você puder reconstruir e executar seus testes bem rapidamente, obterá um feeedback melhor ao desenvolver. Quase sempre, isso significa menos erros e aborrecimentos. Mas tem seu custo. Há alguma sobrecarga conceitual pela existência de mais interfaces e pacotes. É um preço justo a pagar em comparação com a alternativa? Sim. Em certas ocasiões, pode ser mais demorado encontrar as coisas se você tiver mais pacotes e interfaces, mas quando encontrar, vai poder trabalhar com elas com muita facilidade.

Se você introduzir mais interfaces e pacotes em seu projeto para quebrar dependências, o tempo necessário à reconstrução do sistema inteiro aumentará um pouco. Há mais arquivos para serem compilados. Mas o tempo médio da execução de um make, uma construção baseada no que *precisa* ser recompilado, pode diminuir drasticamente.

Quando você começar a otimizar seu tempo médio de construção, acabará tendo áreas de código muito fáceis de manipular. Talvez seja um pouco incômodo fazer um pequeno conjunto de classes ser compilado separadamente e estar coberto por testes, mas é importante lembrar que só teremos de fazer isso uma vez para esse conjunto de classes; depois, é só colher os frutos para sempre.

Resumo

As técnicas que mostrei neste capítulo podem ser usadas para acelerar o tempo de construção para pequenos grupos de classes, mas essa é apenas uma pequena parte do que você pode fazer usando interfaces e pacotes para gerenciar dependências. O livro de Robert C. Martin, *Agile Software Development: Principles, Patterns, and Practices* (2002), apresenta mais técnicas que todo desenvolvedor de software deve conhecer.

Capítulo 8

Como adiciono um recurso?

Essa deve ser a questão mais abstrata e específica do domínio do problema do livro. Quase não a adicionei por causa disso. Mas a verdade é que, independentemente da abordagem de projeto ou das restrições que encontrarmos, há algumas técnicas que podemos usar para facilitar o trabalho.

Falemos sobre contexto. Em código legado, uma das considerações mais importantes é a de que não há testes definidos para grande parte de nosso código. Pior, defini-los pode ser difícil. Portanto, membros de muitas equipes ficam tentados a adotar as técnicas do Capítulo 6, *Não tenho muito tempo e preciso alterá-lo*, por causa disso. Podemos usar as técnicas descritas lá (brotamento e encapsulamento) para fazer acréscimos ao código sem testes, mas há alguns perigos além dos óbvios. Para começar, quando usamos brotamento ou encapsulamento, não modificamos significativamente o código existente; logo, ele não vai melhorar por enquanto. A duplicação é outro perigo. Se o código que adicionamos duplica um código que existe nas áreas não testadas, ele pode simplesmente ficar esquecido. Ainda, podemos não perceber que temos duplicação até avançarmos bastante nas alterações. Os últimos perigos são o medo e a resignação: medo de não podermos alterar um trecho de código específico e torná-lo mais fácil de manipular, e resignação porque áreas inteiras do código não estão melhorando. O medo atrapalha a boa tomada de decisões. Os brotamentos e encapsulamentos deixados no código são pequenos lembretes disso.

Geralmente, é melhor enfrentar o monstro do que se esconder dele. Se pudermos ter testes para nosso código, poderemos usar as técnicas deste capítulo para avançar de uma maneira satisfatória. Se tiver de encontrar maneiras de definir testes, consulte o Capítulo 13, *Preciso fazer uma alteração, mas não sei que testes escrever*. Se as dependências estiverem atrapalhando, consulte o Capítulo 9, *Não consigo submeter esta classe a um framework de testes*, e o Capítulo 10, *Não consigo executar este método em um framework de testes*.

Uma vez que tivermos testes definidos, estaremos em uma posição melhor para adicionar novos recursos. Teremos uma base sólida.

Desenvolvimento guiado por testes (TDD)

A técnica mais poderosa de inclusão de recursos que conheço é o desenvolvimento guiado por testes (TDD). Resumindo, é assim que funciona: imaginamos um método que nos ajude a resolver alguma parte de um problema e então criamos um caso de teste que falhe para ele. O método ainda não existe, mas se pudermos escrever um teste para ele, teremos solidificado nossa compreensão do que o código que estamos para escrever deve fazer.

O *desenvolvimento guiado por testes* usa um pequeno algoritmo com este roteiro:

1. Crie um caso de teste que falhe.
2. Faça-o compilar.
3. Faça-o passar.
4. Remova a duplicação.
5. Repita.

Vejamos um exemplo. Estamos trabalhando em um aplicativo financeiro e precisamos de uma classe que use matemática avançada para verificar se certas mercadorias devem ser comercializadas. Precisamos de uma classe Java que calcule algo chamado o primeiro momento estatístico baseado em um ponto. Ainda não temos um método que faça isso, mas sabemos que podemos escrever um caso de teste para ele. Como conhecemos o cálculo, sabemos que a resposta deve ser `-0,5` para os dados que codificamos no teste.

Crie um caso de teste que falhe

Aqui está um caso de teste para a funcionalidade de que precisamos:

```
public void testFirstMoment() {
    InstrumentCalculator calculator = new InstrumentCalculator();
    calculator.addElement(1.0);
    calculator.addElement(2.0);

    assertEquals(-0.5, calculator.firstMomentAbout(2.0), TOLERANCE);
}
```

Faça-o compilar

O teste que acabamos de escrever é bom, mas não compila. Não temos um método chamado `firstMomentAbout` em `InstrumentCalculator`. Mas o adicionamos como um método vazio. Como queremos que o teste falhe, faremos com que ele retorne o valor double `NaN` (que definitivamente não é o valor `-0.5` esperado):

```
public class InstrumentCalculator
{
    double firstMomentAbout(double point) {
        return Double.NaN;
    }
    ...
}
```

Faça-o passar

Com o teste definido, criamos o código que o fará passar:

```
public double firstMomentAbout(double point) {
    double numerator = 0.0;
    for (Iterator it = elements.iterator(); it.hasNext(); ) {
        double element = ((Double)(it.next())).doubleValue();
        numerator += element - point;
    }
    return numerator / elements.size();
}
```

Esse é um volume de código anormalmente grande para ser escrito em resposta a um teste no TDD. Geralmente, os passos são muito menores, embora possam ter essa magnitude quando temos certeza do algoritmo que precisamos usar.

Remova a duplicação

Temos alguma duplicação aqui? Na verdade, não. Podemos passar para o próximo caso.

Crie um caso de teste que falhe

O código que acabamos de escrever faz o teste passar, mas com certeza ele não funcionará para todos os casos. Na instrução de retorno, poderíamos acidentalmente dividir por zero. O que devemos fazer nesse caso? O que retornaremos quando não tivermos elementos? Nesse caso, queremos lançar uma exceção. Os resultados serão irrelevantes para nós, a menos que tenhamos dados em nossa lista de elementos.

Esse próximo teste é especial. Ele falha se uma `InvalidBasisException` não é lançada, e passa se nenhuma ou qualquer outra exceção é lançada. Quando o executamos, ele falha porque uma `ArithmeticException` é lançada quando dividimos por zero em `firstMomentAbout`.

```
public void testFirstMoment() {
    try {
        new InstrumentCalculator().firstMomentAbout(0.0);
        fail("expected InvalidBasisException");
    }
    catch (InvalidBasisException e) {
    }
}
```

Faça-o compilar

Para fazer isso, precisamos alterar a declaração de `firstMomentAbout` para que ela lance uma `InvalidBasisException`.

```
public double firstMomentAbout(double point)
        throws InvalidBasisException{

    double numerator = 0.0;
    for (Iterator it = elements.iterator(); it.hasNext(); ) {
        double element = ((Double)(it.next())).doubleValue();
        numerator += element - point;
    }
    return numerator / elements.size();
}
```

Mas isso não compila. Os erros do compilador nos dizem que temos de lançar realmente a exceção se ela estiver listada na declaração; portanto, vamos em frente e escrevemos o código:

```
public double firstMomentAbout(double point)
          throws InvalidBasisException  {

    if (element.size() == 0)
        throw new InvalidBasisException("no elements");

    double numerator = 0.0;
    for (Iterator it = elements.iterator(); it.hasNext(); ) {
        double element = ((Double)(it.next())).doubleValue();
        numerator += element - point;
    }
    return numerator / elements.size();
}
```

Faça-o passar

Agora nossos testes passam.

Remova a duplicação

Não há nenhuma duplicação nesse caso.

Crie um caso de teste que falhe

O próximo bloco de código que devemos escrever é um método que calcula o segundo momento estatístico baseado em um ponto. Na verdade, é apenas uma variação do primeiro. Aqui está um teste que nos conduz à escrita desse código. Nesse caso, o valor esperado é `0,5` em vez de `-0,5`. Escrevemos um novo teste para um método que ainda não existe: `secondMomentAbout`.

```
public void testSecondMoment() throws Exception {
    InstrumentCalculator calculator = new InstrumentCalculator();
    calculator.addElement(1.0);
    calculator.addElement(2.0);

    assertEquals(0.5, calculator.secondMomentAbout(2.0), TOLERANCE);
}
```

Faça-o compilar

Para fazê-lo compilar, temos de adicionar uma definição para `secondMomentAbout`. Poderíamos usar o mesmo truque que usamos para o método `firstMomentAbout`, mas o código do segundo momento é apenas uma pequena variação do código do primeiro momento.

Esta linha de `firstMoment`:

```
numerator += element - point;
```

precisa se tornar esta no caso do segundo momento:

```
numerator += Math.pow(element - point, 2.0);
```

E há um padrão geral para esse tipo de coisa. O enésimo momento estatístico é calculado com o uso desta expressão:

```
numerator += Math.pow(element - point, N);
```

O código de `firstMoment` funciona porque `element - point` é o mesmo que `Math.pow(element - point, 1.0)`.

Nesse momento, temos algumas opções. Podemos considerar a generalidade e criar um método geral que use como argumento um ponto "base" e um valor para N. Em seguida, podemos substituir todas as ocorrências de `firstMomentAbout(double)` por uma chamada a esse método geral. Isso pode ser feito, mas sobrecarregaria os chamadores com a necessidade de fornecer um valor N, e não queremos permitir que os clientes forneçam um valor arbitrário para N. Parece que estamos divagando aqui. Temos de nos concentrar e terminar o que começamos. Nossa única tarefa agora é fazer o código compilar. Podemos generalizar depois, se ainda quisermos.

Para fazê-lo compilar, podemos criar uma cópia do método `firstMomentAbout` e renomeá-la, de modo que agora se chame `secondMomentAbout`:

```
public double secondMomentAbout(double point)
        throws InvalidBasisException {

    if (elements.size() == 0)
        throw new InvalidBasisException("no elements");

    double numerator = 0.0;
    for (Iterator it = elements.iterator(); it.hasNext(); ) {
        double element = ((Double)(it.next())).doubleValue();
        numerator += element - point;
    }
    return numerator / elements.size();
}
```

Faça-o passar

Esse código não passa no teste. Quando falhar, podemos voltar atrás e fazê-lo passar alterando-o para o código a seguir:

```
public double secondMomentAbout(double point)
        throws InvalidBasisException {

    if (elements.size() == 0)
        throw new InvalidBasisException("no elements");

    double numerator = 0.0;
    for (Iterator it = elements.iterator(); it.hasNext(); ) {
        double element = ((Double)(it.next())).doubleValue();
        numerator += Math.pow(element - point, 2.0);
    }
    return numerator / elements.size();
}
```

Você deve ter ficado surpreso com as operações recortar/copiar/colar que acabamos de executar, mas vamos remover a duplicação em breve. O código que estamos escrevendo é totalmente novo. Mas o truque de apenas copiar o código de que precisamos e transformá-lo em um novo método é muito poderoso no contexto de código legado. Com frequência, quando queremos adicionar recursos a um código particularmente confuso, é mais fácil entender nossas modificações quando as inserimos em algum local novo e podemos vê-las lado a lado com o código anterior. Podemos remover a duplicação posteriormente para incorporar o novo código à classe de uma maneira mais adequada, ou podemos apenas remover a modificação e tentar fazê-la de uma maneira diferente, sabendo que ainda temos o código antigo para examinar e entender.

Remova a duplicação

Agora que temos dois testes que passam, é preciso executar o próximo passo: remover a duplicação. Como fazê-lo?

Uma maneira é extrair o corpo inteiro de secondMomentAbout, chamá-lo de nthMomentAbout e fornecer um parâmetro, N:

```
public double secondMomentAbout(double point)
        throws InvalidBasisException {
    return nthMomentAbout(point, 2.0);
}

private double nthMomentAbout(double point, double n)
        throws InvalidBasisException {

    if (elements.size() == 0)
        throw new InvalidBasisException("no elements");

    double numerator = 0.0;
    for (Iterator it = elements.iterator(); it.hasNext(); ) {
        double element = ((Double)(it.next())).doubleValue();
        numerator += Math.pow(element - point, n);
    }
    return numerator / elements.size();
}
```

Se executarmos nossos testes agora, veremos que eles passam. Podemos voltar a firstMomentAbout e substituir seu corpo por uma chamada a nthMomentAbout:

```
public double firstMomentAbout(double point)
        throws InvalidBasisException {
    return nthMomentAbout(point, 1.0);
}
```

Essa etapa final, a remoção da duplicação, é muito importante. Podemos adicionar recursos de maneira rápida e agressiva copiando blocos inteiros de código, mas se não removermos a duplicação posteriormente, estaremos apenas causando problemas e criando sobrecarga de manutenção. Por outro lado, se tivermos testes definidos, poderemos remover a duplicação facilmente. Foi o que vimos aqui, mas só tivemos testes porque usamos o TDD desde o início. Em código legado, os testes que escrevemos para código existente quando usamos o TDD são muito importantes. Quando eles existem, podemos escrever o código necessário à inclusão de um recurso sabendo que teremos como incorporá-lo ao resto do código sem piorar as coisas.

TDD e código legado

Uma das características mais valiosas do TDD é que ele permite que nos concentremos em uma ação de cada vez. Estamos escrevendo código ou refatorando; nunca executando as duas atividades ao mesmo tempo.

Essa separação é particularmente valiosa em código legado porque nos permite escrever código novo independentemente do código antigo.

Após termos escrito algum código novo, podemos refatorar para remover qualquer duplicação entre ele e o código antigo.

Para código legado, podemos estender o algoritmo do TDD desta forma:

0. *Forneça testes à classe que deseja alterar.*
1. Crie um caso de teste que falhe.
2. Faça-o compilar.
3. Faça-o passar. (*Tente não alterar o código existente ao fazer isso.*)
4. Remova a duplicação.
5. Repita.

Programação por diferença

O *desenvolvimento guiado por testes* não está amarrado à orientação a objetos. Na verdade, o exemplo da seção anterior é apenas um trecho de código procedural encapsulado em uma classe. Na OO, temos outra opção. Podemos usar a herança para introduzir recursos sem modificar uma classe diretamente. Após termos adicionado o recurso, podemos resolver exatamente de que maneira o queremos integrado.

A principal técnica para se fazer isso é a *programação por diferença*. É uma técnica razoavelmente antiga, que foi bastante discutida e usada na década de 1980, mas que caiu em desuso nos anos 1990, quando muitas pessoas da comunidade de OO notaram que a herança pode ser problemática se usada em excesso. Mas só porque usamos herança inicialmente, não significa que tenhamos de mantê-la. Com a ajuda dos testes, podemos passar facilmente para outras estruturas se a herança se tornar problemática.

Aqui está um exemplo que mostra como isso funciona. Temos uma classe Java testada chamada `MailForwarder` que faz parte de um programa Java de gerenciamento de listas de distribuição. Ela tem um método chamado `getFromAddress`. Este é o corpo do método:

```
private InternetAddress getFromAddress(Message message)
        throws MessagingException {

    Address [] from = message.getFrom ();
    if (from != null && from.length > 0)
        return new InternetAddress (from [0].toString ());
    return new InternetAddress (getDefaultFrom());
}
```

A finalidade desse método é extrair o endereço do emitente de uma mensagem de correio recebida e retorná-lo para que possa ser usado como o endereço do emitente da mensagem que é encaminhada para os destinatários da lista.

Ele é usado em apenas um local, essas linhas de um método chamado `forwardMessage`:

```
        MimeMessage forward = new MimeMessage (session);
        forward.setFrom (getFromAddress (message));
```

Mas o que teremos de fazer se houver um novo requisito? E se tivermos de dar suporte a listas de distribuição anônimas? Os membros dessas listas podem postar, mas o endereço de destinatário de suas mensagens deve ser configurado com um endereço de e-mail específico baseado no valor de `domain` (uma variável de instância da classe `MessageForwarder`). Aqui está um caso de teste que falha para essa alteração (quando o teste é executado, a variável `expectedMessage` é configurada com a mensagem que `MessageForwarder` encaminha):

```
public void testAnonymous () throws Exception  {
    MessageForwarder forwarder = new MessageForwarder();
    forwarder.forwardMessage (makeFakeMessage());
    assertEquals ("anon-members@" + forwarder.getDomain(),
        expectedMessage.getFrom ()[0].toString());
}
```

Temos de modificar `MessageForwarder` para adicionar essa funcionalidade? Na verdade, não – poderíamos criar uma subclasse de `MessageForwarder`, criando uma classe chamada `AnonymousMessageForwarder`. Podemos usá-la no teste em substituição.

```
public void testAnonymous () throws Exception  {
    MessageForwarder forwarder = new AnonymousMessageForwarder();
    forwarder.forwardMessage (makeFakeMessage());
    assertEquals ("anon-members@" + forwarder.getDomain(),
        expectedMessage.getFrom ()[0].toString());
}
```

Assim, criamos uma subclasse (consulte a Figura 8.1).

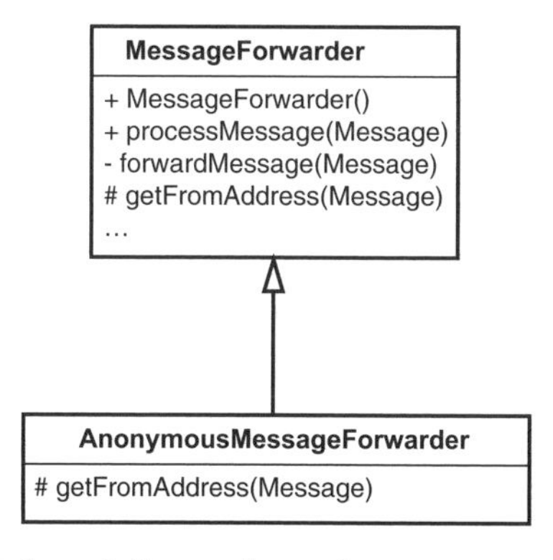

Figura 8.1 *Criando uma subclasse de* `MessageForwarder`.

Aqui, tornamos o método `getFromAddress` protegido em `MessageForwarder` em vez de privado. Em seguida, ele foi sobreposto em `AnonymousMessageForwarder`. Nessa classe, ele tem a seguinte aparência:

```
protected InternetAddress getFromAddress(Message message)
        throws MessagingException {
    String anonymousAddress = "anon-" + listAddress;
    return new InternetAddress(anonymousAddress);
}
```

O que ganhamos? Bem, resolvemos o problema, mas adicionamos uma nova classe a nosso sistema que representa um comportamento muito simples. Faz sentido criar uma subclasse de toda uma classe de encaminhamento de mensagens só para alterar seu endereço de destinatário? A longo prazo, não. Mas o bom é que nos permite passar em nosso teste rapidamente. E quando passarmos no teste, poderemos usá-lo para nos certificar de preservar esse novo comportamento quando acharmos interessante alterar o projeto.

```
public void testAnonymous () throws Exception  {
    MessageForwarder forwarder = new AnonymousMessageForwarder();
    forwarder.forwardMessage (makeFakeMessage());
    assertEquals ("anon-members@" + forwarder.getDomain(),
        expectedMessage.getFrom ()[0].toString());
}
```

Isso pareceu muito fácil. O que há por trás? Bem, aí vai: se usarmos essa técnica repetidamente e não prestarmos atenção a alguns aspectos-chave de nosso projeto, ele começará a degradar rapidamente. Para ver o que pode ocorrer, consideremos outra alteração. Queremos encaminhar mensagens para destinatários da lista de distribuição, mas também queremos enviá-las via cópia oculta (cco) para algumas outras pessoas que não podem estar na lista de distribuição oficial. Podemos chamá-las de destinatários ausentes da lista.

Parece bem simples; poderíamos criar uma subclasse de `MessageForwarder` novamente e sobrepor seu método de processamento para que ele envie mensagens para esse destino, como na Figura 8.2.

Isso funcionaria bem, exceto por um problema. E se precisarmos de uma classe `MessageForwarder` que faça as duas coisas: envie todas as mensagens para destinatários ausentes da lista e execute o encaminhamento anonimamente?

Esse é um dos grandes problemas do uso excessivo da herança. Se inserirmos os recursos em subclasses distintas, só poderemos ter um de cada vez.

Como podemos nos livrar desse vínculo? Uma maneira é parar antes de adicionar o recurso dos destinatários ausentes da lista e refatorar para que ele entre de maneira limpa. Felizmente, já criamos esse teste. Podemos usá-lo para verificar se preservamos o comportamento ao passar para outro esquema.

Para o recurso de encaminhamento anônimo, há uma maneira de implementá-lo sem criar uma subclasse. Poderíamos ter optado por tornar o encaminhamento anônimo uma opção de configuração. Um modo de fazer isso é alterar o construtor da classe para que ele aceite um conjunto de propriedades:

```
Properties configuration = new Properties();
configuration.setProperty("anonymous", "true");
MessageForwarder forwarder = new MessageForwarder(configuration);
```

Podemos fazer nosso teste passar ao agir assim? Examinemos o teste novamente:

```
public void testAnonymous () throws Exception  {
    MessageForwarder forwarder = new AnonymousMessageForwarder();
   forwarder.forwardMessage (makeFakeMessage());
   assertEquals ("anon-members@" + forwarder.getDomain(),
      expectedMessage.getFrom ()[0].toString());
}
```

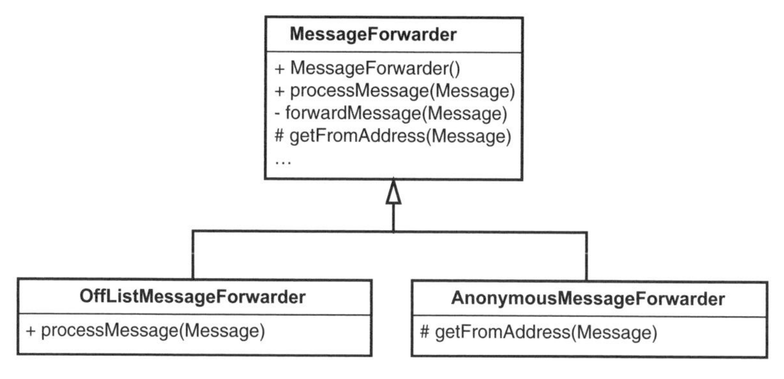

Figura 8.2 *Criando subclasses para duas diferenças.*

No momento, esse teste passa. `AnonymousMessageForwarder` sobrescreve o método `getFrom` de `MessageForwarder`. E se alterarmos o método `getFrom` em `MessageForwarder` desta forma?

```
private InternetAddress getFromAddress(Message message)
        throws MessagingException {

    String fromAddress = getDefaultFrom();
    if (configuration.getProperty("anonymous").equals("true")) {
        fromAddress = "anon-members@" + domain;
    }
    else {
        Address [] from = message.getFrom ();
        if (from != null && from.length > 0) {
            fromAddress = from [0].toString ();
        }
    }
    return new InternetAddress (fromAddress);
}
```

Agora temos um método `getFrom` em `MessageForwarder` que deve poder manipular o caso anônimo e o caso comum. Podemos verificar isso desativando com um comentário a sobrescrita de `getFrom` em `AnonymousMessageForwarder` e vendo se os testes passam:

```
public class AnonymousMessageForwarder extends MessageForwarder
{
/*
    protected InternetAddress getFromAddress(Message message)
            throws MessagingException {
        String anonymousAddress = "anon-" + listAddress;
        return new InternetAddress(anonymousAddress);
    }
*/
}
```

Com certeza, eles passam.

Não precisamos mais da classe `AnonymousMessageForwarder`, portanto, podemos excluí-la. Em seguida, precisamos encontrar cada local em que criamos um `AnonymousMessageForwarder` e substituir a chamada de seu construtor por uma chamada ao construtor que aceita uma coleção de propriedades.

Também podemos usar a coleção de propriedades para adicionar o novo recurso. Podemos ter uma propriedade que ative o recurso de destinatário ausente da lista.

Terminamos? Ainda não. Tornamos o método `getFrom` de `MessageForwarder` um pouco confuso, mas já que temos testes, podemos muito rapidamente efetuar uma extração de método para melhorá-lo um pouco. Por enquanto, ficaria assim:

```
private InternetAddress getFromAddress(Message message)
        throws MessagingException {

    String fromAddress  = getDefaultFrom();
    if (configuration.getProperty("anonymous").equals("true")) {
        fromAddress = "anon-members@" + domain;
    }
    else {
        Address [] from = message.getFrom ();
        if (from != null && from.length > 0)
        fromAddress = from [0].toString ();
    }
    return new InternetAddress (fromAddress);
}
```

Após alguma refatoração, se pareceria com o seguinte:

```
private InternetAddress getFromAddress(Message message)
        throws MessagingException {

    String fromAddress  = getDefaultFrom();
    if (configuration.getProperty("anonymous").equals("true")) {
        from  = getAnonymousFrom();
    }
    else {
        from = getFrom(Message);
    }
    return new InternetAddress (from);
}
```

Ficou um pouco mais limpo, mas agora os recursos de endereçamento anônimo e de destinatário ausente da lista estão incorporados em MessageForwarder. Isso é ruim, segundo o *Princípio da Responsabilidade Única* (236)? Pode ser. Depende do tamanho do bloco relacionado a uma responsabilidade e do quanto ele está entrelaçado ao resto do código. Nesse caso, determinar se a lista é anônima não é tão problemático. A abordagem das propriedades nos permite prosseguir tranquilamente. O que podemos fazer quando houver muitas propriedades e o código de MessageForwarder começar a ficar cheio de instruções condicionais? Algo que podemos fazer é passar a usar uma classe em vez de um conjunto de propriedades. E se criássemos uma classe chamada MailingConfiguration e deixássemos que ela armazenasse a coleção de propriedades? (Consulte a Figura 8.3.)

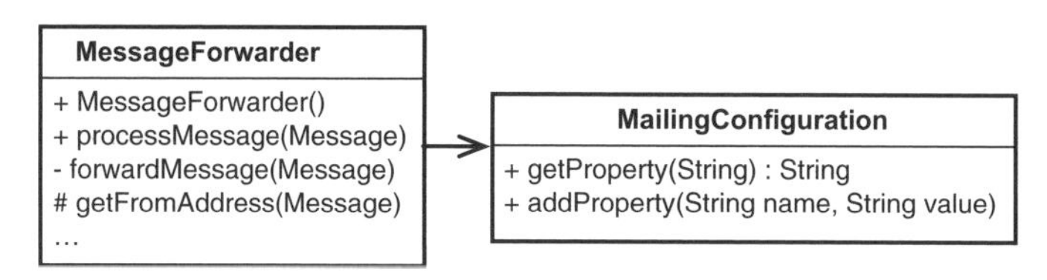

Figura 8.3 *Delegando para* MailingConfiguration.

Parece legal, mas não é um exagero? Parece que MailingConfiguration faz simplesmente as mesmas coisas que uma coleção de propriedades.

E se decidíssemos mover getFromAddress para a classe MailingConfiguration? A classe MailingConfiguration poderia aceitar uma mensagem e decidir que endereço de destinatário seria retornado. Se a configuração for definida com o anonimato, ela retornaria o endereço de destinatário da distribuição anônima. Se não for, poderia pegar o primeiro endereço da mensagem e retorná-lo. Nosso projeto ficaria como vemos na Figura 8.4. Observe que não precisamos mais ter um método para ler e escrever propriedades. Agora MailingConfiguration dá suporte a uma funcionalidade de nível mais alto.

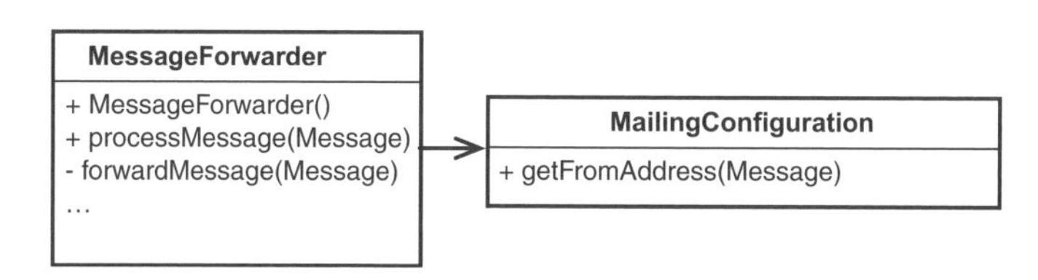

Figura 8.4 *Movendo comportamento para* MailingConfiguration.

Também poderíamos começar a adicionar outros métodos a MailingConfiguration. Por exemplo, se quisermos implementar o recurso de destinatários ausentes da lista, podemos adicionar um método chamado buildRecipientList em MailingConfiguration e deixar MessageForwarder usá-lo, como mostrado na Figura 8.5.

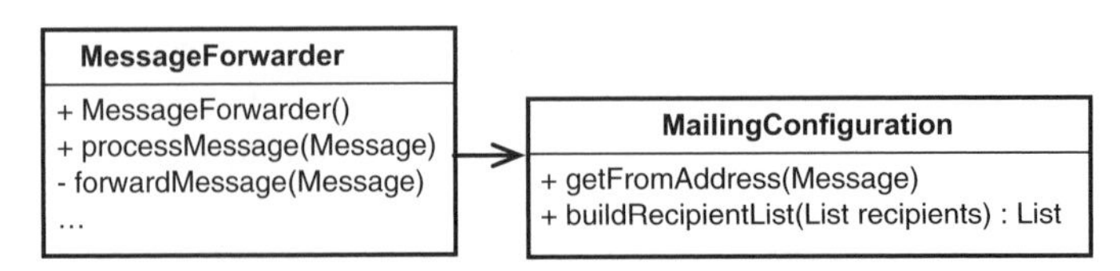

Figura 8.5 *Movendo mais comportamento para* `MailingConfiguration`.

Com essas alterações, o nome da classe já não está mais tão bom quanto era. Geralmente uma configuração é algo um tanto passivo. Essa classe constrói e modifica dados ativamente para objetos `MessageForwarder` a pedido deles. Se não houver outra classe com o mesmo nome no sistema, o nome `MailingList` pode ser uma boa opção. Os objetos `MessageForwarders` pedem às listas de distribuição que calculem os endereços de destinatários e construam listas de entrega. Podemos dizer que é responsabilidade de uma lista de distribuição determinar como as mensagens são alteradas. A Figura 8.6 mostra nosso projeto após a renomeação.

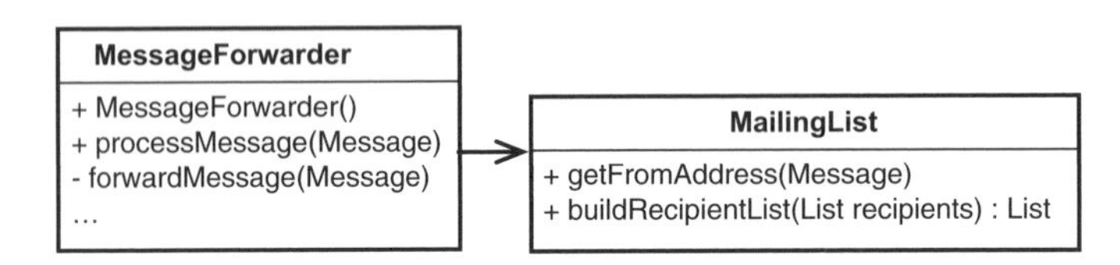

Figura 8.6 `MailingConfiguration` *renomeada como* `MailingList`.

Há muitas refatorações poderosas, mas `Renomear Classe` é ainda mais poderosa. Ela altera a maneira como as pessoas veem o código e permite que percebam possibilidades que podem não ter considerado antes.

A *Programação por Diferença* é uma técnica útil. Ela nos permite fazer alterações rapidamente e podemos usar testes para obter um projeto mais limpo. Mas, para aplicá-la bem, temos de tomar cuidado com algumas armadilhas. Uma delas é a violação do *princípio de substituição de Liskov (LSP, Liskov substitution principle)*.

O Princípio de Substituição de Liskov

Há alguns erros sutis que podemos causar ao usar a herança. Considere o código a seguir:

```
public class Rectangle
{
    ...
    public Rectangle(int x, int y, int width, int height) { … }
    public void setWidth(int width) { ... }
    public void setHeight(int height) { ... }
    public int getArea() { ... }
}
```

Temos uma classe Rectangle. Podemos criar uma subclasse chamada Square?

```
public class Square extends Rectangle
{
    ...
    public Square(int x, int y, int width) { ... }
    ...
}
```

Square herda os métodos setWidth e setHeight de Rectangle. Qual deve ser a área quando executarmos este código?

```
Rectangle r = new Square();
r.setWidth(3);
r.setHeight(4);
```

Se a área for 12, na verdade Square não é um quadrado. Poderíamos sobrepor setWidth e setHeight para que mantenham o objeto Square "quadrado". Poderíamos fazer tanto setWidth quanto setHeight modificarem a variável de largura em quadrados, mas isso levaria a resultados ilógicos. Quem espera que os retângulos tenham uma área igual a 12 quando sua largura for configurada com 3 e sua altura com 4 terá uma surpresa. O resultado será 16.

Esse é um exemplo clássico de violação do Princípio de Substituição de Liskov (LSP). Objetos de subclasses devem ser substituíveis por objetos de suas superclasses em todo o nosso código. Se não forem, podemos ter erros sutis no código.

O LSP preconiza que os clientes de uma classe devem poder usar objetos de uma subclasse sem precisar saber que eles são objetos da subclasse. Não há nenhuma maneira mecânica de evitar completamente violações do LSP. O fato de uma classe estar de acordo com o LSP vai depender de seus clientes e do que eles esperam. No entanto, algumas regras práticas ajudam:

1. Sempre que possível, evite sobrescrever métodos concretos.
2. Se o fizer, veja se consegue chamar o método que está sobrescrevendo no método substituto.

Espere, não adotamos essas medidas em MessageForwarder. Na verdade, fizemos o oposto. Sobrescrevemos um método concreto em uma subclasse (AnonymousMessageForwarder). O que houve?

Aqui está o problema: ao sobrescrever métodos concretos, como fizemos com o método getFromAddress de MessageForwarder em AnonymousMessageForwarder, podemos estar alterando o comportamento de algum código que use objetos MessageForwarder. Se houver referências a MessageForwarder espalhadas por todo o aplicativo e apontarmos uma delas para um AnonymousMessageForwarder, as pessoas que a estiverem usando podem achar que é apenas um objeto MessageForwarder e que ele obtém o endereço do destinatário na mensagem que está processando e o usa quando processa mensagens. Seria importante para as pessoas que usam essa classe saber se ele faz isso ou usa outro endereço especial como o endereço do destinatário? Depende do aplicativo. Em geral, o código fica confuso quando sobrescrevemos métodos concretos com muita frequência. Alguém pode notar uma referência a MessageForwarder no código, examinar essa classe e achar que o código que ela tem para getFromAddress é executado. Essa pessoa pode não saber que a referência está apontando para um AnonymousMessageForwarder e que seu método getFromAddress é que é usado. Se quiséssemos realmente manter a herança, poderíamos ter tornado MessageForwarder abstrata, dado a ela um método abstrato que representasse getFromAddress e deixado que a subclasse fornecesse corpos concretos. A Figura 8.7 mostra como ficaria o projeto após essas alterações.

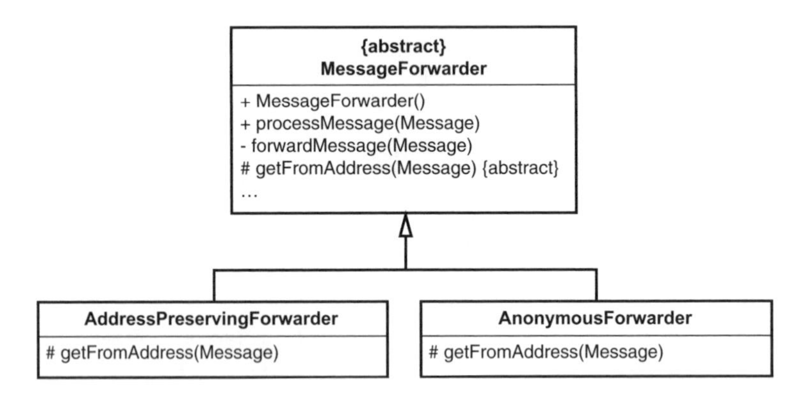

Figura 8.7 *Hierarquia normalizada.*

Chamo esse tipo de hierarquia de *normalizada*. Em uma hierarquia normalizada, nenhuma classe tem mais do que uma implementação de um método. Em outras palavras, nenhuma das classes tem um método que sobrescreve um método concreto que ela herdou de uma superclasse. Quando você fizer a pergunta "Como esta classe faz X?", poderá respondê-la indo à classe X e examinando. O método estará lá ou é abstrato e implementado em uma das subclasses. Em uma hierarquia normalizada, não precisamos nos preocupar com subclasses sobrepondo o comportamento que herdaram de suas superclasses.

Vale a pena fazer isso o tempo todo? Algumas sobrescritas de métodos concretos de vez em quando não fazem mal, contanto que não causem uma violação do *princípio de substituição de Liskov*. No entanto, é bom nos perguntarmos periodicamente o quanto as classes estão distantes da forma normalizada e às vezes nos direcionarmos para ela quando nos prepararmos para separar responsabilidades.

A *Programação por Diferença* nos permite introduzir variações rapidamente nos sistemas. Quando o fizermos, poderemos usar nossos testes para fixar o novo comportamento e passar para estruturas mais apropriadas se necessário. Os testes podem tornar a transição bem rápida.

Resumo

Você pode usar as técnicas deste capítulo para adicionar recursos a qualquer código que puder cobrir com testes. A literatura sobre *desenvolvimento guiado por testes* tem crescido nos últimos anos. Recomendo especificamente o livro de Kent Beck, *Test-Driven Development by Example* (2002), e o de Dave Astel, *Test-Driven Development: A Practical Guide* (2003).

Capítulo 9

Não consigo submeter esta classe a um framework de testes

Esta é a parte difícil. Se fosse sempre fácil instanciar uma classe em um framework de testes, este livro seria bem mais curto. Infelizmente, com frequência é algo difícil de fazer.

Aqui estão os quatro problemas mais comuns que encontramos:

1. Objetos da classe não podem ser criados facilmente.
2. O framework de testes não é construído facilmente com a classe incorporada.
3. O construtor que temos de usar apresenta efeitos colaterais inadequados.
4. Uma parcela significativa do trabalho ocorre no construtor e temos de detectá-la.

Neste capítulo, percorreremos uma série de exemplos que destacam esses problemas em diferentes linguagens. Há mais de uma maneira de atacar cada um dos problemas. No entanto, a leitura desses exemplos é uma ótima maneira de conhecer o arsenal de técnicas de eliminação de dependências e aprender qual selecionar e como aplicá-las em situações específicas.

O caso do parâmetro irritante

Quando preciso fazer uma alteração em um sistema legado, no início costumo estar ligeiramente otimista. Não sei por que fico assim. Tento ser o máximo possível realista, mas o otimismo está sempre presente. "Ei", digo para mim mesmo (ou para um colega), "parece que vai ser fácil. Só temos de fazer `Floogle` chamar `flumoux` e terminamos". Tudo soa tão fácil em palavras até chegarmos à classe `Floogle` (seja lá o que isso for) e examiná-la por um momento. "Certo, precisamos adicionar um método aqui, alterar esse outro método e, é claro, submetê-la a um framework de testes." A essa altura, começo a duvidar. "Nossa, parece que o construtor mais simples dessa classe aceita três parâmetros. Mas não deve ser tão difícil construí-la."

Examinemos um exemplo para ver se o meu otimismo é apropriado ou apenas um mecanismo de defesa.

No código de um sistema de cobrança, temos uma classe Java não testada chamada CreditValidator.

```
public class CreditValidator
{
    public CreditValidator(RGHConnection connection,
                           CreditMaster master,
                           String validatorID) {
        ...
    }

    Certificate validateCustomer(Customer customer)
            throws InvalidCredit {
        ...
    }

    ...
}
```

Uma das muitas responsabilidades dessa classe é nos dizer se os clientes têm crédito válido. Se tiverem, veremos um certificado informando de quanto é seu crédito. Se não tiverem, a classe lança uma exceção.

Nossa missão, caso a aceitemos, é adicionar um novo método a essa classe. O método será chamado de getValidationPercent e sua função será nos informar em percentuais quantas chamadas bem-sucedidas de validateCustomer foram feitas durante a existência do validador.

Como começar?

Quando temos de criar um objeto em um framework de testes, geralmente a melhor abordagem é apenas tentar criá-lo. Poderíamos fazer várias análises para descobrir por que seria ou não fácil ou difícil, mas isso seria tão fácil quanto criar uma classe de teste JUnit, digitar estas linhas nela e compilar o código:

```
public void testCreate() {
    CreditValidator validator = new CreditValidator();
}
```

> A melhor maneira de saber se você terá problemas para instanciar uma classe em um framework de testes é simplesmente tentar fazê-lo. Escreva um caso de teste e tente criar um objeto nele. O compilador mostrará o que é preciso para fazê-lo funcionar.

Esse é um teste de construção. Testes de construção parecem mesmo um pouco estranhos. Quando escrevo um, geralmente não insiro uma asserção nele. Apenas tento criar o objeto. Depois, quando finalmente posso construir um objeto no framework de testes, costumo me livrar do teste ou renomeá-lo para poder usá-lo para testar algo mais substancial.

Voltemos ao nosso exemplo.

Ainda não adicionamos nenhum dos argumentos do construtor, portanto, o compilador está reclamando. Ele está nos dizendo que não há um construtor padrão para CreditValidator. Percorrendo o código, descobrimos que precisamos de um objeto RGHConnection, um objeto CreditMaster e uma senha. Cada uma dessas classes tem apenas um construtor. Este é o seu esboço:

```
public class RGHConnection
{
    public RGHConnection(int port, String Name, String passwd)
            throws IOException {
        ...
    }
}

public class CreditMaster
{
    public CreditMaster(String filename, boolean isLocal) {
        ...
    }
}
```

Quando um RGHConnection é construído, ele se conecta a um servidor. A conexão usa esse servidor para acessar todos os relatórios de que precisa para validar o crédito de um cliente.

A outra classe, CreditMaster, nos dá algumas informações das políticas que usamos em nossas decisões de liberação de crédito. Na construção, um objeto CreditMaster carrega as informações a partir de um arquivo e as mantém na memória para nós.

Então, parece mesmo bem fácil submeter essa classe a um framework de testes, certo? Calma. Podemos criar o teste, mas ele será útil?

```
public void testCreate() throws Exception {
    RGHConnection connection = new RGHConnection(DEFAULT_PORT,
                                            "admin", "rii8ii9s");
    CreditMaster master = new CreditMaster("crm2.mas", true);
    CreditValidator validator = new CreditValidator(
                                        connection, master, "a");
}
```

Pelo visto, estabelecer RGHConnections com o servidor em um teste não é uma boa ideia. Demora muito e nem sempre o servidor está ativo. Por outro lado, CreditMaster não é um problema. Quando criamos um CreditMaster, ele carrega seu arquivo rapidamente. Além disso, o arquivo é somente de leitura, portanto, não precisamos nos preocupar com o fato de nossos testes corrompê-lo.

O que está realmente nos atrapalhando quando queremos criar o validador é RGHConnection. É um *parâmetro irritante*. Se pudermos criar algum tipo de objeto RGHConnection fictício e fazer CreditValidator acreditar que está se comunicando com um real, evitaremos qualquer espécie de problema com conexões. Examinemos os métodos que RGHConnection fornece (consulte a Figura 9.1).

Parece que RGHConnection tem um conjunto de métodos que lida com a mecânica de formação de uma conexão: connect, disconnect e retry, assim como métodos mais específicos da operacionalidade como RFDIReportFor e ACTIOReportFor. Quando escrevermos nosso novo método em CreditValidator, vamos ter de chamar RFDIReportFor para obter todas as informações de que precisamos. Normalmente, todas essas informações vêm do servidor, mas já que queremos evitar o uso de uma conexão real, teremos de nós mesmos fornecê-las usando um objeto fictício.

Nesse caso, a melhor maneira de criar um objeto fictício é usar *Extrair Interface (362)* na classe RGHConnection. Se você tiver uma ferramenta com suporte à refatoração, há boas chances de que ela tenha suporte para *Extrair Interface*. Se não tiver uma ferramenta que tenha suporte para *Extrair Interface*, lembre-se de que é muito fácil fazê-lo manualmente.

RGHConnection
+ RGHConnection(port, name, password) + connect() + disconnect() + RFDIReportFor(id : int) : RFDIReport + ACTIOReportFor(customerID : int) : ACTIOReport - retry() - formPacket() : RFPacket

Figura 9.1 RGHConnection.

Após aplicarmos *Extrair Interface (362)*, acabaremos obtendo uma estrutura como a mostrada na Figura 9.2.

Podemos começar a escrever testes criando uma pequena classe fictícia que forneça os relatórios de que precisamos:

```
public class FakeConnection implements IRGHConnection
{
    public RFDIReport report;

    public void connect() {}
    public void disconnect() {}
    public RFDIReport RFDIReportFor(int id) { return report; }
    public ACTIOReport ACTIOReportFor(int customerID) { return null; }
}
```

Com essa classe, podemos começar a escrever testes como:

```
void testNoSuccess() throws Exception {
    CreditMaster master = new CreditMaster("crm2.mas", true);
    IRGHConnection connection = new FakeConnection();
    CreditValidator validator = new CreditValidator(
                                connection, master, "a");
    connection.report  = new RFDIReport(...);

    Certificate result = validator.validateCustomer(new Customer(...));

    assertEquals(Certificate.VALID, result.getStatus());
}
```

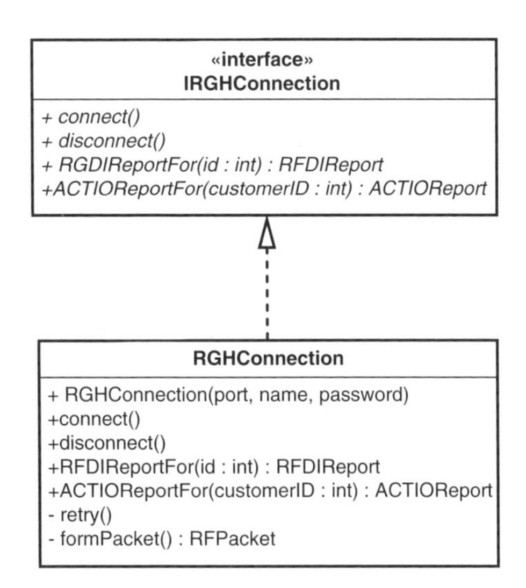

Figura 9.2 `RGHConnection` *após extração de uma interface.*

A classe `FakeConnection` é um pouco estranha. Com que frequência escrevemos métodos que não têm nenhum corpo ou que só retornam nulo para os chamadores? Pior, ela tem uma variável pública que qualquer pessoa pode modificar quando quiser. Parece que a classe viola todas as regras. Na verdade, não é bem assim. As regras são diferentes para classes que usamos para tornar possível o uso de testes. O código de `FakeConnection` não é de produção. Nunca será executado em nosso aplicativo funcional final – só no framework de testes.

Agora que podemos criar um validador, é hora de escrever nosso método `getValidationPercent`. Aqui está um teste para ele.

```
void testAllPassed100Percent() throws Exception {
    CreditMaster master = new CreditMaster("crm2.mas", true);
    IRGHConnection connection = new FakeConnection("admin", "rii8ii9s");
    CreditValidator validator = new CreditValidator(
                                    connection, master, "a");

    connection.report  = new RFDIReport(...);
    Certificate result = validator.validateCustomer(new Customer(...));
    assertEquals(100.0, validator.getValidationPercent(), THRESHOLD);
}
```

Código de teste *versus* código de produção

O código de teste não precisa atender os mesmos padrões do código de produção. Em geral, não me preocupo em quebrar o encapsulamento tornando as variáveis públicas se isso facilitar a escrita de testes. No entanto, o código de teste deve ser claro e fácil de entender e alterar.

Dê uma olhada nos testes `testNoSuccess` e `testAllPassed100Percent` do exemplo. Eles têm algum código duplicado? Sim. As três primeiras linhas estão duplicadas. Elas devem ser extraídas e inseridas em um local comum, o método `setUp()` para essa classe de teste.

O teste verifica se o percentual de validação é aproximadamente 100 quando recebemos um certificado de crédito válido.

Ele funciona bem, mas ao escrever o código de getValidationPercent, notamos algo interessante. Parece que getValidationPercent não vai usar um CreditMaster, portanto, por que estamos criando um e passando-o para CreditValidator? Talvez não precisemos dele. Poderíamos criar um CreditValidator como este em nosso teste:

```
CreditValidator validator = new CreditValidator(connection, null, "a");
```

Você ainda está aí?

O modo como as pessoas reagem a linhas de código como essa com frequência diz muito sobre o tipo de sistema em que trabalham. Se você olhou para ela e disse "Certo, então ele está passando nulo para o construtor – é o que fazemos o tempo todo em nosso sistema", há chances de que esteja com um sistema bem deselegante em mãos. Provavelmente, você tem verificações de nulo em todos os lugares e muito código condicional que usa para saber o que tem e o que pode fazer com isso. Por outro lado, se olhou para o código e disse "O que há de errado com esse sujeito?! Passar nulo em um sistema? Será que ele sabe alguma coisa realmente?", só tenho a dizer o seguinte: lembre-se de que estamos fazendo isso apenas nos testes. O pior que pode acontecer é algum código tentar usar a variável. Nesse caso, o sistema de tempo de execução Java lançará uma exceção. Já que o framework captura todas as exceções lançadas em testes, saberemos rapidamente se o parâmetro está sendo usado.

Passar nulo

Quando estiver criando testes e um objeto demandar um parâmetro difícil de construir, considere apenas passar nulo. Se o parâmetro for usado no decorrer da execução de testes, o código lançará uma exceção e o framework de testes vai capturá-la. Se precisar de um comportamento que realmente demande um objeto, você pode construí-lo e passar como parâmetro nesse momento.

Passar Nulo é uma técnica muito útil em algumas linguagens. Ela funciona bem em Java e C# e em quase todas as linguagens que lançam uma exceção quando referências nulas são usadas em tempo de execução. Ou seja, não é uma grande ideia usá-la em C e C++ a menos que você saiba que o sistema de tempo de execução detectará erros de ponteiros nulos. Se não detectar, você acabará obtendo testes que travarão misteriosamente, se tiver sorte. Se não tiver, seus testes estarão apenas silenciosa e irremediavelmente errados. Eles corromperão a memória ao serem executados, e você nunca saberá.

Quando trabalho com Java, geralmente começo com um teste como este e insiro os parâmetros quando preciso deles:

```
public void testCreate() {
    CreditValidator validator = new CreditValidator(null, null, "a");
}
```

O que devemos lembrar é o seguinte: não passe nulo em código de produção a menos que não tenha outra opção. Sei que algumas bibliotecas esperam isso de nós, mas há alternativas melhores quando você escreve código novo. Se ficar tentado usar nulo em código de produção, encontre os locais em que está retornando e passando nulos e considere um protocolo diferente. Considere o uso do *Padrão Objeto Nulo*.

Padrão Objeto Nulo

O *Padrão Objeto Nulo* é uma maneira de evitarmos o uso de nulos em programas. Por exemplo, se tivermos um método que retorne um funcionário que recebeu um ID, o que devemos retornar se não houver um funcionário com esse ID?

```
for(Iterator it = idList.iterator(); it.hasNext(); ) {
        EmployeeID id = (EmployeeID)it.next();
        Employee e = finder.getEmployeeForID(id);
        e.pay();
}
```

Temos algumas opções. Poderíamos apenas decidir lançar uma exceção para não termos de retornar nada, mas isso forçaria os clientes a lidarem com o erro explicitamente. Também poderíamos retornar nulo, mas então os clientes teriam de procurar nulos explicitamente.

Há uma terceira alternativa. O código anterior precisa realmente saber se há um funcionário a pagar? Isso é necessário? E se tivéssemos uma classe chamada `NullEmployee`? Uma instância de `NullEmployee` não tem nome nem endereço e, quando o pagamento é solicitado, nada acontece.

Os objetos nulos podem ser úteis em contextos como esse; eles podem poupar os clientes da verificação de erros explícita. Mesmo sendo tão convenientes, você deve de tomar cuidado ao usá-los. Por exemplo, aqui está uma maneira muito ruim de contar a quantidade de funcionários pagos:

```
int employeesPaid = 0;
for(Iterator it = idList.iterator(); it.hasNext(); ) {
   EmployeeID id = (EmployeeID)it.next();
   Employee e = finder.getEmployeeForID(id);
   e.pay();
   mployeesPaid++;        // bug!
}
```

Se algum dos funcionários retornados for nulo, a contagem estará errada.

Os objetos nulos são úteis especificamente quando um cliente não precisa se preocupar se uma operação foi bem-sucedida. Há muitas situações em que podemos aprimorar nosso projeto para que seja esse o caso.

Passar Nulo e *Extrair Interface* (339) são duas maneiras de lidar com parâmetros irritantes. Mas há outra alternativa que podemos usar. Se a dependência problemática de um parâmetro não estiver embutida em seu construtor, podemos usar *Criar Subclasse e Sobrescrever Método* (376) para nos livrar dela. Isso seria possível nesse caso. Se o construtor de `RGHConnection` usa seu método `connect` para formar uma conexão, poderíamos quebrar a dependência sobrescrevendo connect() em uma subclasse de teste. *Criar Subclasse e Sobrescrever Método* (376) pode ser uma maneira muito útil de quebrar dependências, mas devemos ter certeza de que não estamos alterando o comportamento que queremos testar ao usá-la.

O caso da dependência oculta

Algumas classes são enganosas. Olhamos para elas, encontramos um construtor que queremos usar e tentamos chamá-lo. Então acontece o inesperado. Encontramos um obstáculo. Um dos obstáculos mais comuns é a *dependência oculta*; o construtor usa algum recurso que não conseguimos acessar facilmente em nosso framework de testes. Essa situação acontece no próximo exemplo, uma classe C++ mal projetada que gerencia uma lista de distribuição:

```
class mailing_list_dispatcher
{
public:
                        mailing_list_dispatcher ();
    virtual             ~mailing_list_dispatcher;

    void                send_message(const std::string& message);
    void                add_recipient(const mail_txm_id id,
                                      const mail_address& address);
    ...

private:
    mail_service        *service;
    int                 status;
};
```

A seguir, temos uma parte do construtor da classe. Ela aloca um objeto mail_service usando new na lista de inicialização do construtor. É um estilo frágil, e fica pior. O construtor desempenha muitas tarefas detalhadas com mail_service. Também usa um número mágico, 12 – mas o que significa 12?

```
mailing_list_dispatcher::mailing_list_dispatcher()
: service(new mail_service), status(MAIL_OKAY)
{
    const int client_type = 12;
    service->connect();
    if (service->get_status() == MS_AVAILABLE) {
        service->register(this, client_type, MARK_MESSAGES_OFF);
        service->set_param(client_type, ML_NOBOUNCE | ML_REPEATOFF);
    }
    else
        status = MAIL_OFFLINE;
    ...
}
```

Podemos criar uma instância dessa classe em um teste, mas provavelmente isso não será muito útil. Primeiro, teremos de nos conectar às bibliotecas de e-mail e configurar o sistema de e-mail para manipular registros. E se usarmos a função `send_message` em nossos testes, estaremos realmente enviando e-mails para as pessoas. Será difícil testar essa funcionalidade de uma maneira automatizada a menos que configuremos uma caixa de correio especial e nos conectemos com ela repetidamente, esperando um e-mail chegar. Esse poderia ser um ótimo teste geral do sistema, mas se no momento quisermos apenas adicionar alguma funcionalidade nova e testada à classe, pode ser um exagero. Como poderíamos criar e testar um objeto simples para adicionar alguma funcionalidade nova?

O problema básico aqui é que a dependência de `mail_service` está oculta no construtor de `mailing_list_dispatcher`. Se houvesse alguma maneira de substituir `mail_service` por um objeto fictício, poderíamos detectar ocorrências através dele e obter algum feedback ao alterar a classe.

Uma das técnicas que podemos usar é *Parametrizar Construtor* (355). Com essa técnica, a dependência que temos em um construtor é exteriorizada e passada para ele.

É assim que o código do construtor ficará após o uso de *Parametrizar Construtor:*

```
mailing_list_dispatcher::mailing_list_dispatcher(mail_service *service)
: status(MAIL_OKAY)
{
    const int client_type = 12;
    service->connect();
    if (service->get_status() == MS_AVAILABLE) {
        service->register(this, client_type, MARK_MESSAGES_OFF);
        service->set_param(client_type, ML_NOBOUNCE | ML_REPEATOFF);
    }
    else
        status = MAIL_OFFLINE;
    ...
}
```

A única diferença, realmente, é que o objeto `mail_service` é criado fora da classe e passado para ela. Pode não parecer uma melhoria tão significativa, mas nos dá uma vantagem incrível. Podemos usar *Extrair Interface* (339) para criar uma interface para `mail_service`. Um implementador da interface pode ser a classe de produção que realmente envia e-mails. Outro pode ser uma classe fictícia que detecte as coisas que estamos fazendo a ela em um teste e nos permita ter certeza de que ocorreram.

Parametrizar Construtor é uma maneira bastante conveniente de exteriorizar dependências do construtor, mas as pessoas não pensam nela com muita frequência. Um dos obstáculos é que geralmente elas presumem que todos os clientes da classe terão de ser alterados para passar o novo parâmetro, mas não é verdade. Isso pode ser manipulado da seguinte maneira. Primeiro extraímos o corpo do construtor para um novo método que podemos chamar de `initialize`.

Diferentemente da maioria das extrações de método, é muito seguro executar essa sem testes porque podemos *Preservar Assinaturas* (296) ao fazê-lo.

```
void mailing_list_dispatcher::initialize(mail_service *service)
{
    status = MAIL_OKAY;
    const int client_type = 12;
    service.connect();
    if (service->get_status() == MS_AVAILABLE) {
        service->register(this, client_type, MARK_MESSAGES_OFF);
        service->set_param(client_type, ML_NOBOUNCE | ML_REPEATOFF);
    }
    else
        status = MAIL_OFFLINE;
    ...
}

mailing_list_dispatcher::mailing_list_dispatcher(mail_service *service)
{
    initialize(service);
}
```

Agora podemos fornecer um construtor que tenha a assinatura original. Os testes podem chamar o construtor parametrizado por `mail_service` e os clientes podem chamar esse. Eles não precisam saber que algo mudou.

```
mailing_list_dispatcher::mailing_list_dispatcher()
{
    initialize(new mail_service);
}
```

Essa refatoração é ainda mais fácil em linguagens como C# e Java porque elas permitem a chamada de construtores a partir de outros construtores.

Por exemplo, se estivéssemos fazendo algo semelhante em C#, o código resultante ficaria assim:

```
public class MailingListDispatcher
{
    public MailingListDispatcher()
    : this(new MailService())
    {}

    public MailingListDispatcher(MailService service) {
        ...
    }
}
```

As dependências ocultas em construtores podem ser manipuladas com muitas técnicas. Geralmente, podemos usar *Extrair e Sobrescrever Métodos de Leitura* (331), *Extrair e Sobrescrever Métodos Fábrica* (329) e *Substituir Variável de Instância* (379), mas gosto de usar *Parametrizar Construtor* (355) sempre que posso. Quando um objeto é criado em um construtor e ele próprio não tem nenhuma dependência de construção, *Parametrizar Construtor* é uma técnica muito fácil de aplicar.

O caso do blob de construção

Parametrizar Construtor (355) é uma das técnicas mais fáceis que podemos usar para quebrar dependências ocultas em um construtor e é a que costumo considerar primeiro. Infelizmente, nem sempre é a melhor opção. Se um construtor construir vários objetos internamente ou acessar muitos itens globais, podemos acabar tendo uma lista de parâmetros muito grande. Nas piores situações, um construtor cria alguns objetos e então os utiliza para construir mais objetos, desta forma:

```
class WatercolorPane
{
public:
    WatercolorPane(Form *border, WashBrush *brush, Pattern *backdrop)
    {
        ...
        anteriorPanel  = new Panel(border);
        anteriorPanel->setBorderColor(brush->getForeColor());
        backgroundPanel = new Panel(border, backdrop);

        cursor = new FocusWidget(brush, backgroundPanel);
        ...
    }
    ...
}
```

Se quisermos detectar ocorrências pelo cursor, estaremos com problemas. O objeto de cursor está embutido em um blob de criação de objetos. Podemos tentar mover todo o código usado na criação do cursor para fora da classe. Assim, um cliente poderá criar o cursor e passá-lo como argumento. Mas isso não será muito seguro se não tivermos testes definidos e poderia ser uma grande sobrecarga para os clientes dessa classe.

Se tivermos uma ferramenta de refatoração que extraia métodos seguramente, poderemos usar *Extrair e Sobrescrever Métodos Fábrica* (329) no código de um construtor, mas isso não funciona em todas as linguagens. Em Java e C#, podemos fazê-lo, mas C++ não permite que chamadas a funções virtuais em construtores sejam resolvidas para funções virtuais definidas em classes derivadas. E em geral, não é uma boa ideia. As funções em classes derivadas com frequência assumem que podem usar variáveis de sua classe base. Até o construtor da classe base ser executado em sua totalidade, há uma chance de que uma função sobrescrita que ele chame possa acessar uma variável não inicializada.

Outra opção é *Substituir Variável de Instância* (379). Criamos um método de escrita na classe que nos permite trazer outra instância após construirmos o objeto.

```
class WatercolorPane
{
public:
    WatercolorPane(Form *border, WashBrush *brush, Pattern *backdrop)
    {
        ...
        anteriorPanel  = new Panel(border);
        anteriorPanel->setBorderColor(brush->getForeColor());
        backgroundPanel = new Panel(border, backdrop);

        cursor = new FocusWidget(brush, backgroundPanel);
        ...
    }

    void supersedeCursor(FocusWidget *newCursor)
    {
        delete cursor;
        cursor = newCursor;
    }
}
```

Em C++, precisamos tomar cuidado com essa refatoração. Quando substituímos um objeto, temos de nos livrar do anterior. Geralmente, isso significa que devemos usar o operador delete para chamar seu destruidor e destruir sua memória. Mas é preciso saber o que o destrutor faz e se ele destrói alguma coisa que é passada para o construtor do objeto. Se não formos cuidadosos com a maneira como limpamos a memória, podemos introduzir alguns bugs sutis.

Na maioria das outras linguagens, é muito fácil aplicar *Substituir Variável de Instância*. Aqui está o resultado recodificado em Java. Não precisamos fazer nada de especial para nos livrar do objeto que `cursor` estava referenciando; o coletor de lixo acabará eliminando-o. Mas devemos tomar muito cuidado para não usar o método substituto em código de produção. Se os objetos que estamos substituindo gerenciarem outros recursos, podemos causar sérios problemas de recursos.

```
void supersedeCursor(FocusWidget newCursor) {
    cursor = newCursor;
}
```

Agora que temos um método substituto, podemos tentar criar um `FocusWidget` fora da classe e passá-lo para o objeto após a construção. Já que precisamos detectar a ação, podemos usar *Extrair Interface* (339) ou *Extrair Implementador* (334) na classe `FocusWidget` e criar um objeto fictício para passá-lo adiante. Com certeza, ele será mais fácil de criar do que o `FocusWidget` que é criado no construtor.

```
TEST(renderBorder, WatercolorPane)
{
    ...
    TestingFocusWidget *widget = new TestingFocusWidget;
    WatercolorPane pane(form, border, backdrop);

    pane.supersedeCursor(widget);

    LONGS_EQUAL(0, pane.getComponentCount());
}
```

Não gosto de usar *Substituir Variável de Instância,* a menos que não possa evitá-lo. A probabilidade de surgimento de problemas de gerenciamento de recursos é muito grande. No entanto, às vezes uso a técnica em C++. Geralmente prefiro usar *Extrair e Sobrepor Métodos Fábrica*, mas não podemos fazer isso em construtores C++. Portanto, uso *Substituir Variável de Instância* ocasionalmente.

O caso da irritante dependência global

Durante anos, na indústria de software, as pessoas lamentaram o fato de não haver mais componentes reutilizáveis no mercado. Esse cenário está melhorando com o tempo; há muitos frameworks comerciais e de código aberto, mas muitos deles não são realmente coisas que usamos; são coisas que usam nosso código. Com frequência, os frameworks gerenciam o ciclo de vida de uma aplicação e escrevemos código para preencher as lacunas. Podemos ver isso em todos os tipos de frameworks, do ASP.NET ao Java Struts. Até mesmo os frameworks xUnit se comportam dessa forma. Criamos classes de teste; o xUnit as chama e exibe seus resultados.

Os frameworks resolvem muitos problemas e nos auxiliam quando iniciamos projetos, mas esse não é o tipo de reutilização da qual as pessoas se beneficiavam nos primórdios do desenvolvimento de software. A reutilização no estilo antigo ocorre quando encontramos alguma classe ou conjunto de classes que queremos usar em nossa aplicação e simplesmente o fazemos. Apenas as adicionamos a um projeto e as usamos. Seria bom poder fazer isso rotineiramente, mas, para ser sincero, acho que estamos nos enganando pensando nesse tipo de reutilização se não conseguimos extrair uma classe aleatória de uma aplicação média e compilá-la independentemente em um framework de testes sem ter muito trabalho (lamentável).

Vários tipos de dependências diferentes podem dificultar a criação e o uso de classes em frameworks de teste, mas um dos mais difíceis de manipular é o uso de variáveis globais. Em casos simples, podemos usar *Parametrizar Construtor, Parametrizar Método* (359) *e Extrair e Sobrescrever Chamada* (327) para contornar essas dependências, mas às vezes as dependências de variáveis globais são tão extensas que é mais fácil lidar com o problema na fonte. Encontramos essa situação no próximo exemplo, uma classe em um aplicativo Java que registra permissões de construção para uma agência governamental. Aqui está uma das classes primárias:

```
public class Facility
{
    private Permit basePermit;

    public Facility(int facilityCode, String owner, PermitNotice notice)
            throws PermitViolation {

        Permit associatedPermit =
            PermitRepository.getInstance().findAssociatedPermit(notice);

        if (associatedPermit.isValid() && !notice.isValid()) {
            basePermit = associatedPermit;
        }
        else if (!notice.isValid()) {
            Permit permit = new Permit(notice);
            permit.validate();
            basePermit = permit;
        }
        else
            throw new PermitViolation(permit);
    }
    ...
}
```

Queremos criar Facility em um framework de testes, portanto, começamos tentando criar um objeto no framework de testes:

```
public void testCreate() {
    PermitNotice notice = new PermitNotice(0, "a");
    Facility facility = new Facility(Facility.RESIDENCE, "b", notice);
}
```

O teste é compilado corretamente, mas quando começamos a escrever testes adicionais, notamos um problema. O construtor usa uma classe chamada PermitRepository e ela precisa ser inicializada com um conjunto específico de permissões para nossos testes serem configurados apropriadamente. Realmente furtivo. Aqui está a instrução ofensiva do construtor:

```
Permit associatedPermit =
            PermitRepository.getInstance().findAssociatedPermit(notice);
```

Poderíamos contornar isso parametrizando o construtor, mas, nesse aplicativo, esse não é um caso isolado. Há dez outras classes que têm quase a mesma linha de código. Ela fica nos construtores, métodos comuns e métodos estáticos. Podemos gastar muito tempo resolvendo esse problema na base do código.

Se você estudou padrões de projeto, provavelmente reconhece esse como sendo um exemplo de *Padrão de Projeto Singleton* (348). O método getInstance de PermitRepository é um método estático cuja função é retornar a única instância de PermitRepository que pode existir em nosso aplicativo. O campo que contém essa instância também é estático e fica na classe PermitRepository.

Em Java, o padrão singleton é um dos mecanismos que as pessoas usam para criar variáveis globais. Em geral, variáveis globais são uma má ideia por algumas razões. Uma delas é a opacidade. Quando examinamos um bloco de código, é bom poder saber o que ele pode afetar. Por exemplo, em Java, quando quisermos entender como este trecho de código pode afetar o entorno, há apenas alguns locais onde olhar.

```
Account example = new Account();
example.deposit(1);
int balance = example.getBalance();
```

Sabemos que um objeto de conta pode afetar o que passarmos para o construtor de Account, mas não estamos passando nada. Os objetos Account também podem afetar objetos que passarmos como parâmetros para os métodos, mas nesse caso não estamos passando nada que possa ser alterado – trata-se apenas de um inteiro. Aqui estamos atribuindo o valor de retorno de getBalance a uma variável e esse é o único valor que deve ser afetado por esse conjunto de instruções.

Quando usamos variáveis globais, essa situação é invertida. Podemos examinar o uso de uma classe como Account e não ter ideia se ela está acessando ou modificando variáveis declaradas em algum outro local do programa. Claro que isso pode dificultar a compreensão dos programas.

A parte difícil em uma situação de teste é que temos de descobrir que globais estão sendo usadas por uma classe e configurá-las com o estado apropriado para um teste. E temos de fazê-lo antes de cada teste se a configuração for diferente. Já fiz isso em vários sistemas para submetê-los a teste e posso afirmar que é algo muito tedioso.

Voltemos ao exemplo que estávamos vendo.

PermitRepository é um singleton. Portanto, é particularmente difícil de emular. A ideia básica do padrão singleton é impossibilitar a criação de mais de uma instância de um singleton em uma aplicação. Isso pode ser bom em código de produção, mas, em testes, de certo modo, cada teste de um conjunto deve ser uma miniaplicação: ele deve estar totalmente isolado dos outros testes. Logo, para executar código contendo singletons em um framework de testes, temos de afrouxar a propriedade singleton. Isso é feito da forma a seguir.

O primeiro passo é adicionar um novo método estático à classe singleton. O método nos permite substituir a instância estática nessa classe. Daremos a ele o nome setTestingInstance.

```
public class PermitRepository
{
    private static PermitRepository instance = null;

    private PermitRepository() {}

    public static void setTestingInstance(PermitRepository newInstance)
    {
        instance = newInstance;
    }
```

```
    public static PermitRepository getInstance()
    {
        if (instance == null) {
            instance = new PermitRepository();
        }
        return instance;
    }

    public Permit findAssociatedPermit(PermitNotice notice) {
        ...
    }
    ...
}
```

Agora que temos esse método de escrita, podemos criar uma instância de teste de `PermitRepository` e configurá-la. Gostaríamos de escrever código como este na configuração de nosso teste:

```
public void setUp() {
    PermitRepository repository = new PermitRepository();
    ...
    // adiciona permissões ao repositório aqui
    ...
    PermitRepository.setTestingInstance(repository);
}
```

Introduzir Método de Escrita Estático (348) não é a única maneira de manipular essa situação. Aqui está outra abordagem. Podemos adicionar um método `resetForTesting()` com esta aparência ao singleton:

```
public class PermitRepository
{
    ...
    public void resetForTesting() {
        instance  = null;
    }
    ...
}
```

Se chamarmos esse método no `setUp` de nosso teste (e também é uma boa ideia chamá-lo em `tearDown`), poderemos criar novos singletons para cada teste. O singleton se reinicializará para cada teste. Esse esquema funciona bem quando os métodos públicos do singleton permitem a configuração do estado da classe da maneira que você precisar durante os testes. Se o singleton não tiver esses métodos públicos ou usar algum recurso externo que afete seu estado, *Introduzir Método de Escrita Estático* será a melhor opção. Você pode criar subclasses do singleton, sobrescrever métodos para quebrar dependências e adicionar métodos públicos à subclasse para configurar o estado apropriadamente.

Isso vai funcionar? Ainda não. Quando as pessoas usam o *Padrão de Projeto Singleton*, geralmente elas tornam privado o construtor da classe singleton, e por uma boa razão. Essa é a maneira mais clara de assegurar que ninguém de fora da classe possa criar outra instância do singleton.

Nesse ponto, temos um conflito entre dois objetivos de projeto. Queremos nos assegurar de termos só uma instância de `PermitRepository` em um sistema e também queremos um sistema em que as classes sejam testáveis independentemente. Podemos ter ambos?

Voltemos por um minuto. Por que queremos só uma instância de uma classe em um sistema? A resposta varia dependendo do sistema, mas estas são as mais comuns:

1. **Estamos modelando o mundo real e nele só há um elemento como esse.** Alguns sistemas de controle de hardware são assim. As pessoas criam uma classe para cada placa de circuito que precisam controlar; acham que se só há uma de cada, ela deve ser de tipo singleton. O mesmo ocorre para bancos de dados. Só há uma coleção de permissões em nossa agência, portanto, o item que dá acesso a ele deve ser de tipo singleton.
2. **Se dois desses itens forem criados, podemos ter um problema sério.** Novamente, isso ocorre com frequência na área de controle de hardware. Imagine criar acidentalmente duas hastes de controle nuclear e ter duas partes diferentes de um programa operando-as sem que uma saiba da outra.
3. **Se alguém criar dois desses elementos, estaremos usando recursos demais.** Isso acontece bastante. Os recursos podem ser elementos físicos como espaço em disco ou consumo de memória, ou elementos abstratos como o número de licenças de software.

Essas são as principais razões para as pessoas preferirem usar uma única instância, mas não para usarem singletons. Geralmente, elas criam singletons porque querem ter uma variável global. Acham que seria muito trabalhoso passar a variável para todos os locais em que ela é necessária.

Se tivermos um singleton para atender à última razão, na verdade não há nenhum motivo para mantermos a propriedade singleton. Podemos tornar o construtor protegido, público ou de escopo de pacote e ainda assim ter um sistema decente e testável. Nos outros casos, também vale a pena explorar essa alternativa. Podemos introduzir outra proteção se precisarmos. Poderíamos adicionar uma verificação ao nosso sistema de construção em que pesquisássemos todos os arquivos-fonte para verificar se `setTestingInstance` não é chamado por código não pertencente a testes. Podemos fazer o mesmo com verificações em tempo de execução. Se `setTestingInstance` for chamado em tempo de execução, podemos emitir um alarme ou suspender o sistema e esperar a intervenção do operador. A verdade é que não era possível impor o uso de singletons em muitas linguagens pré-OO e as pessoas conseguiam criar sistemas seguros. No final das contas, tudo se resume a um projeto e a uma codificação responsáveis.

Se a remoção da propriedade singleton não for um problema grave, podemos impor uma regra de equipe. Por exemplo, todos os membros da equipe devem entender que temos uma instância do banco de dados no aplicativo e que não deve haver outra.

Para afrouxar a propriedade singleton em PermitRepository, podemos tornar o construtor público. E isso funcionará bem para nós contanto que os métodos públicos de PermitRepository nos permitam fazer tudo que precisamos para configurar um repositório para nossos testes. Por exemplo, se PermitRepository tiver um método chamado addPermit que nos deixe preenchê-lo com qualquer permissão de que precisarmos em nossos testes, pode ser suficiente apenas podermos criar repositórios e usá-los nos testes. Em outras situações, podemos não ter o acesso necessário ou, pior, o singleton pode estar fazendo coisas que não gostaríamos que ocorressem em um framework de testes, como comunicar-se com um banco de dados em segundo plano. Nesses casos, podemos *Criar Subclasse e Sobrescrever Método* (376) e gerar classes derivadas que facilitem os testes.

Aqui está um exemplo em nosso sistema de permissões. Além do método e das variáveis que tornam PermitRepository um singleton, temos o método a seguir:

```
public class PermitRepository
{
    ...
    public Permit findAssociatedPermit(PermitNotice notice) {

        // abre o banco de dados de permissões
        ...

        // seleciona usando valores em notice
        ...

        // verifica se só temos uma permissão coincidente, caso contrário, relata erro
        ...

        // retorna a permissão coincidente
        ...
    }
}
```

Se quisermos evitar a comunicação com o banco de dados, podemos criar uma subclasse de PermitRepository da seguinte forma:

```
public class TestingPermitRepository extends PermitRepository
{
    private Map permits = new HashMap();

    public void addAssociatedPermit(PermitNotice notice, permit) {
        permits.put(notice, permit);
    }

    public Permit findAssociatedPermit(PermitNotice notice) {
        return (Permit)permits.get(notice);
    }
}
```

Ao fazê-lo, podemos preservar parte da propriedade singleton. Já que estamos usando uma subclasse de PermitRepository, podemos tornar seu construtor protegido em vez de público. Isso impedirá a criação de mais de um `PermitRepository`, embora nos permita criar subclasses.

```
public class PermitRepository
{
    private static PermitRepository instance = null;

    protected PermitRepository() {}

    public static void setTestingInstance(PermitRepository newInstance)
    {
        instance = newInstance;
    }

    public static PermitRepository getInstance()
    {
        if (instance == null) {
            instance = new PermitRepository();
        }

        return instance;
    }

    public Permit findAssociatedPermit(PermitNotice notice)
    {
        ...
    }
    ...
}
```

Em muitos casos, podemos usar *Criar Subclasse e Sobrescrever Método* desse modo para obter um singleton fictício substituto. Em outros, as dependências podem ser tão extensas a ponto de ser mais fácil usar *Extrair Interface* (339) no singleton e alterar todas as referências na aplicação para que elas usem o nome da interface. Isso pode ser trabalhoso, mas podemos *Confiar no Compilador* (298) para fazer a alteração. É assim que a classe `PermitRepository` ficará após a extração:

```
public class PermitRepository implements IPermitRepository
{
    private static IPermitRepository instance = null;

    protected PermitRepository() {}

    public static void setTestingInstance(IPermitRepository newInstance)
    {
        instance = newInstance;
    }

    public static IPermitRepository getInstance()
    {
        if (instance == null) {
            instance = new PermitRepository();
        }
```

```
        return instance;
    }

    public Permit findAssociatedPermit(PermitNotice notice)
    {
        ...
    }
    ...
}
```

A interface IPermitRepository terá assinaturas para todos os métodos públicos não estáticos de PermitRepository.

```
public interface IPermitRepository
{
    Permit findAssociatedPermit(PermitNotice notice);
    ...
}
```

Se estiver usando uma linguagem que tenha uma ferramenta de refatoração, talvez você possa executar essa extração de interface automaticamente. Se estiver usando uma linguagem sem uma ferramenta, pode ser mais fácil usar *Extrair Implementador* (334).

O nome dessa refatoração como um todo é *Introduzir Método de Escrita Estático*. É uma técnica que podemos usar para definir testes apesar de todas as dependências globais. Infelizmente, ela não nos ajuda muito a contornar as dependências globais. Se preferir atacar esse problema, você pode fazê-lo usando *Parametrizar Método* (359) e *Parametrizar Construtor* (355). Com essas refatorações, você troca uma referência global por uma variável temporária em um método ou por um campo em um objeto. A desvantagem de *Parametrizar Método* é que você pode acabar ficando com muitos métodos adicionais que distrairão as pessoas quando elas tentarem entender as classes. A desvantagem de *Parametrizar Construtor* é que cada objeto que estiver usando atualmente a variável global acabará tendo um campo adicional. O campo terá de ser passado para seu construtor, portanto, a classe que cria o objeto também precisará de acesso à instância. Se objetos demais precisarem desse campo adicional, isso pode afetar significativamente a quantidade de memória usada pela aplicação, mas isso em geral indica outros problemas de projeto.

Examinemos o pior caso. Temos uma aplicação com várias centenas de classes que cria milhares de objetos em tempo de execução e cada um deles precisa de acesso ao banco de dados. Sem nem mesmo olharmos a aplicação, a primeira coisa que nos vem à mente é: por quê? Se o sistema faz algo mais além de acessar um banco de dados, pode ser decomposto para que algumas classes executem essas atividades e outras armazenem e recuperem dados. Quando fazemos um esforço concentrado para separar responsabilidades em uma aplicação, as dependências se tornam localizadas; talvez não precisemos de uma referência a um banco de dados em cada objeto. Alguns objetos são preenchidos com o uso de dados recuperados no banco de dados. Outros realizam cálculos com os dados fornecidos por intermédio de seus construtores.

Como exercício, escolha uma variável global de uma aplicação grande e procure-a. Na maioria dos casos, as variáveis que são globais são globalmente acessíveis, mas não são de fato globalmente usadas. São usadas em relativamente poucos locais. Imagine como poderíamos obter esse objeto para os objetos que precisam dele se não pudesse ser uma variável global. Como refatoraríamos a aplicação? Há responsabilidades que possamos separar a partir de conjuntos de classes para diminuir o escopo da variável global?

Se você encontrar uma variável global que esteja realmente sendo usada em todos os locais, isso significa que não há camadas em seu código. Consulte o Capítulo 15, *Minha aplicação é toda baseada em chamadas de API*, e o Capítulo 17, *Minha aplicação não tem estrutura*.

O caso das horríveis dependências de inclusão

C++ foi minha primeira linguagem orientada a objetos e tenho de admitir que me orgulho bastante por ter aprendido muitos de seus detalhes e complexidades. Ela se tornou dominante na indústria porque era uma solução totalmente pragmática para muitos problemas incômodos da época. As máquinas estão muito lentas? Certo, aqui está uma linguagem em que tudo é opcional. Você pode ter toda a eficiência da C bruta se usar só os recursos de C. Não consegue fazer sua equipe usar uma linguagem OO? Fácil, aqui está um compilador C++; você pode escrever no subconjunto C de C++ e aprender a orientação a objetos no decorrer do processo.

Embora C++ tenha sido muito popular durante algum tempo, acabou sendo superada em popularidade pela linguagem Java e por algumas das linguagens mais novas. Era vantajoso manter compatibilidade retroativa com C, mas era muito melhor tornar as linguagens mais fáceis de manipular. Repetidamente, equipes C++ aprenderam que os padrões da linguagem não são ideais para manutenção e que é preciso ir um pouco além deles para manter um sistema ágil e fácil de alterar.

Um aspecto do legado C de C++ que é especialmente problemático é sua maneira de permitir que uma parte de um programa tenha conhecimento de outra. Em Java e C#, se uma classe em um arquivo precisa usar uma classe em outro arquivo, usamos uma instrução `import` ou `using` para disponibilizar sua definição. O compilador procura essa classe e verifica se ela já foi compilada. Se não tiver sido, ele a compila. Se tiver sido, o compilador lê um pequeno bloco de informações no arquivo compilado, acessando somente as que forem necessárias para verificar se todos os métodos que a classe original precisa estão nessa classe.

Geralmente, os compiladores C++ não têm essa otimização. Em C++, quando uma classe precisa de informações sobre outra classe, a declaração da classe (em outro arquivo) é incluída textualmente no arquivo que precisa usá-la. Esse pode ser um processo muito mais lento. O compilador precisa de novo analisar sintaticamente a declaração e construir uma representação interna cada vez que a encontrar. Pior, o mecanismo de inclusão é propenso a abusos. Um arquivo pode incluir outro arquivo que também inclui um arquivo e assim por diante. Em projetos em que as pessoas não evitam isso, não é raro encontrarmos pequenos arquivos que acabam incluindo transitivamente dezenas de milhares de linhas de código. As pessoas se perguntam por que suas construções demoram tanto, mas já que as inclusões estão espalhadas pelo sistema, é difícil apontar para algum arquivo específico e saber por que sua compilação demora muito.

Pode parecer que estou difamando C++, mas não estou. É uma linguagem importante e há uma quantidade incrível de código C++ por aí – mas é realmente necessário um cuidado adicional para se trabalhar bem com ela.

Em código legado, pode ser difícil instanciar uma classe C++ para um framework de testes. Um dos problemas mais imediatos que encontramos é a dependência de cabeçalhos. De que arquivos de cabeçalho precisamos para criar uma classe autônoma em um framework de testes?

Aqui está parte da declaração de uma grande classe C++ chamada `Scheduler`. Ela tem mais de 200 métodos, mas mostrei apenas cerca de cinco deles na declaração. Além de ser grande, a classe depende de muitas outras classes de maneira severa e entrelaçada. Como podemos criar um `Scheduler` em um teste?

```
#ifndef SCHEDULER_H
#define SCHEDULER_H

#include "Meeting.h"
#include "MailDaemon.h"
...
#include "SchedulerDisplay.h"
#include "DayTime.h"

class Scheduler
{
public:
        Scheduler(const string& owner);
        ~Scheduler();

    void addEvent(Event *event);
    bool hasEvents(Date date);
    bool performConsistencyCheck(string& message);
    ...
};

#endif
```

Entre outras coisas, a classe `Scheduler` usa `Meetings`, `MailDaemons`, `Events`, `SchedulerDisplays` e `Dates`. Se quisermos criar um teste para agendadores, o mais fácil que podemos fazer é tentar construir um em outro arquivo chamado `SchedulerTests` no mesmo diretório. Por que queremos os testes no mesmo diretório? Na presença do pré-processador, costuma ser mais fácil. Se o projeto não usar caminhos para incluir arquivos de maneiras consistentes, poderíamos ter muito trabalho para tentar criar os testes em outros diretórios.

```
#include "TestHarness.h"
#include "Scheduler.h"
```

```
TEST(create,Scheduler)
{
    Scheduler scheduler("fred");
}
```

Se criarmos um arquivo e tentarmos criar um agendador em um teste, nos depararemos com o problema de inclusão. Para compilar um Scheduler, precisamos ter certeza de que o compilador e o vinculador conheçam todos os elementos de que Scheduler precisa, todos os elementos de que esses elementos precisam e assim por diante. Felizmente, o sistema de construção nos dá um grande número de mensagens de erro e nos informa sobre essas coisas com detalhes minuciosos.

Em casos simples, o arquivo Scheduler.h inclui tudo de que precisamos para poder criar um Scheduler, mas, em alguns casos, o arquivo de cabeçalho não inclui tudo. Temos de fornecer algumas diretivas de inclusão adicionais para criar e usar um objeto.

Poderíamos apenas copiar todas as diretivas #include do arquivo-fonte da classe Scheduler, mas a verdade é que talvez não precisemos de todas. O melhor caminho a tomar é adicioná-las uma de cada vez e decidir se precisamos realmente dessas dependências específicas. Geralmente, é possível evitá-las adicionando declarações antecipadas.

Em um mundo ideal, o mais fácil seria incluir todos os arquivos de que precisamos até não termos nenhum erro de construção, mas isso pode levar a confusões. Se houver uma linha longa de dependências transitivas, poderíamos acabar incluindo bem mais do que precisamos. Mesmo se a linha de dependências não for tão longa, poderíamos acabar dependendo de coisas muito difíceis de manipular em um framework de testes. Nesse exemplo, a classe SchedulerDisplay é uma dessas dependências. Ela não é mostrada aqui, mas é acessada no construtor de Scheduler. Podemos nos livrar de tal dependência da seguinte forma:

```
#include "TestHarness.h"
#include "Scheduler.h"

void SchedulerDisplay::displayEntry(const string& entityDescription)
{
}

TEST(create,Scheduler)
{
    Scheduler scheduler("fred");
}
```

Aqui introduzimos uma definição alternativa para SchedulerDisplay::displayEntry. Infelizmente, ao fazer isso, precisaremos de uma construção separada para os casos de teste nesse arquivo. Só podemos ter uma definição para cada método de SchedulerDisplay em um programa; logo, precisamos de um programa separado para os testes de nosso agendador.

Ainda bem que podemos nos beneficiar de alguma reutilização dos fictícios que criamos dessa maneira. Em vez de inserir as definições de classes como SchedulerDisplay diretamente no arquivo de testes, podemos inseri-las em um arquivo de inclusão separado que possa ser usado em um conjunto inteiro de arquivos de teste:

```
#include "TestHarness.h"
#include "Scheduler.h"
#include "Fakes.h"

TEST(create,Scheduler)
{
    Scheduler scheduler("fred");
}
```

Após algumas tentativas, fazer uma classe C++ ser instanciada em um framework de testes desse modo é muito fácil e mecânico, mas há desvantagens importantes. Temos de criar esse programa separado, e não estamos quebrando dependências no nível da linguagem; portanto, não estamos deixando o código mais claro ao quebrá-las. Pior, as definições duplicadas que inserimos no arquivo de testes (SchedulerDisplay::displayEntry nesse exemplo) devem ser mantidas enquanto esse conjunto de testes estiver sendo usado.

Reservo essa técnica para casos em que tenho uma classe muito grande com vários problemas graves de dependência. Não é uma técnica para ser usada com frequência ou levemente. Se a classe tiver de ser dividida em um grande número de classes menores com o passar do tempo, a criação de um programa de testes separado para ela pode ser útil. Ele pode agir como um ponto de teste para muitas refatorações. Com o tempo, esse programa de testes separado poderá ser eliminado à medida que você extrair mais classes e cobri-las com testes.

O caso do parâmetro cebola

Gosto muito de construtores simples. É ótimo poder decidir criar uma classe e então apenas digitar uma chamada a construtor e ter um objeto ativo, funcional e pronto para ser usado. Mas, em muitos casos, pode ser difícil criar objetos. Todo objeto precisa ser configurado em um bom estado, um estado que o deixe pronto para trabalho adicional. Em muitas situações, isso significa ter de dar a ele objetos que estejam configurados apropriadamente. E esses objetos podem requerer outros objetos para também poderem ser configurados; logo, acabamos tendo de criar objetos para criar objetos para criar objetos para criar um parâmetro para um construtor da classe que queremos testar. Ou seja, objetos dentro de outros objetos – como as camadas de uma grande cebola. Aqui está um exemplo desse tipo de problema.

Temos uma classe que exibe um objeto SchedulingTask:

```
public class SchedulingTaskPane extends SchedulerPane
{
    public SchedulingTaskPane(SchedulingTask task) {
        ...
    }
}
```

Para criá-la, temos de passar um SchedulingTask, mas para criar um SchedulingTask devemos usar seu único construtor:

```
public class SchedulingTask extends SerialTask
{
    public SchedulingTask(Scheduler scheduler, MeetingResolver resolver)
    {
        ...
    }
}
```

Se descobrirmos que precisamos de mais objetos para criar Schedulers e MeetingResolvers, é provável que arranquemos os cabelos. A única coisa que nos impede de entrar em desespero completo é o fato de ter de haver pelo menos uma classe que não demande objetos de outra classe como argumentos. Se não houver, não há maneira de compilar o sistema.

Então, para manipularmos essa situação, precisamos examinar cuidadosamente o que queremos fazer. Temos de escrever testes, mas do que precisamos realmente dos parâmetros passados para o construtor? Se nos testes não precisarmos de nada que eles nos ofereçam, podemos *Passar Nulo* (108). Se só precisarmos de algum comportamento rudimentar, podemos usar *Extrair Interface* (339) ou *Extrair Implementador* (334) na dependência mais imediata e usar a interface para criar um objeto fictício. Nesse caso, a dependência mais imediata de SchedulingTaskPane é SchedulingTask. Se pudermos criar um SchedulingTask fictício, poderemos criar um SchedulingTaskPane.

Infelizmente, a classe SchedulingTask herda de uma classe chamada SerialTask, e tudo que ela faz é sobrescrever alguns métodos protegidos. Todos os métodos públicos estão em SerialTask. Podemos usar a técnica *Extrair Interface* em SchedulingTask ou também temos de usá-la em SerialTask? Em Java, não é preciso. Podemos criar uma interface para SchedulingTask que inclua métodos de SerialTask também.

A hierarquia resultante pode ser vista na Figura 9.3.

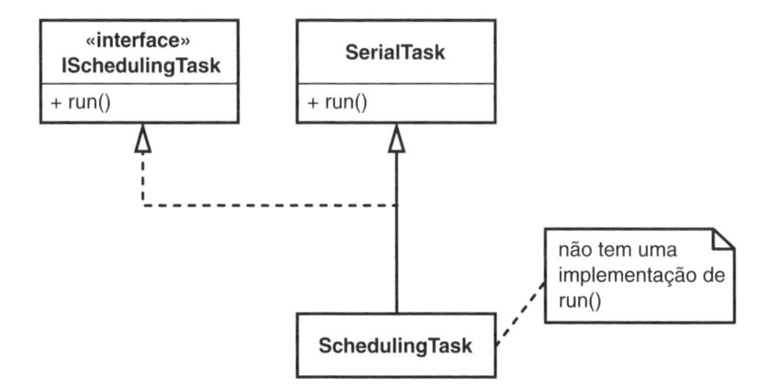

Figura 9.3 SchedulingTask.

Nesse caso, temos sorte em estar usando Java. Em C++, infelizmente, não podemos manipular esse caso dessa forma. Não há uma estrutura de interface separada. Normalmente, as interfaces são implementadas como classes contendo apenas funções virtuais puras. Se esse exemplo fosse portado para C++, o objeto SchedulingTask se tornaria abstrato porque herda uma função puramente virtual da classe SchedulingTask. Para instanciar um objeto SchedulingTask, teríamos de fornecer um corpo para run() na classe SchedulingTask que fizesse a delegação para o método run() de SerialTask. Felizmente, é muito fácil adicionar isso. Veja como ficaria o código:

```
class SerialTask
{
public:
    virtual void run();
    ...
};

class ISchedulingTask
{
public:
    virtual void run() = 0;
    ...
};

class SchedulingTask : public SerialTask, public ISchedulingTask
{
public:
    virtual void run() { SerialTask::run(); }
};
```

Em qualquer linguagem em que pudermos criar interfaces ou classes que ajam como interfaces, poderemos usá-las sistematicamente para quebrar dependências.

O caso do parâmetro com alias

Geralmente, quando temos parâmetros de construtores atrapalhando, podemos contornar o problema usando *Extrair Interface* (339) ou *Extrair Implementador* (334). Mas às vezes isso não é prático. Examinemos outra classe do sistema de permissões de construção que vimos em uma seção anterior:

```
public class IndustrialFacility extends Facility
{
    Permit basePermit;

    public IndustrialFacility(int facilityCode, String owner,
                OriginationPermit permit) throws PermitViolation {
```

```
            Permit associatedPermit =
                PermitRepository.GetInstance()
                                   .findAssociatedFromOrigination(permit);

            if (associatedPermit.isValid() && !permit.isValid()) {
                basePermit = associatedPermit;
            }
            else if (!permit.isValid()) {
                permit.validate();
                basePermit = permit;
            }
            else
                throw new PermitViolation(permit);
        }
        ...
    }
```

Queremos instanciar essa classe em um framework de testes, mas há alguns problemas. Um deles é que estamos acessando um singleton novamente, `PermitRepository`. Podemos resolver esse problema usando as técnicas que vimos na seção "O caso da irritante dependência global" (115). Mas, antes mesmo de chegarmos a ele, temos outro. É difícil criar a permissão de produção que devemos passar para o construtor. `OriginationPermits` têm dependências horríveis. O que me vem imediatamente à cabeça é: "Claro, posso usar *Extrair Interface* na classe `OriginationPermit` para contornar essa dependência", mas não é assim tão fácil. A Figura 9.4 mostra a estrutura hierárquica de `Permit`.

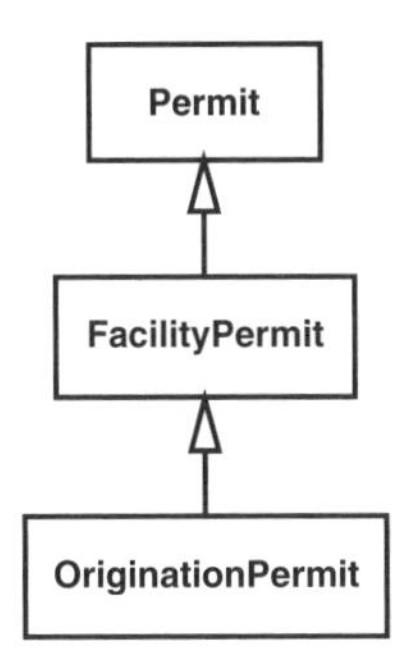

Figura 9.4 *A hierarquia de* `Permit`.

O construtor de `IndustrialFacility` recebe um objeto `OriginationPermit` e vai até `PermitRepository` para obter uma permissão associada; usamos um método em `PermitRepository` que recebe um `OriginationPermit` e retorna um `Permit`. Se o repositório encontrar a permissão associada, ele a salvará no campo `permit`. Se não encontrar, salvará o objeto `OriginationPermit` no campo `permit`. Poderíamos criar uma interface para `OriginationPermit`, mas isso não nos ajudaria. Teríamos de atribuir um objeto `IOriginationPermit` a um campo `Permit` e isso não funcionará. Em Java, interfaces não podem herdar de classes. A solução mais óbvia é criar interfaces em todo o percurso e transformar o campo `Permit` em um campo `IPermit`. A Figura 9.5 mostra o que teríamos.

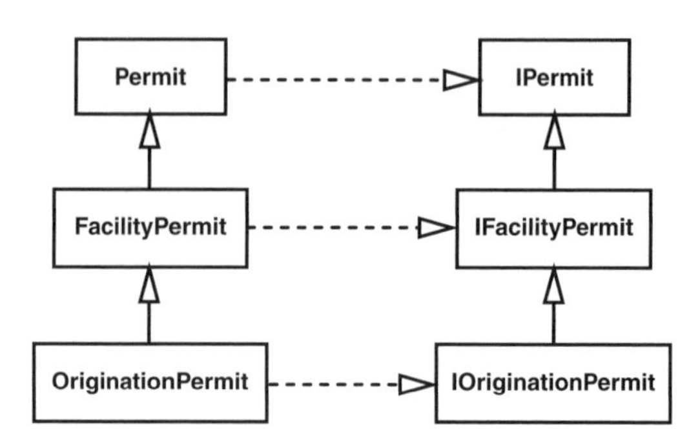

Figura 9.5 *Hierarquia de* `Permit` *com extração de interfaces.*

Nada bom. É muito trabalho e particularmente não gosto de como o código ficou. As interfaces são ótimas na quebra de dependências, mas quando chegamos ao ponto de ter um relacionamento quase um para um entre classes e interfaces, o projeto fica confuso. Não me entenda mal: se não tivermos outra opção, não há problema em usar esse projeto, mas se houver outras possibilidades, devemos explorá-las. Por sorte, elas existem.

Extrair Interface é apenas uma maneira de quebrar uma dependência de um parâmetro. Às vezes compensa perguntar por que a dependência atrapalha. A criação pode ser difícil, ou o parâmetro apresenta um efeito colateral inadequado. Talvez ele se comunique com o sistema de arquivos ou um banco de dados. Ou a execução de seu código pode ser demorada. Quando usamos *Extrair Interface*, podemos contornar todos esses problemas, mas o fazemos rompendo brutalmente a conexão com uma classe. Se só partes de uma classe forem problemáticas, podemos usar outra abordagem e simplesmente romper a conexão com elas.

Examinemos mais detalhadamente a classe `OriginationPermit`. Não queremos usá-la em um teste porque ela acessa silenciosamente um banco de dados quando pedimos que se valide:

```
public class OriginationPermit extends FacilityPermit
{
    ...
    public void validate() {
        // forma conexão com o banco de dados
        ...
        // procura informações de validação
        ...
        // configura o flag de validação
        ...
        // fecha o banco de dados
        ...
    }
}
```

Não queremos fazer isso em um teste: teríamos de criar algumas entradas fictícias no banco de dados e seu administrador com certeza não iria gostar. Teríamos de levá-lo para almoçar quando descobrisse, e mesmo assim ele ainda estaria zangado. Seu trabalho já é suficientemente difícil.

Outra estratégia que podemos usar é *Criar Subclasse e Sobrescrever Método* (376). Podemos criar uma classe chamada FakeOriginationPermit para fornecer métodos que facilitem a alteração do flag de validação. Em seguida, nas subclasses, podemos sobrescrever o método validate e configurar o flag de validação da maneira que precisarmos ao testar a classe IndustrialFacility. Aqui está um bom teste inicial:

```
public void testHasPermits() {
    class AlwaysValidPermit extends FakeOriginationPermit
    {
        public void validate() {
            // configura o flag de validação
            becomeValid();
        }
    };

    Facility facility = new IndustrialFacility(Facility.HT_1, "b",
                                        new AlwaysValidPermit());
    assertTrue(facility.hasPermits());
}
```

Em muitas linguagens, podemos criar classes diretamente dessa forma em métodos. Embora não goste de fazê-lo com frequência em código de produção, é muito conveniente quando estamos testando. Podemos criar casos especiais muito facilmente.

Criar Subclasse e Sobrescrever Método nos ajuda a quebrar dependências de parâmetros, mas às vezes a decomposição de métodos em uma classe não é o ideal para ela. Tivemos sorte de as dependências de que não gostávamos estarem isoladas no método validate. Em casos piores, elas podem estar misturadas com uma lógica necessária e teríamos de extrair métodos primeiro. Se tivermos uma ferramenta de refatoração, isso pode ser fácil. Caso contrário, algumas das técnicas do Capítulo 22, *Preciso alterar um método monstro e não consigo escrever testes para ele*, podem ajudar.

Capítulo 10

Não consigo executar este método em um framework de testes

Definir testes para fazer alterações pode ser um problema. Se conseguir instanciar sua classe separadamente em um framework de testes, considere-se com sorte. Muitas pessoas não conseguem. Se estiver com problemas, consulte o Capítulo 9, *Não consigo submeter esta classe a um framework de testes.*

Geralmente, instanciar uma classe é apenas a primeira parte da batalha. A segunda é escrever testes para os métodos que precisamos alterar. Às vezes, podemos fazê-lo sem nem mesmo instanciar a classe. Se o método não usar muitos dados de instância, podemos usar *Expor Método Estático* (324) para ter acesso ao código. Se o método for muito longo e difícil de manipular, podemos usar *Extrair Objeto de Método* (310) para mover o código para uma classe que possamos instanciar mais facilmente.

Para nossa felicidade, na maioria dos casos, o volume de trabalho necessário à escrita de testes para métodos não é tão drástico. Aqui estão alguns dos problemas que podemos encontrar.

- O método pode não estar disponível para o teste. Ele pode ser privado ou ter algum outro problema de acessibilidade.
- Pode ser difícil chamar o método porque é complicado construir os parâmetros de que precisamos para chamá-lo.
- O método pode ter efeitos colaterais inadequados (modificar um banco de dados, lançar um míssil de cruzeiro e assim por diante); logo, é impossível executá-lo em um framework de testes.
- Podemos ter de detectar sua ocorrência através de algum objeto que ele usa.

O resto deste capítulo contém um conjunto de cenários que mostra diferentes maneiras de identificar esses problemas e alguns dos compromissos envolvidos.

O caso do método oculto

Temos de executar uma alteração em um método de uma classe, mas ele é um método privado. O que devemos fazer?

A primeira pergunta a ser feita é se podemos testar através de um método público. Se pudermos, vale a pena ir em frente. Seríamos poupados do problema de tentar encontrar uma maneira de acessar o método privado, e há outra vantagem. Se testarmos através de métodos públicos, teremos certeza de estar testando o método como ele é usado no código. Isso pode nos ajudar a restringir um pouco nosso trabalho. Em código legado, com frequência há métodos de qualidade duvidosa inseridos nas classes. O volume de refatoração que teríamos de fazer para tornar um método privado útil para todos os chamadores pode ser muito grande. Embora seja bom haver métodos gerais úteis para muitos chamadores, a verdade é que cada método tem de ser suficientemente funcional apenas para dar suporte aos chamadores que o usam e claro o suficiente para ser entendido e alterado com facilidade. Se testarmos um método privado através dos métodos públicos que o utilizam, não haverá muito perigo de torná-lo geral demais. Se o método tiver de ser público algum dia, o primeiro usuário de fora da classe deve escrever casos de teste que expliquem exatamente o que o método faz e como um chamador pode usá-lo corretamente.

Tudo isso é muito bom, mas em algumas situações podemos querer escrever apenas um caso de teste para um método privado, um método cuja chamada está enterrada profundamente em uma classe. Queremos feedback e testes concretos que expliquem como ele é usado – ou, quem sabe, talvez seja difícil testá-lo através dos métodos públicos da classe.

Então, como escrever um teste para um método privado? Essa deve ser uma das perguntas mais comuns relacionadas a testes. Felizmente, há uma resposta muito direta para ela: se tivermos de testar um método privado, devemos torná-lo público. Quando torná-lo público incomoda, na maioria dos casos isso significa que a classe está com excesso de funções e precisamos corrigi-la. Examinemos os casos. Por que nos incomoda tornar público um método privado? Aqui estão algumas razões:

1. O método é apenas um utilitário; não é algo com o qual os clientes se preocupariam.
2. Se os clientes usam o método, eles podem afetar adversamente os resultados de outros métodos da classe.

A primeira razão não é muito grave. Um método público adicional na interface de uma classe é perdoável, embora devêssemos tentar descobrir se seria melhor colocá-lo em outra classe. A segunda razão é um pouco mais séria, mas felizmente há uma solução: os métodos privados podem ser movidos para uma nova classe. Eles podem ser públicos nela e nossa classe pode criar uma instância interna dela. Isso torna os métodos testáveis e o projeto melhor.

Sim, sei que esse conselho soa mal, mas tem alguns efeitos positivos. O fato permanece: um bom projeto é testável e um projeto que não é testável é ruim. A resposta, em casos como esse, é começar a usar as técnicas do Capítulo 20, *Esta classe é muito grande e não quero que ela cresça mais.* No entanto, se não houver muitos testes definidos, talvez tenhamos de avançar cuidadosamente e desempenhar alguma outra tarefa até podermos separar as coisas.

Vejamos como contornar esse problema em um caso realista. Aqui está parte de uma declaração de classe em C++:

```
class CCAImage
{
private:
    void setSnapRegion(int x, int y, int dx, int dy);
    ...
public:
    void snap();
    ...
};
```

A classe CCAImage é usada para tirar fotos em um sistema de segurança. Você poderia estar se perguntando por que uma classe de imagem está tirando fotos, mas isso é código legado, lembra? A classe tem um método snap() que usa uma API C de baixo nível para controlar uma câmera e "tirar" a foto, mas esse é um tipo de imagem muito especial. Uma única chamada a snap() pode resultar em algumas ações de câmera diferentes, cada uma tirando uma foto e colocando-a em uma parte diferente de um buffer de imagens mantido pela classe. A lógica usada para decidir onde colocar cada foto é dinâmica. Ela depende da movimentação do alvo, aquilo do qual estamos tirando a foto. Dependendo de como o alvo se mover, o método snap() pode fazer várias chamadas repetidas a setSnapRegion para determinar onde a foto atual será colocada no buffer. É uma pena, mas a API para a câmera mudou; logo, temos de fazer uma alteração no método setSnapRegion. O que devemos fazer?

Uma coisa que poderíamos fazer é simplesmente torná-lo público. Infelizmente, isso poderia ter algumas consequências muito negativas. A classe CCAImage mantém algumas variáveis que determinam o local atual da região da foto. Se alguém começar a chamar setSnapRegion em código de produção fora do método snap(), isso poderia causar um problema grave no sistema de rastreamento da câmera.

Bem, esse é o problema. Antes de examinar algumas soluções, discutiremos como chegamos a essa bagunça. A razão real para não podermos testar bem a classe de imagem é ela ter responsabilidades demais. O ideal seria dividi-la em classes menores usando as técnicas descritas no Capítulo 20, mas temos de considerar cuidadosamente se queremos refatorar tanto nesse momento. Seria ótimo fazê-lo, mas se podemos ou não vai depender de onde estamos em nosso ciclo de releases, de quanto tempo temos e de todos os riscos associados.

Se não pudermos arcar com os custos de separar as responsabilidades agora, ainda poderemos escrever testes para o método que estamos alterando? Felizmente, sim. Aqui está como podemos fazê-lo.

O primeiro passo é alterar setSnapRegion de privado para protegido.

```
class CCAImage
{
protected:
    void setSnapRegion(int x, int y, int dx, int dy);
    ...
public:
    void snap();
    ...
};
```

Em seguida, podemos criar uma subclasse de CCAImage para ter acesso a esse método:

```
class TestingCCAImage : public CCAImage
{
public:
    void setSnapRegion(int x, int y, int dx, int dy)
    {
        // chama o método setSnapRegion da superclasse
        CCAImage::setSnapRegion(x, y, dx, dy);
    }
};
```

Na maioria dos compiladores C++ modernos, também podemos usar uma declaração using na subclasse de testes para realizar a delegação automaticamente:

```
class TestingCCAImage : public CCAImage
{
public:
    // Expõe todas as implementações de setSnapRegion como parte
    // de minha interface pública. Delega todas as chamadas para CCAImage
    using CCAImage::setSnapRegion;
}
```

Após fazermos isso, poderemos chamar setSnapRegion em CCAImage em um teste, embora indiretamente. Mas essa é uma boa ideia? Anteriormente, não queríamos tornar o método público, mas estamos fazendo algo semelhante. Estamos tornando-o protegido e mais acessível.

Para ser sincero, não me importo em fazê-lo. Para mim, compensa já que podemos definir os testes. Sim, essa alteração nos permite violar o encapsulamento. Quando estivermos pensando em como o código funciona, temos de considerar que agora setSnapRegion pode ser chamado em subclasses, mas isso é relativamente menos grave. Talvez essa pequena parte seja suficiente para nos motivar a fazer a refatoração completa na próxima vez que modificarmos a classe. Podemos separar as responsabilidades de CCAImage em diferentes classes e torná-las testáveis.

Subvertendo a proteção de acesso

Em muitas linguagens OO mais novas do que a C++, podemos usar reflexão e permissões especiais para acessar variáveis privadas em tempo de execução. Embora isso possa ser útil, na verdade é uma pequena trapaça. É muito útil quando queremos quebrar dependências, mas não gosto de manter testes que acessem variáveis privadas nos projetos. Esse tipo de subterfúgio impede que a equipe note como o código está ficando ruim. Talvez soe um pouco sádico, mas a dor que sentimos trabalhando em um código legado pode ser um ímpeto incrível para a mudança. Podemos tomar o caminho furtivo, mas, a menos que lidemos com as causas originais, classes com responsabilidades demais e dependências entranhadas, estaremos apenas retardando a conta. Quando todo mundo descobrir como o código se tornou ruim, os custos para melhorá-lo serão demasiadamente absurdos.

O caso do recurso "útil" de linguagem

Os projetistas de linguagens frequentemente tentam facilitar nossas vidas, mas é uma tarefa difícil. Eles precisam encontrar um equilíbrio entre a facilidade de programar e preocupações de segurança e proteção. Inicialmente, para alguns recursos, parece só trazer vantagens balancear bem essas preocupações, mas quando tentamos testar um código que os use, descobrimos uma realidade cruel.

Aqui está um trecho de código C# que recebe uma coleção de arquivos carregados a partir de um cliente Web. O código itera por cada um deles e retorna uma lista de fluxos associados a arquivos que têm características específicas.

```
public void IList getKSRStreams(HttpFileCollection files) {
    ArrayList list = new ArrayList();
    foreach(string name in files) {
        HttpPostedFile file = files[name];
        if (file.FileName.EndsWith(".ksr") ||
                (file.FileName.EndsWith(".txt")
                        && file.ContentLength > MIN_LEN)) {
            ...
            list.Add(file.InputStream);
        }
    }
    return list;
}
```

Gostaríamos de fazer algumas alterações nesse trecho de código e talvez refatorá-lo um pouco, mas vai ser difícil escrever testes. Queremos criar um objeto `HttpFileCollection` e preenchê-lo com objetos `HttpPostedFile`, mas isso é impossível. Em primeiro lugar, a classe `HttpPostedFile` não tem um construtor público. Em segundo lugar, ela é lacrada. Em C#, isso significa que não podemos criar uma instância de HttpPostedFile nem criar uma subclasse. HttpPostedFile faz parte da biblioteca .NET. Em tempo de execução, alguma outra classe pode criar instâncias dessa classe, mas nós não temos acesso a ela. Uma olhada rápida na classe HttpFileCollection mostra que ela tem os mesmos problemas: nenhum construtor público e nenhuma maneira de criar classes derivadas.

Por que Bill Gates fez isso conosco? Afinal, mantivemos nossas licenças atualizadas e tudo o mais. Não acho que ele nos odeie. Mas se odeia, bem, talvez Scott McNealy também odeie, porque esse não é um problema apenas com as linguagens da Microsoft. A Sun tem uma sintaxe semelhante para impedir a criação de subclasses. Eles usam a palavra-chave final em Java para marcar classes que são particularmente sensíveis quando se trata de segurança. Se alguém pudesse criar uma subclasse de HttpPostedFile ou até mesmo uma classe de String, poderia escrever algum código malicioso e passá-lo em código que use essas classes. É um perigo bem real, mas sealed e final são ferramentas muito drásticas; elas nos deixam em uma situação difícil aqui.

O que podemos fazer para escrever testes para o método getKSRStreams? Não podemos usar *Extrair Interface* (339) ou *Extrair Implementador* (334); não temos controle sobre as classes HttpPostedFile e HttpFileCollection, elas são classes de biblioteca e não podemos alterá-las. À primeira vista, parece que a única técnica que podemos usar aqui é *Adaptar Parâmetro* (306).

Temos sorte, porque a única coisa que estamos fazendo com a coleção é percorrê-la. Felizmente, a classe lacrada HttpFileCollection que nosso código usa tem uma superclasse não lacrada chamada NameObjectCollectionBase. Podemos criar uma subclasse dela e passar um objeto dessa subclasse para o método getKSRStreams. A alteração é segura e fácil se *Confiarmos no Compilador* (298).

```
public void LList getKSRStreams(OurHttpFileCollection files) {
    ArrayList list = new ArrayList();
    foreach(string name in files) {
        HttpPostedFile file = files[name];
        if (file.FileName.EndsWith(".ksr") ||
                (file.FileName.EndsWith(".txt")
                    && file.ContentLength > MAX_LEN)) {
            ...
            list.Add(file.InputStream);
        }
    }
    return list;
}
```

OurHttpFileCollection é subclasse de NameObjectCollectionBase e NameObjectCollectionBase é uma classe abstrata que associa strings a objetos.

Assim resolvemos um problema. O próximo problema é mais difícil. Precisamos de HttpPostedFiles que executem getKSRStreams em um teste, mas não podemos criá-los. O que precisamos deles? Parece que precisamos de uma classe que forneça algumas propriedades: FileName e ContentLength. Podemos usar *Simular e Encapsular a API* (197) para termos alguma separação entre nós e a classe HttpPostedFile. Para fazer isso, extraímos uma interface (IHttpPostedFile) e criamos um encapsulador (HttpPostedFileWrapper):

```
public class HttpPostedFileWrapper : IHttpPostedFile
{
    public HttpPostedFileWrapper(HttpPostedFile file) {
        this.file = file;
    }

    public int ContentLength {
        get { return file.ContentLength; }
    }
    ...
}
```

Já que temos uma interface, também podemos criar uma classe para testes:

```
public class FakeHttpPostedFile : IHttpPostedFile
{
    public FakeHttpPostedFile(int length, Stream stream, ...) { ... }

    public int ContentLength {
        get { return length; }
    }
}
```

Agora, se *Confiarmos no Compilador (315)* e alterarmos nosso código de produção, poderemos usar objetos `HttpPostedFileWrapper` ou objetos `FakeHttpPostedFile` por intermédio da interface `IHttpPostedFile` sem saber quais estão sendo usados.

```
public IList getKSRStreams(OurHttpFileCollection files) {
    ArrayList list = new ArrayList();
    foreach(string name in files) {
        IHttpPostedFile file = files[name];
        if (file.FileName.EndsWith(".ksr") ||
                (file.FileName.EndsWith(".txt"))
                    && file.ContentLength > MAX_LEN)) {
            ...
            list.Add(file.InputStream);
        }
    }
    return list;
}
```

O único incômodo é que temos de iterar pelo objeto `HttpFileCollection` original no código de produção, encapsular cada `HttpPostedFile` que ele tiver e então adicioná-lo a uma nova coleção que passaremos para o método `getKSRStreams`. Esse é o preço da segurança.

É realmente fácil acreditar que `sealed` e `final` são um erro desajeitado, que essas palavras nunca deveriam ter sido adicionadas às linguagens de programação. Mas, na verdade, a falha é nossa. Quando dependemos diretamente de bibliotecas sobre as quais não temos controle, estamos procurando encrenca.

Talvez algum dia as linguagens de programação populares possam fornecer permissões de acesso especiais para testes, mas, por enquanto, é bom usar mecanismos como `sealed` e `final` ocasionalmente. E quando tivermos de empregar classes de biblioteca que façam uso deles, é uma boa ideia isolá-las por trás de algum encapsulador para termos espaço de manobra quando fizermos nossas alterações. Consulte o Capítulo 14, *As dependências de bibliotecas estão acabando comigo*, e o Capítulo 15, *Minha aplicação é toda baseada em chamadas de API*, para ver mais discussões e técnicas que abordam esse problema.

O caso do efeito colateral não detectável

Em teoria, escrever um teste para uma funcionalidade não é tão difícil. Instanciamos uma classe, chamamos seus métodos e verificamos os resultados. O que pode dar errado? Bem, é fácil assim quando o objeto que criamos não se comunica com nenhum outro objeto. Se outros objetos o usarem e ele não usar nada mais, nossos testes também poderão usá-lo e agir da mesma forma que o resto do programa agiria. Mas objetos que não usam outros objetos são raros.

Os programas têm vida própria. Com frequência, temos objetos com métodos que não retornam valores. Chamamos seus métodos e eles realizam algum trabalho, mas nós (o código chamador) nunca ficamos sabendo disso. O objeto chama métodos em outros objetos e ficamos sem saber qual foi o resultado.

Aqui está uma classe com esse problema:

```
public class AccountDetailFrame extends Frame
        implements ActionListener, WindowListener
{
    private TextField display = new TextField(10);
    ...
    public AccountDetailFrame(...) { ... }

    public void actionPerformed(ActionEvent event) {
        String source = (String)event.getActionCommand();
        if (source.equals("project activity")) {
            detailDisplay = new DetailFrame();
            detailDisplay.setDescription(
                    getDetailText() + " " + getProjectionText());
            detailDisplay.show();

            String accountDescription
                    = detailDisplay.getAccountSymbol();
            accountDescription += ": ";
            ...
            display.setText(accountDescription);
            ...
        }
    }
    ...
}
```

Essa classe antiga em Java faz tudo. Ela cria componentes de GUI, recebe notificações deles usando seu manipulador `actionPerformed` e calcula o que precisa ser exibido e exibe. Faz tudo isso de uma maneira particularmente estranha:

constrói um texto detalhado e então cria e exibe outra janela. Quando a janela termina seu trabalho, a classe captura informações diretamente nela, submete-as a algum processamento e, em seguida, envia para um de seus próprios campos de texto.

Poderíamos tentar executar esse método em um framework de testes, mas não adiantaria. Ele criaria uma janela, a exibiria para nós, solicitaria entrada e daria prosseguimento exibindo algo em outra janela. Não há um local adequado para detectarmos o que esse código faz.

O que podemos fazer? Primeiro, podemos começar a separar o trabalho que é independente da GUI do que depende realmente dela. Já que estamos trabalhando em Java, podemos nos beneficiar de uma das ferramentas de refatoração disponíveis. Nosso primeiro passo é realizar um conjunto de refatorações *Extrair Método (415)* para dividir o trabalho desse método.

Por onde devemos começar?

O próprio método é um gancho para notificações do framework de janelas. A primeira coisa que ele faz é obter o nome de um comando a partir do evento de ação que lhe é passado. Se extrairmos o corpo inteiro do método, poderemos nos isolar de qualquer dependência da classe `ActionEvent`.

```
public class AccountDetailFrame extends Frame
          implements ActionListener, WindowListener
{
    private TextField display = new TextField(10);
    ...
    public AccountDetailFrame(...) { ... }

    public void actionPerformed(ActionEvent event) {
        String source = (String)event.getActionCommand();
        performCommand(source);
    }

    public void performCommand(String source) {
        if (source.equals("project activity")) {

            detailDisplay = new DetailFrame();
            detailDisplay.setDescription(
                    getDetailText() + " " + getProjectionText());
            detailDisplay.show();
            String accountDescription
                    = detailDisplay.getAccountSymbol();
            accountDescription += ": ";
            ...
            display.setText(accountDescription);
            ...
        }
    }
    ...
}
```

Mas isso não é suficiente para tornar o código testável. O próximo passo é extrair métodos para o código que acessa a outra janela. Ele ajudará a tornar a janela `detailDisplay` uma variável de instância da classe.

```
public class AccountDetailFrame extends Frame
            implements ActionListener, WindowListener
{
    private TextField display = new TextField(10);
    private DetailFrame detailDisplay;
    ...
    public AccountDetailFrame(...) { .. }

    public void actionPerformed(ActionEvent event) {
        String source = (String)event.getActionCommand();
        performCommand(source);
    }

    public void performCommand(String source) {
        if (source.equals("project activity")) {
            detailDisplay = new DetailFrame();
             detailDisplay.setDescription(
                     getDetailText() + " " + getProjectionText());
             detailDisplay.show();
             String accountDescription
                     = detailDisplay.getAccountSymbol();
             accountDescription +=  ": ";
             ...
             display.setText(accountDescription);
             ...
        }
    }
    ...
}
```

Agora podemos extrair o código que usa essa janela transferindo-o para um conjunto de métodos. Como devemos nomear os métodos? Para ter ideias de nomes, devemos examinar o que cada bloco de código faz a partir da perspectiva dessa classe, ou o que ele calcula para essa classe. Além disso, não devemos usar nomes que mencionem os componentes de exibição. Podemos usar componentes de exibição no código que extraímos, mas os nomes devem ocultar esse fato. Com essas orientações em mente, podemos criar um método de comando ou um método de consulta para cada bloco de código.

Separação entre comando/consulta

A *separação entre comando/consulta* é um princípio de projeto descrito pela primeira vez por Bertrand Meyer. Explicando de maneira resumida, trata-se do seguinte: um método deve ser um comando ou uma consulta, mas não ambos. Um comando é um método que pode modificar o estado do objeto mas não retorna um valor. Uma consulta é um método que retorna um valor mas não modifica o objeto.

Por que esse princípio é importante? Há várias razões, mas a principal é a comunicação. Quando um método é uma consulta, não é preciso examinar seu corpo para saber se podemos usá-lo várias vezes seguidas sem causar algum efeito colateral.

Aqui está como ficou o método performCommand após uma série de extrações:

```
public class AccountDetailFrame extends Frame
            implements ActionListener, WindowListener
{
    public void performCommand(String source) {
        if (source.equals("project activity")) {
            setDescription(getDetailText() + " " + getProjectionText());
            ...
            String accountDescription = getAccountSymbol();
            accountDescription += ": ";
            ...
            display.setText(accountDescription);
            ...
        }
    }

    void setDescription(String description) {
        detailDisplay = new DetailFrame();
        detailDisplay.setDescription(description);
        detailDisplay.show();
    }

    String getAccountSymbol() {
        return detailDisplay.getAccountSymbol();
    }
    ...
}
```

Agora que extraímos todo o código que lida com a janela detailDisplay, podemos dar prosseguimento e extrair o código que acessa componentes em AccountDetailFrame.

```
public class AccountDetailFrame extends Frame
   implements ActionListener, WindowListener {
    public void performCommand(String source) {
        if (source.equals("project activity")) {
            setDescription(getDetailText() + " " + getProjectionText());
            ...
            String accountDescription
                    = detailDisplay.getAccountSymbol();
            accountDescription += ": ";
            ...
            setDisplayText(accountDescription);
            ...
        }
    }

    void setDescription(String description) {
        detailDisplay = new DetailFrame();
        detailDisplay.setDescription(description);
        detailDisplay.show();
    }
```

```
    String getAccountSymbol() {
        return detailDisplay.getAccountSymbol();
    }

    void setDisplayText(String description) {
        display.setText(description);
    }
    ...
}
```

Após essas extrações, podemos *Criar Subclasse e Sobrescrever Método* (376) e testar qualquer código que tiver sobrado no método performCommand. Por exemplo, se criarmos uma subclasse de AccountDetailFrame dessa forma, poderemos verificar se, dado o comando de "project activity", a tela receberá o texto apropriado:

```
public class TestingAccountDetailFrame extends AccountDetailFrame
{
    String displayText = "";
    String accountSymbol = "";

    void setDescription(String description) {
    }
    String getAccountSymbol() {
        return accountSymbol;
    }

    void setDisplayText(String text) {
        displayText = text;
    }

}
```

Aqui está um teste que põe em prática o método performCommand:

```
public void testPerformCommand() {
    TestingAccountDetailFrame frame = new TestingAccountDetailFrame();
    frame.accountSymbol = "SYM";
    frame.performCommand("project activity");
    assertEquals("SYM: basic account", frame.displayText);
}
```

Quando separamos dependências dessa forma, muito moderadamente, realizando refatorações de extração de método automatizadas, podemos acabar com código que nos cause alguma hesitação. Por exemplo, um método setDescription que cria uma janela e a exibe é claramente perigoso. O que aconteceria se o chamássemos duas vezes? Temos de lidar com esse problema, mas fazer essas extrações superficiais é uma primeira etapa apropriada. Depois, podemos ver se conseguimos transferir a criação da janela para um local melhor.

Onde estamos agora? Começamos com uma classe composta por outra classe com um método importante nela: performAction. Acabamos com o que é mostrado na Figura 10.1.

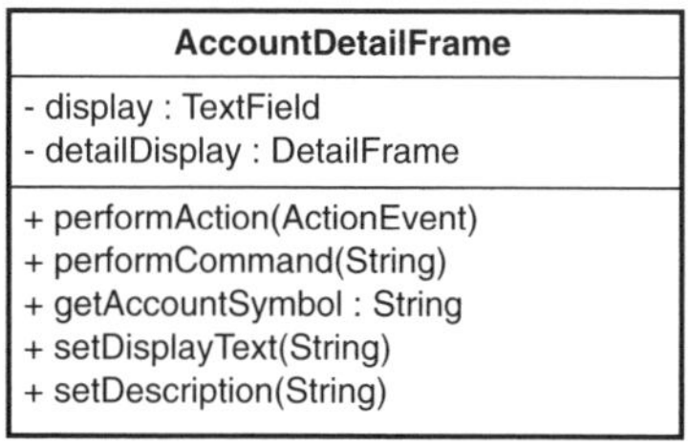

AccountDetailFrame

- display : TextField
- detailDisplay : DetailFrame

+ performAction(ActionEvent)
+ performCommand(String)
+ getAccountSymbol : String
+ setDisplayText(String)
+ setDescription(String)

Figura 10.1 `AccountDetailFrame`.

Não podemos ver isso em um diagrama UML, mas `getAccountSymbol` e `setDescription` usam o campo `detailDisplay` e nada mais. O método `setDisplayTest` só usa o `TextField` chamado `display`. Poderíamos reconhecer essas ações como responsabilidades separadas. Se o fizermos, acabaremos obtendo para algo como o mostrado na Figura 10.2.

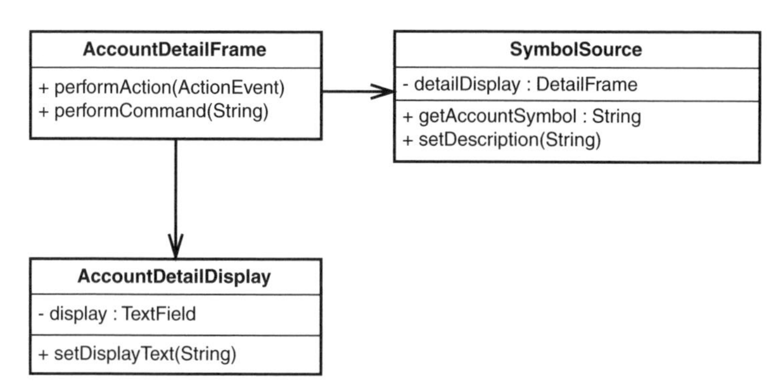

Figura 10.2 `AccountDetailFrame` *grosseiramente refatorada.*

Essa é uma refatoração extremamente grosseira do código original, mas pelo menos separa as responsabilidades de alguma forma. `AccountDetailFrame` está vinculada à GUI (é uma subclasse de `Frame`) e ainda contém lógica de negócios. Com mais refatorações, podemos ir além disso, mas ao menos agora podemos executar o método que continha a lógica de negócios em um caso de teste. É um avanço positivo.

`SymbolSource` é uma classe concreta que representa a decisão de criar outro `Frame` e obter informações a partir dele. No entanto, a chamamos de `SymbolSource` aqui porque, da perspectiva de `AccountDetailFrame`, sua função é obter informações de símbolo seja como for. Não seria surpresa ver `SymbolSource` se tornar uma interface, se essa decisão mudar.

Os passos que demos nesse exemplo são muito comuns. Quando temos uma ferramenta de refatoração, podemos extrair métodos facilmente em uma classe e então começar a identificar grupos de métodos que podem ser movidos para novas classes. Uma boa ferramenta de refatoração só permitirá que você faça uma refatoração de extração de método automatizada quando ela for segura. No entanto, isso só torna a edição que fazemos entre usos da ferramenta a parte mais perigosa do trabalho. Lembre-se de que é aceitável extrair métodos com nomes ou estruturas fracos para podermos definir testes. A segurança sempre deve vir em primeiro lugar. Após definidos os testes, você pode tornar o código muito mais limpo.

Capítulo 11

Preciso fazer uma alteração. Que métodos devo testar?

Temos de fazer algumas alterações e precisamos escrever *testes de caracterização* (181) para respeitar o comportamento já existente. Onde devemos escrevê-los? A resposta mais simples é escrever testes para cada método que alterarmos. Mas isso é suficiente? Pode ser, se o código for simples e fácil de entender, mas em código legado, com frequência, nada é garantido. Uma alteração em um local pode afetar um comportamento em outro local; a menos que tenhamos um teste definido, talvez nunca cheguemos a saber.

Quando preciso fazer alterações em um código legado particularmente entrelaçado, quase sempre passo algum tempo tentando descobrir onde devo escrever meus testes. Isso envolve pensar na alteração que vou fazer, ver o que ela afetará, ver o que os elementos afetados afetarão e assim por diante. Esse tipo de raciocínio não é novo; todos têm se ocupado dele desde os primórdios da era dos computadores.

Nós programadores paramos para pensar sobre nossos programas por muitas razões. O engraçado é que não falamos muito nisso. Apenas pressupomos que todos sabem como fazê-lo e que é "simplesmente parte de ser programador". Infelizmente, isso não nos ajuda muito quando nos deparamos com um código terrivelmente entrelaçado que vai além de nossa habilidade de raciocinar facilmente sobre ele. Sabemos que devemos refatorar para torná-lo mais compreensível, mas então nos deparamos novamente com o problema de testar. Se não tivermos testes, como saber se estamos refatorando corretamente?

Escrevi as técnicas deste capítulo para preencher essa lacuna. Com frequência precisamos raciocinar sobre os programas de maneiras muito incomuns para encontrar os melhores locais a serem testados.

Pensando nos efeitos

Na indústria, não conversamos muito sobre isso, mas para cada alteração funcional em software há alguma cadeia de efeitos associada. Por exemplo, se eu alterar o 3 para 4 no código C# a seguir, isso mudará o resultado do método quando ele for chamado. Também poderia mudar os resultados de métodos que chamam esse método, e assim por diante, até chegarmos a algum limite do sistema. No entanto, muitas partes do código não terão um comportamento diferente. Elas não produzirão resultados diferentes porque não chamam getBalancePoint() direta ou indiretamente.

```
int getBalancePoint() {
    const int SCALE_FACTOR = 3;
    int result = startingLoad + (LOAD_FACTOR * residual * SCALE_FACTOR);
    foreach(Load load in loads) {
        result += load.getPointWeight() * SCALE_FACTOR;
    }
    return result;
}
```

Suporte do IDE à análise de efeitos

Às vezes, gostaria de ter um IDE que me ajudasse a ver os efeitos produzidos em código legado. Poderia realçar um trecho do código e pressionar uma tecla de acesso. Em seguida, o IDE me forneceria uma lista de todas as variáveis e métodos que poderiam ser afetados quando eu alterasse o código selecionado.

Talvez algum dia alguém desenvolva uma ferramenta como essa. Por enquanto, temos de pensar nos efeitos sem ferramentas. É uma habilidade que pode ser aprendida, mas é difícil saber quando chegamos a um nível adequado.

A melhor maneira de termos uma ideia do que é pensar nos efeitos é examinar um exemplo. Aqui está uma classe Java que faz parte de uma aplicação que manipula código C++. Parece de domínio bem específico, não? Mas conhecimento do domínio não importa quando estamos pensando nos efeitos.

Tentemos fazer um pequeno exercício. Faça uma lista de todas as coisas que podem ser alteradas após um objeto CppClass ser criado e que afetariam os resultados retornados por qualquer um de seus métodos.

```
public class CppClass {
    private String name;
    private List declarations;

    public CppClass(String name, List declarations) {
        this.name = name;
        this.declarations = declarations;
    }

    public int getDeclarationCount() {
        return declarations.size();
    }

    public String getName() {
```

```
        return name;
    }

    public Declaration getDeclaration(int index) {
        return ((Declaration)declarations.get(index));
    }

    public String getInterface(String interfaceName, int [] indices) {
        String result = "class " + interfaceName + " {\npublic:\n";
        for (int n = 0; n < indices.length; n++) {
            Declaration virtualFunction
                    = (Declaration)(declarations.get(indices[n]));
            result += "\t" + virtualFunction.asAbstract() + "\n";
        }
        result += "};\n";
        return result;
    }
}
```

Sua lista deve ficar semelhante a esta:

1. Alguém poderia adicionar elementos extras à lista de declarações após passá-la para o construtor. Já que a lista é mantida por referência, alterações feitas nela podem alterar os resultados de `getInterface`, `getDeclaration` e `getDeclarationCount`.
2. Alguém pode alterar um dos objetos mantidos na lista de declarações ou substituir um de seus elementos, afetando os mesmos métodos.

> Algumas pessoas olham para o método `getName` e suspeitam de que ele possa retornar um valor diferente se alguém mudar a string `name`, mas em Java objetos `String` são imutáveis. Você não pode alterar seu valor após eles serem criados. Após o objeto `CppClass` ser criado, `getName` sempre retornará a mesma string.

Podemos criar um esboço que mostre que alterações em `declarations` produzem um efeito em `getDeclarationCount()` (consulte a Figura 11.1).

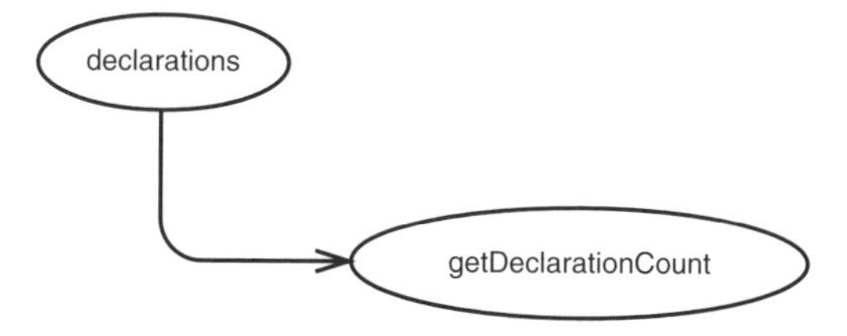

Figura 11.1 `declarations` *afeta* `getDeclarationCount`.

Esse esboço mostra que, se `declarations` mudar de alguma forma – por exemplo, se seu tamanho aumentar –, `getDeclarationCount()` pode retornar um valor diferente.

Também podemos fazer um esboço para `getDeclaration(int index)` (consulte a Figura 11.2).

Os valores de retorno de chamadas a `getDeclaration(int index)` podem mudar se algo fizer `declarations` mudar ou se as declarações existentes nela mudarem.

A Figura 11.3 nos mostra que coisas semelhantes também afetam o método `getInterface`. Podemos unir todos esses esboços em um esboço maior (consulte a Figura 11.4).

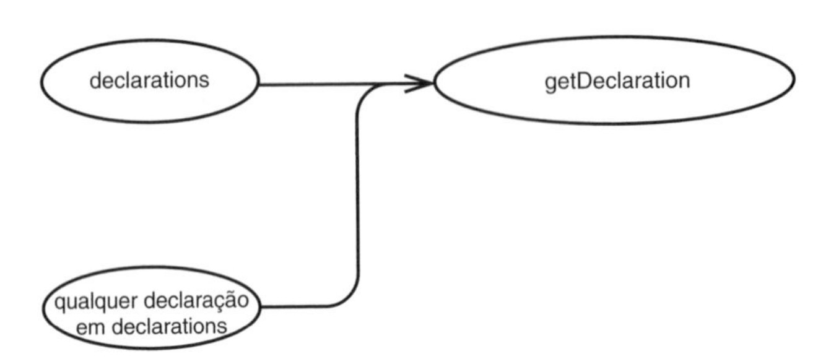

Figura 11.2 `declarations` *e os objetos que ela mantém afetam* `getDeclarationCount`.

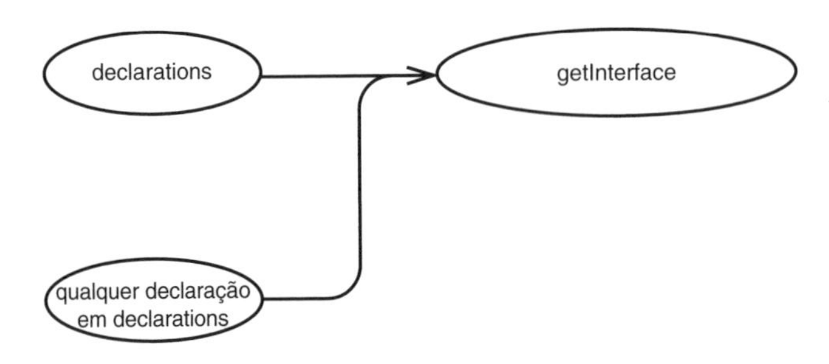

Figura 11.3 *Coisas que afetam* `getInterface`.

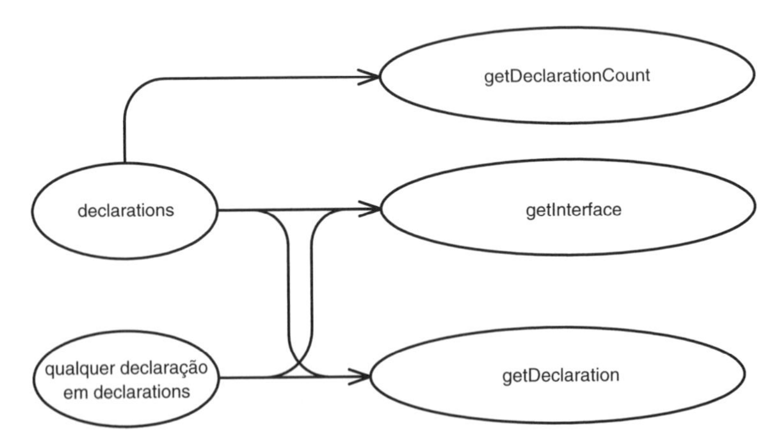

Figura 11.4 *Esboço dos efeitos combinados.*

Não há muita sintaxe nesses diagramas. Apenas chamei-os de *esboços de efeitos*. A chave é ter um balão separado para cada variável que possa ser afetada e cada método cujo valor de retorno possa mudar. Às vezes, as variáveis estão no mesmo objeto; outras vezes, em objetos diferentes. Não importa: temos somente de fazer um balão para as coisas que mudarão e desenhar uma seta para qualquer coisa cujo valor possa mudar em tempo de execução por causa delas.

Se o código estiver bem estruturado, a maioria dos métodos de seu software terá estruturas de efeitos simples. Na verdade, uma medida da qualidade de software é o fato de que efeitos mais complicados do mundo externo são a soma de um conjunto de efeitos muito mais simples no código. Quase qualquer coisa que você puder fazer para tornar o esboço de efeitos mais simples para um bloco de código o deixará mais compreensível e editável.

Ampliemos nosso cenário do sistema do qual vem a classe anterior para examinarmos um universo de efeitos maior. Objetos `CppClass` são criados em uma classe chamada `ClassReader`. Na verdade, conseguimos determinar que eles são criados apenas em `ClassReader`.

```
public class ClassReader {
    private boolean inPublicSection = false;
    private CppClass parsedClass;
    private List declarations = new ArrayList();
    private Reader reader;

    public ClassReader(Reader reader) {
        this.reader = reader;
    }

    public void parse() throws Exception {
        TokenReader source = new TokenReader(reader);
        Token classToken = source.readToken();
        Token className = source.readToken();

        Token lbrace = source.readToken();
        matchBody(source);
        Token rbrace = source.readToken();

        Token semicolon = source.readToken();

        if (classToken.getType() == Token.CLASS
                && className.getType() == Token.IDENT
                && lbrace.getType() == Token.LBRACE
                && rbrace.getType() == Token.RBRACE
                && semicolon.getType() == Token.SEMIC) {
            parsedClass = new CppClass(className.getText(),
                                       declarations);
        }
    }
    ...
}
```

Você se lembra do que aprendemos sobre CppClass? Sabemos que a lista de declarações nunca mudará após um CppClass ser criado? A visão que temos de CppClass não nos diz exatamente isso. Temos de descobrir como a lista de declarações é preenchida. Se examinarmos melhor a classe, veremos que as declarações são adicionadas em um único local de CppClass, um método de nome matchVirtualDeclaration que é chamado por matchBody em parse.

```
private void matchVirtualDeclaration(TokenReader source)
                    throws IOException {
    if (!source.peekToken().getType() == Token.VIRTUAL)
        return;
    List declarationTokens = new ArrayList();
    declarationTokens.add(source.readToken());
    while(source.peekToken().getType() != Token.SEMIC) {
        declarationTokens.add(source.readToken());
    }
    declarationTokens.add(source.readToken());
    if (inPublicSection)
        declarations.add(new Declaration(declarationTokens));
}
```

Parece que todas as mudanças nessa lista ocorrem antes de o objeto CppClass ser criado. Já que adicionamos novas declarações à lista e não usamos nenhuma referência a elas, as declarações também não vão mudar.

Pensemos nos elementos mantidos pela lista de declarações. O método readToken de TokenReader retorna objetos de token que contêm apenas uma string e um inteiro que nunca muda. Não estou mostrando-o aqui, mas uma olhada rápida na classe Declaration mostra que nada mais pode mudar seu estado após ele ser criado: logo, podemos nos sentir bastante confortáveis ao dizer que, quando um objeto CppClass é criado, a lista de declarações e seu conteúdo não mudam.

Como saber disso pode nos ajudar? Se estivéssemos obtendo valores inesperados de CppClass, saberíamos ser preciso olhar apenas algumas coisas. Geralmente, podemos começar voltando aos locais onde os subobjetos de CppClass são criados para descobrir o que está ocorrendo. Também podemos tornar o código mais claro marcando algumas das referências de CppClass como constantes com o uso da palavra-chave final de Java.

Em programas que não foram bem escritos, com frequência acho muito difícil descobrir por que os resultados obtidos são os que estão sendo mostrados. Quando chegamos a esse ponto, temos um problema de depuração e precisamos raciocinar no sentido inverso partindo do problema em direção à sua causa. Quando trabalhamos com código legado, normalmente temos de fazer uma pergunta diferente: se fizermos uma alteração específica, como ela pode afetar o resto dos resultados do programa?

Isso envolve raciocinar para frente a partir dos pontos de mudança. Quando você dominar esse tipo de raciocínio, terá as bases de uma técnica para encontrar bons locais para escrever testes.

Pensando adiante

No exemplo anterior, tentamos deduzir o conjunto de objetos que afetam valores em um ponto específico no código. Quando estamos criando *testes de caracterização (186)*, invertemos esse processo. Examinamos um conjunto de objetos e tentamos descobrir o que mudará a partir daí se eles pararem de funcionar. Aqui está um exemplo. A classe a seguir faz parte de um sistema de arquivos em memória. Não temos nenhum teste para ela, mas queremos fazer algumas alterações.

```
public class InMemoryDirectory {
    private List elements = new ArrayList();

    public void addElement(Element newElement) {
        elements.add(newElement);
    }

    public void generateIndex() {
        Element index = new Element("index");
        for (Iterator it = elements.iterator(); it.hasNext(); ) {
          Element current = (Element)it.next();
          index.addText(current.getName() + "\n");
        }
        addElement(index);
    }

    public int getElementCount() {
        return elements.size();
    }

    public Element getElement(String name) {
        for (Iterator it = elements.iterator(); it.hasNext(); ) {
            Element current = (Element)it.next();
            if (current.getName().equals(name)) {
                return current;
            }
        }
        return null;
    }
}
```

`InMemoryDirectory` é uma pequena classe Java. Podemos criar um objeto `InMemoryDirectory`, adicionar elementos a ele, gerar um índice e então acessar os elementos. `Elements` são objetos que contêm texto, como os arquivos. Quando geramos um índice, criamos um elemento chamado `index` e acrescentamos os nomes de todos os outros elementos ao seu texto.

Uma característica curiosa de `InMemoryDirectory` é não podermos chamar `generateIndex` duas vezes sem gerar um efeito cumulativo. Se chamarmos `generateIndex` duas vezes, acabaremos obtendo dois elementos de índice (o segundo lista o primeiro como um elemento do diretório).

Felizmente, nossa aplicação usa InMemoryDirectory de uma maneira muito restrita. Ela cria diretórios, preenche-os com elementos, chama generateIndex e disponibiliza o diretório para que outras partes da aplicação possam acessar seus elementos. Por enquanto, tudo está funcionando bem, mas temos de fazer uma alteração. Temos de modificar o software para permitir que as pessoas adicionem elementos a qualquer momento durante o tempo de vida do diretório.

Idealmente, gostaríamos de ver a criação e manutenção de índices ocorrer como um efeito colateral da inclusão de elementos. Na primeira vez que alguém adicionar um elemento, o elemento de índice deve ser criado e deve conter o nome do elemento que foi adicionado. Na segunda vez, esse mesmo elemento de índice deve ser atualizado com o nome do elemento recém-adicionado. Será suficientemente fácil escrever testes para o novo comportamento e o código que os satisfaça, mas não temos nenhum teste para o comportamento atual. Como saber onde colocá-los?

Nesse exemplo, a resposta é bastante clara: precisamos de uma série de testes que chamem addElement de várias maneiras, gerem um índice e examinem os diversos elementos para ver se estão corretos. Como saber se esses são os métodos certos a serem usados? No caso atual, o problema é simples. Os testes são apenas uma descrição de como esperamos usar o diretório. Talvez pudéssemos escrevê-los sem nem mesmo examinar o código de diretório porque temos uma boa ideia do que o diretório deveria fazer. Infelizmente, nem sempre é tão simples descobrir onde testar. Eu poderia ter usado uma classe grande e complicada no exemplo, como as que nos pegam de surpresa em sistemas legados, mas você ficaria entediado e fecharia o livro. Então, imaginemos que essa é uma classe complicada e vejamos como podemos descobrir o que testar examinando o código. O mesmo tipo de raciocínio se aplica a problemas mais espinhosos.

A primeira coisa de temos de fazer nesse exemplo é descobrir onde ocorrerão nossas alterações. Temos de remover funcionalidade de generateIndex e adicionar funcionalidade a addElement. Quando as identificarmos como os pontos de mudança, poderemos esboçar os efeitos.

Comecemos com generateIndex. Por quem ele é chamado? Nenhum outro método da classe o chama. O método é chamado só por clientes. Modificamos alguma coisa em generateIndex? Criamos um novo elemento e o adicionamos ao diretório; logo, generateIndex pode ter um efeito na coleção elements na classe (consulte a Figura 11.5).

Agora podemos examinar a coleção elements e ver o que ela pode afetar. Onde mais ela é usada? Parece que é usada em getElementCount e getElement. A coleção elements também é usada em addElement, mas não precisamos levar em consideração porque addElement se comporta da mesma forma, não importando o que se faça à coleção elements: nenhum usuário de addElements pode ser afetado por algo que fizermos à coleção elements (consulte a Figura 11.6).

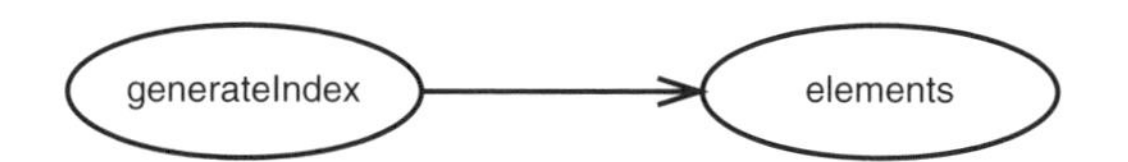

Figura 11.5 `generateIndex` *afeta* `elements`.

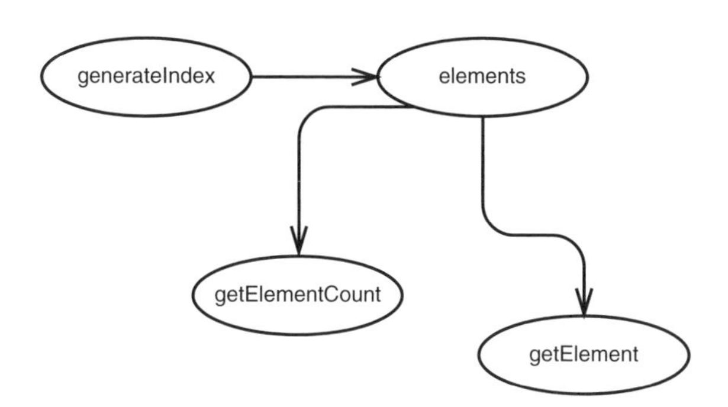

Figura 11.6 *Efeitos adicionais de alterações em* `generateIndex`.

Terminamos? Não, nossos pontos de mudança foram o método `generateIndex` e o método `addElement`; portanto, temos de examinar como `addElement` afeta os elementos de software vizinhos. Parece que `addElement` afeta a coleção `elements` (consulte a Figura 11.7).

Poderíamos ver o que `elements` afeta, mas já fizemos isso porque `generateIndex` afeta `elements`.

O esboço completo aparece na Figura 11.8.

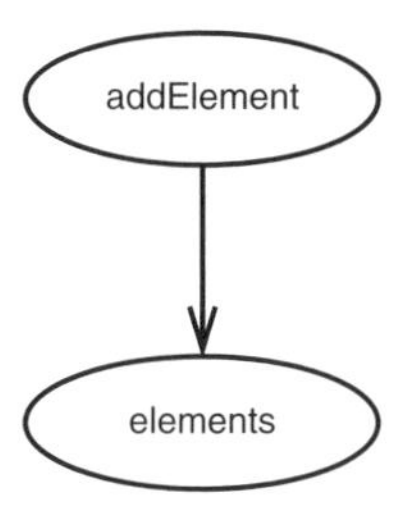

Figura 11.7 `addElement` *afeta* `elements`.

A única maneira de os usuários da classe `inMemoryDirectory` sentirem os efeitos é pelos métodos `getElementCount` e `getElement`. Se pudermos escrever testes nesses métodos, parece que seremos capazes de cobrir todos os efeitos de nossa alteração.

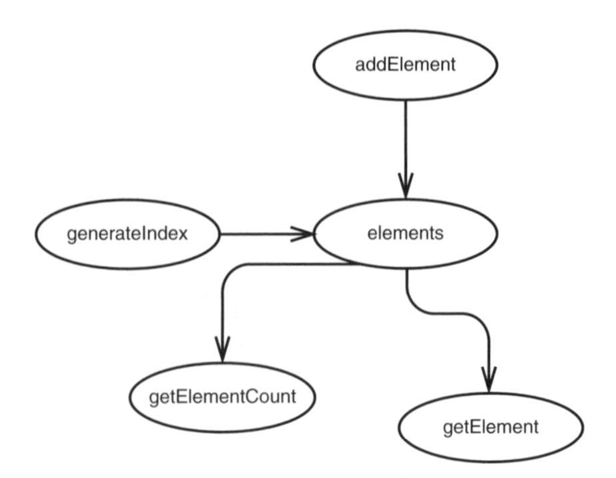

Figura 11.8 *Esboço de efeitos da classe* InMemoryDirectory.

Mas não deixamos passar nada? E as superclasses e subclasses? Se algum dado de InMemoryDirectory for público, protegido ou com escopo de pacote, um método de uma subclasse poderia usá-lo de formas sobre as quais não teríamos informação. Nesse exemplo, as variáveis de instância de InMemoryDirectory são privadas; logo, não precisamos nos preocupar com isso.

> Quando estiver esboçando efeitos, certifique-se de ter encontrado todos os clientes da classe que está examinando. Se sua classe tiver uma superclasse ou subclasses, podem existir outros clientes que não tenham sido considerados.

Terminamos? Ainda não. Há algo que ignoramos completamente. Estamos usando a classe Element no diretório, mas ela não faz parte de nosso esboço de efeitos. Devemos examiná-la com mais detalhes.

Quando chamamos generateIndex, criamos um objeto Element e chamamos repetidamente addText nele. Vejamos o código de Element:

```
public class Element {
    private String name;
    private String text = "";

    public Element(String name) {
        this.name = name;
    }
    public String getName() {
        return name;
    }

    public void addText(String newText) {
        text += newText;
    }

    public String getText() {
        return text;
    }
}
```

Felizmente, ele é muito simples. Criemos um balão para o novo elemento que `generateIndex` gera (consulte a Figura 11.9).

Quando temos um novo elemento e ele é preenchido com texto, `generateIndex` o adiciona à coleção; portanto, o novo elemento afeta a coleção (consulte a Figura 11.10).

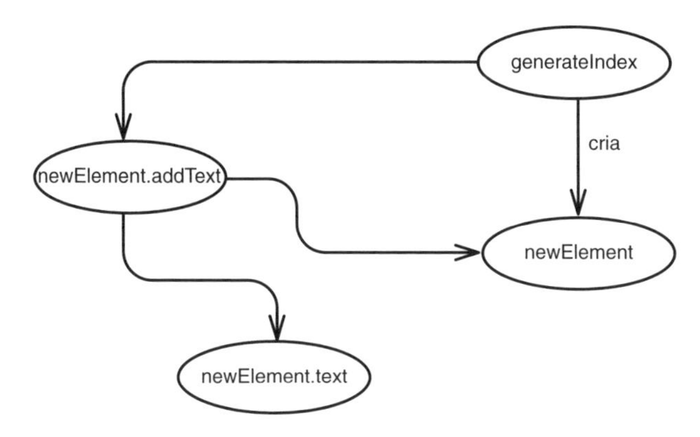

Figura 11.9 *Efeitos produzidos por meio da classe* `Element`.

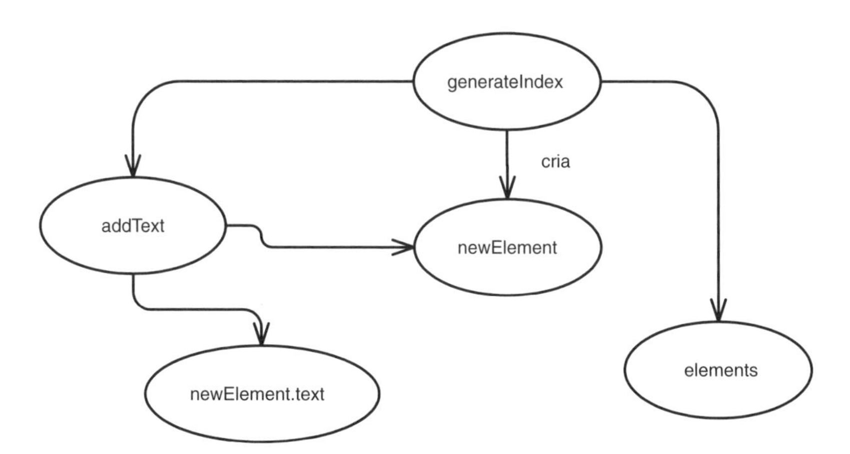

Figura 11.10 `generateIndex` *afetando a coleção* `elements`.

Sabemos por nosso trabalho anterior que o método `addText` afeta a coleção `elements`, que, por sua vez, afeta os valores de retorno de `getElement` e `getElementCount`. Se quisermos ver se o texto é gerado corretamente, podemos chamar `getText` em um elemento retornado por `getElement`. Esses são os únicos locais que temos de escrever testes para detectar os efeitos de nossas alterações.

Como mencionado anteriormente, esse é um exemplo um tanto pequeno, mas representa bem o tipo de raciocínio que devemos pôr em prática ao avaliar o impacto de alterações em código legado. Temos de encontrar locais para testar e o primeiro passo é descobrir onde a alteração pode ser detectada: quais são os efeitos da alteração. Quando soubermos onde detectar efeitos, poderemos escolher entre eles ao escrever nossos testes.

Propagação de efeitos

Algumas maneiras pelas quais os efeitos se propagam são mais fáceis de notar do que outras. No exemplo de `InMemoryDirectory` visto na última seção, acabamos encontrando métodos que retornavam valores para o chamador. Mesmo começando a rastrear os efeitos a partir dos pontos de mudança, locais onde estou fazendo uma alteração, geralmente noto primeiro métodos com valores de retorno. A menos que seus valores de retorno não estejam sendo usados, eles propagarão efeitos para o código chamador.

Os efeitos também podem se propagar de maneiras furtivas e silenciosas. Se tivermos um objeto que aceite outro objeto como parâmetro, ele pode modificar seu estado e a alteração se refletirá no resto da aplicação.

> Cada linguagem tem regras sobre como os parâmetros dos métodos são manipulados. O padrão, em muitos casos, é passar referências a objetos por valor. Esse é o padrão em Java e C#. Objetos não são passados para os métodos; "identificadores" (handles) dos objetos são passados. Como resultado, qualquer método pode mudar o estado dos objetos pelo identificador que recebeu. Algumas dessas linguagens têm palavras-chave que podemos usar para impossibilitar a modificação do estado de um objeto passado. Em C++, a palavra-chave `const` faz isso quando a usamos na declaração de um parâmetro de método.

A maneira mais furtiva pela qual um trecho de código pode afetar outro é por meio de dados globais ou estáticos. Aqui está um exemplo:

```
public class Element {
    private String name;
    private String text = "";

    public Element(String name) {
        this.name = name;
    }

    public String getName() {
        return name;
    }

    public void addText(String newText) {
        text += newText;
        View.getCurrentDisplay().addText(newText);
    }

    public String getText() {
        return text;
    }
}
```

Essa classe é quase igual à classe `Element` que usamos no exemplo de `InMemoryDirectory`. Na verdade, só uma linha de código é diferente: a segunda em `addText`. Examinar as assinaturas dos métodos de `Element` não vai nos ajudar a encontrar o efeito que os elementos têm sobre os modos de exibição. É ótimo ocultar informações, exceto quando são informações que precisamos conhecer.

Os efeitos se propagam no código de três maneiras básicas:

1. Valores de retorno que são usados por um chamador.
2. Modificação de objetos passados como parâmetros que são usados posteriormente.
3. Modificação de dados estáticos ou globais que são usados posteriormente.

Algumas linguagens fornecem mecanismos adicionais. Por exemplo, em linguagens orientadas a aspectos, os programadores podem escrever construções chamadas aspectos que afetam o comportamento do código de outras áreas do sistema.

Aqui está uma heurística que uso quando procuro efeitos:

1. Identifique um método que mudará.
2. Se o método tiver um valor de retorno, examine seus chamadores.
3. Veja se o método modifica algum valor. Se modificar, examine os métodos que usam esses valores, e os métodos que usam esses métodos.
4. Certifique-se de procurar superclasses e subclasses que também possam ser usuárias desses métodos e variáveis de instância.
5. Examine os parâmetros dos métodos. Veja se eles ou algum objeto que seus métodos retornam são usados pelo código que você quer alterar.
6. Procure variáveis globais e dados estáticos que sejam modificados em quaisquer dos métodos que identificou.

Ferramentas para a previsão de efeitos

A ferramenta mais importante que temos em nosso arsenal é o conhecimento acerca de nossa linguagem de programação. Em todas as linguagens, há pequenos "firewalls", coisas que previnem a propagação de efeitos. Se soubermos o que eles são, saberemos que não precisamos olhar além deles.

Suponhamos que estivéssemos prestes a alterar a representação da classe de coordenadas a seguir. Queremos nos mover para a frente um vetor para manter os valores de x e y, pois queremos generalizar a classe `Coordinate` para que ela possa representar coordenadas de três e quatro dimensões. No código Java a seguir, não precisamos conhecer a classe detalhadamente para saber o efeito dessa alteração:

```
public class Coordinate {
    private double x = 0;
    private double y = 0;

    public Coordinate() {}
```

```
    public Coordinate(double x, double y) {
        this.x = x; this.y = y;
    }
    public double distance(Coordinate other) {
        return Math.sqrt(
            Math.pow(other.x - x, 2.0) + Math.pow(other.y - y, 2.0));
    }
}
```

Eis um código que precisa ser examinado com mais cuidado:

```
public class Coordinate {
    double x = 0;
    double y = 0;

    public Coordinate() {}
    public Coordinate(double x, double y) {
        this.x = x; this.y = y;
    }
    public double distance(Coordinate other) {
        return Math.sqrt(
            Math.pow(other.x - x, 2.0) + Math.pow(other.y - y, 2.0));
    }
}
```

Vê a diferença? Ela é sutil. Na primeira versão da classe, as variáveis x e y eram privadas. Na segunda, tinham escopo de pacote. Na primeira versão, se fizermos algo que altere as variáveis x e y, isso só afetará os clientes através da função `distance`, independentemente de eles estarem usando `Coordinate` ou uma subclasse de `Coordinate`. Na segunda versão, os clientes no pacote poderiam estar acessando as variáveis diretamente. Devemos manipular essa situação ou tentar torná-las privadas para garantir que não sejam acessadas diretamente. Como as subclasses de `Coordinate` também podem usar as variáveis de instância, temos de examiná-las e ver se estão sendo usadas em métodos de alguma subclasse.

É importante conhecer nossa linguagem porque as regras sutis com frequência nos enganam. Examinemos um exemplo em C++:

```
class PolarCoordinate : public Coordinate {
public:
            PolarCoordinate();
    double getRho() const;
    double getTheta() const;
};
```

Em C++, quando a palavra-chave `const` vem após uma declaração de método, o método não pode modificar as variáveis de instância do objeto. Ou será que pode? Suponhamos que a superclasse de `PolarCoordinate` tivesse esta forma:

```
class Coordinate {
protected:
    mutable double first, second;
};
```

Em C++, quando a palavra-chave `mutable` é usada em uma declaração, isso significa que essas variáveis podem ser modificadas em métodos `const`. Esse uso de `mutable` é considerado particularmente estranho, mas quando se trata de descobrir o que pode ou não mudar em um programa que não conhecemos bem, temos de procurar efeitos independentemente do quanto possa parecer estranho. Aceitar que `const` significa realmente `const` em C++ sem verificar pode ser perigoso. O mesmo é verdade para outras construções de linguagem que podem ser burladas.

Conheça sua linguagem.

Aprendendo com a análise de efeitos

Tente analisar os efeitos em código sempre que puder. Às vezes, à medida que conhecemos melhor uma base de código, sentimos que não precisamos procurar certas coisas. Quando se sentir assim, você terá encontrado alguma "qualidade básica" em sua base de código. No melhor código, não há muitas armadilhas. Algumas "regras" incorporadas à base de código, declaradas ou não explicitamente, nos poupam da paranoia de estar sempre procurando possíveis efeitos. A melhor maneira de encontrar essas regras é pensar em uma maneira pela qual uma porção de software pudesse ter um efeito sobre outra, uma maneira que você nunca tenha visto na base de código. Em seguida, diga para si próprio: "Mas isso seria estúpido". Quando sua base de código tiver várias regras como essa, será muito mais fácil lidar com ela. Em código ruim, as pessoas não sabem quais são as "regras" ou as "regras" estão repletas de exceções.

As "regras" para uma base de código não são necessariamente declarações taxativas de estilo de programação, coisas como "Nunca use variáveis protegidas". Em vez disso, geralmente são coisas contextuais. No exemplo de `CppClass` do começo do capítulo, fizemos um pequeno exercício em que tentamos descobrir o que afetaria os usuários de um objeto `CppClass` após ele ser criado. Aqui está um trecho desse código:

```
public class CppClass {
    private String name;
    private List declarations;

    public CppClass(String name, List declarations) {
        this.name = name;
        this.declarations = declarations;
    }
    ...
}
```

Listamos o fato de que alguém poderia modificar a lista de declarações após sua passagem para o construtor. Esse pensamento é um candidato ideal para a regra "mas isso seria estúpido". Se, ao começar a examinar `CppClass`, soubermos que nos foi dada uma lista que não mudará, será muito mais fácil raciocinar.

Em geral, fica mais fácil programar quando diminuímos os efeitos de um programa. Precisamos saber menos para entender um trecho de código. Em um nível extremo, chegamos à programação funcional em linguagens como Scheme e Haskell. Pode ser realmente fácil entender os programas nessas linguagens, mas elas não são amplamente usadas. De qualquer forma, em linguagens OO, restringir os efeitos pode facilitar muito as atividades de teste e nada nos impede de fazer isso.

Simplificando os esboços de efeitos

Este livro é sobre tornar o código legado mais fácil de manipular; logo, muitos dos exemplos aqui apresentados podem ser considerados de "difícil solução". No entanto, queria aproveitar a oportunidade para mostrar algo muito útil que você pode ver por meio de esboços de efeitos. Isso poderia afetar a sua maneira de escrever código à medida que avança.

Você se lembra do esboço de efeito para a classe `CppClass`? (Veja a Figura 11.11.)

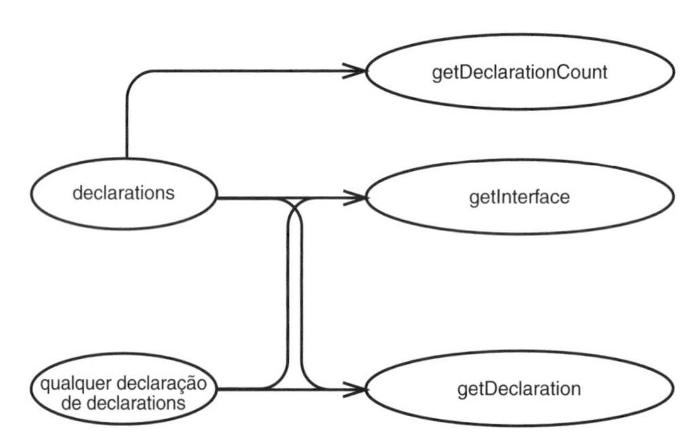

Figura 11.11 *Esboço de efeitos de* `CppClass`.

Parece que há uma pequena dispersão. Dois blocos de dados, uma declaração e a coleção `declarations`, produzem efeitos sobre vários métodos diferentes. Podemos selecionar quais queremos usar em nossos testes. O melhor a usar é `getInterface`, porque ele emprega um pouco mais a coleção de declarações. Podemos detectar algumas coisas pelo método `getInterface` que não podemos detectar tão facilmente com `getDeclaration` e `getDeclarationCount`. Não me importaria de escrever testes apenas para `getInterface` se estivesse caracterizando `CppClass`, porém seria lamentável `getDeclaration` e `getDeclarationCount` não serem abordados. Mas, e se `getInterface` tivesse este formato?

```
public String getInterface(String interfaceName, int [] indices) {
    String result = "class " + interfaceName + " {\npublic:\n";
    for (int n = 0; n < indices.length; n++) {
        Declaration virtualFunction = getDeclaration(indices[n]);
        result += "\t" + virtualFunction.asAbstract() + "\n";
    }
    result += "};\n";
    return result;
}
```

A diferença aqui é sutil; agora o código usa `getDeclaration` internamente. Portanto, nosso esboço mudará do da Figura 11.12 para o da Figura 11.13.

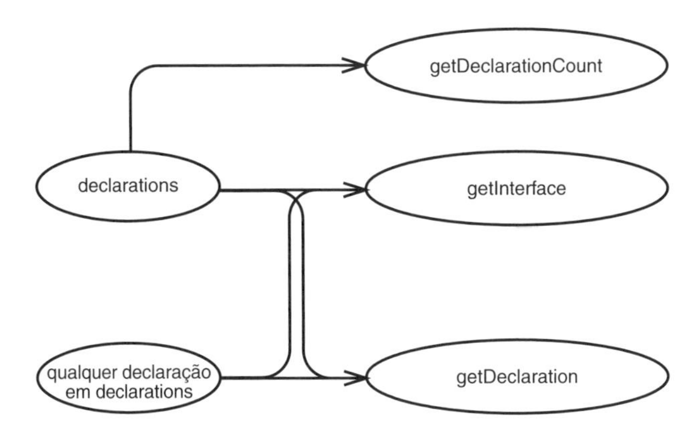

Figura 11.12 *Esboço de efeitos de* `CppClass`.

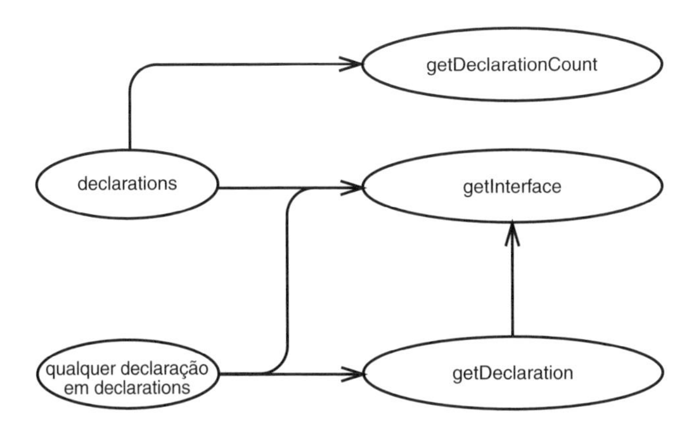

Figura 11.13 *Esboço de efeitos da classe* `CppClass` *alterada.*

É apenas uma pequena alteração, mas é uma muito significativa. Agora o método `getInterface` usa `getDeclaration` internamente. Acabamos empregando `getDeclaration` sempre que testamos `getInterface`.

Quando removemos pequenas partes que envolvem duplicação, com frequência obtemos esboços de efeitos com um conjunto menor de extremidades. Isso costuma se converter em decisões mais fáceis de testes.

Efeitos e encapsulamento

Um dos benefícios geralmente mencionados da orientação a objetos é o encapsulamento. Muitas vezes, quando mostro às pessoas as técnicas de eliminação de dependências deste livro, elas ressaltam que várias delas quebram o encapsulamento. É verdade. Muitas delas o fazem.

O encapsulamento é importante, mas a razão que o torna essencial é *mais* importante ainda. O encapsulamento nos ajuda a raciocinar sobre nosso código. Em um código bem-encapsulado, há menos caminhos a seguir quando tentamos entendê-lo. Por exemplo, se adicionarmos outro parâmetro a um construtor para quebrar uma dependência, como fazemos na refatoração *Parametrizar Construtor* (355), teremos mais um caminho a seguir quando estivermos pensando nos efeitos. A quebra do encapsulamento pode tornar mais difícil raciocinar sobre nosso código, mas pode facilitar se depois acabarmos obtendo bons testes explicativos. Quando temos casos de teste para uma classe, podemos usá-los para raciocinar sobre nosso código mais diretamente. Também podemos escrever novos testes para qualquer dúvida que possamos ter sobre o comportamento do código.

Nem sempre o encapsulamento e a cobertura por testes se excluem, mas, quando isso ocorre, tendo para o lado da cobertura dos testes. Com frequência ela me ajuda a obter mais encapsulamento posteriormente.

O encapsulamento não é um fim em si; é uma ferramenta para o entendimento.

Quando tivermos de descobrir onde escrever nossos testes, é importante saber o que pode ser afetado pelas alterações que estamos fazendo. Temos de pensar nos efeitos. Podemos exercitar esse tipo de raciocínio informalmente ou de uma maneira mais rigorosa com pequenos esboços, pois vale a pena. Em código particularmente entrelaçado, é uma das únicas habilidades de que podemos depender no processo de definir testes.

Capítulo 12

Preciso fazer muitas alterações em uma área. Tenho de quebrar dependências de todas as classes envolvidas?

Em alguns casos, é fácil começar a escrever testes para uma classe. Mas em código legado, com frequência é complicado. As dependências podem ser difíceis de quebrar. Se você se comprometer de submeter as classes a frameworks de teste para facilitar o trabalho, uma das coisas mais enfurecedoras que pode encontrar é uma mudança fortemente dispersa. Você precisa adicionar um novo recurso a um sistema e descobre que precisa modificar três ou quatro classes intimamente relacionadas. Demandaria algumas horas submeter cada uma delas a teste. Certo, você sabe que o código ficará melhor depois, mas é preciso realmente quebrar todas essas dependências individualmente? Talvez não.

Quase sempre compensa testar "um nível atrás" e descobrir um local onde possamos escrever testes para várias alterações ao mesmo tempo. Podemos escrever testes em um mesmo método público para alterações em vários métodos privados ou escrever testes na interface de um objeto para uma colaboração de vários objetos que ele contém. Quando fazemos isso, podemos testar as alterações que estamos fazendo, mas também nos damos alguma "cobertura" para mais refatorações na área. A estrutura do código a seguir dos testes pode mudar radicalmente contanto que os testes fixem seu comportamento.

> Testes de nível superior podem ser úteis na refatoração. As pessoas costumam preferi-los aos testes de granularidade fina em cada classe porque acham mais difícil alterar quando vários testes pequenos são escritos para uma interface que deve mudar. Na verdade, com frequência as alterações são mais fáceis do que esperamos porque podemos fazer alterações nos testes e então no código, movendo a estrutura em pequenos incrementos seguros.
>
> Embora os testes de nível superior sejam uma ferramenta importante, não devem substituir os testes de unidade. Em vez disso, devem ser um primeiro passo em direção à definição de testes de unidade.

Como definir esses "testes de cobertura"? A primeira coisa que temos de descobrir é onde escrevê-los. Se ainda não tiver feito isso, consulte o Capítulo 11, *Preciso fazer uma alteração. Que métodos devo testar?* Esse capítulo descreve os *esboços de efeitos* (150), uma ferramenta poderosa que você pode usar para descobrir onde escrever testes. No capítulo atual, descrevo o conceito de *ponto de intercepção* e mostro como descobri-los. Também descrevo o melhor tipo de pontos de intercepção que você pode encontrar no código, os *pontos de fixação*. Mostro como encontrá-los e como eles podem lhe ajudar quando você quiser escrever testes que cubram o código a ser alterado.

Pontos de intercepção

Um *ponto de intercepção* é simplesmente um ponto de seu programa onde você pode detectar os efeitos de uma alteração específica. É mais difícil encontrá-los em algumas aplicações do que em outras. Se você tiver uma aplicação cujas partes estejam associadas sem muitos pontos de extensão naturais, encontrar um *ponto de intercepção* conveniente pode ser muito útil. Geralmente, isso requer alguma divagação sobre os efeitos e muita quebra de dependências. Como começar?

A melhor maneira de iniciar é identificar os locais onde você deve fazer alterações e começar a rastrear os efeitos externos a partir desses pontos de mudança. Cada local em que você puder detectar efeitos será um *ponto de intercepção*, mas pode não ser o melhor *ponto de intercepção*. É preciso tomar decisões durante todo o processo.

O caso simples

Imagine que tivéssemos de modificar uma classe Java chamada `Invoice`, para mudar a maneira como os custos são calculados. O método que calcula todos os custos para `Invoice` se chama `getValue`.

```
public class Invoice
{
    ...
    public Money getValue() {
        Money total = itemsSum();
        if (billingDate.after(Date.yearEnd(openingDate))) {
            if (originator.getState().equals("FL") ||
                    originator.getState().equals("NY"))
                total.add(getLocalShipping());
            else
                total.add(getDefaultShipping());
        }
        else
```

```
            total.add(getSpanningShipping());
        total.add(getTax());
        return total;
    }
    ...
}
```

Temos de alterar a maneira como calculamos os custos de entrega para Nova York. O congresso acabou de adicionar um imposto que afeta nossa operação de expedição para lá e, infelizmente, temos de repassar o custo para o consumidor. No processo, vamos extrair a lógica do custo de entrega para uma nova classe chamada `ShippingPricer`. Ao terminarmos, o código deve ficar assim:

```
public class Invoice
{
    public Money getValue() {
        Money total = itemsSum();
        total.add(shippingPricer.getPrice());
        total.add(getTax());
        return total;
    }
}
```

Todo o trabalho que era feito em `getValue` é feito por um `ShippingPricer`. Também teremos de alterar o construtor de `Invoice` para criar um `ShippingPricer` que conheça as datas das faturas.

Para encontrar nossos pontos de intercepção, precisamos começar a rastrear os efeitos posteriores aos pontos de mudança. O método `getValue` terá um resultado diferente. Nenhum método de `Invoice` usa `getValue`, mas ele é usado em outra classe: o método `makeStatement` de uma classe chamada `BillingStatement` o utiliza. Isso é mostrado na Figura 12.1.

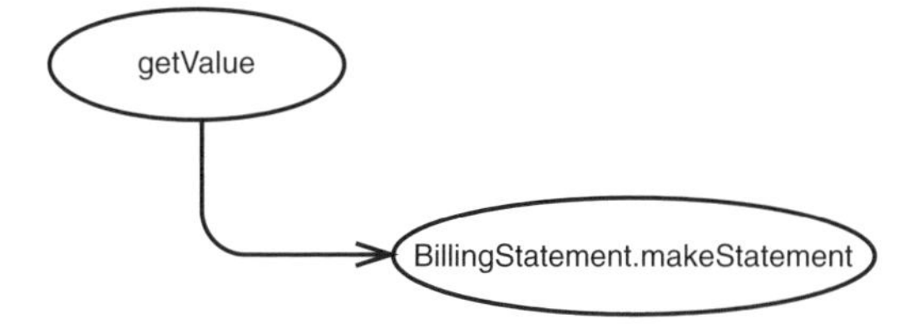

Figura 12.1 `getValue` *afeta* `BillingStatement.makeStatement`.

Também estaremos modificando o construtor, portanto, temos de examinar o código que depende dele. Nesse caso, estaremos criando um novo objeto no construtor, um `ShippingPricer`. O valorizador não afetará nada, exceto os métodos que o usam, e o único que o usará é o método `getValue`. A Figura 12.2 mostra esse efeito.

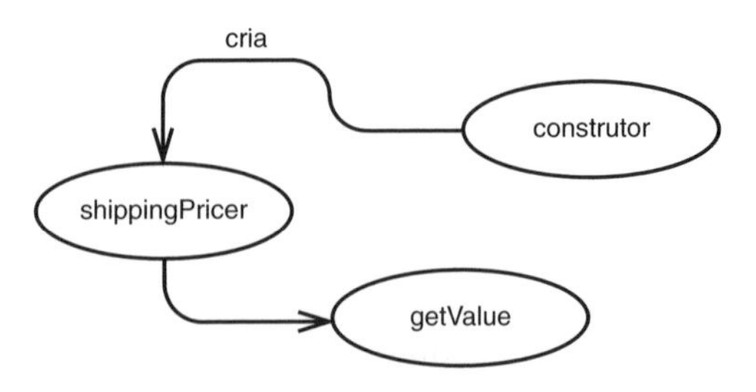

Figura 12.2 *Efeitos sobre* `getValue`.

Podemos reunir os esboços como na Figura 12.3.

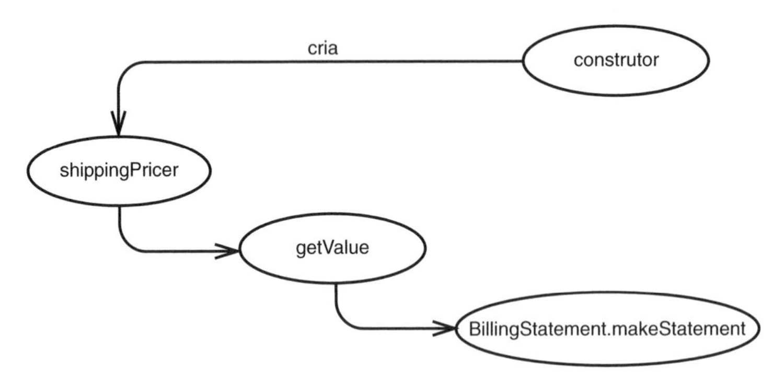

Figura 12.3 *Uma cadeia de efeitos.*

Mas onde estão nossos pontos de intercepção? Na verdade, podemos usar qualquer um dos balões do diagrama como *ponto de intercepção*, contanto que tenhamos acesso ao que eles representam. Poderíamos tentar usando a variável `shippingPricer`, mas trata-se de uma variável privada da classe `Invoice`; logo, não temos acesso a ela. Mesmo se pudesse ser acessada em testes, `shippingPricer` é um *ponto de intercepção* muito restrito. Podemos sentir o que fizemos no construtor (criar o `shippingPricer`) e verificar se o `shippingPricer` faz o que deveria, mas não podemos usá-lo para examinar se `getValue` não mudou de maneira ruim.

Podemos escrever testes que exercitem o método `makeStatement` de `BillingStatement` e verifiquem seu valor de retorno para nos certificarmos se fizemos nossas alterações corretamente. Mas, melhor do que isso, podemos escrever testes que exercitem `getValue` em `Invoice` e façam a verificação aí. Pode até dar menos trabalho. Certo, seria bom submeter `BillingStatement` a testes, mas não é necessário nesse momento. Se tivermos de fazer uma alteração em `BillingStatement`, então a submeteremos a teste.

Em geral, é uma boa ideia selecionar *pontos de intercepção* que sejam bem próximos dos pontos de mudança por duas razões. A primeira é a segurança. Cada passo entre um ponto de mudança e um ponto de intercepção é como um passo em um argumento lógico. Basicamente, estamos dizendo: "Podemos testar aqui porque isso afeta aquilo e aquilo afeta essa outra coisa, que afeta o que estamos testando". Quanto mais passos você tiver no argumento, mais difícil será saber se ele está correto. Às vezes, a única maneira de ter certeza é escrever testes no *ponto de intercepção* e então voltar ao ponto de mudança para alterar um pouco o código e ver se o teste falha. Algumas vezes você pode ter de recorrer a essa técnica, mas não deve precisar fazer isso o tempo todo. Outra razão que torna piores os pontos de intercepção mais distantes é que geralmente é mais difícil definir testes neles. Mas nem sempre isso é verdade; depende do código. O que pode dificultar, novamente, é o número de passos entre a alteração e o ponto de intercepção. Com frequência, temos de "simular o computador" em nossa mente para saber se um teste cobre alguma funcionalidade distante.

No exemplo, provavelmente as alterações que queremos fazer em `Invoice` sejam testadas melhor aí. Podemos criar um objeto `Invoice` em um framework de testes, configurá-lo de várias maneiras e chamar `getValue` para fixar seu comportamento enquanto fazemos nossas alterações.

Pontos de intercepção de nível superior

Na maioria dos casos, o melhor *ponto de intercepção* que podemos ter para uma alteração é um método público da classe que estamos alterando. Esses pontos de intercepção são fáceis de encontrar e usar, mas às vezes não são a melhor opção. Podemos ver isso se expandirmos um pouco o exemplo de `Invoice`.

Suponhamos que, além de alterar a maneira como os custos de entrega são calculados para `Invoices`, tivéssemos de modificar uma classe chamada `Item` para que ela contenha um novo campo e armazene o portador da entrega. Também precisamos de uma decomposição por portador em `BillingStatement`. A Figura 12.4 mostra a aparência de nosso projeto atual em UML.

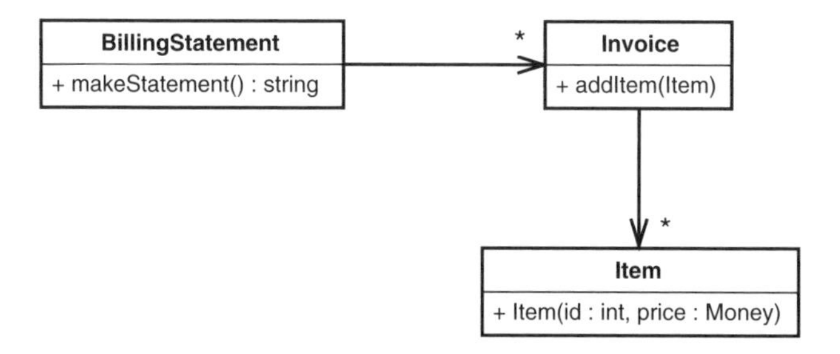

Figura 12.4 *Sistema de cobrança expandido.*

Se nenhuma dessas classes tiver testes, poderíamos começar escrevendo testes para cada classe individualmente e fazer as alterações de que precisamos. Isso funcionaria, mas pode ser mais eficiente começar tentando encontrar um *ponto de intercepção* de nível superior que possamos usar para caracterizar essa área do código. O benefício de fazer isso é duplo: podemos ter de quebrar menos dependências e também estamos mantendo um bloco maior em foco. Com testes que caracterizem esse grupo de classes, temos mais cobertura para refatorar. Podemos alterar a estrutura de `Invoice` e `Item` usando os testes que temos em `BillingStatement` como uma invariante. Aqui está um bom teste inicial para a caracterização de `BillingStatement`, `Invoice` e `Item` juntas:

```
void testSimpleStatement() {
    Invoice invoice = new Invoice();
    invoice.addItem(new Item(0,new Money(10));
    BillingStatement statement = new BillingStatement();
    statement.addInvoice(invoice);
    assertEquals("", statement.makeStatement());
}
```

Podemos descobrir o que `BillingStatement` cria para uma fatura com um item e alterar o teste para usar esse valor. Depois, podemos adicionar mais testes para ver como ocorre a formatação de listas de cobranças para diferentes combinações de faturas e itens. Devemos ter um cuidado especial para escrever casos que exercitem áreas do código em que estaremos introduzindo ponto de extensão.

O que torna `BillingStatement` um *ponto de intercepção* ideal aqui? Trata-se de um único ponto que podemos usar para detectar efeitos de alterações em um grupo de classes. A Figura 12.5 mostra o esboço de efeitos das alterações que vamos fazer:

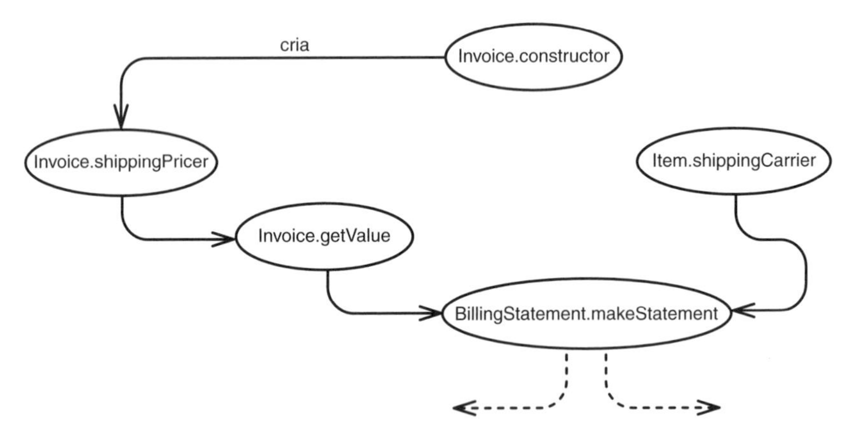

Figura 12.5 *Esboço de efeitos do sistema de cobrança.*

Observe que todos os efeitos são detectáveis por intermédio de makeStatement. Eles podem não ser fáceis de detectar com makeStatement, mas, pelo menos, esse é o único local onde é possível detectar todos. O termo que uso para um local como esse em um projeto é *ponto de fixação*. Um *ponto de fixação* é um estreitamento no *esboço de efeitos* (150), um local onde é possível escrever testes para cobrir um amplo conjunto de alterações. Se você conseguir encontrar um *ponto de fixação*, ele pode facilitar muito seu trabalho.

O essencial que devemos lembrar sobre os *pontos de fixação*, no entanto, é que eles são determinados pelos pontos de mudança. Um conjunto de alterações em uma classe pode ter um bom ponto de fixação mesmo se a classe tiver vários clientes. Para ver isso, examinemos mais amplamente o sistema de cobrança da Figura 12.6.

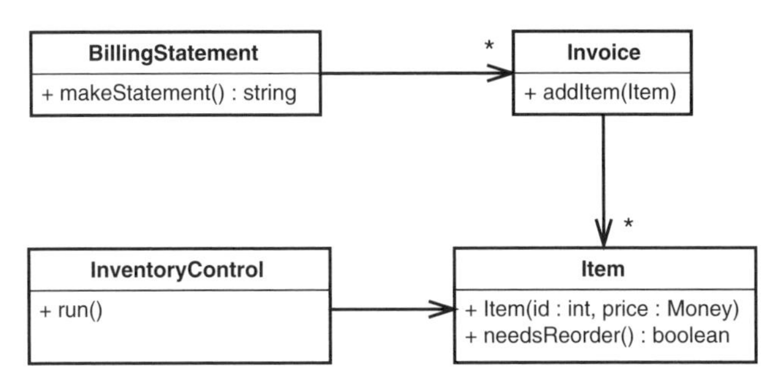

Figura 12.6 *Sistema de cobrança com estoque.*

Não percebemos isso antes, mas Item também tem um método chamado needsReorder. A classe InventoryControl o chama sempre que precisa saber se é necessário fazer um pedido. Isso muda nosso esboço de efeitos para as alterações que temos de fazer? Nem um pouco. A inclusão de um campo shippingCarrier a Item não afeta em nada o método needsReorder; logo, BillingStatement ainda é nosso *ponto de fixação*, nosso local de convergência onde podemos testar.

Tornemos o cenário um pouco mais variado. Suponhamos que tivéssemos outra alteração a fazer. Temos de adicionar métodos a Item que nos permitam conhecer e definir o fornecedor de um item. As classes InventoryControl e BillingStatement usarão o nome do fornecedor. A Figura 12.7 mostra o que isso faz ao nosso esboço de efeitos.

As coisas não parecem tão boas agora. Os efeitos de nossas alterações podem ser detectados através do método makeStatement de BillingStatement e das variáveis afetadas pelo método run de InventoryControl, mas não há mais um *ponto de intercepção* único. No entanto, se considerados em conjunto, o método run e o método makeStatement podem ser vistos como um *ponto de fixação*; juntos, eles são apenas dois métodos e esse é um local mais exíguo para a detecção de problemas do que oito métodos e variáveis que tenham de ser manipulados para efetuar as alterações. Se definirmos testes aí, teremos cobertura para um grande volume de alterações.

Ponto de fixação

Um *ponto de fixação* é um estreitamento no esboço de efeitos, um local onde testes feitos em alguns métodos podem detectar alterações em muitos métodos.

Em alguns sistemas de software, é bem fácil encontrar pontos de fixação para conjuntos de alterações, mas em muitos casos é quase impossível. Uma única classe ou método pode afetar várias coisas diretamente, e um esboço de efeitos desenhado a partir desse ponto talvez pareça uma grande árvore enroscada. O que podemos fazer, então? Algo que está ao nosso alcance é revisitar nossos pontos de mudança. Podemos estar tentando fazer muita coisa ao mesmo tempo. Considere encontrar *pontos de fixação* apenas para uma ou duas alterações de uma só vez. Se não conseguir encontrar um ponto de fixação, simplesmente tente escrever testes para alterações individuais que estejam o mais próximo possível.

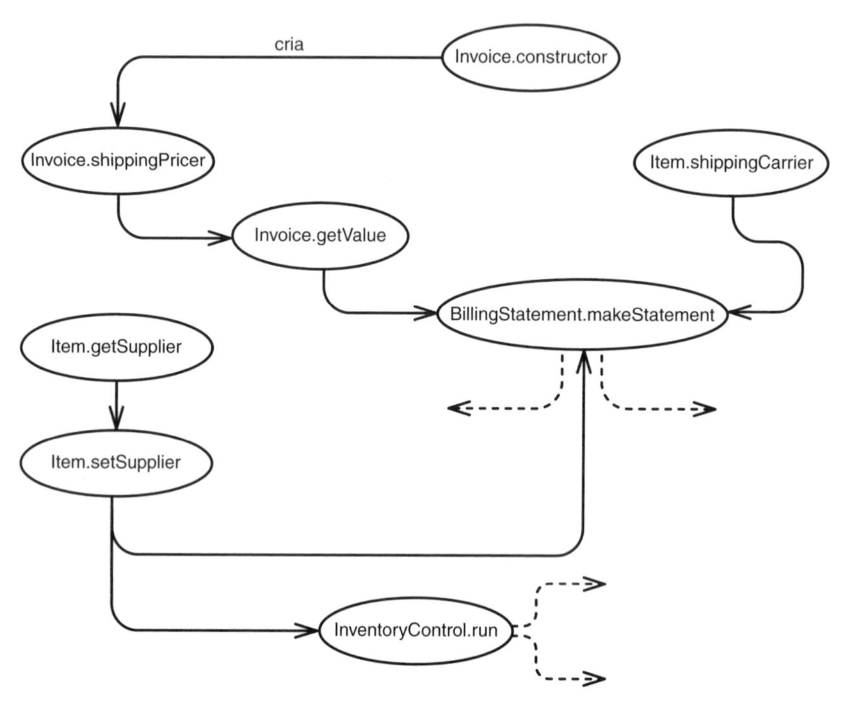

Figura 12.7 *Cenário completo do sistema de cobrança.*

Outra maneira de encontrar um ponto de fixação é procurar algum uso generalizado em um *esboço de efeitos* (150). Um método ou variável pode ter três usuários, mas isso não significa que esteja sendo usado de três maneiras distintas. Por exemplo, suponhamos que tivéssemos de fazer uma refatoração no método `needsReorder` da classe `Item` do exemplo anterior. Não mostrei o código, mas se esboçássemos os efeitos, veríamos ser possível selecionar um ponto de fixação contendo o método `run` de `InventoryControl` e o método `makeStatement` de `BillingStatement`, porém não podemos nos restringir a mais do que isso. Seria aceitável escrever testes em apenas uma dessas classes e não na outra? A pergunta-chave que devemos fazer é: "Se separar esse método, conseguirei detectá-lo nesse local?". A resposta depende de como o método é usado. Se for usado da mesma forma em objetos que tenham valores comparáveis, seria aceitável testar em um local e não no outro. Trabalhe na análise com um colega de trabalho.

Avaliando o projeto com pontos de fixação

Na seção anterior, falamos sobre como os *pontos de fixação* são úteis nas atividades de testes, mas eles também têm outras aplicações. Se você prestar atenção no local onde estão seus pontos de fixação, eles podem lhe dar dicas sobre como melhorar seu código.

O que é realmente um *ponto de fixação*? Um ponto de fixação é um limite natural de encapsulamento. Quando você encontrar um *ponto de fixação*, terá encontrado um afunilamento para todos os efeitos de um amplo trecho de código. Se o método `BillingStatement.makeStatement` for um *ponto de fixação* para um grupo de faturas e itens, saberemos onde olhar quando a lista de cobrança não for a esperada. O problema deve ter ocorrido por causa da classe `BillingStatement` ou das faturas e itens. Da mesma forma, não precisamos saber nada sobre as faturas e itens para chamar `makeStatement`. Essa é uma boa definição para encapsulamento. Não precisamos nos preocupar com os aspectos internos, mas quando é preciso, não temos de examinar os aspectos externos para entendê-los. Com frequência, quando procuro *pontos de fixação*, começo a notar como as responsabilidades podem ser redistribuídas nas classes para fornecer um encapsulamento melhor.

Usando esboços de efeitos para encontrar classes ocultas

Às vezes, quando temos uma classe grande, podemos usar esboços de efeitos para descobrir como dividir a classe em partes. Aqui está um pequeno exemplo em Java. Temos uma classe chamada `Parser` com um método público chamado `parseExpression`.

```
public class Parser
{
    private Node root;
    private int currentPosition;
    private String stringToParse;
    public void parseExpression(String expression) { .. }
    private Token getToken() { .. }
    private boolean hasMoreTokens() { .. }
}
```

Se desenhássemos um esboço de efeitos para essa classe, veríamos que `parseExpression` depende de `getToken` e `hasMoreTokens`, mas não depende diretamente de `stringToParse` ou `currentPosition`, ainda que `getToken` e `hasMoreTokens` dependam. O que temos aqui é um limite natural de encapsulamento, mesmo não sendo tão restrito (dois métodos ocultam duas informações). Podemos extrair esses métodos e campos para uma classe chamada `Tokenizer` e acabaremos obtendo uma classe `Parser` mais simples.

Essa não é a única maneira de saber como separar responsabilidades em uma classe; às vezes os nomes nos dão uma dica, como nesse caso (temos dois métodos com a palavra `Token` em seus nomes). Isso pode ajudá-lo a ver uma classe grande de uma maneira diferente e poderia levar a algumas extrações de classe interessantes.

Como exercício, crie um esboço de efeitos para alterações em uma classe grande e não se preocupe com os nomes dos balões. Apenas veja como eles se agrupam. Há algum limite natural de encapsulamento? Se houver, examine os balões que existem dentro de um limite. Pense no nome que usaria para esse grupo de métodos e variáveis: ele poderia ser o nome de uma nova classe. Avalie se seria útil alterar alguns dos nomes.

Quando fizer isso, faça com seus colegas de equipe. As discussões sobre nomeação trarão benefícios de abrangência muito maior do que o trabalho que você está fazendo atualmente. Elas ajudarão você e sua equipe a desenvolver uma visão comum do que é o sistema e no que ele pode se tornar.

Escrever testes em *pontos de fixação* é uma maneira ideal de começar algum trabalho invasivo em parte de um programa. É um investimento pegar um conjunto de classes e deixá-las em um ponto em que você possa instanciá-las em conjunto em um framework de testes. Após criar seus *testes de caracterização (186)*, poderá fazer alterações impunemente. Você criou um pequeno oásis em sua aplicação onde ficou mais fácil trabalhar. Mas tome cuidado – pode ser uma armadilha.

Armadilhas dos pontos de fixação

Podemos entrar em uma encrenca de várias maneiras ao escrever testes de unidade. Uma é deixar os testes de unidade se transformarem lentamente em testes de mini-integração. Temos de testar uma classe, então, instanciamos vários de seus colaboradores e os passamos para ela. Verificamos alguns valores e podemos ter certeza de que o grupo de objetos inteiro funciona bem conjuntamente. O aspecto negativo é que, se fizermos isso com muita frequência, acabaremos tendo vários testes de unidade grandes e confusos cuja execução leva uma eternidade.

O truque, quando estamos escrevendo testes de unidade para código novo, é testar as classes da maneira mais independente possível. Quando você começar a notar que seus testes estão muito grandes, deve dividir a classe que está testando para criar partes menores independentes que possam ser testadas mais facilmente. Às vezes, temos de simular colaboradores porque o trabalho de um teste de unidade não é ver como um grupo de objetos se comporta em conjunto, e sim como um único objeto se comporta. Podemos testar isso mais facilmente com um objeto fictício.

Quando estamos escrevendo testes para código existente, o jogo se inverte. Em alguns casos, compensa isolar parte de um aplicativo e enchê-la de testes. Quando tivermos esses testes definidos, poderemos escrever testes de unidade mais restritos com mais facilidade para cada uma das classes que tocarmos ao fazer nosso trabalho. Em um determinado momento, os testes no *ponto de fixação* poderão ser eliminados.

Testes em *pontos de fixação* são como dar alguns passos para dentro de uma floresta e desenhar uma linha dizendo: "Toda esta área é minha". Após estar ciente de que domina toda essa área, você poderá desenvolvê-la refatorando e escrevendo mais testes. Com o tempo, poderá excluir os testes nos *pontos de fixação* e deixar os testes de cada classe suportarem seu trabalho de desenvolvimento.

Capítulo 13

Preciso fazer uma alteração, mas não sei que testes escrever

Quando as pessoas conversam sobre testes, geralmente se referem a testes que usam para encontrar bugs. Com frequência esses testes são manuais. Escrever testes automatizados para encontrar bugs em código legado não costuma ser tão eficiente quanto executar o código. Se você tiver alguma maneira de exercitar o código legado manualmente, deve poder encontrar bugs bem rapidamente. O problema é que terá de fazer esse trabalho manual repetidamente sempre que alterar o código. E, para ser franco, ninguém faz isso. Quase todas as equipes com as quais trabalhei que dependiam de testes manuais para suas alterações já não existem mais. Os níveis de confiança dessas equipes também não eram o que poderiam ter sido.

Não, encontrar bugs em código legado normalmente não é um problema. Em termos de estratégia, na verdade, pode ser um esforço mal direcionado. Normalmente é melhor fazer algo que ajude sua equipe a começar a escrever código correto de modo contínuo. A maneira de triunfar é concentrar esforços em não introduzir bugs no código desde o início.

Testes automatizados são uma ferramenta muito importante, mas não para a descoberta de bugs – não diretamente, pelo menos. Em geral, testes automatizados devem especificar um objetivo que gostaríamos de atingir ou tentar preservar comportamento existente. No fluxo normal de desenvolvimento, testes que *especificam* tornam-se testes que *preservam*. Você encontrará bugs, mas possivelmente não na primeira vez que um teste for executado. Encontrará bugs em execuções posteriores ao alterar comportamentos inesperados.

Onde isso nos leva com código legado? Em código legado, podemos não ter nenhum teste para as alterações que precisamos fazer; logo, não há uma maneira de verificar realmente se estamos preservando comportamento quando fazemos alterações. Portanto, a melhor abordagem que podemos adotar quando temos de fazer alterações é proteger a área que queremos alterar com testes para fornecer algum tipo de rede de segurança. Encontraremos bugs durante o percurso, e teremos de lidar com eles, mas na maioria dos códigos legados, se for nosso objetivo encontrar e corrigir todos os bugs, nunca terminaremos.

Testes de caracterização

Certo, então precisamos de testes – mas como escrevê-los? Uma maneira de resolver isso é saber o que o sistema de software deve fazer e escrever testes com base nessas ideias. Podemos tentar encontrar antigos documentos de requisitos e memorandos de projeto e a partir daí começar a escrever testes. Essa é uma abordagem, mas não é uma muito boa. Em quase todo sistema legado, o que o sistema faz é mais importante do que o que deveria fazer. Se escrevermos testes com base em nossa suposição do que o sistema deve fazer, voltaremos novamente à busca de bugs. Encontrar bugs é importante, mas nosso objetivo no momento é definir testes que nos ajudem a fazer alterações de maneira mais determinística.

Os testes de que precisamos quando queremos preservar comportamento são o que chamo de *testes de caracterização*. Um *teste de caracterização* é aquele que caracteriza o comportamento atual de um trecho de código. Não há considerações como "Bem, ele deve fazer isso" ou "Acho que ele faz aquilo". Os testes documentam o comportamento atual real do sistema.

Aqui está um pequeno algoritmo para escrever testes de caracterização:

1. Use um trecho de código em um framework de testes.
2. Escreva uma asserção que sabe que falhará.
3. Deixe a falha lhe mostrar qual é o comportamento.
4. Altere o teste para que ele espere o comportamento que o código produz.
5. Repita.

No exemplo a seguir, tenho quase certeza de que `PageGenerator` não vai gerar a string `"fred"`:

```
void testGenerator() {
    PageGenerator generator = new PageGenerator();
    assertEquals("fred", generator.generate());
}
```

Execute seu teste e deixe que falhe. Quando falhar, você terá descoberto o que o código faz realmente sob aquela condição. Por exemplo, no código anterior, um `PageGenerator` recém criado gera uma string vazia quando seu método `generate` é chamado:

```
 .F
Time: 0.01
There was 1 failure:
1) testGenerator(PageGeneratorTest)
junit.framework.ComparisonFailure: expected:<fred> but was:<>
      at PageGeneratorTest.testGenerator
          (PageGeneratorTest.java:9)
      at sun.reflect.NativeMethodAccessorImpl.invoke0
          (Native Method)
      at sun.reflect.NativeMethodAccessorImpl.invoke
         (NativeMethodAccessorImpl.java:39)
      at sun.reflect.DelegatingMethodAccessorImpl.invoke
         (DelegatingMethodAccessorImpl.java:25)
```

```
FAILURES!!!
Tests run: 1,  Failures: 1,  Errors: 0
```

Podemos alterar o teste para que ele passe:

```
void testGenerator() {
    PageGenerator generator = new PageGenerator();
    assertEquals("", generator.generate());
}
```

Agora o teste passa. Mais do que isso, ele documenta um dos fatos mais básicos sobre `PageGenerator`: quando criamos um e pedimos imediatamente que execute a geração, ele gera uma string vazia.

Podemos usar o mesmo truque para descobrir qual seria seu comportamento quando alimentado com outros dados:

```
void testGenerator() {
    PageGenerator generator = new PageGenerator();
    generator.assoc(RowMappings.getRow(Page.BASE_ROW));
    assertEquals("fred", generator.generate());
}
```

Nesse caso, a mensagem de erro do framework de testes nos diz que a string resultante é `"<node><carry>1.1 vectrai</carry></node>"`; logo, podemos tornar essa string o valor esperado no teste:

```
void testGenerator() {
    PageGenerator generator = new PageGenerator();
    generator.assoc(RowMappings.getRow(Page.BASE_ROW));
    assertEquals("<node><carry>1.1 vectrai</carry></node>",
            generator.generate());
}
```

Há algo fundamentalmente estranho em se fazer isso se você estiver acostumado a pensar nesses testes como apenas testes. Se estamos somente inserindo os valores que o software produz nos testes, nossos testes estão realmente testando alguma coisa?

E se o aplicativo tiver algum bug? Os valores esperados que estamos inserindo em nossos testes poderiam simplesmente estar errados.

O problema desaparece se pensarmos em nossos testes de uma maneira diferente. Eles não são realmente testes escritos como um padrão ideal ao qual o aplicativo de software deve estar à altura. Não estamos tentando encontrar bugs nesse momento. Estamos tentando criar um mecanismo para encontrar bugs posteriormente, bugs que apareçam como discrepâncias em relação ao comportamento atual do sistema. Quando adotarmos essa perspectiva, nossa visão dos testes será diferente: eles não têm nenhuma autoridade moral; apenas ficam lá documentando o que as partes do sistema fazem realmente. Quando conseguimos ver o que as partes fazem, poderemos usar esse conhecimento junto com o nosso conhecimento do que o sistema deveria fazer para executar alterações. Honestamente, é muito importante ter conhecimento do que o sistema faz de fato em algum local. Podemos descobrir que comportamento temos de adicionar conversando com outras pessoas ou fazendo alguns cálculos, mas sem testes não há outra maneira de saber o que um sistema faz, exceto "simulando o computador" em nossa mentes, lendo código e tentando descobrir quais serão os valores em momentos específicos. Algumas pessoas fazem isso com mais rapidez do que outras, mas apesar da rapidez com que o fazem, é muito tedioso e frustrante ter de agir assim repetidamente.

Os testes de caracterização registram o comportamento real de um trecho de código. Se encontrarmos algo inesperado quando os escrevermos, compensa ter alguma explicação. Poderia ser um bug. Isso não significa que não incluiremos o teste em nosso conjunto de testes; em vez disso, devemos marcá-lo como suspeito e descobrir qual o efeito se o corrigirmos.

Há muito mais na escrita de testes de caracterização do que o que descrevi até agora. No exemplo do gerador de páginas, era como se estivéssemos obtendo valores de teste cegamente lançando valores no código e obtendo-os de volta nas asserções. Podemos fazer isso se tivermos uma boa ideia do que o código deve fazer. Alguns casos, como não fazer nada a um objeto e então ver o que seus métodos produzem, são fáceis de imaginar e vale a pena caracterizá-los; mas para onde vamos em seguida? Qual a quantidade total de testes que podemos aplicar a algo como o gerador de páginas? É infinita. Poderíamos dedicar uma boa parte de nossas vidas à escrita de caso após caso para essa classe. Quando parar? Há alguma maneira de saber que casos são mais importantes do que outros?

O que temos de saber é que não estamos criando testes de caixa-preta. Podemos examinar o código que estamos caracterizando. O próprio código pode nos dar ideias sobre o que ele faz e, se tivermos perguntas, os testes são uma maneira ideal de fazê-las. A primeira etapa da caracterização é adotar uma postura de curiosidade em relação ao comportamento do código. Nesse momento, ficamos apenas escrevendo testes até estarmos certos de que o compreendemos. Isso aborda tudo que existe no código? Talvez não. Mas então passamos para a próxima etapa. Pensamos nas alterações que queremos fazer no código e tentamos descobrir se os testes que temos detectarão qualquer problema que causarmos. Se não detectarem, adicionamos mais testes até estarmos confiantes de que detectarão. Se não tivermos certeza, é mais seguro considerar a mudança de software de uma maneira diferente. Talvez possamos fazer apenas uma parte do que estávamos pensando inicialmente.

A regra de uso do método

Antes de você usar um método em um sistema legado, veja se há testes para ele. Se não houver, escreva-os. Quando você faz isso consistentemente, estará usando os testes como um meio de comunicação. As pessoas os examinarão para ter uma ideia do que podem ou não esperar do método. O ato de tornar uma classe testável autonomamente tende a aumentar a qualidade de código. As pessoas podem descobrir o que funciona e como; poderão alterá-lo, corrigir bugs e seguir em frente.

Caracterizando classes

Temos uma classe e queremos saber o que testar. Como fazê-lo? A primeira coisa é tentar saber o que a classe faz em um nível geral. Podemos escrever testes para a coisa mais simples que a imaginarmos fazendo e então deixar nossa curiosidade nos guiar a partir daí. Aqui estão algumas heurísticas que podem ajudar:

1. Procure trechos confusos de lógica. Se não entender uma área de código, considere a introdução de uma *variável de detecção* (283) para caracterizá-la. Use variáveis de detecção para se certificar de que executou áreas de código específicas.
2. Quando identificar as responsabilidades de uma classe ou método, pare para fazer uma lista das coisas que podem dar errado. Veja se consegue formular testes que as acionem.
3. Pense nas entradas que está fornecendo ao testar. O que acontece em casos de valores extremos?
4. Alguma condição deve estar presente o tempo todo enquanto a classe existir? Geralmente essas condições se chamam invariantes. Tente escrever testes para verificá-las. Para descobri-las, você pode ter de refatorar. Se o fizer, as refatorações devem levar a novas descobertas sobre como o código deveria ser.

Os testes que escrevemos para caracterizar código são muito importantes. São a documentação do comportamento real do sistema. Como qualquer documentação que você escrever, é preciso pensar no que é importante para o leitor. Coloque-se no lugar dele. O que gostaria de saber sobre a classe com a qual está trabalhando se nunca a tivesse visto? Gostaria que as informações estivessem em que ordem? Quando você usar frameworks xUnit, os testes serão apenas métodos em um arquivo. Você pode inseri-los em uma ordem que torne mais fácil para as pessoas conhecerem o código que elas exercitam. Comece com alguns casos fáceis que mostrem o objetivo principal da classe e depois passe para casos que realcem suas idiossincrasias. Certifique-se de documentar as coisas importantes que descobrir como testes. Quando chega o momento de fazer alterações, geralmente descobrimos que os testes que escrevemos são apropriados ao trabalho que será feito. Conscientemente ou não, a alteração a que demos início sempre direciona nossa curiosidade.

Ao encontrar bugs

Quando você estiver caracterizando código legado, encontrará bugs durante todo o processo. Todo código legado tem bugs, geralmente em proporções diretas a quão pouco o entendemos. O que você deve fazer quando encontrar um bug?

A resposta depende da situação. Se o sistema nunca tiver sido implantado, a resposta é simples: você deve corrigir o bug. Se o sistema tiver sido implantado, é preciso examinar a possibilidade de alguém precisar desse comportamento, ainda que você o considere um bug. Com frequência é necessária alguma análise para descobrirmos como corrigir um bug sem causar efeitos em cascata.

Tendo a corrigir bugs assim que os encontro. Quando o comportamento está obviamente errado, ele deve ser corrigido. Se suspeitar que algum comportamento está errado, marque-o no código de teste como suspeito e dedique-se a ele. Descubra o mais rápido possível se é um bug e a melhor maneira de lidar com ele.

Teste direcionado

Após termos escrito testes para entender uma seção de código, temos de examinar as coisas que queremos alterar e ver se nossos testes realmente os cobrem. Aqui está um exemplo, um método de uma classe Java que calcula o valor do combustível em tanques arrendados:

```
public class FuelShare
{
    private long cost = 0;
    private double corpBase = 12.0;
    private ZonedHawthorneLease lease;
    ...
    public void addReading(int gallons, Date readingDate){
        if (lease.isMonthly()) {
            if (gallons < Lease.CORP_MIN)
                cost += corpBase;
            else
                cost += 1.2 * priceForGallons(gallons);
        }
        ...

        lease.postReading(readingDate, gallons);
    }
    ...
}
```

Queremos fazer uma alteração muito direta na classe FuelShare. Como já escrevemos alguns testes para ela, estamos prontos. Esta é a alteração: queremos extrair a sentença if de nível superior para um novo método e então mover esse método para a classe ZoneHawthorneLease. A variável lease que vemos no código é uma instância dessa classe.

Podemos imaginar como ficará o código após a refatoração:

```
{
    public void addReading(int gallons, Date readingDate){
        cost += lease.computeValue(gallons,
                                    priceForGallons(gallons));
        ...
        lease.postReading(readingDate, gallons);
    }
    ...
}

public class ZonedHawthorneLease extends Lease
{
    public long computeValue(int gallons, long totalPrice) {
        long cost = 0;
        if (lease.isMonthly()) {
            if (gallons < Lease.CORP_MIN)
                cost += corpBase;
            else
                cost += 1.2 * totalPrice;
        }
        return cost;
    }
    ...
}
```

De que tipo de testes precisamos para verificar se aplicamos essas refatorações corretamente? Uma coisa é certa: sabemos que não vamos modificar esta parte da lógica:

```
if (gallons < Lease.CORP_MIN)
    cost += corpBase;
```

Seria bom termos um teste para saber como o valor é calculado abaixo do limite `Lease.CORP_MIN`, mas não é estritamente necessário. Por outro lado, esta sentença else do código original vai mudar:

```
else
    cost += 1.2 * priceForGallons(gallons);
```

Quando esse código passar para o novo método, ficará assim:

```
else
    cost += 1.2 * totalPrice;
```

Essa é uma alteração pequena, mas ainda assim é uma alteração. Se pudermos nos certificar de que a sentença else é executada em um de nossos testes, ficaremos tranquilos. Examinemos o método original novamente:

```
public class FuelShare
{
   public void addReading(int gallons, Date readingDate){
      if (lease.isMonthly()) {
         if (gallons < CORP_MIN)
            cost += corpBase;
         else
            cost += 1.2 * priceForGallons(gallons);
      }
      ...
      lease.postReading(readingDate, gallons);
   }
   ...
}
```

Se pudermos criar um `FuelShare` com arrendamento mensal e tentarmos adicionar uma leitura para vários galões com mais de `Lease.CORP_MIN`, passaremos por esta ramificação do else:

```
public void testValueForGallonsMoreThanCorpMin() {
   StandardLease lease = new  StandardLease(Lease.MONTHLY);
   FuelShare share = new FuelShare(lease);

   share.addReading(FuelShare.CORP_MIN +1, new Date());
   assertEquals(12, share.getCost());
}
```

> Quando escrever um teste para uma ramificação, pense se há alguma outra maneira de ele passar que não envolva a execução da ramificação. Se não tiver certeza, use uma *variável de detecção (301)* ou o depurador para descobrir se o teste está alcançando-a.

Uma coisa importante que você deve saber quando estiver caracterizando ramificações como essa é se as entradas fornecidas têm um comportamento especial que possa levar um teste a ser bem-sucedido quando deveria falhar. Aqui está um exemplo. Suponhamos que o código usasse tipos double em vez de inteiros para representar dinheiro:

```
public class FuelShare
{
   private double cost = 0.0;
   ...
   public void addReading(int gallons, Date readingDate){
      if (lease.isMonthly()) {
         if (gallons < CORP_MIN)
            cost += corpBase;
         else
            cost += 1.2 * priceForGallons(gallons);
      }
      ...
      lease.postReading(readingDate, gallons);
   }
   ...
}
```

Poderíamos ter um problema sério. E não estou me referindo ao fato de provavelmente o aplicativo perder centavos em vários locais devido a erros de arredondamento de ponto flutuante. A menos que selecionemos bem nossas entradas, podemos cometer um erro ao extrair um método e jamais percebê-lo. Um deles poderia acontecer se extrairmos um método e transformarmos um de seus argumentos em inteiro em vez de double. Em Java e muitas outras linguagens, há uma conversão automática de doubles em inteiros; o sistema de tempo de execução apenas trunca o valor. A não ser que tomemos o cuidado de empregar entradas que nos forcem a ver esse erro, ele passará despercebido.

Vejamos um exemplo. Qual seria o efeito no código anterior se o valor de `Lease.CORP_MIN` fosse `10` e o valor de `corpBase` fosse `12.0` ao executarmos esse teste?

```
public void testValue () {
    StandardLease lease = new  StandardLease(Lease.MONTHLY);
    FuelShare share = new FuelShare(lease);

    share.addReading(1, new Date());
    assertEquals(12, share.getCost());
}
```

Já que 1 é menor do que 10, apenas adicionamos 12.0 ao valor inicial de `cost`, que é 0. No fim do cálculo, o valor de `cost` é `12.0`. Não há problema nenhum nisso; mas, e se extrairmos o método dessa forma e declararmos o valor de `cost` como um tipo long em vez de double?

```
public class ZonedHawthorneLease
{
    public long computeValue(int gallons, long totalPrice) {
        long cost = 0;
        if (lease.isMonthly()) {

            if (gallons < CORP_MIN)
                cost += corpBase;
            else
                cost += 1.2 * totalPrice;
        }
        return cost;
    }
}
```

Esse teste que escrevemos ainda passa, mesmo que estejamos truncando silenciosamente o valor de `cost` ao retorná-lo. Uma conversão de double para inteiro está sendo executada, mas sem ser totalmente exercitada. É como se não houvesse conversão, como se estivéssemos apenas atribuindo um inteiro a um inteiro.

Ao refatorar, geralmente temos de verificar duas coisas: se o comportamento existe após a refatoração e se ele está conectado corretamente.

Vários testes de caracterização são testes para mostrar que tudo vai bem. Eles não testam muitas condições especiais; apenas verificam se comportamentos específicos estão presentes. A partir de sua presença, podemos inferir que as refatorações que fizemos para mover ou extrair código preservaram comportamento.

Como manipular isso? Há algumas estratégias gerais. Uma é calcular manualmente os valores esperados de um trecho de código. A cada conversão, vemos se há problema de truncamento. Outra técnica é usar um depurador e percorrer as atribuições passo a passo para saber que conversões um conjunto de entradas específico aciona. Uma terceira técnica é usar *variáveis de detecção* para verificar se um caminho específico está sendo coberto e se as conversões estão sendo exercitadas.

Os testes de caracterização mais valiosos testam um caminho específico e exercitam todas as conversões ao longo do caminho.

Também há uma quarta opção. Podemos decidir caracterizar um trecho de código menor. Se tivermos uma ferramenta de refatoração que nos ajude a extrair métodos seguramente, podemos extrair métodos menores do que o método `computeValue` e escrever testes para suas partes. Infelizmente, nem todas as linguagens têm ferramentas de refatoração – e, às vezes, até mesmo as ferramentas que estão disponíveis não extraem métodos da maneira que gostaríamos.

Peculiaridades das ferramentas de refatoração

Uma boa ferramenta de refatoração é inestimável, mas com frequência as pessoas que têm essas ferramentas precisam recorrer à refatoração manual. Aqui está um caso comum. Temos uma classe A e um código que gostaríamos de extrair de seu método `b()`:

```
public class A
{
    int x = 1;
    public void b() {
        int y = 0;
        int c = x + y;
    }
};
```

Se quisermos extrair a expressão `x + y` do método `b` e criar um método chamado `add`, pelo menos uma ferramenta do mercado a extrairá como `add(y)` em vez de `add(x,y)`. Por quê? Porque `x` é uma variável de instância e está disponível para quaisquer métodos que extrairmos.

Heurística para escrever testes de caracterização

1. Escreva testes para a área onde fará suas alterações. Escreva quantos casos achar necessário para entender o comportamento do código.
2. Após fazer isso, verifique as coisas específicas que irá alterar e tente escrever testes para elas.
3. Se estiver tentando extrair ou mover alguma funcionalidade, escreva testes que verifiquem a existência e a conexão desses comportamentos caso a caso. Verifique se está exercitando o código que vai mover e se ele está conectado apropriadamente. Exercite as conversões.

Capítulo 14

As dependências de bibliotecas estão acabando comigo

Uma coisa que realmente ajuda o desenvolvimento é a reutilização de código. Se pudermos comprar uma biblioteca que nos ajude a resolver algo (e descobrir como usá-la), frequentemente podemos economizar um tempo significativo de um projeto. O único problema é que é muito fácil ficar dependente demais dela. Se você usá-la sem parcimônia ao longo de seu código, ficará preso a ela. Algumas equipes com as quais trabalhei foram gravemente prejudicadas por sua dependência excessiva de bibliotecas. Em um caso, um fornecedor elevou tanto os royalties que a aplicação não conseguiu gerar lucro no mercado. A equipe não podia usar facilmente a biblioteca de outro fornecedor porque remover todas as chamadas ao código do fornecedor original significava uma reescrita.

> Evite espalhar chamadas diretas a classes de biblioteca em seu código. Você pode achar que nunca vai mudá-las – mas cuidado, isso pode se tornar realidade.

Quando este texto foi escrito, grande parte do universo de desenvolvimento estava polarizada entre os ambientes Java e .NET. A Microsoft e a Sun tentaram ampliar ao máximo suas plataformas, criando várias bibliotecas para que as pessoas continuassem a usar seus produtos. De certa forma, foi bom para muitos projetos, mas ainda podemos depender excessivamente de bibliotecas específicas. Qualquer uso de uma classe de biblioteca embutida em código é um local onde você poderia ter um ponto de extensão. Algumas bibliotecas são muito boas na definição de interfaces para todas as suas classes concretas. Em outros casos, as classes são concretas e declaradas como *finais* ou *lacradas*, ou têm funções-chave que são não virtuais, o que não permite que sejam simuladas em testes. Nesses casos, às vezes o melhor a fazer é escrever um encapsulador leve envolvendo as classes que precisam ser separadas. Não deixe de escrever ao seu fornecedor e dizer que lamenta por ele ter dificultado seu trabalho de desenvolvimento.

> Geralmente, os projetistas de bibliotecas que usam recursos de linguagem para impor restrições aos projetos estão cometendo um erro. Eles se esquecem de que um bom código é executado em ambientes de produção e teste. Restrições ao primeiro podem tornar quase impossível trabalhar no último.

Existe uma tensão básica entre os recursos de linguagem que tentam impor um bom projeto e as coisas que temos de fazer para testar código. Uma das tensões mais gritantes é o *dilema da única vez*. Se a biblioteca assumir que só haverá uma única instância da classe em um sistema, isso pode dificultar o uso de objetos fictícios. Pode não haver nenhuma maneira de usar *Introduzir Método de Escrita Estático* (348) ou muitas das outras técnicas de quebra de dependências usadas na manipulação de singletons. Às vezes, encapsular o singleton é a única opção disponível.

Um problema relacionado é o *dilema da sobrescrita restrita*. Em algumas linguagens OO, todos os métodos são virtuais. Em outras, eles são virtuais por padrão, mas podem ser tornados não virtuais. Em outras, ainda, precisamos torná-los virtuais explicitamente. Da perspectiva de projeto, há algum valor em alguns métodos serem não virtuais. Em certos momentos, várias pessoas da indústria recomendaram tornar não virtuais a maior quantidade de métodos possível. Às vezes, as razões são boas, mas é difícil negar que essa prática dificulta a introdução de detecção de comportamentos e separação nas bases de código. Também é difícil negar que com frequência as pessoas escrevem código muito bom em Smalltalk, onde essa prática é impossível; em Java, onde não é costume fazê-lo; e até mesmo em C++, onde grande parte do código é escrita sem ela. Você pode se sair muito bem apenas fingindo que um método público é não virtual em código de produção. Se fizer isso, poderá sobrescrevê-lo seletivamente em testes e tirar proveito das duas situações.

Às vezes, o uso de uma convenção de codificação é tão bom quando o uso de um recurso de linguagem restritivo. Pense no que seus testes precisam.

Capítulo 15

Minha aplicação é toda baseada em chamadas de API

Construir, comprar ou pegar emprestado. Essa é uma decisão que todos temos de tomar quando desenvolvemos software. Muitas vezes, quando estamos trabalhando em uma aplicação, achamos que podemos economizar algum tempo e trabalho comprando uma biblioteca de um fornecedor, usando uma de código aberto ou até mesmo usando trechos de código relevantes de bibliotecas que vêm com nossa plataforma (J2EE, .NET e assim por diante). Há vários itens que devem ser considerados quando decidimos integrar código que não podemos alterar facilmente. Temos de conhecer seu nível de estabilidade, saber se ele é suficiente e se é fácil usá-lo. E, quando finalmente decidimos usar código de terceiros, com frequência surge outro problema. Acabamos obtendo aplicações que parecem não ser nada além de chamadas repetidas à biblioteca de alguém. Como fazer alterações em código assim?

Ficamos imediatamente tentados a dizer que não precisamos de testes. Afinal, não estamos fazendo nada importante; estamos apenas chamando um método aqui e ali e nosso código é simples. Realmente simples. O que pode dar errado?

Muitos projetos legados começaram com uma origem simples. Porém, o código vai crescendo e as coisas deixam de ser tão simples. Com o tempo, ainda podemos ver áreas de código que não tocam uma API, mas elas ficam embutidas em uma colcha de retalhos de código não testável. Temos de executar a aplicação sempre que alteramos algo para verificar se ela ainda funciona e voltamos novamente ao dilema central do programador de sistemas legados. Há incertezas nas alterações; não escrevemos todo o código, mas precisamos mantê-lo.

Em muitos aspectos, sistemas cheios de chamadas de biblioteca são mais difíceis de manipular do que sistemas originais desenvolvidos internamente. Primeiro, porque é complicado saber como deixar a estrutura melhor já que tudo que podemos ver são chamadas de API. Qualquer coisa que seria uma dica em um projeto não estará presente. A segunda razão que torna complicados os sistemas que fazem uso intensivo de APIs é que não somos os donos da API. Se fôssemos, poderíamos renomear interfaces, classes e métodos para tornar tudo mais claro ou adicionar métodos às classes para disponibilizá-los para diferentes partes do código.

Aqui está um exemplo. Essa é uma listagem de um código muito mal escrito para um servidor de listas de distribuição. Não sabemos nem mesmo se funciona.

```
import java.io.IOException;
import java.util.Properties;

import javax.mail.*;
import javax.mail.internet.*;


public class MailingListServer
{
  public static final String SUBJECT_MARKER = "[list]";
  public static final String LOOP_HEADER = "X-Loop";

  public static void main (String [] args) {
    if (args.length != 8) {
      System.err.println ("Usage: java MailingList <popHost> " +
          "<smtpHost> <pop3user> <pop3password> " +
          "<smtpuser> <smtppassword> <listname> " +
          "<relayinterval>");
      return;
    }

    HostInformation host = new HostInformation (
            args [0], args [1], args [2], args [3],
            args [4], args [5]);
    String listAddress = args[6];
    int interval = new Integer (args [7]).intValue ();
    Roster roster = null;
    try {
      roster = new FileRoster("roster.txt");
    } catch (Exception e) {
      System.err.println ("unable to open roster.txt");
      return;
    }
    try {
      do {
        try {
          Properties properties = System.getProperties ();
          Session session = Session.getDefaultInstance (
              properties, null);
          Store store = session.getStore ("pop3");
          store.connect (host.pop3Host, -1,
              host.pop3User, host.pop3Password);
          Folder defaultFolder = store.getDefaultFolder();
          if (defaultFolder == null) {
            System.err.println("Unable to open default folder");
            return;
          }
          Folder folder = defaultFolder.getFolder ("INBOX");
          if (folder == null) {
```

```
          System.err.println("Unable to get: "
                  + defaultFolder);
          return;
        }
        folder.open (Folder.READ_WRITE);
        process(host, listAddress, roster, session,
            store, folder);
      } catch (Exception e) {
        System.err.println(e);
        System.err.println ("(retrying mail check)");
      }
      System.err.print (".");
      try { Thread.sleep (interval * 1000); }
      catch (InterruptedException e) {}
    } while (true);
  }
  catch (Exception e) {
    e.printStackTrace ();
  }
}

private static void process(
    HostInformation host, String listAddress, Roster roster,
    Session session,Store store, Folder folder)
        throws MessagingException {
  try {
    if (folder.getMessageCount() != 0) {
      Message[] messages = folder.getMessages ();
      doMessage(host, listAddress, roster, session,
          folder, messages);
    }
  } catch (Exception e) {
    System.err.println ("message handling error");
    e.printStackTrace (System.err);
  }
  finally {
    folder.close (true);
    store.close ();
  }
}

private static void doMessage(
        HostInformation host,
        String listAddress,
        Roster roster,
        Session session,
        Folder folder,
        Message[] messages) throws
            MessagingException, AddressException, IOException,
            NoSuchProviderException {
  FetchProfile fp = new FetchProfile ();
  fp.add (FetchProfile.Item.ENVELOPE);
```

```
      fp.add (FetchProfile.Item.FLAGS);
      fp.add ("X-Mailer");
      folder.fetch (messages, fp);
      for (int i = 0; i < messages.length; i++) {
        Message message = messages [i];
        if (message.getFlags ().contains (Flags.Flag.DELETED))
          continue;
        System.out.println("message received: "
            + message.getSubject ());
        if (!roster.containsOneOf (message.getFrom ()))
          continue;
        MimeMessage forward = new MimeMessage (session);
        InternetAddress result = null;
        Address [] fromAddress = message.getFrom ();
        if (fromAddress != null && fromAddress.length > 0)
          result =
              new InternetAddress (fromAddress [0].toString ());
        InternetAddress from = result;
        forward.setFrom (from);
        forward.setReplyTo (new Address [] {
          new InternetAddress (listAddress) });
        forward.addRecipients (Message.RecipientType.TO,
            listAddress);
        forward.addRecipients (Message.RecipientType.BCC,
          roster.getAddresses ());
        String subject = message.getSubject();
        if (-1 == message.getSubject().indexOf (SUBJECT_MARKER))
          subject = SUBJECT_MARKER + " " + message.getSubject();
        forward.setSubject (subject);
        forward.setSentDate (message.getSentDate ());
        forward.addHeader (LOOP_HEADER, listAddress);
        Object content = message.getContent ();
        if (content instanceof Multipart)
          forward.setContent ((Multipart)content);
        else
          forward.setText ((String)content);

        Properties props = new Properties ();
        props.put ("mail.smtp.host", host.smtpHost);

        Session smtpSession =
            Session.getDefaultInstance (props, null);
        Transport transport = smtpSession.getTransport ("smtp");
        transport.connect (host.smtpHost,
            host.smtpUser, host.smtpPassword);
        transport.sendMessage (forward, roster.getAddresses ());
        message.setFlag (Flags.Flag.DELETED, true);
      }
    }
  }
```

É um trecho de código bem pequeno, mas não está muito claro. É difícil ver alguma linha de código que não toque uma API. Esse código poderia ser estruturado de uma maneira melhor? Poderia ser estruturado de um jeito que facilitasse as alterações?

A primeira etapa é identificar a base computacional do código. O que esse trecho de código está realmente fazendo para nós?

Pode ajudar tentar escrever uma breve descrição do que ele faz:

Esse código lê informações de configuração da linha de comando e uma lista de endereços de e-mail de um arquivo. Ele verifica a chegada de e-mails periodicamente. Quando encontra um e-mail, encaminha para cada um dos endereços de e-mail do arquivo.

Parece que esse programa está associado principalmente a entradas e saídas, mas não é só. Estamos executando uma linha de execução (thread) no código. Ela dorme e então acorda periodicamente para procurar e-mails. Além disso, estamos apenas enviando novamente os e-mails recebidos; estamos criando novas mensagens com base na que foi recebida. Temos de definir todos os campos e verificar e alterar a linha de assunto para que ela exiba que a mensagem está vindo da lista de distribuição. Logo, estamos realmente fazendo algo.

Se tentarmos separar as responsabilidades de código, vamos acabar com alguma coisa deste tipo:

1. Precisamos de algo que possa receber cada mensagem de entrada e trazê-la para nosso sistema.
2. Precisamos de algo que possa apenas enviar um e-mail.
3. Precisamos de algo que possa criar novas mensagens para cada mensagem recebida, com base na relação de destinatários da lista.
4. Precisamos de algo que durma a maior parte do tempo, mas acorde periodicamente para ver se há mais e-mails.

Quando examinamos essas responsabilidades, parece que algumas estão mais associadas à API de e-mails de Java (Java mail API) do que outras? As responsabilidades 1 e 2 estão definitivamente associadas à API de e-mails. A responsabilidade 3 é um pouco mais complicada. As classes de mensagens de que precisamos fazem parte da API de e-mails, mas talvez possamos testar a responsabilidade independentemente criando mensagens de entrada fictícias. A responsabilidade 4 não tem realmente nada a ver com e-mails; apenas requer uma linha de execução que seja configurada para acordar em certos intervalos.

A Figura 15.1 mostra um pequeno projeto que separa essas responsabilidades.

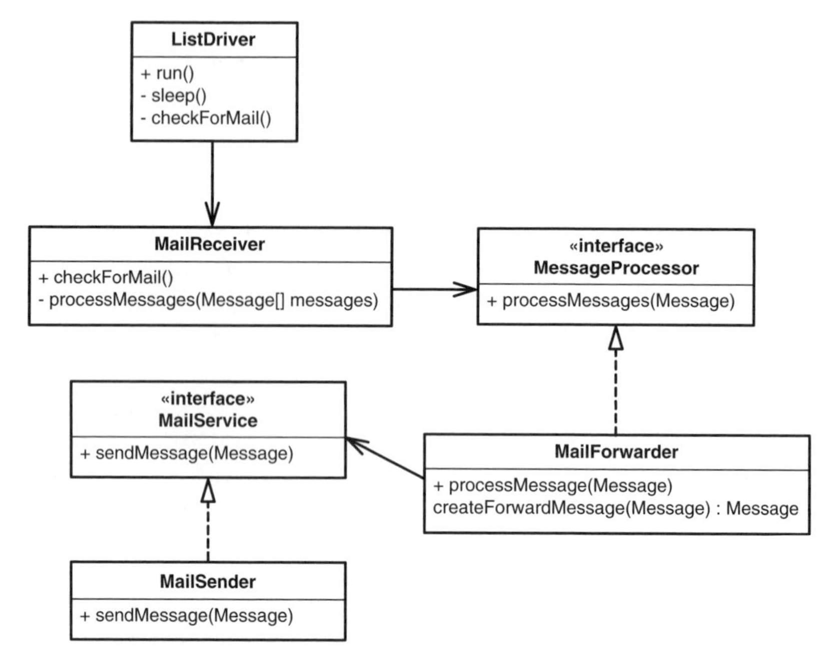

Figura 15.1 *Um servidor melhor de listas de distribuição.*

ListDriver conduz o sistema. Ela possui uma linha de execução que dorme na maior parte do tempo e acorda periodicamente para verificar e-mails. ListDriver verifica se chegaram e-mails solicitando a MailReceiver que os verifique. MailReceiver lê a correspondência e envia as mensagens uma a uma para MessageForwarder. MessageForwarder cria mensagens para cada um dos destinatários da lista e as envia usando MailSender.

Esse projeto é muito bom. As interfaces MessageProcessor e MailService são úteis porque nos permitem testar as classes de forma independente. Especificamente, é ótimo poder trabalhar na classe MessageForwarder em um framework de testes sem de fato enviar e-mails. Podemos fazer isso facilmente se criarmos uma classe FakeMailSender que implemente a interface MailService.

Quase todo sistema tem alguma lógica básica que pode ser extraída de chamadas de API. Embora esse exemplo seja curto, na verdade é pior do que a maioria. MessageForwarder é a parte do sistema cuja responsabilidade é mais independente da mecânica de enviar e receber e-mails, mas mesmo assim usa as classes de mensagens da API JavaMail. Não parece haver muitos locais para as classes Java comuns. De qualquer forma, fatorar o sistema em quatro classes e duas interfaces no diagrama nos deu uma disposição em camadas. A lógica primária da lista de distribuição está na classe MessageForwarder e podemos submetê-la a teste. No código original, ela estava enterrada e inalcançável. É quase impossível dividir um sistema em partes menores sem acabar com algumas que são de um "nível mais superior" do que outras.

Quando temos um sistema que parece ser composto somente por chamadas de API, ajuda imaginar que ele é apenas um grande objeto e então aplicar as heurísticas de separação de responsabilidades do Capítulo 20, *Esta classe é muito grande e não quero que ela cresça mais*. Talvez não sejamos capazes de nos mover em direção a um projeto melhor imediatamente, mas só o ato de identificar as responsabilidades pode tornar mais fácil tomar decisões melhores ao avançarmos.

Certo, essa é a aparência de um projeto melhor. É bom saber que ele é possível, mas voltemos à realidade: como avançar? Há basicamente duas abordagens:

1. Explorar e encapsular a API
2. Extração com base em responsabilidades

Quando *Exploramos e Encapsulamos a API*, construímos interfaces que espelham a API o máximo possível e, então, criamos encapsuladores ao redor dela. Para reduzir nossas chances de cometer erros, podemos *Preservar Assinaturas* (296) ao trabalhar. Uma vantagem da exploração e encapsulamento de uma API é que podemos acabar não dependendo do código da API subjacente. Nossos encapsuladores podem delegar para a API real em código de produção enquanto usamos simulações durante os testes.

Podemos usar essa técnica com o código da lista de distribuição?

Este é o código do servidor de listas de distribuição que envia realmente os e-mails:

```
...
Session smtpSession = Session.getDefaultInstance (props, null);
Transport transport = smtpSession.getTransport ("smtp");
transport.connect (host.smtpHost, host.smtpUser,
    host.smtpPassword);
transport.sendMessage (forward, roster.getAddresses ());
...
```

Se quiséssemos quebrar a dependência da classe `Transport`, poderíamos criar um encapsulador para ela, mas nesse código não criamos o objeto `Transport`; ele é obtido da classe `Session`. Podemos criar um encapsulador para `Session`? Não, porque – `Session` é uma classe final. Em Java, as classes finais não podem ter subclasses (o que é lamentável).

Esse código de lista de distribuição é um candidato fraco à exploração. A API é relativamente complicada. Mas se não tivermos nenhuma ferramenta de refatoração disponível, poderia ser o caminho mais seguro.

Felizmente, há ferramentas de refatoração disponíveis para Java; logo, podemos fazer algo chamado *Extração Baseada em Responsabilidades*. Na *Extração Baseada em Responsabilidades*, identificamos responsabilidades no código e começamos a extrair métodos para elas.

Quais são as responsabilidades do trecho de código anterior? Seu objetivo geral, como sabemos, é enviar uma mensagem. O que ele precisa para fazer isso? Precisa de uma sessão SMTP e de um meio de transporte conectado. No código a seguir, transferimos a responsabilidade de envio de mensagens para seu próprio método e adicionamos esse método a uma nova classe: `MailSender`.

```
import javax.mail.*;
import javax.mail.internet.InternetAddress;
import java.util.Properties;

public class MailSender
{
  private HostInformation host;
  private Roster roster;

  public MailSender (HostInformation host, Roster roster) {
    this.host = host;
    this.roster = roster;
  }

  public void sendMessage (Message message) throws Exception {
    Transport transport
        = getSMTPSession ().getTransport ("smtp");
    transport.connect (host.smtpHost,
                       host.smtpUser, host.smtpPassword);
    transport.sendMessage (message, roster.getAddresses ());
  }

  private Session getSMTPSession () {
    Properties props = new Properties ();
    props.put ("mail.smtp.host", host.smtpHost);
    return Session.getDefaultInstance (props, null);
  }
}
```

Como escolher entre *Explorar e Encapsular a API* e a *Extração Baseada em Responsabilidades*? Aqui estão as vantagens e desvantagens:

Explorar e Encapsular a API é uma boa técnica nas seguintes circunstâncias:

- A API é relativamente pequena.
- Você deseja separar totalmente as dependências de uma biblioteca de terceiros.
- Você não tem testes e não pode escrevê-los porque não pode testar através da API.

Quando exploramos e encapsulamos uma API, temos a chance de submeter todo o nosso código a teste exceto por uma fina camada de delegação do encapsulador para as classes reais da API.

A *Extração Baseada em Responsabilidades* é uma boa técnica nas seguintes circunstâncias:

- A API é mais complicada.
- Você tem uma ferramenta que fornece um suporte seguro à extração de métodos ou acha que pode fazer as extrações de maneira segura manualmente.

Encontrar um equilíbrio entre as vantagens e desvantagens dessas técnicas é um pouco difícil. *Explorar e Encapsular a API* dá mais trabalho, mas pode ser muito útil quando quisermos nos isolar de bibliotecas de terceiros, e essa necessidade surge com frequência. Consulte o Capítulo 14, *As dependências de bibliotecas estão acabando comigo*, para ver detalhes. Se usarmos a *Extração Baseada em Responsabilidades*, podemos acabar extraindo parte de nossa própria lógica com o código da API para extrair um método com nome de nível superior. Se o fizermos, nosso código pode depender de interfaces de nível superior em vez das chamadas de API de baixo nível, mas talvez não possamos submeter o código que extraímos a teste.

Muitas equipes usam as duas técnicas: um encapsulador leve para os testes e um encapsulador de nível superior para apresentar uma interface melhor para suas aplicações.

CAPÍTULO 16

Não entendo o código suficientemente bem para alterá-lo

Percorrer um código desconhecido, principalmente código legado, pode ser assustador. Com o tempo, algumas pessoas ficam relativamente imunes ao medo. Elas se sentem mais confiantes por enfrentar e derrotar problemas em código repetidamente, mas mesmo assim é difícil não sentir medo. Todos nós nos deparamos com demônios que não conseguimos derrotar de vez em quando. Se você se preocupar com isso antes mesmo de começar a examinar o código, vai ser pior. Nunca sabemos se uma alteração será simples ou se acabará se tornando um exercício de uma semana, daqueles que nos deixam arrancando os cabelos e praguejando contra o sistema, nossa situação e o que mais estiver ao redor. Se entendermos tudo que precisarmos para fazer nossas alterações, será mais fácil. Porém, como obter essa compreensão?

Eis uma situação típica. Você fica sabendo de um recurso que precisa adicionar a um sistema. Senta-se e começa a navegar no código. Às vezes consegue saber tudo de que precisa rapidamente, mas em código legado pode levar algum tempo. No decorrer do trabalho, você vai compondo uma lista mental das coisas que precisa fazer, estabelecendo uma comparação entre as abordagens. A certa altura, pode achar que está progredindo e se sentir bastante confiante para começar. Em outros casos, pode ficar atordoado com tudo que está tentando assimilar. Sua leitura do código não parece estar ajudando e você simplesmente começa a trabalhar no que sabe como fazer, esperando pelo melhor.

Há outras maneiras de aumentar o entendimento, mas muitas pessoas não as utilizam porque ficam absortas tentando entender o código da maneira mais imediata possível. Afinal, gastar tempo tentando entender algo não parece trabalho. Se conseguirmos passar pela parte da compreensão mais rapidamente, podemos começar a merecer nosso pagamento. Parece uma ideia meio absurda, mas muitas pessoas agem assim – e é uma pena, porque podemos fazer coisas simples e sem muita tecnologia para começar a trabalhar com uma base mais sólida.

Notas/diagramação

Quando a leitura do código ficar confusa, vale a pena desenhar figuras e tomar notas. Anote o nome da última coisa importante que viu e então anote o nome da próxima. Se perceber um relacionamento entre elas, desenhe uma linha. Esses esboços não precisam ser diagramas UML completos ou grafos de chamadas de funções com alguma notação especial – mas se as coisas se complicarem, talvez você queira adotar um nível de formalidade ou clareza maior para organizar seus pensamentos. A diagramação dos elementos geralmente nos ajuda a ver a situação de uma maneira diferente. Também é uma ótima forma de manter nosso estado mental quando estivermos tentando entender algo particularmente complexo.

A Figura 16.1 é a recriação de um esboço que desenhei com outro programador um dia desses ao percorrer um código. Ele foi desenhado no verso de um memorando (mudamos os nomes para proteger as vítimas).

Não é tão fácil entender o esboço agora, mas ele ajudou em nossa conversa. Aprendemos um pouco e estabelecemos uma abordagem para o nosso trabalho.

Todo mundo faz isso, certo? Bem, sim e não. Poucas pessoas o fazem com frequência. Suspeito que a razão seja porque não haja realmente nenhuma recomendação para esse tipo de coisa, e é tentador achar que, sempre que usamos caneta e papel, temos de escrever um fragmento de código ou usar sintaxe UML. A UML é útil, assim como os balões, linhas e formas que seriam indecifráveis a qualquer pessoa que não estivesse lá quando os desenhamos. Não precisamos ser precisos no papel. Ele é apenas uma ferramenta para facilitar a conversa e nos ajudar a lembrar dos conceitos que estamos discutindo e aprendendo.

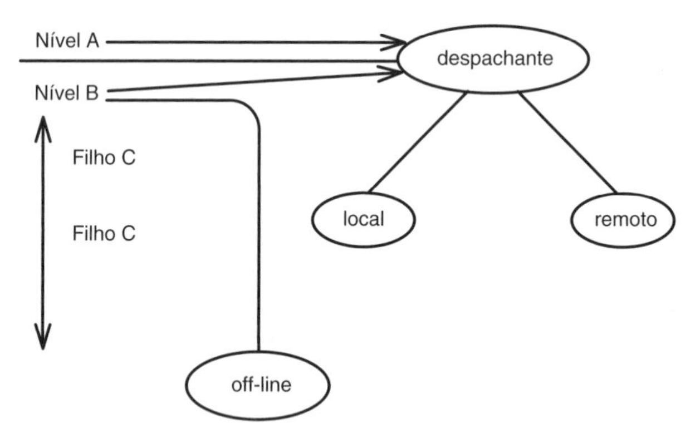

Figura 16.1 *Esboço.*

O que é realmente interessante no esboço de partes de um projeto quando estamos tentando entendê-las é o fato de ser informal e contagiante. Se você achar essa técnica útil, não precisará convencer sua equipe a torná-la parte do processo. Só terá de fazer isto então: espere até trabalhar com alguém que esteja tentando entender algum código e então crie um pequeno esboço do que estiver examinando ao tentar explicar. Se seu parceiro também estiver comprometido em conhecer essa parte do sistema, ele ou ela olhará o esboço e o acompanhará em todas as direções junto com você na tentativa de desvendar o código.

Quando fizer esboços locais de um sistema, você ficará tentado a se distanciar para entender o quadro completo. Consulte o Capítulo 17, *Minha aplicação não tem estrutura*, para ver um conjunto de técnicas que facilitam a compreensão e a manipulação de uma base de código grande.

Marcação de listagem

O uso de esboços não é a única coisa que ajuda na compreensão. Outra técnica que uso com frequência é a *marcação de listagem*. Ela é particularmente útil com métodos muito longos. A ideia é simples e quase todo mundo já a pôs em prática em algum momento, mas, para ser sincero, acho que ela ainda é subutilizada.

A maneira de marcar uma listagem vai depender do que você deseja entender. A primeira etapa é imprimir o código com o qual quer trabalhar. Depois de imprimir, você poderá usar a *marcação de listagem* ao executar qualquer uma das atividades a seguir.

Separar responsabilidades

Se quiser separar responsabilidades, use um marcador para agrupar as coisas. Se várias coisas devem estar juntas, insira um símbolo especial próximo a cada uma para poder identificá-las. Use muitas cores, se puder.

Entender a estrutura de um método

Se quiser entender um método grande, alinhe blocos. Geralmente, o uso de identação em métodos longos pode impossibilitar sua leitura. Você pode alinhá-los desenhando linhas do início ao fim dos blocos ou comentando os fins dos blocos com o texto do laço ou da condição que os iniciou.

A maneira mais fácil de alinhar blocos é de dentro para fora. Por exemplo, quando estiver trabalhando em uma das linguagens da família de C, apenas comece a ler a partir do topo da listagem, passando por cada abertura de chave até chegar ao primeiro fechamento de chave. Marque-a e, então, volte e marque a chave que faz par com ela. Continue lendo até chegar à próxima chave de fechamento e faça a mesma coisa. Volte até a chave de abertura que faz par com ela.

Extrair métodos

Se quiser dividir um método grande, circule o código que gostaria de extrair. Anote-o com sua contagem de acoplamento (consulte o Capítulo 22, *Preciso alterar um método monstro e não consigo escrever testes para ele*).

Conhecer os efeitos de uma alteração

Se quiser conhecer o efeito de alguma alteração que vai fazer, em vez de criar um *esboço de efeitos* (150), coloque uma marca próximo às linhas de código que vai alterar. Agora coloque uma marca próximo a cada variável cujo valor pode mudar como resultado dessa alteração e próximo a cada chamada de método que pode ser afetada. Em seguida, coloque marcas próximo às variáveis e métodos que são afetados pelas coisas que acabou de marcar. Faça isso quantas vezes for necessário, para ver como os efeitos se propagam a partir da alteração. Assim, você terá uma noção melhor do que precisa testar.

Refatoração transitória

Uma das melhores técnicas de conhecimento de código é a refatoração. Basta mudar as coisas de lugar e deixar o código mais claro. O único problema é que, se você não tiver testes, pode ser uma operação bem perigosa. Como saber se não estamos danificando algo ao fazer todas essas refatorações para entender o código? A verdade é que você pode trabalhar de uma maneira com a qual não precise se preocupar – e é muito fácil fazê-lo. Obtenha o código de seu sistema de controle de versões. Esqueça a escrita de testes. Extraia métodos, mova variáveis, refatore-o da maneira que quiser para entendê-lo melhor – apenas não o armazene novamente. Jogue-o fora. Isso se chama *refatoração transitória*.

Na primeira vez que mencionei isso para alguém com quem estava trabalhando, a pessoa achou que era perda de tempo, mas aprendemos muitas coisas incríveis sobre o código que estávamos manipulando na meia hora em que mudou tudo de lugar. Então, ele apreciou a ideia.

A *refatoração transitória* é uma ótima maneira de acessar as bases e realmente aprender como um trecho de código funciona, mas há alguns riscos. O primeiro é cometermos um erro grave ao refatorar que nos leve a achar que o sistema está fazendo algo que na verdade não está. Quando isso acontece, temos uma falsa percepção do sistema, o que pode causar alguma ansiedade mais tarde quando começarmos realmente a refatorar. O segundo risco está relacionado a esse problema. Poderíamos ficar muito apegados à forma que o código assumiu e começar a pensar nele nesses termos o tempo todo. É algo que não parece tão ruim, mas pode ser. Há muitas razões para não acabarmos obtendo a mesma estrutura quando passarmos à refatoração real. Podemos descobrir uma maneira melhor de estruturar o código posteriormente. Nosso código pode mudar entre o momento atual e o posterior e talvez tenhamos outros insights. Se ficarmos muito ligados ao resultado final de uma *refatoração transitória*, perderemos esses insights.

A *refatoração transitória* é uma boa maneira de nos convencermos de que entendemos as coisas mais importantes do código, e isso, por si só, pode fazer o trabalho fluir mais facilmente. Temos uma certeza maior de que não há algo assustador em cada canto – ou, se houver, pelo menos saberemos de antemão antes de chegar lá.

Exclua código não usado

Se o código que estiver sendo examinando for confuso e você puder determinar que uma parte dele não é usada, exclua-a. Ela não está fazendo nada para você, só atrapalhando.

Às vezes, as pessoas acham que excluir código é perda de tempo. Afinal, alguém dedicou seu tempo a escrever esse código – talvez ele possa ser útil no futuro. Bem, é para isso que existem os sistemas de controle de versões. Esse código estará em versões anteriores. Você sempre poderá procurá-lo se decidir que precisa dele.

Capítulo 17

Minha aplicação não tem estrutura

Aplicações de vida longa tendem a crescer sem direção. Elas podem ter começado com uma arquitetura bem planejada, mas com o passar dos anos, sob pressão do cronograma, chegaram ao ponto em que ninguém entende realmente sua estrutura completa. As pessoas podem trabalhar durante anos em um projeto e não ter ideia alguma de onde devem entrar novos recursos; elas conhecem apenas os ajustes que foram feitos no sistema recentemente. Quando adicionam novos recursos, vão direto aos "pontos de ajuste", porque essas são as áreas que conhecem melhor.

Não há uma solução fácil para esse tipo de coisa e a urgência da situação varia muito. Em alguns casos, os programadores encontram um grande obstáculo. É difícil adicionar novos recursos e isso coloca a organização inteira em modo de crise. As pessoas são incumbidas de descobrir se seria melhor reprojetar ou reescrever o sistema. Em outras organizações, o sistema vai se arrastando por anos. Sim, a inclusão de novos recursos demora mais do que deveria, mas isso é considerado apenas o preço de se estar na indústria. Ninguém sabe o quanto poderia ser melhor ou quanto dinheiro está sendo gasto por causa da estrutura fraca.

Quando as equipes não têm consciência da arquitetura que criaram, ela tende a se degradar. O que causa essa falta de consciência?

- O sistema pode ser tão complexo que demora muito para se ter uma noção do quadro geral.
- O sistema pode ser tão complexo que não há um quadro geral.
- A equipe está atuando de uma maneira muito reativa, lidando com uma emergência após a outra, de forma que acaba perdendo a noção do quadro geral.

Tradicionalmente, muitas organizações têm usado o papel do arquiteto para resolver esses problemas. Os arquitetos costumam ser incumbidos com a tarefa de definir o quadro geral e tomar decisões que o preservem para a equipe. Pode funcionar, mas é preciso fazer uma advertência. O arquiteto precisa estar na equipe, trabalhando com os membros diariamente, ou o código se desviará do quadro geral. Isso pode ocorrer de duas maneiras: alguém pode estar fazendo algo inapropriado no código ou o próprio quadro geral pode ter de ser modificado. Em algumas das piores situações que já vi, o arquiteto de um grupo tinha uma visão totalmente diferente da que os programadores tinham do sistema. Quase sempre essa situação ocorre porque o arquiteto tem outras responsabilidades e não pode se dedicar ao código ou não pode se comunicar com o resto da equipe com frequência suficiente para de fato saber o que está acontecendo. Como resultado, a comunicação é prejudicada na organização.

A verdade é que a arquitetura é importante demais para ser deixada exclusivamente para algumas pessoas. É bom que haja um arquiteto, mas o essencial para se manter uma arquitetura intacta é assegurar que todos na equipe a conheçam e tenham interesses investidos nela. Cada pessoa que estiver tocando o código deve conhecer a arquitetura e qualquer outro indivíduo que tocar nele tem de conseguir se beneficiar do que essa pessoa aprendeu. Quando todos estiverem trabalhando a partir do mesmo conjunto de ideias, o conhecimento geral que a equipe tem do sistema será ampliado. Se você tiver, digamos, uma equipe de 20 pessoas e só três conhecerem a arquitetura detalhadamente, essas três pessoas terão de se esforçar muito para manter as outras 17 no caminho certo, ou as 17 cometerão erros causados por não conhecerem o quadro geral.

Como apreender o quadro geral de um sistema grande? Há muitas maneiras de se fazer isso. O livro *Object-Oriented Reengineering Patterns*, de Serge Demeyer, Stephane Ducasse e Oscar M. Nierstrasz (2002), contém um catálogo de técnicas que lidam com essa questão. Aqui estou descrevendo várias outras que também são um tanto poderosas. Se você praticá-las com frequência, em uma equipe, elas ajudarão a manter as preocupações com a arquitetura vivas na equipe – e isso talvez seja o mais importante que se possa fazer para preservar a arquitetura. É difícil prestar atenção em algo no qual não pensamos sempre.

Contando a história do sistema

Quando trabalho com equipes, costumo usar uma técnica que chamo de "contar a história do sistema". Para fazer isso bem, preciso de pelo menos duas pessoas. Uma inicia perguntando à outra: "Qual é a arquitetura do sistema?". Então, a outra tenta explicar a arquitetura do sistema usando apenas alguns conceitos, talvez dois ou três. Se for você que estiver explicando, terá de fazer de conta que a outra pessoa não sabe nada sobre o sistema. Em apenas algumas frases, terá de explicar quais são as partes do projeto e como elas interagem. Após dizer essas poucas frases, terá enunciado o que acha serem as coisas mais essenciais do sistema. Em seguida, passará para as próximas coisas mais importantes a serem ditas sobre o sistema. E continuará assim até ter dito quase tudo que é importante no projeto básico do sistema.

Quando começar a fazer isso, você terá uma sensação estranha. Para explicar a arquitetura do sistema tão brevemente, terá de simplificar. Poderia dizer "O gateway obtém conjuntos de regras do banco de dados ativo", mas, ao dizê-lo, de alguma parte sua ouviria: "Não! O gateway obtém conjuntos de regras do banco de dados ativo, mas também as obtém no conjunto de trabalho atual". Quando simplificar, vai parecer que está mentindo; mas na verdade você só não está contando a história inteira. Está contando uma história mais simples que descreve uma arquitetura mais fácil de entender. Por exemplo, por que o gateway tem de obter conjuntos de regras de mais de um local? Não seria mais simples se fosse unificado?

Considerações pragmáticas costumam impedir a simplificação, mas há valor na demonstração de uma visão simples. Pelo menos, ajuda as pessoas a conhecerem o que seria ideal e o que existe como conveniência. O outro componente interessante dessa técnica é que ela nos força a pensar no que é importante no sistema, as coisas essenciais que devem ser comunicadas.

As equipes só vão tão longe quando o sistema em que trabalham é um mistério para elas. De uma maneira estranha, haver uma história simples de como um sistema funciona serve como um roteiro, um ponto de apoio quando você estiver procurando os locais certos para adicionar recursos. Também pode tornar um sistema bem menos assustador.

Em sua equipe, conte a história do sistema com frequência, só para compartilhar uma visão. Conte-a de diferentes formas. Avalie se um conceito é mais importante do que outro. Ao considerar alterações no sistema, você notará que algumas estão mais alinhadas com a história. Isto é, elas fazem a história mais curta não parecer tanto uma mentira. Se tiver de escolher entre duas maneiras de fazer algo, a história pode ser uma boa forma de ver qual levará a um sistema mais fácil de entender.

Aqui está um exemplo desse tipo de narração de histórias em ação. É uma sessão de discussão do JUnit. Ela demanda algum conhecimento da arquitetura do JUnit. Se não conhecê-la, faça uma pausa para examinar o código-fonte do JUnit. Você pode baixá-lo de www.junit.org.

Qual é a arquitetura do JUnit?

O JUnit tem duas classes primárias. A primeira se chama `Test` e a segunda, `TestResult`. Os usuários criam testes e os executam, passando para eles um `TestResult`. Quando um teste falha, ele informa isso a `TestResult`. As pessoas podem então solicitar a `TestResult` todas as falhas que ocorreram.

Listemos as simplificações:

1. Há muitas outras classes no JUnit. Estou dizendo que `Test` e `TestResult` são primárias porque é o que acho. Para mim, sua interação é a principal interação no sistema. Outras pessoas podem ter uma visão diferente e igualmente válida da arquitetura.
2. Os usuários não criam objetos de teste. Os objetos de teste são criados a partir de classes de casos de teste via reflexão.
3. `Test` não é uma classe; é uma interface. Em geral, os testes executados no JUnit são normalmente escritos em subclasses de uma classe chamada `TestCase`, que implementa `Test`.

4. As pessoas não costumam pedir a TestResult a exibição de falhas. Os TestResults registram ouvintes, que são notificados sempre que um TestResult recebe informações de um teste.
5. Os testes relatam mais do que falhas. Eles relatam o número de testes executados e o número de erros. (Erros são problemas ocorridos no teste que não são verificados explicitamente. Falhas são verificações malsucedidas.)

Essas simplificações nos dão algum insight de como o JUnit poderia ser mais simples? Um pouco. Alguns frameworks xUnit mais simples fazem de Test uma classe e eliminam totalmente TestCase. Outros mesclam erros e falhas para que sejam relatados da mesma forma.

Voltemos à nossa história.

Isso é tudo?

Não. Os testes podem ser agrupados em objetos chamados suítes. Podemos executar uma suíte com um resultado de teste da mesma forma que um único teste. Todos os seus testes são executados e informam a TestResult quando falham.

Que simplificações temos aqui?

1. Os TestSuites fazem mais do que apenas conter e executar um conjunto de testes. Eles também criam instâncias de classes derivadas de TestCase via reflexão.
2. Há outra simplificação, que podemos considerar como resíduo da primeira. Os testes não executam a si próprios. Eles passam a si próprios para a classe TestResult, que, por sua vez, chama o método de execução de testes e o retorna para o teste propriamente dito. Essa ida e vinda ocorre em um nível razoavelmente baixo. É conveniente pensar nisso de uma maneira simples. É de certa forma uma mentira, mas é como o JUnit costumava ser quando era um pouco mais simples.

É só isso?

Não. Na verdade, Test é uma interface. Há uma classe chamada TestCase que implementa Test. Os usuários criam subclasses de TestCase e então escrevem seus testes como métodos públicos sem retorno (void) que começam com a palavra test em sua subclasse. A classe TestSuite usa reflexão para construir um grupo de testes que possam ser executados em uma única chamada a seu método run.

Poderíamos continuar, mas o que mostrei até aqui dá uma ideia da técnica. Começamos fazendo uma descrição breve. Quando simplificamos e eliminamos detalhes para descrever um sistema, na verdade estamos abstraindo. Com frequência, quando nos forçamos a comunicar uma visão muito simples de um sistema, podemos encontrar novas abstrações.

Se um sistema não for tão simples quanto a história mais simples que pudemos contar sobre ele, isso significa que é ruim? Não. Invariavelmente, à medida que os sistemas crescem, eles ficam mais complicados. A história nos dá um rumo a seguir.

Suponhamos que quiséssemos adicionar um novo recurso ao JUnit. Queremos gerar um relatório de todos os testes que não chamam nenhuma asserção quando os executamos. Que opções temos no JUnit, dado o que foi descrito?

Uma opção é adicionar um método à classe `TestCase`, chamado `buildUsageReport`, que execute cada método e então construa um relatório de todos os métodos que não chamam um método `assert`. Seria uma boa maneira de adicionar esse recurso? O que faria à nossa história? Bem, adicionaria outra pequena "mentira por omissão" à nossa descrição mais breve do sistema.

> O JUnit tem duas classes primárias. A primeira se chama `Test` e a segunda, `TestResult`. Os usuários criam testes e os executam, passando um `TestResult`. Quando um teste falha, ele informa isso a `TestResult`. As pessoas podem então solicitar a `TestResult` todas as falhas que ocorreram.

Parece que agora os objetos `Test` têm esta responsabilidade totalmente diferente: gerar relatórios, o que nunca mencionamos.

E se decidíssemos adicionar o recurso de outra maneira? Poderíamos alterar a interação entre `TestCase` e `TestResult` para que `TestResult` obtenha uma contagem do número de asserções executadas sempre que um teste é executado. Então criaríamos uma classe de construção de relatórios e a registraríamos em `TestResult` como ouvinte. Como isso afeta a história do sistema? Poderia ser uma boa razão para generalizá-la um pouco. Os objetos `Test` não informam aos `TestResults` apenas o número de falhas; eles também informam o número de erros, o número de testes executados e o número de asserções executadas. Poderíamos alterar nossa história curta para a descrita a seguir:

> O JUnit tem duas classes primárias. A primeira se chama `Test` e a segunda, `TestResult`. Os usuários criam testes e os executam, passando um `TestResult` para eles. Quando um teste é executado, ele passa informações sobre a execução para `TestResult`. As pessoas podem então solicitar a `TestResult` informações sobre as execuções de testes.

Ficou melhor? Para ser sincero, gosto do original, da versão que descrevi registrando falhas. Para mim, é um dos comportamentos básicos do JUnit. Se alterarmos o código para que objetos `TestResult` registrem o número de asserções executadas, ainda estaremos mentindo um pouco, mas também omitindo as outras informações que enviamos dos testes para seus resultados. A alternativa, inserir a responsabilidade de execução de um grupo de casos e a construção de um relatório para eles em `TestCase`, seria uma mentira mais descarada: não estamos falando em nenhum momento nessa responsabilidade adicional de `TestCase`. É melhor fazer os testes relatarem o número de asserções executadas quando forem executados. Nossa primeira história ficou um pouco mais generalizada, mas pelo menos ainda é substancialmente verdadeira. Ou seja, nossas alterações estão mais alinhadas com a arquitetura do sistema.

CRC Vazio

Nos primórdios da orientação a objetos, muitas pessoas enfrentaram o problema de projetar. É difícil se acostumar com a orientação a objetos quando grande parte de sua experiência em programação se deu no uso de linguagens procedurais. Resumindo, a maneira de pensar no código é diferente. Lembro-me da primeira vez que alguém tentou me mostrar um projeto orientado a objetos em um pedaço de papel. Olhei todas as formas e linhas e ouvi a descrição, mas a pergunta que queria fazer era: "Onde está `main()`? Onde está o ponto de entrada de todos esses novos componentes chamados objetos?". Fiquei confuso durante algum tempo, mas então comecei a entender. No entanto, o problema não era só meu. Parecia que grande parte da indústria estava enfrentando os mesmos problemas quase ao mesmo tempo. Para dizer a verdade, todo dia iniciantes na área enfrentam esses problemas quando encontram código orientado a objetos pela primeira vez. Ainda está acontecendo.

Na década de 1980, Ward Cunningham e Kent Beck estavam lidando com esse problema. Eles estavam tentando ajudar as pessoas a começarem a pensar no projeto em termos de objetos. Na época, Ward estava usando uma ferramenta chamada Hypercard, que nos permite criar cartões em uma tela de computador e formar conexões entre eles. De repente, surgiu o insight. Por que não usar fichas de arquivo para representar classes? Isso as tornaria tangíveis e fáceis de discutir. Devemos falar sobre a classe `Transaction`? Certo, aqui está sua ficha – nela temos suas responsabilidades e colaboradores.

CRC significa Classe, Responsabilidade e Colaborações. Você marca cada ficha com um nome de classe, suas responsabilidades e uma lista de seus colaboradores (outras classes com as quais essa classe se comunica). Se achar que uma responsabilidade não pertence a uma classe específica, risque-a e escreva-a na ficha de outra classe, ou crie também a ficha de outra classe.

Embora CRC tenha se tornado bem popular durante algum tempo, acabou havendo uma grande mudança em direção aos diagramas. Quase todas as pessoas que ensinavam OO no planeta tinham sua própria notação para classes e relacionamentos. Finalmente, houve um grande esforço de vários anos para consolidar as notações. A UML foi o resultado e muitas pessoas acharam que tinham terminado as discussões sobre como projetar sistemas. Elas começaram a achar que a notação era um método, que a UML era uma maneira de desenvolver sistemas: desenhe vários diagramas e então escreva o código. Levou algum tempo para perceberem que, embora a UML seja uma boa notação para a documentação de sistemas, não é a única maneira de se trabalhar com as ideias que usamos para construí-los. Atualmente, sei que há uma maneira muito melhor de conversar sobre projeto com uma equipe. É uma técnica que alguns colegas que executam testes chamaram de CRC Vazio (naked CRC), porque é como o CRC, exceto por não escrevermos nas fichas. Infelizmente, não é tão fácil descrevê-la em um livro. Mas vou tentar da melhor forma que puder.

Há muitos anos, conheci Ron Jeffries em uma conferência. Ele me prometeu que mostraria como conseguia explicar uma arquitetura usando fichas de uma maneira que tornava as interações mais vívidas e fáceis de memorizar. E o fez. É assim que funciona. A pessoa que descreve o sistema usa um conjunto de fichas de arquivo em branco e as dispõe em uma mesa uma a uma. Essa pessoa pode mover as fichas, apontar para elas ou fazer o que for necessário para demonstrar os objetos típicos do sistema e como eles interagem.

Aqui está um exemplo, uma descrição de um sistema de votação on-line:

"É assim que o sistema de votação em tempo real on-line funciona. Esta é uma sessão de cliente" (aponta para a ficha).

"Cada sessão tem duas conexões, uma de entrada e uma de saída" (dispõe cada ficha sobre a original e aponta para uma de cada vez).

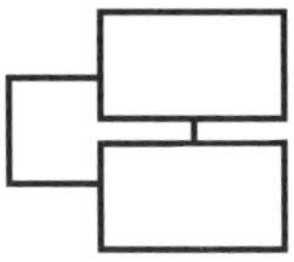

"Quando o sistema é iniciado, uma sessão é criada no servidor que fica aqui" (dispõe a ficha à direita).

"As sessões de servidor também têm duas conexões" (coloca as duas fichas que representam as conexões sobre a ficha da direita).

"Quando surge uma sessão de servidor, ele registra com o gerenciador de votos" (dispõe a ficha do gerenciador de votos acima da sessão de servidor).

"Podemos ter muitas sessões no lado do servidor" (coloca na mesa outro conjunto de fichas para uma nova sessão de servidor e suas conexões).

"Quando um cliente vota, o voto é enviado para a sessão no lado do servidor" (movimentos com as mãos de uma das conexões da sessão no lado do cliente para uma conexão de uma sessão no lado do servidor).

"A sessão do servidor responde com uma confirmação e então registra o voto com o gerenciador de votos" (aponta da sessão do servidor para a sessão do cliente e então dessa sessão de servidor para o gerenciador de votos).

"Depois, o gerenciador de votos solicita a cada sessão de servidor que informe à sua sessão de cliente qual é a nova contagem de votos" (aponta da ficha do gerenciador de votos para cada sessão de servidor, uma de cada vez).

Tenho certeza de que está faltando algo nessa descrição, porque não posso mover as fichas pela mesa ou apontar para elas da maneira que faria se estivéssemos sentados em uma mesa juntos. Mesmo assim, essa técnica é muito poderosa. Ela transforma as partes de um sistema em coisas tangíveis. Não é preciso usar fichas; qualquer coisa que estiver à mão serve. O segredo é você poder usar os movimentos e as posições para mostrar como as partes do sistema interagem. Com frequência, essas duas coisas deixam cenários complicados mais fáceis de entender. Por alguma razão, as sessões de fichas também tornam os projetos mais fáceis de memorizar.

Há apenas duas regras no CRC Vazio:

1. As fichas representam instâncias e não classes.
2. Sobreponha fichas para representar uma coleção delas.

Avaliação das conversas

Em código legado, é tentador evitar a criação de abstrações. Quando estou examinando quatro ou cinco classes que têm cerca de mil linhas de código cada, não penso em adicionar novas classes tanto quanto tento descobrir o que deve mudar.

Já que ficamos tão distraídos nessa procura, geralmente deixamos passar coisas que poderiam nos dar novas ideias. Aqui está um exemplo. Uma vez estava trabalhando com vários membros de uma equipe que tentavam fazer um trecho de código grande ser executado por diversas linhas de execução. O código era um pouco complicado e havia muitas oportunidades de ocorrerem impasses (deadlocks). Percebemos que, ao garantir que os recursos fossem bloqueados e desbloqueados em uma ordem específica, evitaríamos impasses no código. Começamos a examinar como modificar o código para que isso pudesse ser feito. O tempo todo falamos sobre essa nova política de bloqueio e pensamos em como manter contagens em vetores para tornar a ideia possível. Quando um dos outros programadores começou a escrever diretamente o código da política, eu disse: "Espere, estamos falando de uma política de bloqueio, certo? Por que não criamos uma classe chamada `LockingPolicy` e mantemos as contagens aí? Podemos usar nomes de métodos que descrevam realmente o que estamos tentando fazer, o que será mais claro do que um código que acumule contagens em um vetor".

O pior é que a equipe não era inexperiente. Algumas áreas da base de código tinham muito boa aparência, mas há algo hipnotizante em grandes blocos de código procedural: eles parecem pedir mais.

Escute as conversas sobre seu projeto. Os conceitos que você está usando na conversa são os mesmos do código? Não esperaria que todos fossem. Os sistemas de software têm de atender a restrições mais rigorosas do que apenas serem fáceis de explicar, mas se não houver uma forte sobreposição entre as conversas e o código, é importante perguntar por quê. Geralmente, a resposta é uma mistura de duas coisas: o código não pôde ser adaptado à compreensão da equipe ou a equipe tem de entendê-lo diferentemente. Nos dois casos, estar bem informado dos conceitos que as pessoas usam para descrever o projeto é algo poderoso. Quando elas falam sobre projeto, estão tentando fazer os outros compreendê-las. Coloque um pouco desse entendimento no código.

Neste capítulo, descrevi algumas técnicas que desvelam e comunicam a arquitetura de grandes sistemas existentes. Várias delas também são maneiras perfeitamente boas de estabelecer o projeto de novos sistemas. Projeto é projeto, não importando quando ele ocorre no ciclo de desenvolvimento. Um dos piores erros que uma equipe pode cometer é achar que o projeto estará pronto em algum momento do desenvolvimento. Se o projeto estiver "pronto" e as pessoas continuarem fazendo alterações, haverá boas chances de que apareça código novo em locais ruins, e as classes se propagarão porque ninguém se sente à vontade introduzindo novas abstrações. Não há maneira mais segura de piorar um sistema legado.

Capítulo 18

Meu código de teste está atrapalhando

Quando você começar a escrever testes de unidade, pode ficar incomodado. Algo que as pessoas costumam sentir é a sensação de que seus testes estão atrapalhando. Elas navegam pelo projeto e às vezes esquecem se estão olhando para código de teste ou de produção. Não ajuda ter um volume muito grande de código de teste. A menos que você comece a estabelecer algumas convenções, eles podem acabar atrapalhando.

Convenções de nomeação de classes

Uma das primeiras coisas que devemos estabelecer é uma convenção de nomeação de classes. Geralmente, temos pelo menos uma classe de teste de unidade para cada classe em que trabalhamos; logo, faz sentido tornar o nome da classe de teste de unidade uma variação do nome da classe. Algumas convenções são usadas. As mais comuns usam a palavra *Test* como prefixo ou sufixo do nome da classe. Portanto, se tivermos uma classe chamada `DBEngine`, podemos chamar nossa classe de teste de `TestDBEngine` ou `DBEngineTest`. Faz alguma diferença? Na verdade, não. Pessoalmente, gosto da convenção que usa o sufixo *Test*. Se você tiver um IDE que liste as classes alfabeticamente, cada classe ficará alinhada à sua classe de teste e isso facilitará a navegação entre elas.

Que outras classes surgem nas atividades de teste? Costuma ser útil simular classes de alguns dos colaboradores das classes de um pacote ou diretório. A convenção que uso para essas classes é o emprego do prefixo *Fake*. Assim, agrupo todas elas alfabeticamente em um navegador, mas de certa forma as distancio das classes principais do pacote. Isso é conveniente porque geralmente as classes fictícias são subclasses de classes de outros diretórios.

Normalmente, outro tipo de classe, a *subclasse de teste*, é usada em testes. Uma *subclasse de teste* é uma classe que escrevemos quando queremos testar uma classe mas ela tem algumas dependências que queremos separar. É a subclasse que escrevemos quando usamos *Criar Subclasse e Sobrescrever Método*

(376). A convenção de nomeação que uso para subclasses de teste é o nome da classe prefixado pela palavra *Testing*. Se as classes de um pacote ou diretório forem listadas alfabeticamente, todas as subclasses de teste ficarão agrupadas.

Aqui está um exemplo de listagem de um diretório de um pacote pequeno de contabilidade:

- `CheckingAccount`
- `CheckingAccountTest`
- `FakeAccountOwner`
- `FakeTransaction`
- `SavingsAccount`
- `SavingsAccountTest`
- `TestingCheckingAccount`
- `TestingSavingsAccount`

Observe que cada classe de produção está próxima de sua classe de teste. As classes fictícias estão juntas e o mesmo ocorre com as subclasses de teste.

Não sou dogmático com relação a essa disposição. Ela funciona em vários casos, mas há muitas variações e razões para modificá-la. O essencial é lembrar que a ergonomia é importante. É importante considerar se será fácil navegar para trás e para frente entre suas classes e testes.

Localização de testes

Até agora neste capítulo, estou supondo que você inserirá seu código de teste e seu código de produção nos mesmos diretórios. Geralmente, essa é a maneira mais fácil de estruturar um projeto, mas há algumas coisas que você deve considerar ao resolver se fará isso.

O principal a considerar é se há restrições de tamanho na implantação de sua aplicação. Uma aplicação que for executada em um servidor controlado por você mesmo talvez não tenha muitas restrições. Se você puder ocupar basicamente duas vezes o espaço na implantação (os binários do código de produção e seus testes), será suficientemente fácil manter o código e os testes nos mesmos diretórios e implantar todos os binários.

Por outro lado, se o sistema de software for um produto comercial e for executado no computador de outra pessoa, o tamanho da instalação pode ser um problema. Você pode tentar manter todo o código de teste separado do código de produção, mas considere se isso afetará o modo de navegar no código.

Às vezes não faz nenhuma diferença, como mostra este exemplo. Em Java, um pacote pode se estender por dois diretórios diferentes:

```
source
    com
        orderprocessing
            dailyorders
test
    com
        orderprocessing
            dailyorders
```

Podemos inserir as classes de produção no diretório dailyorders sob `source` e as classes de teste no diretório dailyorders sob `test`, e elas serão vistas como pertencendo ao mesmo pacote. Na verdade, alguns IDEs mostrarão as classes desses dois diretórios no mesmo modo de exibição para que você não precise se preocupar com o local onde elas estão fisicamente localizadas.

Em muitas outras linguagens e ambientes, a localização faz diferença. Se você tiver de navegar para cima e para baixo nas estruturas de diretório para ir de um lado a outro entre seu código e seus testes, será como pagar uma taxa ao trabalhar. As pessoas simplesmente pararão de escrever testes, e o trabalho transcorrerá mais lentamente.

Uma alternativa é manter o código de produção e o código de teste no mesmo local, mas usar scripts ou configurações de construção para remover o código de teste da instalação. Se você usar boas convenções de nomeação para suas classes, isso pode funcionar bem.

Acima de tudo, se optar por separar o código de teste do de produção, certifique-se de fazê-lo por uma boa razão. Quase sempre, as equipes separam o código por razões estéticas: não toleram a ideia de colocar juntos seu código de produção e os testes. Posteriormente, fica difícil fazer essa navegação no projeto. Você pode se acostumar a ter os testes próximos de seu código de produção. Após algum tempo trabalhando assim, vai parecer normal.

Capítulo 19

Meu projeto não é orientado a objetos. Como posso fazer alterações seguras?

O título deste capítulo tem algo de provocativo. Podemos fazer alterações seguras em qualquer linguagem, mas algumas facilitam mais as alterações do que outras. Ainda que a orientação a objetos tenha se disseminado na indústria, há muitas outras linguagens e formas de programação. Há linguagens baseadas em regras, linguagens de programação funcionais, linguagens de programação baseadas em restrições – e a lista continua. Mas, de todas elas, nenhuma se disseminou tanto quanto as antigas linguagens procedurais, como C, COBOL, FORTRAN, Pascal e BASIC.

As linguagens procedurais são particularmente desafiadoras em um ambiente legado. É importante submeter o código a testes antes de modificá-lo, mas o número de coisas que podemos fazer para introduzir testes de unidade em linguagens procedurais é bem pequeno. Com frequência, o mais fácil a fazer é pensar bastante, corrigir o sistema e esperar que suas alterações estejam certas.

Esse dilema do uso de testes é pandêmico em código legado procedural. Geralmente, as linguagens procedurais não têm os pontos de extensão que as linguagens de programação OO (e muitas linguagens funcionais) têm. Desenvolvedores experientes conseguem contornar isso gerenciando cuidadosamente suas dependências (há muito código excelente escrito em C, por exemplo), mas também é fácil fazer uma confusão difícil de alterar em termos incrementais e de verificação.

Já que é tão difícil quebrar dependências em código procedural, a melhor estratégia costuma ser tentar submeter a teste uma grande parte do código antes de fazer qualquer coisa e então usar esses testes para obter feedback ao desenvolver. As técnicas do Capítulo 12, *Preciso fazer muitas alterações em uma área. Tenho de quebrar dependências de todas as classes envolvidas?*, podem ajudar. Elas são aplicáveis tanto a código procedural quanto a código orientado a objeto. Resumindo, compensa procurar um *ponto de fixação* (172) e usar o *ponto de extensão de vinculação* (36) para quebrar dependências o suficiente a ponto de ser possível submeter o código a um framework de testes. Se sua linguagem tiver um pré-processador de macros, você também poderá usar o *ponto de extensão de pré-processamento* (33).

Esse é o curso de ação padrão, mas ele não é o único. No resto deste capítulo, examinaremos maneiras de quebrar dependências localmente em programas procedurais, como fazer alterações verificáveis mais facilmente e maneiras de avançar quando estivermos usando uma linguagem que tenha um caminho de migração para a OO.

Um caso fácil

Nem sempre código procedural é um problema. Aqui está um exemplo, uma função C do sistema operacional Linux. Seria difícil escrever testes para essa função se tivéssemos de fazer algumas alterações nela?

```
void set_writetime(struct buffer_head * buf, int flag)
{
    int newtime;

    if (buffer_dirty(buf)) {
        /* Move o buffer para a lista suja se jiffies estiver limpa */
        newtime = jiffies + (flag ? bdf_prm.b_un.age_super :
            bdf_prm.b_un.age_buffer);
        if(!buf->b_flushtime || buf->b_flushtime > newtime)
            buf->b_flushtime = newtime;
    } else {
        buf->b_flushtime = 0;
    }
}
```

Para testar essa função, podemos definir o valor da variável `jiffies`, criar um `buffer_head`, passá-lo para a função e então verificar seus valores após a chamada. Em muitas funções, não temos tanta sorte. Às vezes, uma função chama outra que chama uma terceira. Em seguida, ela chama algo difícil de manipular: uma função que executa I/O em algum local ou que vem de alguma biblioteca de fornecedor. Queremos testar o que o código faz, mas quase sempre a resposta é: "Ele faz algo interessante, mas só algo de fora do programa saberá, não você".

Um caso difícil

A seguir, temos uma função C que queremos alterar. Seria bom se você pudesse submetê-la a teste antes de a alterarmos:

```
#include "ksrlib.h"

int scan_packets(struct rnode_packet *packet, int flag)
{
    struct rnode_packet *current = packet;
    int scan_result, err = 0;

    while(current) {
        scan_result = loc_scan(current->body, flag);
        if(scan_result & INVALID_PORT) {
            ksr_notify(scan_result, current);
        }
        ...
        current = current->next;
    }
    return err;
}
```

Esse código chama uma função chamada ksr_notify que tem um efeito colateral ruim. Ela envia uma notificação para um sistema de terceiros e seria melhor que não o fizesse enquanto testamos.

Uma maneira de manipular isso é usando um *ponto de extensão de vinculação* (36). Se quisermos testar sem chamar as funções dessa biblioteca, podemos criar uma biblioteca contendo elementos fictícios: funções com os mesmos nomes das funções originais mas que não façam o que deveriam fazer. Nesse caso, podemos escrever um corpo para ksr_notify com a seguinte aparência:

```
void ksr_notify(int scan_code, struct rnode_packet *packet)
{
}
```

Podemos construí-lo em uma biblioteca e vincularmo-nos a ela. A função scan_packets se comportará exatamente da mesma forma, exceto por uma coisa: não enviará a notificação. Mas isso é bom se quisermos fixar outro comportamento na função antes de alterá-la.

Essa é a estratégia que devemos usar? Depende. Se houver várias funções na biblioteca ksr e considerarmos suas chamadas como periféricas à lógica principal do sistema, então, sim, faria sentido criar uma biblioteca de elementos fictícios e vincularmo-nos a ela durante o teste. Por outro lado, se quisermos detectar um comportamento através dessas funções ou variar algum dos valores que elas retornam, o uso de *pontos de extensão de vinculação* não será tão conveniente; na verdade, será bem tedioso. Já que a substituição ocorre em tempo de vinculação, podemos fornecer apenas uma definição de função para cada executável que construirmos. Se quisermos que uma função ksr_notify fictícia se comporte de uma maneira em um teste e de outra maneira em outro, teremos de colocar código no corpo e definir condições no teste que o forcem a agir de uma determinada maneira. De um modo geral, é um pouco confuso. Infelizmente, muitas linguagens procedurais não nos dão outra alternativa.

Em C, há outra alternativa. A linguagem C tem um pré-processador de macros que podemos usar para facilitar a escrita de testes para a função scan_packets. Aqui está o arquivo que contém scan_packets após adicionarmos o código de teste:

```
#include "ksrlib.h"

#ifdef TESTING
#define ksr_notify(code,packet)
#endif

int scan_packets(struct rnode_packet *packet, int flag)
{
    struct rnode_packet *current = packet;
    int scan_result, err = 0;

    while(current) {
        scan_result = loc_scan(current->body, flag);
        if(scan_result & INVALID_PORT) {
            ksr_notify(scan_result, current);
        }
        ...
        current = current->next;
    }
    return err;
}

#ifdef TESTING
#include <assert.h>
int main () {
    struct rnode_packet packet;
    packet.body = ...
    ...
    int err = scan_packets(&packet, DUP_SCAN);
    assert(err & INVALID_PORT);
    ...
    return 0;
}
#endif
```

Nesse código, temos uma diretiva define de pré-processamento, TESTING, que define a chamada a ksr_notify como inexistente quando estamos testando. Ela também fornece um pequeno stub que contém testes.

Combinar testes e o código-fonte em um arquivo dessa forma não é a coisa mais clara que podemos fazer. Geralmente dificulta a navegação no código. Uma alternativa é usar a inclusão de arquivos para que os testes e o código de produção fiquem em arquivos diferentes:

```
#include "ksrlib.h"

#include "scannertestdefs.h"

int scan_packets(struct rnode_packet *packet, int flag)
{
    struct rnode_packet *current = packet;
    int scan_result, err = 0;

    while(current) {
        scan_result = loc_scan(current->body, flag);
        if(scan_result & INVALID_PORT) {
            ksr_notify(scan_result, current);
        }
        ...
        current = current->next;
    }
    return err;
}

#include "testscanner.tst"
```

Com essa alteração, o código parece razoavelmente próximo de como ficaria sem a infraestrutura de teste. A única diferença é que temos uma sentença `#include` no fim do arquivo. Se mais à frente declararmos as funções que estamos testando, poderemos mover para o arquivo inicial tudo que houver no arquivo de inclusão final.

Para executar os testes, só temos de definir `TESTING` e construir esse arquivo de maneira autônoma. Quando `TESTING` estiver definido, a função `main()` de `testscanner.tst` será compilada e vinculada em um executável que executará os testes. A função `main()` que temos nesse arquivo só executa testes para as rotinas de varredura. Podemos configurar o cenário para executar grupos de testes ao mesmo tempo definindo funções de teste separadas para cada um de nossos testes.

```
#ifdef TESTING
#include <assert.h>
void test_port_invalid() {
    struct rnode_packet packet;
    packet.body = ...
    ...
    int err = scan_packets(&packet, DUP_SCAN);
    assert(err & INVALID_PORT);
}

void test_body_not_corrupt() {
    ...
}

void test_header() {
    ...
```

```
}
#endif
```

Em outro arquivo, podemos chamá-las a partir de `main`:

```
int main() {
    test_port_invalid();
    test_body_not_corrupt();
    test_header();

    return 0;
}
```

Podemos ir além, adicionando funções de registro que facilitem o agrupamento de testes. Consulte os diversos frameworks de testes unitários para C disponíveis em www.xprogramming.com para ver detalhes.

Embora os pré-processadores de macros possam ser facilmente mal utilizados, eles são muito úteis nesse contexto. A inclusão de arquivos e a substituição de macros podem nos ajudar a contornar as dependências no código mais complicado. Contanto que limitemos o uso de macros a códigos executados em teste, não teremos de nos preocupar tanto com o mal uso de macros de uma maneira que afete o código de produção.

A linguagem C é uma das poucas linguagens populares que têm um pré-processador de macros. Em geral, para quebrar dependências em outras linguagens procedurais, temos de usar o *ponto de extensão de vinculação* e tentar submeter áreas maiores de código a teste.

Adicionando novo comportamento

Em código legado procedural, compensa introduzir novas funções em vez de adicionar código às antigas. Pelo menos, poderemos escrever testes para as novas funções que escrevermos.

Como evitar a introdução de armadilhas de dependências em código procedural? Uma maneira (descrita no Capítulo 8, *Como adiciono um recurso?*) é usar o *desenvolvimento dirigido por testes* (86) (TDD). O TDD funciona tanto em código orientado a objetos quando em procedural. Geralmente, o trabalho de tentar formular um teste para cada trecho do código que estamos pensando em escrever nos leva a alterar seu projeto de boas maneiras. Concentramo-nos na escrita de funções que executam algum trecho de trabalho computacional e então as integramos ao resto da aplicação.

Para fazer isso, normalmente temos de pensar no que vamos escrever de uma maneira diferente. Aqui está um exemplo. Precisamos escrever uma função chamada `send_command`. A função `send_command` vai enviar um ID, um nome e uma string de comando para outro sistema por intermédio de uma função chamada `mart_key_send`. O código da função não será muito confuso. Podemos supor que ele se parecerá com este:

```
void send_command(int id, char *name, char *command_string) {
    char *message, *header; *footer;
    if (id == KEY_TRUM) {
        message = ralloc(sizeof(int) + HEADER_LEN + ...
        ...
    } else {
        ...
    }
    sprintf(message, "%s%s%s", header, command_string, footer);
    mart_key_send(message);

    free(message);
}
```

Mas como escreveríamos um teste para uma função como essa? Principalmente porque a única maneira de descobrir o que acontece é estar exatamente onde está a chamada a `mart_key_send`. E se adotássemos uma abordagem um pouco diferente?

Poderíamos testar toda essa lógica antes da chamada a `mart_key_send` se ela estivesse em outra função. Podemos escrever nosso primeiro teste assim:

```
char *command = form_command(1,
                             "Mike Ratledge",
                             "56:78:cusp-:78");
assert(!strcmp("<-rsp-Mike Ratledge><56:78:cusp-:78><-rspr>",
               command));
```

Agora podemos escrever uma função `form_command`, que retorne um comando:

```
char *form_command(int id, char *name, char *command_string)
{
    char *message, *header;
    if (id == KEY_TRUM) {
        message = ralloc(sizeof(int) + HEADER_LEN + ...
        ...
    } else {
        ...
    }
    sprintf(message, "%s%s%s", header, command_string, footer);

    return message;
}
```

Quando tivermos isso, poderemos escrever a função `send_command` simples de que precisamos:

```
void send_command(int id, char *name, char *command_string) {
    char *command = form_command(id, name, command_string);
    mart_key_send(command);

    free(message);
}
```

Em muitos casos, esse tipo de reformulação é exatamente do que precisamos para avançar. Inserimos toda a lógica pura em um conjunto de funções para poder mantê-las livres de dependências problemáticas. Ao fazer isso, acabamos obtendo pequenas funções encapsuladoras como send_command, que vincula nossa lógica e nossas dependências. Não é perfeito, mas é viável quando as dependências não estão muito espalhadas.

Em outros, precisamos escrever funções que estarão repletas de chamadas externas. Não há tanto cálculo nessas funções, mas o sequenciamento das chamadas que elas fazem é muito importante. Por exemplo, se estivermos tentando escrever uma função que calcule os juros de um empréstimo, a maneira simples de fazer isso poderia ser esta:

```
void calculate_loan_interest(struct temper_loan *loan, int calc_type)
{
    ...
    db_retrieve(loan->id);
    ...
    db_retrieve(loan->lender_id);
    ...
    db_update(loan->id, loan->record);
    ...
    loan->interest = ...
}
```

O que fazer em um caso como esse? Em muitas linguagens procedurais, a melhor opção é apenas saltar a escrita do teste e escrever a função da melhor maneira possível. Talvez possamos testar se ela faz a coisa certa em um nível mais alto. Mas em C, temos outra opção. A linguagem C dá suporte a ponteiros de função e podemos usá-los para definir outro ponto de extensão. Veja como:

Podemos criar uma estrutura contendo ponteiros de funções:

```
struct database
{
    void (*retrieve)(struct record_id id);
    void (*update)(struct record_id id, struct record_set *record);
    ...
};
```

Agora inicializamos esses ponteiros com os endereços das funções de acesso ao banco de dados. Podemos passar essa estrutura para qualquer uma das novas funções que escrevemos que tenham de acessar o banco de dados. Em código de produção, as funções podem apontar para as funções reais de acesso ao banco de dados. Podemos fazê-las apontar para funções fictícias quando estivermos testando.

Com compiladores mais antigos, talvez tenhamos de usar o estilo antigo da sintaxe de ponteiros de funções:

```
extern struct database db;
(*db.update)(load->id, loan->record);
```

Mas com os outros, podemos chamar essas funções usando um estilo orientado a objetos muito comum:

```
extern struct database db;
db.update(load->id, loan->record);
```

Essa técnica não é específica da linguagem C. Ela pode ser usada na maioria das linguagens que dão suporte a ponteiros de funções, delegação ou mecanismos semelhantes.

Tirando vantagem da orientação a objetos

Nas linguagens orientadas a objetos, temos os *pontos de extensão de objeto (40)*. Eles têm algumas propriedades interessantes:

- São fáceis de notar em código.
- Podem ser usados na divisão do código em partes menores e mais compreensíveis.
- Fornecem mais flexibilidade. Os pontos de extensão que você introduzir para testes podem ser úteis quando for preciso estender seu sistema de software.

Infelizmente, nem todo software pode ser facilmente migrado para objetos, mas alguns casos são bem mais fáceis do que outros. Muitas linguagens procedurais evoluíram para linguagens orientadas a objetos. Só recentemente a linguagem Visual Basic da Microsoft se tornou totalmente orientada a objetos, há extensões OO para COBOL e FORTRAN e a maioria dos compiladores C também fornece o recurso de compilar código C++.

Quando sua linguagem lhe der a opção de migrar para a orientação a objetos, você terá mais opções. Geralmente, a primeira etapa é usar *Encapsular Referências Globais* (318) para submeter a teste as partes que você está alterando. Podemos usar essa técnica para nos livrar da situação incômoda de dependência que tínhamos na função scan_packets anteriormente no capítulo. Lembre-se de que o problema que tínhamos era com a função ksr_notify: não queríamos que ela realmente fizesse notificações sempre que executássemos nossos testes.

```
int scan_packets(struct rnode_packet *packet, int flag)
{
    struct rnode_packet *current = packet;
    int scan_result, err = 0;

    while(current) {
        scan_result = loc_scan(current->body, flag);
        if(scan_result & INVALID_PORT) {
            ksr_notify(scan_result, current);
        }
        ...
        current = current->next;
```

```
    }
    return err;
}
```

O primeiro passo é compilar em C++ em vez de C. Essa pode ser uma alteração grande ou pequena, dependendo de como a manipularmos. Podemos ser ousados e tentar recompilar o projeto inteiro em C++, ou podemos fazê-lo passo a passo, mas deve demorar um pouco.

Após o código ser compilado em C++, poderemos procurar a declaração da função `ksr_notify` e encapsulá-la em uma classe:

```
class ResultNotifier
{
public:
    virtual void ksr_notify(int scan_result,
                            struct rnode_packet *packet);
};
```

Também podemos introduzir um novo arquivo-fonte para a classe e inserir aí uma implementação padrão:

```
extern "C" void ksr_notify(int scan_result,
                           struct rnode_packet *packet);

void ResultNotifier::ksr_notify(int scan_result,
                                struct rnode_packet *packet)
{
    ::ksr_notify(scan_result, packet);
}
```

Observe que não estamos alterando o nome da função ou sua assinatura. Estamos usando *Preservar Assinaturas* (296) para reduzir qualquer possibilidade de erro.

Em seguida, declaramos uma instância global de `ResultNotifier` e a inserimos em um arquivo-fonte:

```
ResultNotifier globalResultNotifier;
```

Agora podemos recompilar e deixar que os erros nos digam onde temos de alterar algo. Já que inserimos a declaração de `ksr_notify` em uma classe, o compilador não verá mais uma declaração da função de escopo global.

Aqui está a função original:

```
#include "ksrlib.h"

int scan_packets(struct rnode_packet *packet, int flag)
{
    struct rnode_packet *current = packet;
    int scan_result, err = 0;
```

```
    while(current) {
        scan_result = loc_scan(current->body, flag);
        if(scan_result & INVALID_PORT) {
            ksr_notify(scan_result, current);
        }
        ...
        current = current->next;
    }
    return err;
}
```

Para fazê-la ser compilada, podemos usar uma declaração `extern` a fim de tornar o objeto `globalResultNotifier` visível e prefixar `ksr_notify` com o nome do objeto:

```
#include "ksrlib.h"

extern ResultNotifier globalResultNotifier;

int scan_packets(struct rnode_packet *packet, int flag)
{
    struct rnode_packet *current = packet;
    int scan_result, err = 0;

    while(current) {
        scan_result = loc_scan(current->body, flag);
        if(scan_result & INVALID_PORT) {
            globalResultNotifier.ksr_notify(scan_result, current);
        }
        ...
        current = current->next;
    }
    return err;
}
```

Nesse ponto, o código funciona da mesma forma que antes. O método `ksr_notify` de `ResultNotifier` delega para a função `ksr_notify`. Como isso nos beneficia? Bem, não beneficia – ainda. A próxima etapa é encontrar alguma maneira de organizar as coisas de modo que possamos usar esse objeto `ResultNotifier` em produção e outro quando estivermos testando. Há muitas maneiras de fazê-lo, mas uma que nos leva mais fundo nessa direção é *Encapsular Referências Globais* (318) novamente e colocar `scan_packets` em outra classe que podemos chamar de `Scanner`.

```
class Scanner
{
public:
    int scan_packets(struct rnode_packet *packet, int flag);
};
```

Agora podemos aplicar *Parametrizar Construtor* (355) e alterar a classe para que ela use um `ResultNotifier` que fornecemos:

```
class Scanner
{
private:
    ResultNotifier& notifier;
public:
        Scanner();
        Scanner(ResultNotifier&  notifier);

    int scan_packets(struct rnode_packet *packet, int flag);
};


// no arquivo-fonte

Scanner::Scanner()
: notifier(globalResultNotifier)
{}

Scanner::Scanner(ResultNotifier&  notifier)
: notifier(notifier)
{}
```

Quando fizermos essa alteração, poderemos encontrar os locais onde scan_packets está sendo usada, criar uma instância de Scanner e chamá-la a partir da instância.

Essas alterações são bem seguras e mecânicas. Não são ótimos exemplos de projeto orientado a objetos, mas são boas o suficiente para usarmos como uma técnica para quebrar dependências e para nos permitir testar ao avançarmos.

Tudo é orientado a objetos

Alguns programadores procedurais gostam de atacar a orientação a objetos; eles a consideram desnecessária ou acham que sua complexidade não ajuda em nada. Mas se você pensar realmente no assunto, começará a perceber que todos os programas procedurais são orientados a objetos; o único problema é muitos conterem apenas um objeto. Para ver isso, imagine um programa com cerca de 100 funções. Aqui estão suas declarações:

```
...

int db_find(char *id, unsigned int mnemonic_id,
            struct db_rec **rec);
...
...
void process_run(struct gfh_task **tasks, int task_count);
...
```

Suponhamos que pudéssemos inserir todas as declarações em um arquivo e envolvê-las em uma declaração de classe:

```
class program
{
public:
    ...
    int db_find(char *id, unsigned int mnemonic_id,
                struct db_rec **rec);
    ...
    ...
    void process_run(struct gfh_task **tasks, int task_count);
    ...
};
```

Agora podemos encontrar cada definição de função (aqui está uma):

```
int db_find(char                *id,
            unsigned int        mnemonic_id,
            struct db_rec       **rec);
{
    ...
}
```

E prefixar seu nome com o nome da classe:

```
int program::db_find(char                *id,
                     unsigned int        mnemonic_id,
                     struct db_rec       **rec)
{
    ...
}
```

Em seguida, temos de escrever uma nova função `main()` para o programa:

```
int main(int ac, char **av)
{
    program the_program;

    return the_program.main(ac, av);
}
```

Isso altera o comportamento do sistema? Na verdade, não. Essa alteração foi apenas um processo mecânico e manteve o objetivo e o comportamento do programa. O antigo sistema em C era, na verdade, apenas um grande objeto. Ao usar *Encapsular Referências Globais,* estamos criando novos objetos e subdividindo o sistema de uma maneira que facilite sua manipulação.

Quando linguagens procedurais têm extensões orientadas a objetos, elas nos permitem nos mover nessa direção. Não é uma orientação a objetos profunda; é apenas usar objetos suficientes para dividirmos o programa para testes.

O que podemos fazer além de extrair dependências quando nossa linguagem dá suporte à OO? Para começar, podemos movê-la de maneira incremental em direção a um projeto de objetos melhor. Em geral, isso significa agrupar funções relacionadas em classes e extrair métodos para separar responsabilidades entrelaçadas. Para ver mais sugestões, consulte o Capítulo 20, *Esta classe é muito grande e não quero que ela cresça mais.*

O código procedural não nos apresenta tantas opções quanto o código orientado a objetos, mas podemos fazer progressos em código legado procedural. Os pontos de extensão específicos que uma linguagem procedural apresenta afetam de maneira crucial a facilidade de trabalhar. Se a linguagem procedural que você está usando tem uma sucessora orientada a objetos, recomendo que migre para ela. Os *pontos de extensão de objeto* (40) são bons não só para a definição de testes. Os pontos de extensão de vinculação e pré-processamento são ótimos para colocar código sob testes, mas não vão muito além para melhorar o projeto.

Capítulo 20

Esta classe é muito grande e não quero que ela cresça mais

Muitos dos recursos que as pessoas adicionam aos sistemas são pequenos ajustes. Eles requerem a inclusão de um pouco de código e talvez mais alguns métodos. É tentador fazer essas alterações em uma classe existente. Há chances de que o código que você precise adicionar tenha de usar dados de alguma classe existente e o mais fácil seja apenas adicionar código a ela. Infelizmente, essa maneira fácil de fazer alterações pode levar a alguns problemas sérios. Quando seguimos adicionando código a classes existentes, acabamos obtendo métodos longos e classes grandes. Nosso sistema de software vira uma confusão e demora mais saber como adicionar novos recursos ou até mesmo apenas entender como os recursos antigos funcionam.

Certa vez, visitei uma equipe que tinha o que parecia ser uma boa arquitetura em papel. Eles me disseram quais eram as classes primárias e como elas se comunicavam umas com as outras nos casos normais. Então, me mostraram alguns diagramas UML interessantes que exibiam a estrutura. Fiquei surpreso quando comecei a examinar o código. Cada uma das classes podia ser dividida em cerca de dez outras e isso os ajudaria a contornar seus problemas mais urgentes.

Quais são os problemas das classes grandes? O primeiro é a confusão. Quando se tem 50 ou 60 métodos em uma classe, com frequência é difícil ter uma ideia do que é preciso alterar e se isso vai afetar alguma outra coisa. Nos piores casos, as classes grandes têm um número incrível de variáveis de instância e é difícil saber quais são os efeitos de alterar uma variável. Outro problema é o agendamento de tarefas. Se uma classe tiver cerca de 20 responsabilidades, provavelmente teremos muitas razões para alterá-la. Na mesma iteração, você pode ter diversos programadores que precisam fazer várias coisas diferentes com a classe. Se estiverem trabalhando simultaneamente, isso pode levar a muita atividade improdutiva, principalmente devido ao terceiro problema: classes grandes são difíceis de testar. O encapsulamento é algo bom, certo? Bem, não pergunte isso aos testadores; eles podem agredi-lo. De modo geral, classes que são grandes demais frequentemente ocultam demais. O encapsulamento é ótimo quando nos ajuda a raciocinar sobre o código. Ele nos ajuda a saber que certas coisas só podem ser alteradas sob certas circunstâncias. No entanto, quando encapsulamos demais, o conteúdo se degenera. Não há uma maneira fácil de sentir os efeitos da alteração; logo, as pessoas recorrem à programação *Editar e Rezar* (9). Nesse ponto, as alterações demoram demais ou a contagem de bugs aumenta. Em algum lugar você vai pagar pela falta de clareza.

O primeiro problema a ser confrontado quando temos classes grandes é este: como trabalhar sem piorar as coisas? As principais táticas que podemos usar aqui são *Brotar Classe* (62) e *Brotar Método* (59). Quando é preciso fazer alterações, é aconselhável considerar colocar o código em uma nova classe ou em um novo método. *Brotar Classe* realmente impede que as coisas fiquem muito piores. Quando você coloca código novo em uma nova classe, pode ter de delegar a partir da classe original, mas pelo menos não estará aumentando-a. *Brotar Método* também ajuda, mas de uma maneira mais sutil. Se você adicionar código em um novo método, é claro que terá mais um método, mas pelo menos estará identificando e nomeando outra coisa que a classe faz; com frequência, os nomes de métodos podem dar dicas de como dividir uma classe em partes menores.

O principal remédio para classes grandes é a refatoração. Ela ajuda a dividir as classes em conjuntos de classes menores. Mas o maior problema é descobrir como devem ser as classes menores. Felizmente, temos algumas recomendações.

Princípio da responsabilidade única (SRP)*

Toda classe deve ter apenas uma responsabilidade: ela deve ter apenas uma finalidade no sistema e só deve haver uma razão para alterá-la.

O princípio da responsabilidade única é difícil de descrever porque a noção de responsabilidade é nebulosa. Se a considerarmos de uma maneira bem ingênua, poderíamos dizer: "Isso significa que toda classe deve ter apenas um método, certo?". Bem, métodos podem ser vistos como responsabilidades. Um objeto `Task` é responsável por sua execução usando seu método `run`, para nos dizer quantas subtarefas ele tem com o método `taskCount` e assim por diante. Mas o que queremos dizer com responsabilidade se revela realmente quando falamos sobre *finalidade principal*. A Figura 20.1 mostra um exemplo.

RuleParser
- current : string - variables : HashMap - currentPosition : int
+ evaluate(string) : int - branchingExpression(Node left, Node right) : int - causalExpression(Node left, Node right) : int - variableExpression(Node node) : int - valueExpression(Node node) : int - nextTerm() : string - hasMoreTerms() : boolean + addVariable(string name, int value)

Figura 20.1 *Analisador sintático de regras.*

* N. de R.T.: Do inglês, Single-Responsability Principle.

Temos uma pequena classe aqui que avalia strings contendo expressões de regras em alguma linguagem obscura. Que responsabilidades ela tem? Podemos examinar o nome da classe para encontrar uma responsabilidade: ela analisa sintaticamente. Mas essa é sua finalidade principal? Não parece ser. Parece que ela também avalia.

O que mais ela faz? Ela se concentra em uma string atual, a string que está analisando sintaticamente. Também se baseia em um campo que indica a posição atual enquanto analisa sintaticamente. Essas duas minirresponsabilidades parecem se enquadrar na categoria de análise sintática.

Examinemos a outra variável, o campo `variables`. Ele se concentra em um conjunto de variáveis que o analisador sintático usa para poder avaliar expressões aritméticas como `a + 3`. Se alguém chamar o método `addVariable` com os argumentos `a` e `1`, a expressão `a + 3` será avaliada para `4`. Logo, parece que há essa outra responsabilidade, o gerenciamento de variáveis, nessa classe.

Há mais responsabilidades? Outra maneira de encontrá-las é examinar nomes de métodos. Há uma maneira natural de agrupar os nomes dos métodos? Parece que os métodos se enquadram nos seguintes grupos:

evaluate	branchingExpression	nextTerm	addVariable
	casualExpression	hasMoreTerms	
	variableExpression		
	valueExpression		

O método `evaluate` é um ponto de entrada da classe. É um entre apenas dois métodos públicos e representa uma responsabilidade-chave da classe: avaliação. Todos os métodos que terminam com o sufixo *Expression* são equivalentes. Além de ter nomes semelhantes, aceitam `Nodes` como argumentos e retornam um inteiro que indica o valor de uma subexpressão. Os métodos `nextTerm` e `hasMoreTerms` também são semelhantes. Eles parecem se referir a alguma forma especial de tokens para termos. Como dissemos anteriormente, o método `addVariable` está relacionado ao gerenciamento de variáveis.

Resumindo, parece que `RuleParser` tem as responsabilidades a seguir:

- Análise sintática
- Avaliação de expressões
- Tokenização de termos
- Gerenciamento de variáveis

Se tivéssemos de criar um projeto a partir do zero que separasse todas essas responsabilidades, ele poderia ter a aparência da Figura 20.2.

Estamos exagerando? Pode ser. Geralmente, as pessoas que criam pequenos interpretadores de linguagem mesclam análise sintática e avaliação de expressões; elas apenas avaliam ao analisar sintaticamente. Mas embora possa ser conveniente, não há um dimensionamento adequado quando uma linguagem cresce. Outra responsabilidade que é minúscula é a de `SymbolTable`. Se a única responsabilidade de `SymbolTable` for mapear nomes de variáveis para inteiros, a classe não está nos dando muita vantagem sobre o simples uso de uma tabela de dispersão ou de uma lista. É um bom projeto, mas adivinhe... É muito hipotético. A menos que optemos por reescrever essa parte do sistema, nosso pequeno projeto com várias classes é algo improvável.

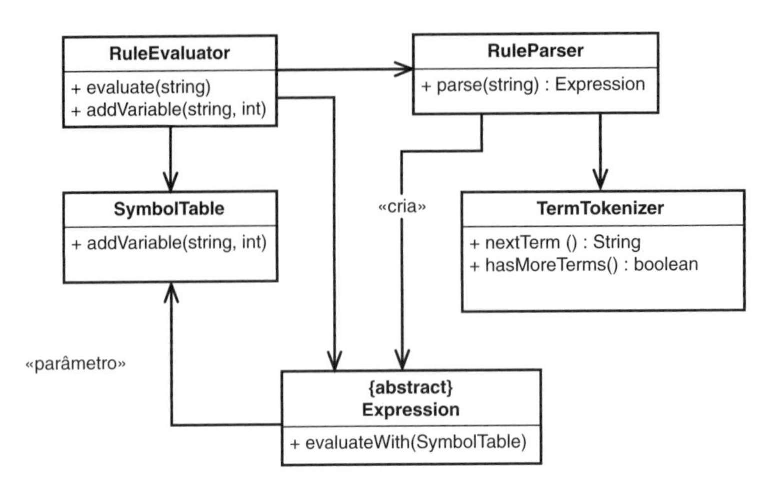

Figura 20.2 *Classes de regras com responsabilidades separadas.*

Em casos de classes grandes do mundo real, a chave é identificar as diferentes responsabilidades e então descobrir uma maneira de mover-se de um modo incremental em direção a responsabilidades mais focadas.

Vendo responsabilidades

No exemplo de `RuleParser` visto na última seção, mostrei uma decomposição específica de uma classe em classes menores. Quando fiz essa divisão, eu a fiz da maneira usual. Listei todos os métodos e comecei a pensar em suas finalidades. As principais perguntas que fiz foram "Por que este método está aqui?" e "O que ele está fazendo para a classe?". Em seguida, agrupei-os em listas, reunindo os métodos que tinham uma razão semelhante para estar lá.

Chamo essa maneira de detectar responsabilidades de agrupamento de métodos. Ela é apenas uma das muitas maneiras de ver responsabilidades em código existente.

Aprender como ver responsabilidades é uma habilidade-chave de projeto e exige prática. Pode parecer estranho falarmos sobre uma habilidade de projeto neste contexto de trabalho com código legado, mas na verdade há pouca diferença entre descobrir responsabilidades em código existente e formulá-las para código que você ainda não escreveu. O essencial é conseguir ver as responsabilidades e aprender como separá-las bem. Pelo menos, o código legado oferece muito mais possibilidades de aplicação da habilidade de projeto do que recursos novos. É mais fácil falar sobre vantagens e desvantagens do projeto quando podemos ver o código que será afetado e também é mais fácil ver se a estrutura é apropriada em um determinado contexto porque este é real e está bem na nossa frente.

Esta seção descreverá um conjunto de heurísticas que podem ser usadas para ver responsabilidades em código existente. É bom ressaltar que não estamos inventando responsabilidades; estamos apenas descobrindo o que já existe. Independentemente da estrutura que o código legado tiver, suas partes desempenham ações identificáveis. Às vezes elas são difíceis de ver, mas essas técnicas podem ajudar. Tente aplicá-las até mesmo com código que você não precise alterar imediatamente. Quanto mais cedo notar as responsabilidades inerentes ao código, mais aprenderá sobre ele.

Heurística #1: Agrupe métodos

Procure nomes de métodos semelhantes. Liste todos os métodos de uma classe, junto com seus tipos de acesso (público, privado e assim por diante), e tente encontrar os que pareçam estar juntos.

Esta técnica, o agrupamento de métodos, é um ótimo ponto de partida, principalmente com classes muito grandes. O importante é reconhecer que não é preciso categorizar todos os nomes em novas classes. Apenas veja se consegue encontrar alguns que pareçam fazer parte de uma responsabilidade comum. Se identificar algumas dessas responsabilidades que estejam se desviando da responsabilidade principal da classe, você terá uma direção para conduzir o código com o passar do tempo. Espere até ter de modificar um dos métodos que categorizou e então decida se deseja extrair uma classe nesse ponto.

O agrupamento de métodos também é um ótimo exercício de equipe. Afixe cartazes na sala de sua equipe com listas de nomes de métodos de cada uma de suas classes principais. Os membros da equipe poderão marcar os cartazes com o tempo, mostrando diferentes agrupamentos de métodos. A equipe inteira percorrerá os agrupamentos e decidirá a quais deve se dedicar conforme o tempo for passando.

Heurística #2: Procure métodos ocultos

Preste atenção em métodos privados e protegidos. Quando uma classe tem muitos deles, geralmente isso indica que existe outra classe dentro dela querendo sair.

Classes grandes podem ocultar demais. Esta pergunta é feita repetidamente por iniciantes em testes de unidade: "Como devo testar métodos privados?". Muitas pessoas gastam grande parte de seu tempo tentando descobrir como resolver esse problema, mas, como mencionei em um capítulo anterior, a verdade é que, se você tiver o impulso de testar um método privado, ele não deve ser privado; se tornar o método público o incomoda, talvez seja porque ele faz parte de uma responsabilidade separada: deveria estar em outra classe.

A classe `RuleParser` que vimos anteriormente nesta seção é um exemplo. Ela tem dois métodos públicos: `evaluate` e `addVariable`. Tudo o mais é privado. Como ficaria a classe `RuleParser` se tornássemos públicos `nextTerm` e `hasMoreTerms`? Bem, ela ficaria bastante estranha. Os usuários do analisador sintático podem achar que têm de usar esses dois métodos junto com evaluate para analisar sintaticamente e avaliar expressões. Seria estranho esses métodos serem públicos na classe RuleParser, mas é muito menos estranho – e, na verdade, perfeitamente adequado – torná-los públicos em uma classe TermTokenizer. Isso não torna RuleParser menos encapsulada. Ainda que nextTerm e hasMoreTerms sejam públicos em TermTokenizer, eles são acessados privadamente em um objeto parser. Veja na Figura 20.3.

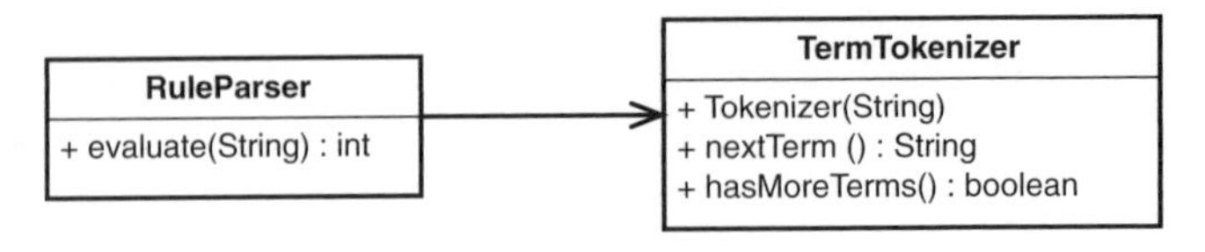

Figura 20.3 RulerParser *e* TermTokenizer.

Heurística #3: Procure decisões que possam mudar

Procure decisões – não decisões que esteja tomando no código, mas que já tenha tomado. Há alguma maneira de fazer algo (conversar com um banco de dados, conversar com outro conjunto de objetos, e assim por diante) que pareça estar embutida em código? Pode imaginá-la sendo alterada?

Quando estiver tentando dividir uma classe grande, você ficará tentado a prestar muita atenção aos nomes dos métodos. Afinal, eles são as coisas de maior destaque em uma classe. Mas os nomes de métodos não contam toda a história. Com frequência, classes grandes hospedam métodos que fazem muitas coisas em vários níveis diferentes de abstração. Por exemplo, um método chamado updateScreen() poderia gerar texto em uma tela, formatá-lo e enviá-lo para vários objetos de GUI diferentes. Olhando só o nome do método, você não teria ideia de quanto trabalho está ocorrendo e quantas responsabilidades estão aninhadas nesse código.

Portanto, compensa fazer alguma refatoração de extração de métodos antes de realmente definir as classes a extrair. Que métodos você deve extrair? Lido com isso procurando decisões. Quantas coisas são presumidas no código? O código está chamando métodos de uma API específica? Ele pressupõe que estará sempre acessando o mesmo banco de dados? Se o código estiver fazendo essas coisas, é uma boa ideia extrair métodos que reflitam o que você pretende em um nível mais alto. Se estiver obtendo informações específicas de um banco de dados, extraia um método com um nome equivalente às informações que está obtendo. Quando fizer essas extrações, você terá muito mais métodos, mas também vai descobrir que é mais fácil agrupá-los. Melhor, pode descobrir que encapsulou totalmente um recurso por trás de um conjunto de métodos. Quando extrair uma classe para eles, terá quebrado algumas dependências de detalhes de baixo nível.

Heurística #4: Procure relacionamentos internos

Procure relacionamentos entre métodos e variáveis de instância. Determinadas variáveis de instância são usadas por alguns métodos e não por outros?

É realmente difícil encontrar classes em que todos os métodos usem todas as variáveis de instância. Quase sempre há algum tipo de "aglomerado" em uma classe. Dois ou três métodos podem ser os únicos que usam um conjunto de três variáveis. Com frequência, os nomes nos ajudam a ver isso. Por exemplo, na classe `RuleParser`, há um conjunto chamado `variables` e um método chamado `addVariable`. Essa ocorrência nos mostra que há um relacionamento óbvio entre o método e a variável. Ela não nos diz que não há outros métodos acessando essa variável, mas pelo menos temos um local para começar a olhar.

Outra técnica que podemos usar para encontrar esses "aglomerados" é fazer um pequeno esboço dos relacionamentos existentes em uma classe. Esses esboços são chamados de *esboços de recursos*. Eles mostram que métodos e variáveis de instância cada método de uma classe usa e são muito fáceis de criar. Aqui está um exemplo:

```
class Reservation
{
    private int duration;
    private int dailyRate;
    private Date date;
    private Customer customer;
    private List fees = new ArrayList();

    public Reservation(Customer customer, int duration,
            int dailyRate, Date date) {
        this.customer = customer;
        this.duration = duration;
        this.dailyRate = dailyRate;
        this.date = date;
    }

    public void extend(int additionalDays) {
        duration += additionalDays;
    }

    public void extendForWeek() {
        int weekRemainder = RentalCalendar.weekRemainderFor(date);
        final int DAYS_PER_WEEK = 7;
        extend(weekRemainder);
        dailyRate = RateCalculator.computeWeekly(
                            customer.getRateCode())
                        / DAYS_PER_WEEK;
    }

    public void addFee(FeeRider rider) {
        fees.add(rider);
    }

    int getAdditionalFees() {
        int total = 0;
```

```
        for(Iterator it = fees.iterator(); it.hasNext(); ) {
            total += ((FeeRider)(it.next())).getAmount();
        }
        return total;
    }

    int getPrincipalFee() {
        return dailyRate
               * RateCalculator.rateBase(customer)
               * duration;
    }

    public int getTotalFee() {
        return getPrincipalFee() + getAdditionalFees();
    }
}
```

O primeiro passo é desenhar círculos para cada uma das variáveis, como mostrado na Figura 20.4.

Em seguida, examinamos cada método e criamos um círculo para ele. Depois desenhamos uma linha indo do círculo de cada método para os círculos de quaisquer variáveis de instância e métodos que ele acesse ou modifique. Não costuma ser um problema saltar os construtores. Geralmente, eles modificam cada variável de instância.

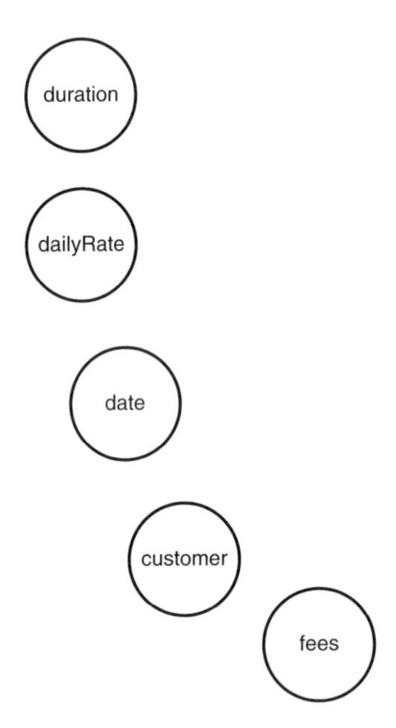

Figura 20.4 Variáveis na *classe* Reservation.

A Figura 20.5 mostra o diagrama após adicionarmos um círculo para o método `extend`:

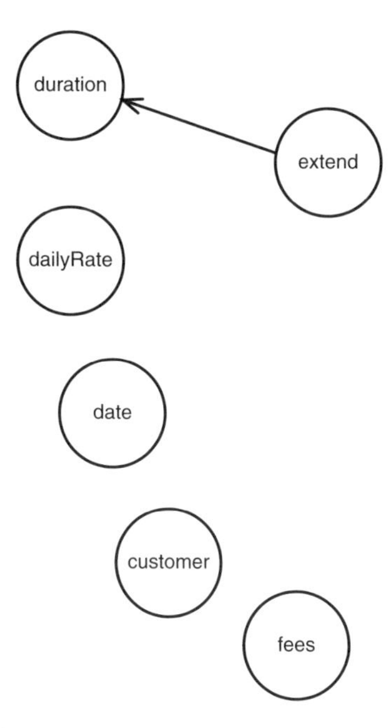

Figura 20.5 `extend` *usa duration.*

> Se você já leu os capítulos que descrevem o *esboço de efeitos* (150), deve ter notado que esses *esboços de recursos* se parecem muito com ele. Em essência, eles são muito parecidos. A principal diferença é que as setas são invertidas. Nos *esboços de recursos*, as setas apontam na direção de uma variável ou método que é usado por outro método ou variável. Nos *esboços de efeitos*, a seta aponta em direção a métodos ou variáveis que são afetados por outros métodos e variáveis.
>
> Essas são duas maneiras diferentes e totalmente legítimas para a verificação das interações de um sistema. Os *esboços de recursos* são ótimos para o mapeamento da estrutura interna das classes. Os *esboços de efeitos* são ótimos para pensarmos mais à frente a partir de um ponto de mudança.
>
> É confuso eles parecerem iguais? Na verdade, não. Esses esboços são ferramentas descartáveis. São o tipo de coisa que você senta e desenha com um parceiro por cerca de 10 minutos antes de fazer suas alterações. Depois joga fora. Não ajuda muito guardá-los; logo, há pouca probabilidade de serem confundidos.

A Figura 20.6 mostra o esboço após adicionarmos círculos para cada recurso e linhas para todos os recursos que eles usam:

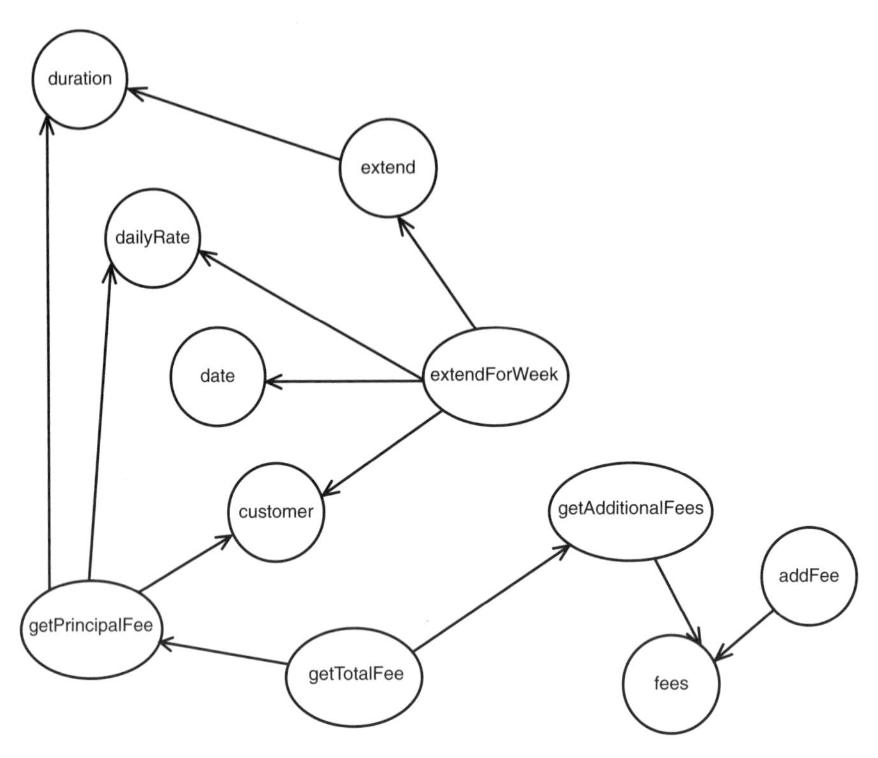

Figura 20.6 *Esboço de recursos para* `Reservation`.

O que podemos aprender com esse esboço? Uma coisa óbvia é que há um pouco de agrupamento nessa classe. As variáveis `duration`, `dailyRate`, `date` e `customer` são usadas principalmente por `getPrincipalFee`, `extend` e `extendForWeek`. Algum desses métodos é público? Sim, `extend` e `extendForWeek` são, mas `getPrincipalFee` não. Como ficaria nosso sistema se transformássemos esse agrupamento em sua própria classe (consulte a Figura 20.7)?

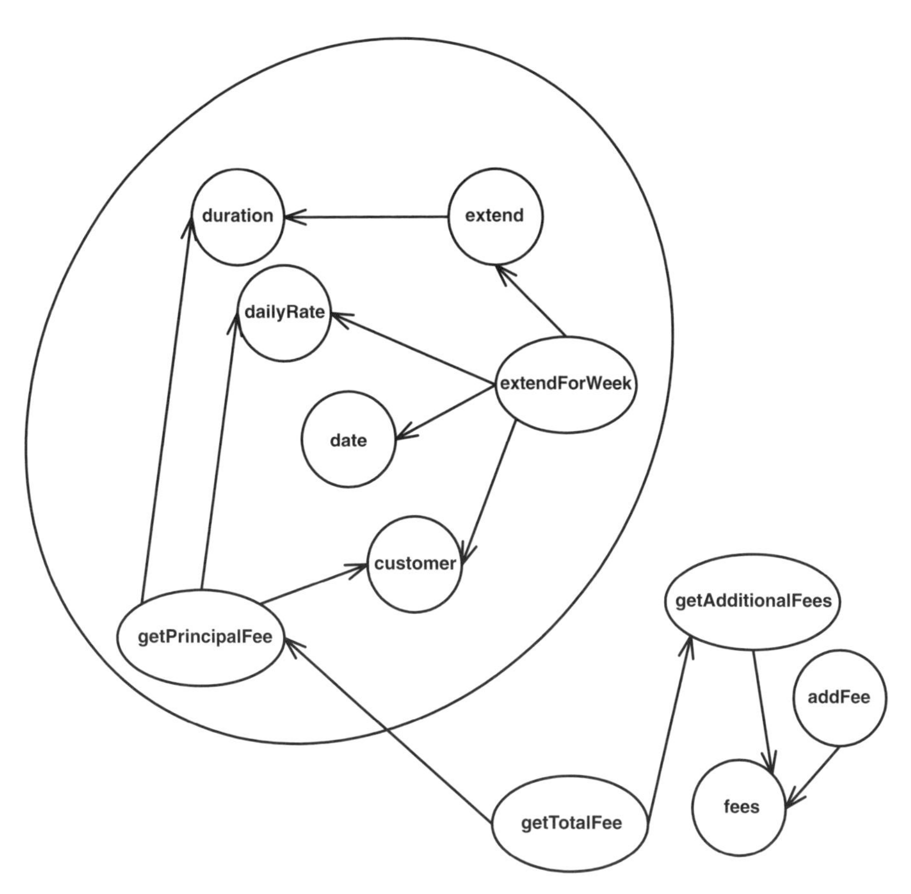

Figura 20.7 *Um agrupamento em* `Reservation`.

O balão grande do diagrama poderia ser uma nova classe. Seria preciso que `extend`, `extendForWeek` e `getPrincipalFee` fossem métodos públicos, mas todos os outros métodos poderiam ser privados. Poderíamos manter `fees`, `addFee`, `getAdditionalFees` e `getTotalFee` na classe `Reservation` e fazer a delegação para a nova classe (consulte a Figura 20.8).

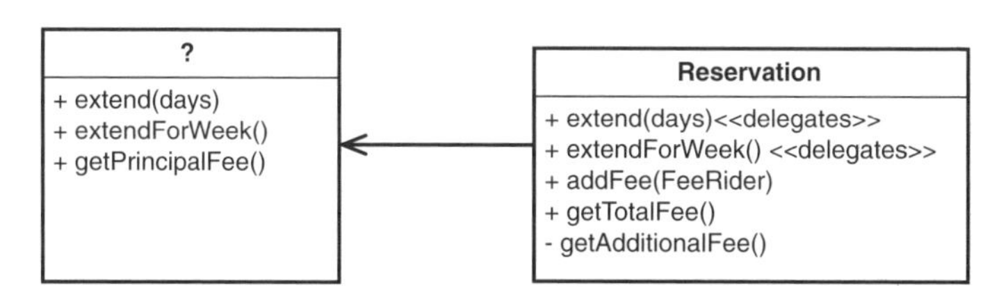

Figura 20.8 `Reservation` *usando uma nova classe.*

Antes de tentar isso, temos de saber se essa nova classe tem uma responsabilidade boa e distinta. É fácil lhe dar um nome? Ela parece fazer duas coisas: estender uma reserva e calcular seu preço principal. Parece que `Reservation` é um bom nome, mas já estamos usando-o para a classe original.

Aqui está outra possibilidade. Poderíamos inverter as coisas. Em vez de extrair todo o código do círculo grande, podemos extrair o outro código, como na Figura 20.9.

Podemos dar à classe que extraímos o nome `FeeCalculator`. Isso pode funcionar, mas o método `getTotalFee` deve chamar `getPrincipalFee` em `Reservation` – ou não?

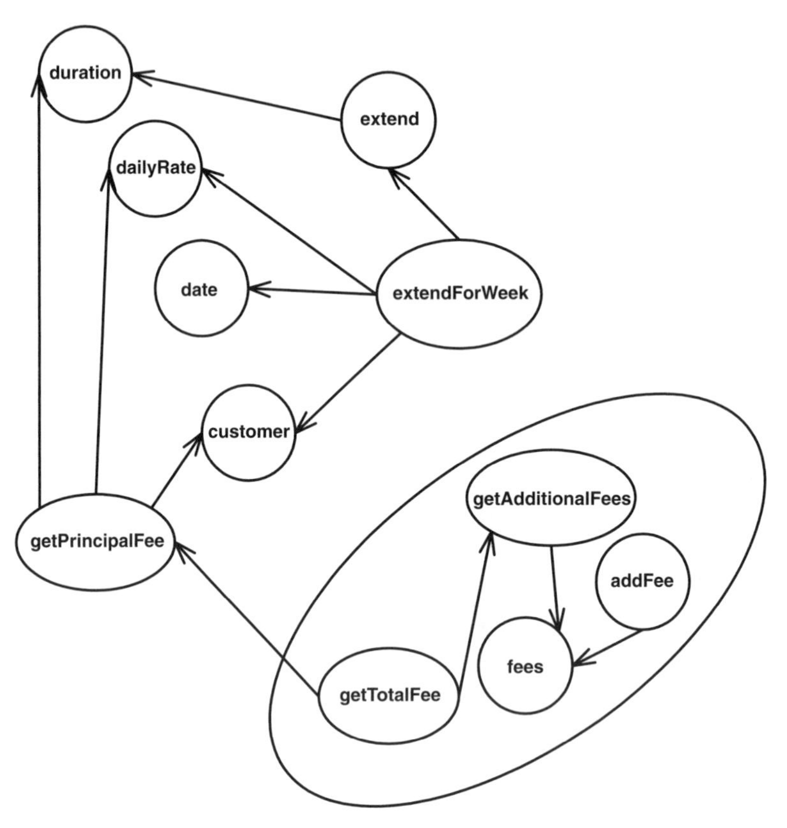

Figura 20.9 *Vendo* `Reservation` *de outra forma.*

E se chamarmos `getPrincipalFee` em `Reservation` e então passarmos esse valor para `FeeCalculator`? Aqui está um esboço do código:

```
public class Reservation
{
    ...
    private FeeCalculator calculator = new FeeCalculator();

    private int getPrincipalFee() {
        ...
    }

    public Reservation(Customer customer, int duration,
            int dailyRate, Date date) {
        this.customer = customer;
        this.duration = duration;
        this.dailyRate = dailyRate;
        this.date = date;
    }

    ...

    public void addFee(FeeRider fee) {
        calculator.addFee(fee);
    }

    public getTotalFee() {
        int baseFee = getPrincipalFee();
        return calculator.getTotalFee(baseFee);
    }

}
```

Nossa estrutura vai acabar ficando como a Figura 20.10.

Podemos até considerar mover `getPrincipalFee` para `FeeCalculator` para fazer as responsabilidades ficarem mais alinhadas com os nomes das classes, mas já que `getPrincipalFee` depende de muitas variáveis de `Reservation`, talvez seja melhor mantê-lo onde está.

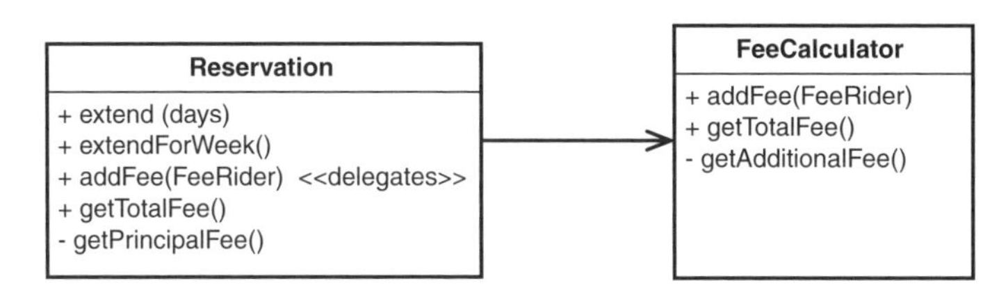

Figura 20.10 *Reservation usando* `FeeCalculator`.

Os esboços de recursos são uma ótima ferramenta para a descoberta de responsabilidades separadas em classes. Podemos tentar agrupar os recursos e descobrir que classes devem ser extraídas com base nos nomes. Mas, além de nos ajudar a encontrar responsabilidades, os esboços de recursos nos permitem ver a estrutura de dependências existente nas classes, e com frequência isso é tão importante quanto as responsabilidades quando estamos decidindo o que extrair. Nesse exemplo, há marcadamente dois grupos de variáveis e métodos. A única conexão entre eles é a chamada a `getPrincipalFee` dentro de `getTotalFee`. Nos esboços de recursos, geralmente vemos essas conexões como um pequeno conjunto de linhas ligando grupos maiores. Chamo isso de *ponto de fixação (180)* e falo mais sobre eles no Capítulo 12, *Preciso fazer muitas alterações em uma área. Tenho de quebrar dependências de todas as classes envolvidas?*.

Às vezes, ao desenhar um esboço não encontramos nenhum ponto de fixação. Nem sempre eles estão presentes. Mas, pelo menos, ver os nomes e as dependências entre os recursos pode ajudar.

Quando tiver o esboço, você poderá testar diferentes maneiras de dividir a classe. Para fazer isso, circule grupos de recursos. Quando estiver circulando os recursos, as linhas que se cruzarem talvez definam a interface de uma nova classe. Ao circular, tente inventar um nome de classe para cada grupo. Para ser franco, independentemente do que você resolver ou não fazer quando extrair classes, essa é uma ótima maneira de aumentar suas habilidades de nomeação. Também é uma boa maneira de explorar alternativas de projeto.

Heurística #5: Procure a responsabilidade primária

Tente descrever a responsabilidade da classe em uma única frase.

O *Princípio da Responsabilidade Única* nos diz que as classes devem ter somente uma responsabilidade. Se for assim, deve ser fácil descrevê-la em uma única frase. Tente com uma das classes grandes de seu sistema. Ao pensar no que os clientes precisam e esperam da classe, adicione orações à frase. A classe faz isso, e isso, e mais aquilo, etc. Há algo em particular que pareça mais importante do que o resto? Se houver, você pode ter encontrado a principal responsabilidade da classe. As demais responsabilidades talvez possam ser fatoradas em outras classes.

Há duas maneiras de violar o *Princípio da Responsabilidade Única*. Ele pode ser violado no nível da interface e no nível da implementação. O SRP (*Single Responsibility Principle*) é violado no nível da interface quando uma classe apresenta uma interface que a faz parecer responsável por várias coisas. Por exemplo, a interface da classe a seguir (consulte a Figura 20.11) parece poder ser dividida em três ou quatro classes.

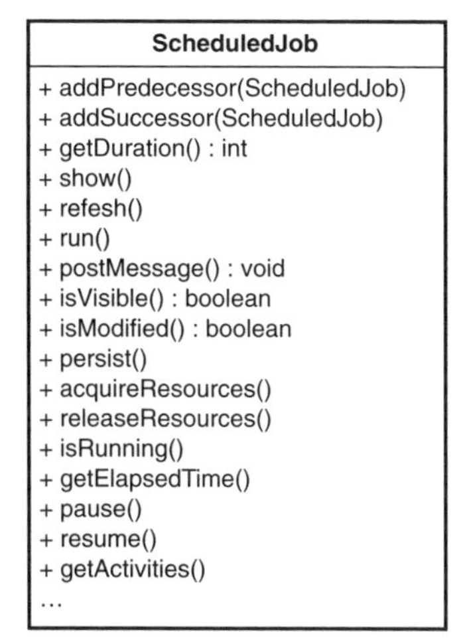

Figura 20.11 *A classe* `ScheduledJob`.

A violação do SRP que mais nos preocupa é a de nível de implementação. Resumidamente, temos de saber se a classe faz mesmo tudo ou se apenas delega para outras classes. Se delegar, não temos uma grande classe monolítica; temos apenas uma classe de fachada, um front end para um grupo de classes pequenas e que pode ser mais fácil de gerenciar.

A Figura 20.12 mostra a classe `ScheduledJob` com responsabilidades delegadas para algumas outras classes.

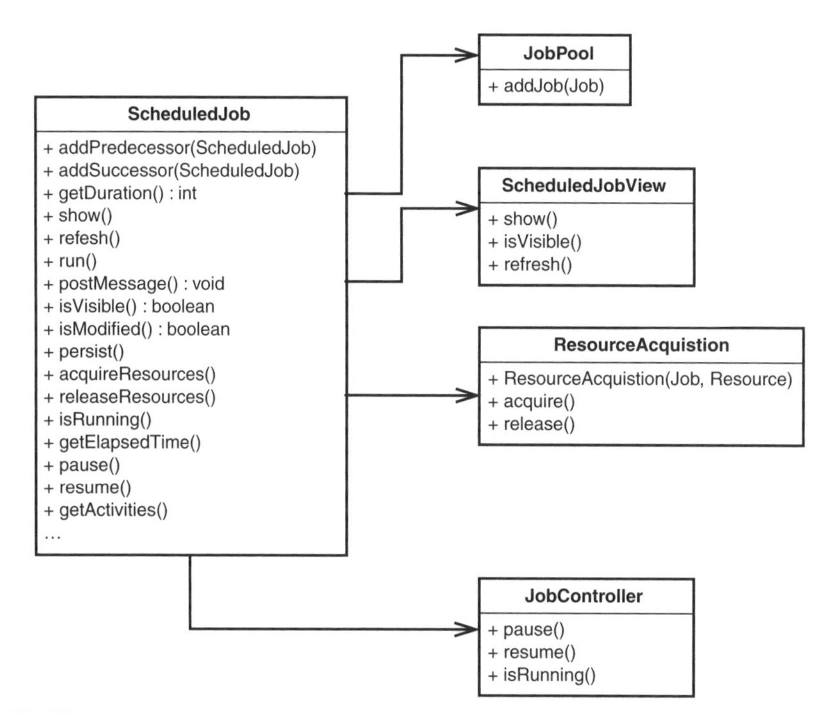

Figura 20.12 `ScheduledJob` *com classes extraídas.*

O *Princípio da Responsabilidade Única* ainda está sendo violado no nível da interface, mas no nível da implementação as coisas estão um pouco melhores.

Como resolver o problema no nível da interface? Isso é um pouco mais difícil. A abordagem geral é ver se algumas das classes às quais delegamos podem mesmo ser usadas diretamente pelos clientes. Por exemplo, se só alguns clientes estiverem interessados em executar `ScheduledJob`, poderíamos refatorar em direção a algo como:

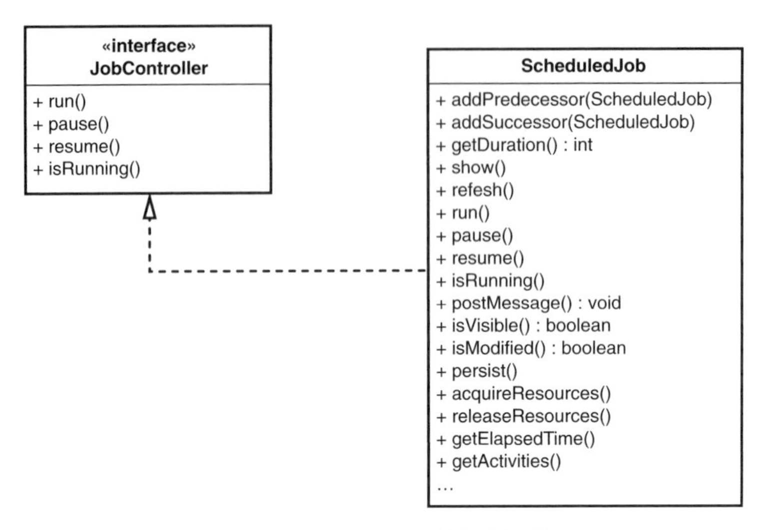

Figura 20.13 *Uma interface específica de cliente para* `ScheduledJob`.

Agora, os clientes que só estão interessados em controlar jobs podem aceitar objetos `ScheduledJob` como objetos `JobController`. Essa técnica de criar uma interface para um conjunto específico de clientes mantém o projeto alinhado com o *Princípio de Segregação de Interface*.

Princípio de Segregação de Interface (ISP)

Quando uma classe é grande, raramente todos os seus clientes usam todos os seus métodos. Com frequência, podemos ver diferentes agrupamentos de métodos que clientes específicos usam. Se criarmos uma interface para cada um desses agrupamentos e fizermos a classe grande implementar essas interfaces, cada cliente poderá ver a classe grande por intermédio dessa interface específica. Isso nos ajuda a ocultar informações e também diminui a dependência no sistema. Os clientes não precisam mais recompilar sempre que a classe grande é recompilada.

Quando temos interfaces para conjuntos de clientes específicos, geralmente podemos começar a mover código da classe grande para uma nova classe que use a classe original, como pode ser visto na Figura 20.14.

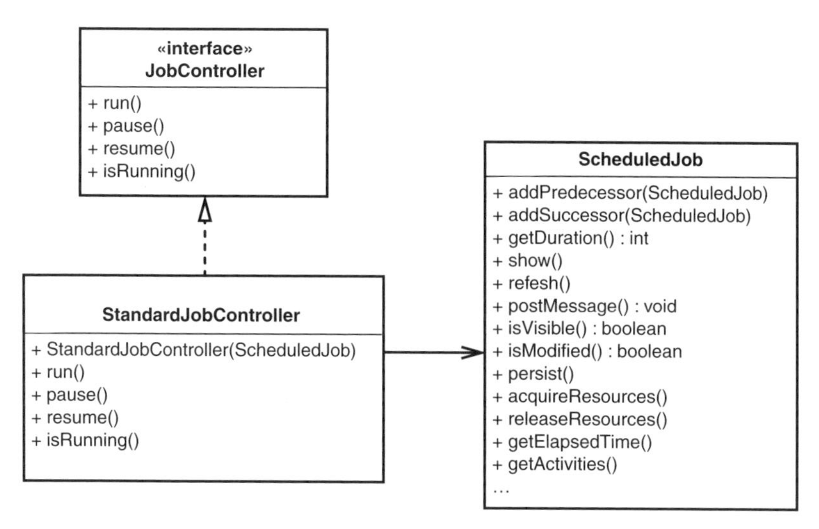

Figura 20.14 *Segregando a interface de* `ScheduledJob`.

Em vez de fazer `ScheduledJob` delegar para um `JobController`, fizemos um `JobController` delegar para `ScheduledJob`. Agora, sempre que um cliente quiser executar `ScheduledJob`, criará um `JobController`, passando a ele um `ScheduledJob`, e usará o `JobController` para manipular sua execução.

Esse tipo de refatoração é quase sempre mais difícil do que parece. Geralmente, para fazê-la, temos de expor mais métodos na interface pública da classe original (`ScheduledJob`) para que a nova fachada (`StandardJobController`) tenha acesso a tudo de que precisa para fazer seu trabalho. Costuma dar um pouco de trabalho fazer uma alteração como essa. Agora, o código cliente deve ser alterado para usar a nova classe em vez da antiga; para fazer isso com segurança, você precisa ter testes para esses clientes. O interessante nessa refatoração, no entanto, é que ela permite que você faça cortes com a interface de uma classe grande. Observe que `ScheduledJob` não tem mais os métodos que estão em `JobController`.

Heurística #6: Quando tudo o mais falhar, faça uma refatoração transitória

Se estiver tendo muitos problemas para ver responsabilidades em uma classe, faça uma refatoração transitória.

A *Refatoração Transitória* (204) é uma ferramenta poderosa. Apenas lembre-se de que ela é um exercício artificial. O que você encontrar quando "mexer superficialmente" não será necessariamente o que obterá ao refatorar.

Heurística #7: Mantenha o foco no trabalho atual

Dê atenção ao que deve fazer agora. Se estiver fornecendo uma maneira diferente de fazer algo, talvez tenha identificado uma responsabilidade a ser extraída e usada alternativamente.

É fácil ficarmos sobrecarregados com a quantidade de responsabilidades distintas identificadas em uma classe. Lembre-se de que as alterações que você está fazendo atualmente estão lhe mostrando alguma maneira específica do sistema de software mudar. Geralmente, apenas reconhecer essa maneira de alterar é suficiente para vermos o novo código que escrevemos como uma responsabilidade separada.

Outras técnicas

As heurísticas para a identificação de responsabilidades podem realmente ajudá-lo a procurar e encontrar novas abstrações em classes antigas, mas são apenas truques. A melhor maneira de se aprimorar na identificação é através da leitura. Leia livros sobre padrões de projeto. E o mais importante, leia o código de outras pessoas. Examine projetos de código aberto e passe algum tempo navegando e vendo como as pessoas fazem as coisas. Preste atenção em como as classes são nomeadas e na correspondência entre os nomes de classes e os nomes de métodos. Com o tempo, você melhorará na identificação de responsabilidades ocultas e começará a vê-las ao navegar em código desconhecido.

Indo em frente

Quando você tiver identificado um grupo de responsabilidades diferentes em uma classe grande, só haverá mais dois problemas para resolver: estratégia e tática. Falaremos primeiro sobre estratégia.

Estratégia

O que devemos fazer quando tivermos identificado todas essas responsabilidades separadas? Devemos reservar uma semana e começar a mexer nas classes grandes do sistema? Devemos dividi-las todas em pequenas partes? Se você tiver tempo para fazê-lo, será ótimo, mas isso é raro. Também pode ser arriscado. Em quase todos os casos que já vi, quando as equipes se empolgam em uma grande refatoração, a estabilidade do sistema fica comprometida durante algum tempo, até mesmo quando os membros são cuidadosos e escrevem testes ao avançar. Se você estiver adiantado em seu ciclo de lançamento, quiser aceitar o risco e tiver tempo, uma grande refatoração pode ser interessante. Apenas não deixe os bugs o desanimarem de fazer outras.

A melhor abordagem para a divisão de classes grandes é identificar as responsabilidades, certificar-se de que todos os membros da equipe as entenderam e então dividir a classe à medida que for necessário. Se fizer isso, você pulverizará o risco das alterações e poderá realizar outros trabalhos ao avançar.

Tática

Na maioria dos sistemas legados, o máximo que você pode esperar no início é começar a aplicar o SRP no nível da implementação: basicamente, extrair classes de sua classe grande e fazer a delegação para elas. A introdução do SRP no nível da interface requer mais trabalho. Os clientes de sua classe devem mudar e você precisa de testes para eles. O interessante é que a introdução do SRP no nível da implementação facilita sua introdução no nível da interface posteriormente. Examinemos primeiro o caso da implementação.

As técnicas usadas na extração de classes vão depender de vários fatores. Um é a facilidade de escrever testes para os métodos que poderiam ser afetados. É recomendável examinar a classe e listar todas as variáveis de instância e métodos que você terá de mover. Ao fazer isso, você deve ter uma boa ideia dos métodos para os quais irá escrever testes. No caso da classe `RuleParser` que examinamos anteriormente, se estivéssemos considerando gerar uma classe `TermTokenizer`, iríamos mover o campo de string chamado `current` e o campo `currentPosition`, assim como `hasMoreTerms` e `nextTerm`. O fato de `hasMoreTerms` e `nextTerm` serem privados significa que não podemos escrever testes diretamente para eles. Poderíamos torná-los públicos (afinal, vamos movê-los de qualquer forma), mas pode ser igualmente fácil criar um `RuleParser` em um framework de testes e dar a ele um conjunto de strings para avaliar. Se o fizermos, teremos testes abrangendo `hasMoreTerms` e `nextTerm`, indiretamente, e poderemos movê-los para uma nova classe de forma segura.

Infelizmente, muitas classes grandes são difíceis de instanciar em frameworks de testes. Consulte o Capítulo 9, *Não consigo submeter esta classe a um framework de testes*, para ver um conjunto de dicas que você pode usar para seguir em frente. Se conseguir instanciar a classe, também pode ter de usar as dicas do Capítulo 10, *Não consigo executar este método em um framework de testes*, para definir testes.

Se conseguir definir testes, você poderá começar a extrair uma classe de uma maneira bastante direta, usando a refatoração *Extrair Classe* descrita no livro de Martin Fowler, *Refactoring: Improving the Design of Existing Code* (1999)*. No entanto, se não conseguir definir testes, ainda poderá seguir em frente, embora de uma maneira um pouco mais arriscada. Essa é uma abordagem muito conservadora que funciona independentemente de haver uma ferramenta de refatoração. Aqui estão os passos:

1. Identifique uma responsabilidade que você queira separar em outra classe.
2. Descubra se alguma variável de instância terá de passar para a nova classe. Se tiver, mova-a para uma parte separada da declaração da classe, longe das outras variáveis de instância.
3. Se houver métodos inteiros que você queira mover para a nova classe, extraia os corpos de cada um deles para novos métodos. O nome de cada novo método deve ser igual ao anterior, mas com um prefixo comum exclusivo na frente, algo como `MOVING`, todo em maiúsculas. Se estiver usando uma ferramenta de refatoração, lembre-se de *Preservar Assinaturas (312)*

* N. de E.: Publicado pela Bookman Editora sob o título *Refatoração: Aperfeiçoando o Projeto de Código Existente* (2004).

quando extrair os métodos. Ao extrair cada método, coloque-o na parte separada da declaração da classe, próximo às variáveis que está movendo.

4. Se partes de métodos tiverem de ir para a outra classe, extraia-as dos métodos originais. Use o prefixo `MOVING` novamente em seus nomes e coloque-as na seção separada.
5. A essa altura você deve ter uma seção de sua classe contendo variáveis de instância que precisa mover, junto com um grupo de métodos que também deseja mover. Faça uma busca textual na classe atual e em todas as suas subclasses para verificar se alguma das variáveis que irá mover é usada fora dos métodos que serão movidos. É importante não *Confiar no Compilador* (298) nessa etapa. Em muitas linguagens OO, uma classe derivada pode declarar variáveis com o mesmo nome das variáveis de uma classe base. Geralmente, isso é chamado de *sombreamento*. Se sua classe sombrear alguma variável e houver usos dela em outros locais, você pode alterar o comportamento de seu código quando mover a variável. Da mesma forma, se *Confiar no Compilador* para encontrar usos de uma variável que esteja sombreando outra, não encontrará todos os locais em que ela está sendo usada. Desativar a declaração de uma variável sombreada com um comentário apenas torna visível a variável que a sombreia.
6. Agora você pode mover todas as variáveis de instância e métodos que separou diretamente para a nova classe. Crie uma instância da nova classe na classe antiga e *Confie no Compilador* para encontrar locais onde os métodos transferidos devem ser chamados na instância em vez de na classe antiga.
7. Após ter feito a transferência e o código ser compilado, você poderá remover o prefixo `MOVING` de todos os métodos transferidos. *Confie no Compilador* para navegar para os locais em que tiver de alterar os nomes.

Os passos para essa refatoração são um pouco complicados, mas se você estiver em um trecho de código muito complexo, eles serão necessários caso queira extrair classes seguramente sem testes.

Há algumas coisas que podem dar errado quando você extrair classes sem testes. Os bugs mais sutis que podemos introduzir são os relacionados à herança. Mover um método de uma classe para outra é muito seguro. Você pode *Confiar no Compilador* para ajudar seu trabalho, mas na maioria das linguagens não há remédio se você tentar mover um método que sobrescreva outro. Se o fizer, agora os chamadores do método na classe original chamarão um método com o mesmo nome usado em uma classe base. Uma situação semelhante pode ocorrer com variáveis. A variável de uma subclasse pode ocultar uma variável com o mesmo nome em uma superclasse. Movê-la apenas torna visível a que estava oculta.

Para contornar esses problemas, não devemos mover os métodos originais. Criamos novos métodos extraindo os corpos dos antigos. O prefixo é apenas uma maneira mecânica de gerar um novo nome e verificar se ele não coincide com outros nomes antes da transferência. As variáveis de instância são um pouco mais complicadas. Temos a etapa manual de procurar usos de variáveis antes de usá-las. É possível cometer erros aí. Tome muito cuidado e faça-o com um parceiro.

Após extrair as classes

A extração de classes a partir de uma classe grande com frequência é um bom passo inicial. Na prática, o maior perigo para equipes que o fazem é ficarem muito tentadas. Você pode ter aplicado uma *Refatoração Transitória* (204) ou desenvolvido alguma outra visão de como *deve* ser a aparência do sistema. Mas, lembre-se: a estrutura que você tem em sua aplicação funciona. Ela dá suporte à funcionalidade; simplesmente pode não ser adequada para avançar. Às vezes, a melhor coisa que podemos fazer é formular uma visão de como uma classe grande ficaria após a refatoração e, então, esquecê-la. Você fez isso para descobrir o que é possível. Para seguir em frente, é preciso ter cuidado com o que já existe e conduzir não necessariamente para o projeto ideal, mas pelo menos para uma direção melhor.

Capítulo 21

Estou alterando o mesmo código em todos os lugares

Esta pode ser uma das coisas mais frustrantes nos sistemas legados. Você tem de fazer uma alteração e pensa: "Bem, isso é tudo". Então descobre que deve fazer a mesma alteração repetidamente porque há dezenas de locais com código semelhante em seu sistema. Você pode achar que se reformular ou reestruturar o sistema talvez não tenha esse problema, mas quem tem tempo para isso? Você acaba ficando com outro ponto incômodo no sistema, algo que aumenta a insatisfação geral.

Se conhecer refatoração, estará em melhor posição. Sabe que remover duplicação não demanda um grande esforço como na reengenharia ou reestruturação. É algo que você pode fazer em pequenos blocos ao trabalhar. Com o tempo, o sistema ficará melhor, contanto que não haja pessoas introduzindo duplicação sem que você saiba. Se houver, pode tomar medidas contra elas – desde que não envolvam violência física, claro. A pergunta-chave é: vale a pena? O que ganhamos quando removemos zelosamente a duplicação de uma área de código? Os resultados são surpreendentes. Examinemos um exemplo.

Temos um pequeno sistema de rede baseado em Java e precisamos enviar comandos para um servidor. Os dois comandos que temos se chamam `AddEmployeeCmd` e `LogonCommand`. Quando temos de emitir um comando, instanciamos para ele um objeto de comando e passamos um fluxo de saída para seu método `write`.

Eis as listagens das duas classes de comandos. Vê alguma duplicação?

```
import java.io.OutputStream;

public class AddEmployeeCmd {
    String name;
    String address;
    String city;
    String state;
    String yearlySalary;
```

```
    private static final byte[] header = {(byte)0xde, (byte)0xad};
    private static final byte[] commandChar = {0x02};
    private static final byte[] footer = {(byte)0xbe, (byte)0xef};
    private static final int SIZE_LENGTH = 1;
    private static final int CMD_BYTE_LENGTH = 1;

    private int getSize() {
        return header.length +
               SIZE_LENGTH +
               CMD_BYTE_LENGTH +
               footer.length +
               name.getBytes().length + 1 +
               address.getBytes().length + 1 +
               city.getBytes().length + 1 +
               state.getBytes().length + 1 +
               yearlySalary.getBytes().length + 1;
    }

    public AddEmployeeCmd(String name, String address,
                          String city, String state,
                          int yearlySalary) {
        this.name = name;
        this.address = address;
        this.city = city;
        this.state = state;
        this.yearlySalary = Integer.toString(yearlySalary);
    }

    public void write(OutputStream outputStream)
            throws Exception {
        outputStream.write(header);
        outputStream.write(getSize());
        outputStream.write(commandChar);
        outputStream.write(name.getBytes());
        outputStream.write(0x00);
        outputStream.write(address.getBytes());
        outputStream.write(0x00);
        outputStream.write(city.getBytes());
        outputStream.write(0x00);
        outputStream.write(state.getBytes());
        outputStream.write(0x00);
        outputStream.write(yearlySalary.getBytes());
        outputStream.write(0x00);
        outputStream.write(footer);
    }
}
```

```
import java.io.OutputStream;

public class LoginCommand {
    private String userName;
    private String passwd;
    private static final byte[] header
                = {(byte)0xde, (byte)0xad};
    private static final byte[] commandChar = {0x01};
    private static final byte[] footer
                = {(byte)0xbe, (byte)0xef};
    private static final int SIZE_LENGTH = 1;
    private static final int CMD_BYTE_LENGTH = 1;

    public LoginCommand(String userName, String passwd) {
        this.userName = userName;
        this.passwd = passwd;
    }

    private int getSize() {
        return header.length +  SIZE_LENGTH +  CMD_BYTE_LENGTH +
                footer.length + userName.getBytes().length + 1 +
                passwd.getBytes().length + 1;
    }

    public void write(OutputStream outputStream)
                throws Exception {
        outputStream.write(header);
        outputStream.write(getSize());
        outputStream.write(commandChar);
        outputStream.write(userName.getBytes());
        outputStream.write(0x00);
        outputStream.write(passwd.getBytes());
        outputStream.write(0x00);
        outputStream.write(footer);
    }
}
```

A Figura 21.1 mostra as classes em UML.

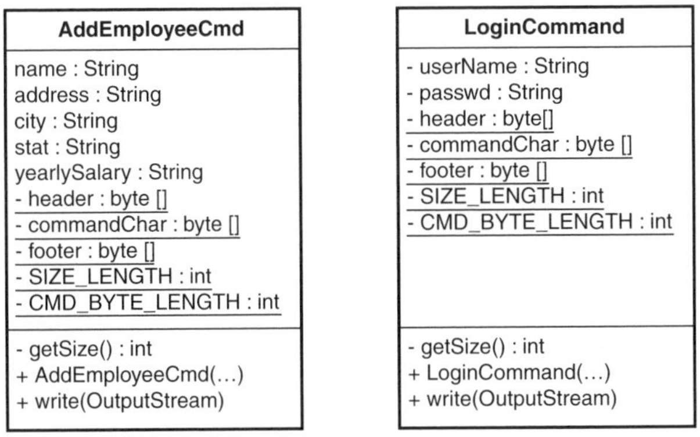

AddEmployeeCmd
name : String address : String city : String stat : String yearlySalary : String - header : byte [] - commandChar : byte [] - footer : byte [] - SIZE_LENGTH : int - CMD_BYTE_LENGTH : int
- getSize() : int + AddEmployeeCmd(...) + write(OutputStream)

LoginCommand
- userName : String - passwd : String - header : byte[] - commandChar : byte [] - footer : byte [] - SIZE_LENGTH : int - CMD_BYTE_LENGTH : int
- getSize() : int + LoginCommand(...) + write(OutputStream)

Figura 21.1 AddEmployeeCmd *e* LoginCommand.

Parece que há muita duplicação, mas e daí? O volume de código é bem pequeno. Poderíamos refatorá-lo, cortando a duplicação, e reduzi-lo, mas isso vai facilitar nossas vidas? Talvez sim, talvez não; é difícil dizer apenas olhando para ele.

Tentemos identificar trechos de duplicação e removê-la para ver onde isso nos levará. Assim, poderemos decidir se a remoção da duplicação foi realmente útil.

A primeira coisa de que precisamos é um conjunto de testes para executar após cada refatoração. Felizmente, já os temos. Vamos tirá-los da descrição aqui a título de simplificação, mas lembre-se de que eles existem.

Primeiros passos

Minha primeira reação quando me deparo com duplicação é me distanciar e ter uma ideia de seu escopo total. Quando faço isso, começo a pensar no tipo de classes que acabaria obtendo e em qual seria a aparência das partes de duplicação extraídas. Em seguida, percebo que na verdade estou exagerando. Remover pequenos trechos de duplicação ajuda e torna mais fácil ver áreas maiores de duplicação posteriormente. Por exemplo, no método `write` de `LoginCommand`, temos este código:

```
outputStream.write(userName.getBytes());
outputStream.write(0x00);
outputStream.write(passwd.getBytes());
outputStream.write(0x00);
```

Quando escrevemos uma string, também escrevemos um caractere nulo de finalização (`0x00`). Podemos extrair a duplicação dessa forma. Criaremos um método chamado `writeField` que aceite uma string e um fluxo de saída. O método então escreverá a string no fluxo e concluirá sua execução escrevendo um caractere nulo.

```
void writeField(OutputStream outputStream, String field) {
    outputStream.write(field.getBytes());
    outputStream.write(0x00);
}
```

Decidindo onde começar

Ao executar uma série de refatorações para remover duplicação, podemos acabar obtendo estruturas diferentes, dependendo de onde começarmos. Por exemplo, suponhamos que tivéssemos um método como este:

```
void c() { a(); a(); b(); a(); b(); b(); }
```

Ele pode ser decomposto desta forma:

```
void c() { aa(); b(); a(); bb(); }
```

ou assim:

```
void c() { a(); ab(); ab(); b(); }
```

Qual devemos escolher? A verdade é que estruturalmente não faz muita diferença. Os dois agrupamentos são melhores do que o que tínhamos e podemos refatorá-los e obter o outro agrupamento, se precisarmos. Essas não são decisões finais. Tomo decisões pensando nos nomes que usaria. Se puder encontrar um nome para duas chamadas repetidas a `a()`, isso faz mais sentido, no contexto, do que um nome para uma chamada a `a()` seguida por uma chamada a `b()`, e então eu o usaria.

Outra heurística que uso é começar pequeno. Se puder remover pequenos trechos de duplicação, vou removê-los primeiro porque geralmente isso torna o quadro geral mais claro.

Quando tivermos esse método, poderemos substituir cada par de gravações string/nulo, executando nossos testes periodicamente para verificar se não danificamos nada. Aqui está o método `write` de `LoginCommand` após a alteração:

```
public void write(OutputStream outputStream)
        throws Exception {
    outputStream.write(header);
    outputStream.write(getSize());
    outputStream.write(commandChar);
    writeField(outputStream, userName);
    writeField(outputStream, passwd);
    outputStream.write(footer);
}
```

Isso resolve o problema da classe `LoginCommand`, mas não nos ajuda em nada na classe `AddEmployeeCmd`. `AddEmployeeCmd` também tem sequências de gravações string/nulo repetidas semelhantes em seu método `write`. Já que as duas classes são comandos, podemos introduzir uma superclasse para elas chamada `Command`. Quando a tivermos, poderemos puxar `writeField` para a superclasse para que possa ser usado nos dois comandos (consulte a Figura 21.2).

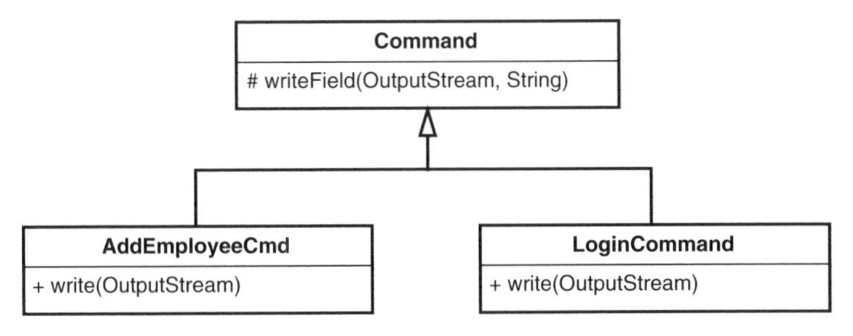

Figura 21.2 *Hierarquia de comandos.*

Agora podemos voltar a AddEmployeeCmd e substituir suas gravações string/nulo por chamadas a writeField. Quando terminarmos, seu método write ficará assim:

```
public void write(OutputStream outputStream)
        throws Exception {
    outputStream.write(header);
    outputStream.write(getSize());
    outputStream.write(commandChar);
    writeField(outputStream, name);
    writeField(outputStream, address);
    writeField(outputStream, city);
    writeField(outputStream, state);
    writeField(outputStream, yearlySalary);
    outputStream.write(footer);
}
```

O método write de LoginCommand tem esta aparência:

```
public void write(OutputStream outputStream)
        throws Exception {
    outputStream.write(header);
    outputStream.write(getSize());
    outputStream.write(commandChar);
    writeField(outputStream, userName);
    writeField(outputStream, passwd);
    outputStream.write(footer);
}
```

O código está um pouco mais limpo, mas ainda não terminamos. Os métodos write de AddEmployeeCmd e LoginCommand têm a mesma forma: escrevem o cabeçalho, o tamanho e os caracteres do comando; em seguida, escrevem vários campos; e, para concluir, escrevem o rodapé. Se pudermos extrair a diferença, a escrita dos campos, acabaremos obtendo um método write de LoginCommand como este:

```
public void write(OutputStream outputStream)
        throws Exception {
    outputStream.write(header);
    outputStream.write(getSize());
    outputStream.write(commandChar);
    writeBody(outputStream);
    outputStream.write(footer);
}
```

Aqui está o método writeBody extraído:

```
private void writeBody(OutputStream outputStream)
        throws Exception {
    writeField(outputStream, userName);
    writeField(outputStream, passwd);
}
```

O método write de AddEmployeeCmd parece exatamente igual, mas seu método writeBody ficou assim:

```
private void writeBody(OutputStream outputStream) throws Exception {
   writeField(outputStream, name);
   writeField(outputStream, address);
   writeField(outputStream, city);
   writeField(outputStream, state);
   writeField(outputStream, yearlySalary);
}
```

> Quando dois métodos forem muito semelhantes, extraia as diferenças para outros métodos. Quando fazemos isso, geralmente conseguimos torná-los exatamente iguais e eliminar um.

Os métodos write das duas classes parecem exatamente iguais. Podemos mover o método write para a classe Command? Ainda não. Mesmo com os dois métodos de escrita parecendo iguais, eles usam dados de suas classes: header, footer e commandChar. Se fôssemos criar um único método write, ele teria de chamar métodos das subclasses para obter esses dados. Examinemos as variáveis em AddEmployeeCmd e LoginCommand:

```
public class AddEmployeeCmd extends Command {
    String name;
    String address;
    String city;
    String state;
    String yearlySalary;


    private static final byte[] header
              = {(byte)0xde, (byte)0xad};
    private static final byte[] commandChar = {0x02};
    private static final byte[] footer
              = {(byte)0xbe, (byte)0xef};
    private static final int SIZE_LENGTH = 1;
    private static final int CMD_BYTE_LENGTH = 1;
    ...
}

public class LoginCommand extends Command {
    private String userName;
    private String passwd;

    private static final byte[] header
              = {(byte)0xde, (byte)0xad};
    private static final byte[] commandChar = {0x01};
    private static final byte[] footer
              = {(byte)0xbe, (byte)0xef};
    private static final int SIZE_LENGTH = 1;
    private static final int CMD_BYTE_LENGTH = 1;
    ...
}
```

As duas classes têm muitos dados em comum. Podemos levar header, footer, SIZE_LENGTH e CMD_BYTE_LENGTH para a classe Command porque todas elas têm os mesmos valores. Vou torná-las protegidas temporariamente para podermos recompilar e testar:

```
public class Command {
    protected static final byte[] header
                = {(byte)0xde, (byte)0xad};
    protected static final byte[] footer
                = {(byte)0xbe, (byte)0xef};
    protected static final int SIZE_LENGTH = 1;
    protected static final int CMD_BYTE_LENGTH = 1;
    ...
}
```

Agora ficamos com a variável commandChar nas duas subclasses. Ela tem um valor diferente para cada uma delas. Uma maneira simples de manipular isso é introduzir um método de leitura abstrato na classe Command:

```
public class Command {
    protected static final byte[] header
                = {(byte)0xde, (byte)0xad};
    protected static final byte[] footer
                = {(byte)0xbe, (byte)0xef};
    protected static final int SIZE_LENGTH = 1;
    protected static final int CMD_BYTE_LENGTH = 1;
    protected abstract char [] getCommandChar();
    ...
}
```

E então podemos substituir as variáveis commandChar em cada subclasse por uma sobrescrita de getCommandChar:

```
public class AddEmployeeCmd extends Command {
    protected char [] getCommandChar() {
        return new char [] { 0x02};
    }
    ...
}

public class LoginCommand extends Command {
    protected char [] getCommandChar() {
        return new char [] { 0x01};
    }
    ...
}
```

Certo, agora é seguro subir o método write na hierarquia. Quando o fizermos, acabaremos obtendo uma classe Command como esta:

```
public class Command {
    protected static final byte[] header
            = {(byte)0xde, (byte)0xad};
    protected static final byte[] footer
            = {(byte)0xbe, (byte)0xef};
    protected static final int SIZE_LENGTH = 1;
    protected static final int CMD_BYTE_LENGTH = 1;

    protected abstract char [] getCommandChar();

    protected abstract void writeBody(OutputStream outputStream);

    protected void writeField(OutputStream outputStream,
                              String field) {
        outputStream.write(field.getBytes());
        outputStream.write(0x00);
    }

    public void write(OutputStream outputStream)
            throws Exception {
        outputStream.write(header);
        outputStream.write(getSize());
        outputStream.write(commandChar);
        writeBody(outputStream);
        outputStream.write(footer);
    }
}
```

Observe que tivemos de introduzir um método abstrato para `writeBody` e também trazê-lo para cima para `Command` (Consulte a Figura 21.3).

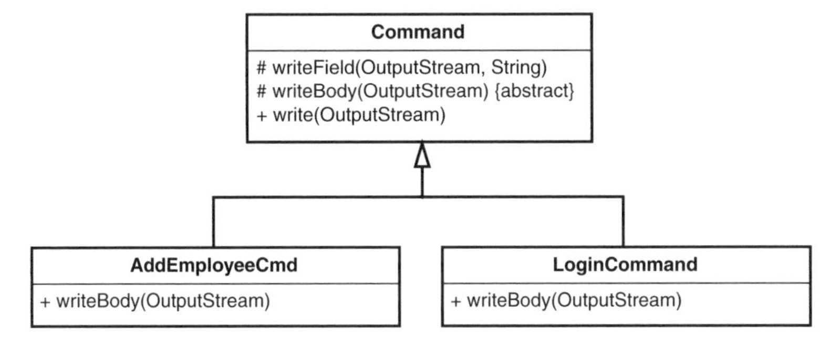

Figura 21.3 *Trazendo para cima* `writeField`, `writeBody` *e* `write`.

Após termos movido o método `write` para cima, as únicas coisas que permanecem em cada uma das subclasses são os métodos `getSize`, o método `getCommandChar` e os construtores. Aqui está a classe `LoginCommand` novamente:

```
public class LoginCommand extends Command {
    private String userName;
    private String passwd;

    public LoginCommand(String userName, String passwd) {
        this.userName = userName;
        this.passwd = passwd;
    }

    protected char [] getCommandChar() {
        return new char [] { 0x01};
    }

    protected int getSize() {
        return header.length + SIZE_LENGTH + CMD_BYTE_LENGTH +
                footer.length + userName.getBytes().length + 1 +
                 passwd.getBytes().length + 1;
    }
}
```

Essa é uma classe muito enxuta. AddEmployeeCmd ficou bem parecida. Ela tem um método getSize, um método getCommandChar e pouca coisa mais. Examinemos os métodos getSize com mais atenção:

Este é o de LoginCommand:

```
protected int getSize() {
   return header.length + SIZE_LENGTH +
          CMD_BYTE_LENGTH + footer.length +
          userName.getBytes().length + 1 +
          passwd.getBytes().length + 1;
}
```

E este é o de AddEmployeeCmd:

```
private int getSize() {
   return header.length + SIZE_LENGTH +
          CMD_BYTE_LENGTH + footer.length +
          name.getBytes().length + 1 +
          address.getBytes().length + 1 +
          city.getBytes().length + 1 +
          state.getBytes().length + 1 +
          yearlySalary.getBytes().length + 1;
}
```

O que está igual e o que está diferente? Parece que os dois somam o cabeçalho, o comprimento, o tamanho do comando em bytes e o tamanho do rodapé. Em seguida, somam os tamanhos de cada um de seus campos. E se extrairmos o que é calculado diferentemente: o tamanho dos campos? Chamamos o método resultante de getBodySize().

```
private int getSize() {
   return header.length + SIZE_LENGTH
      + CMD_BYTE_LENGTH + footer.length + getBodySize();
}
```

Se fizermos isso, acabaremos obtendo o mesmo código em cada método. Estamos somando o tamanho de todos os dados de contabilização e então somando o tamanho do corpo, que é o total dos tamanhos de todos os campos. Depois de fazê-lo, podemos mover `getSize` para cima para a classe `Command` e ter diferentes implementações de `getBodySize` em cada subclasse (consulte a Figura 21.4).

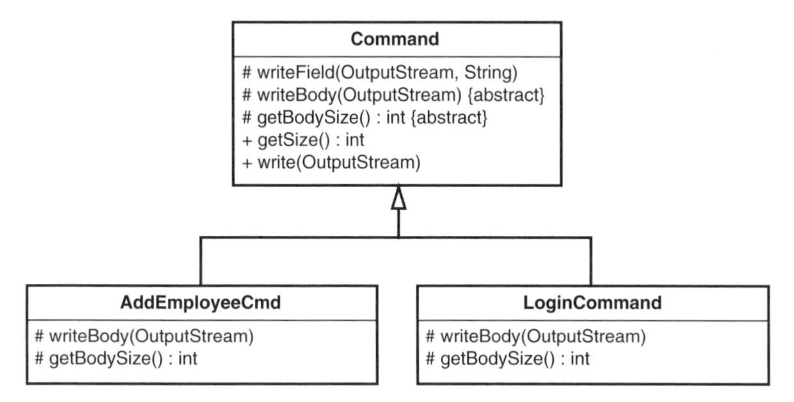

Figura 21.4 *Trazendo* `getSize` *para cima.*

Examinemos onde estamos agora. Temos essa implementação de `getBody` em `AddEmployeeCmd`:

```
protected int getBodySize() {
   return name.getBytes().length + 1 +
          address.getBytes().length + 1 +
          city.getBytes().length + 1 +
          state.getBytes().length + 1 +
          yearlySalary.getBytes().length + 1;
}
```

Ignoramos uma duplicação bem ostensiva aqui. Ela é pequena, mas seremos zelosos e a eliminaremos completamente:

```
protected int getFieldSize(String field) {
   return field.getBytes().length + 1;
}

protected int getBodySize() {
   return getFieldSize(name) +
          getFieldSize(address) +
          getFieldSize(city) +
          getFieldSize(state) +
          getFieldSize(yearlySalary);
}
```

Se movermos o método getFieldSize para cima para a classe Command, também poderemos usá-lo no método getBodySize de LoginCommand:

```
protected int getBodySize() {
   return getFieldSize(name) + getFieldSize(password);
}
```

Ainda há duplicação aqui? Sim, mas só um pouco. Tanto LoginCommand quanto AddEmployeeCmd aceitam uma lista de parâmetros, obtêm seus tamanhos e os escrevem. Exceto pela variável commandChar, isso é tudo no que diz respeito às diferenças restantes entre as duas classes? E se removermos a duplicação generalizando-a um pouco? Se declararmos uma lista na classe base, poderemos acrescentar itens a ela no construtor de cada subclasse da seguinte forma:

```
class LoginCommand extends Command
{
    ...
    public LoginCommand(String name, String password) {
        fields.add(name);
        fields.add(password);
    }
    ...
}
```

Quando adicionarmos itens à lista fields em cada subclasse, poderemos usar o mesmo código para calcular o tamanho do corpo:

```
int getBodySize() {
     int result = 0;
     for(Iterator it = fields.iterator(); it.hasNext(); ) {
        String field = (String)it.next();
        result += getFieldSize(field);
     }
     return result;
}
```

Da mesma forma, o método writeBody pode ficar assim:

```
void writeBody(OutputStream outputStream) {
   for(Iterator it = fields.iterator(); it.hasNext(); ) {
      String field = (String)it.next();
      writeField(outputStream, field);
   }
}
```

Podemos trazer esses métodos para a superclasse. Quando o fizermos, teremos removido realmente toda a duplicação. Foi assim que ficou a classe Command. A título de precisão, tornamos privados todos os métodos que não são mais acessados em subclasses:

```
public class Command {
    private static final byte[] header
              = {(byte)0xde, (byte)0xad};
    private static final byte[] footer
              = {(byte)0xbe, (byte)0xef};
    private static final int SIZE_LENGTH = 1;
    private static final int CMD_BYTE_LENGTH = 1;

    protected List fields = new ArrayList();
    protected abstract char [] getCommandChar();

    private void writeBody(OutputStream outputStream) {
        for(Iterator it = fields.iterator(); it.hasNext(); ) {
            String field = (String)it.next();
            writeField(outputStream, field);
        }
    }

    private int getFieldSize(String field) {
        return field.getBytes().length + 1;
    }

    private int getBodySize() {
        int result = 0;
        for(Iterator it = fields.iterator(); it.hasNext(); ) {
            String field = (String)it.next();
            result += getFieldSize(field);
        }
        return result;
    }

    private int getSize() {
        return header.length +  SIZE_LENGTH
            +  CMD_BYTE_LENGTH + footer.length
            + getBodySize();
    }

    private void writeField(OutputStream outputStream,
                            String field) {
        outputStream.write(field.getBytes());
        outputStream.write(0x00);
    }

    public void write(OutputStream outputStream)
              throws Exception {
        outputStream.write(header);
        outputStream.write(getSize());
        outputStream.write(commandChar);
        writeBody(outputStream);
        outputStream.write(footer);
    }
}
```

Agora as classes LoginCommand e AddEmployeeCmd estão incrivelmente enxutas:

```
public class LoginCommand extends Command {
    public LoginCommand(String userName, String passwd) {
        fields.add(userName);

        fields.add(passwd);
    }

    protected char [] getCommandChar() {
        return new char [] { 0x01};
    }
}

public class AddEmployeeCmd extends Command {
    public AddEmployeeCmd(String name, String address,
                          String city, String state,
                          int yearlySalary) {
        fields.add(name);
        fields.add(address);
        fields.add(city);
        fields.add(state);
        fields.add(Integer.toString(yearlySalary));
    }

    protected char [] getCommandChar() {
        return new char [] { 0x02 };
    }
}
```

A Figura 21.5 é um diagrama UML que mostra onde fomos parar.

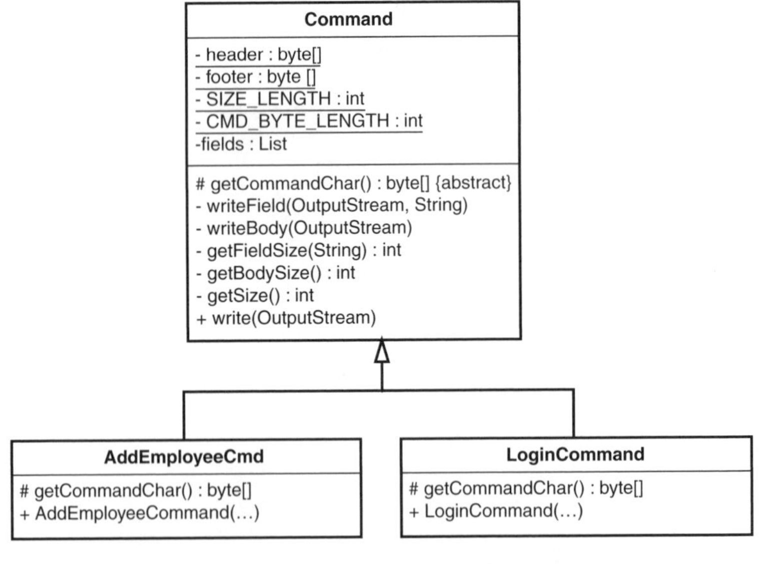

Figura 21.5 *Hierarquia de comandos com duplicação levada para cima.*

Onde estamos agora? Removemos tantas duplicações que temos apenas cascas de classes. Toda a funcionalidade está na classe `Command`. Na verdade, faz sentido perguntarmos se precisamos realmente separar classes para esses dois comandos. Quais são as alternativas?

Poderíamos nos livrar das subclasses e adicionar um método estático à classe `Command` que nos permita enviar um comando:

```
List arguments = new ArrayList();
arguments.add("Mike");
arguments.add("asdsad");
Command.send(stream, 0x01, arguments);
```

Mas isso daria muito trabalho para os clientes. Uma coisa é certa: temos de enviar dois comandos de caracteres diferentes e não queremos que o usuário tenha de rastreá-los.

Poderíamos adicionar um método estático diferente para cada comando que quisermos enviar:

```
Command.SendAddEmployee(stream,
        "Mike", "122 Elm St", "Miami", "FL", 10000);

Command.SendLogin(stream, "Mike", "asdsad");
```

No entanto, isso forçaria mudanças em todo o nosso código cliente. Nesse momento, há muitos locais em nosso código onde construímos objetos `AddEmployeeCmd` e `LoginCommand`.

Talvez fosse melhor se deixássemos as classes como estão agora. Sem dúvida, as subclasses estão bem enxutas, mas isso causa algum dano? Não, não causa.

Então já terminamos? Não, ainda há uma pequena coisa que precisamos fazer, algo que deveríamos ter feito antes. Podemos renomear `AddEmployeeCmd` para `AddEmployeeCommand`. Isso tornaria os nomes das duas subclasses consistentes. Temos menos chances de errar quando usamos nomes de maneira consistente.

Abreviações

Abreviações em nomes de classes e métodos são problemáticas. Podemos aceitá-las quando usadas consistentemente, mas ainda assim não gosto de usá-las.

Uma equipe com a qual trabalhei tentou usar as palavras *manager* e *management* em quase todos os nomes de classes do sistema. Essa convenção de nomeação não ajudou muito, mas o que a piorou foi o fato de eles abreviarem *manager* e *management* das mais variadas formas possíveis. Por exemplo, algumas classes foram nomeadas como `XXXXMgr` e outras como `XXXXMngr`. Quando estávamos prontos para usar uma classe, quase sempre tínhamos de procurá-la para ver se estávamos com o nome certo. Mais de 50% das vezes, eu errava quando tentava adivinhar que sufixo foi usado para uma classe específica.

Já removemos toda a duplicação. Melhoramos ou pioramos as coisas? Examinemos alguns cenários. O que acontece quando temos de adicionar um novo comando? Bem, podemos simplesmente criar uma subclasse de `Command` e criá-lo. Comparemos isso com o que teríamos de fazer no projeto original.

Poderíamos criar um novo comando e então recortar/copiar e colar o código de outro comando, alterando todas as variáveis. Mas, se o fizermos, estaremos introduzindo mais duplicação e piorando as coisas. Além do mais, essa abordagem é propensa a erros. Poderíamos confundir o uso das variáveis e fazer algo errado. Não, definitivamente, demoraria um pouco mais para remover a duplicação.

Perdemos alguma flexibilidade pelo que fizemos? E se tivéssemos de enviar comandos compostos por algo diferente de strings? Já resolvemos esse problema, de certa forma. A classe `AddEmployeeCommand` já aceita um inteiro e estamos convertendo-o em uma string para enviá-lo como um comando. Podemos fazer o mesmo com qualquer outro tipo de dado. Temos de convertê-lo em uma string para enviá-lo. Podemos fazê-lo no construtor de qualquer nova subclasse.

E se tivermos um comando com um formato diferente? Suponhamos que precisássemos de um novo tipo de comando que pudesse aninhar outros comandos em seu corpo. Podemos fazer isso criando uma subclasse de `Command` e sobrepondo seu método `writeBody`:

```
public class AggregateCommand extends Command
{
    private List commands = new ArrayList();
    protected char [] getCommandChar() {
        return new char [] { 0x03 };
    }

    public void appendCommand(Command newCommand) {
        commands.add(newCommand);
    }

    protected void writeBody(OutputStream out) {
        out.write(commands.getSize());
        for(Iterator it = commands.iterator(); it.hasNext(); ) {
            Command  innerCommand = (Command)it.next();
            innerCommand.write(out);
        }
    }
}
```

Tudo o mais funciona bem.

Imagine fazer isso se não tivéssemos removido a duplicação.

O último exemplo realça algo muito importante. Quando removemos a duplicação entre as classes, acabamos obtendo métodos muito pequenos e focados. Todos eles fazem alguma coisa que nenhum outro método faz e isso nos dá uma vantagem incrível: ortogonalidade.

Ortogonalidade é uma palavra ornamental para independência. Se você quiser alterar comportamento existente em seu código e para fazer essa alteração tiver de ir a apenas um local, há ortogonalidade. É como se sua aplicação fosse uma grande caixa com botões envolvendo o lado externo. Se só houver um botão por comportamento em seu sistema, será fácil fazer alterações. Quando há muita duplicação, temos mais de um botão para cada comportamento. Pense na escrita de campos. No projeto original, se tivéssemos de usar um terminador 0x01 para os campos em vez de um terminador 0x00, teríamos de percorrer o código e fazer essa alteração em muitos locais. Imagine se alguém nos pedisse para escrever dois terminadores 0x00 para cada campo. Isso também seria muito ruim: nenhum botão de finalidade única. Mas no código que refatoramos, podemos editar ou sobrescrever writeField se quisermos alterar como os campos são gravados e sobrescrever writeBody se tivermos de manipular casos especiais como a agregação de comandos. Quando o comportamento está localizado em métodos exclusivos, é fácil substituí-lo ou ampliá-lo.

Nesse exemplo, fizemos muitas coisas – movemos métodos e variáveis de uma classe para outra, dividimos métodos –, mas a maioria delas foi mecânica. Apenas prestamos atenção na duplicação e a removemos. A única medida criativa que tomamos foi inventar nomes para os novos métodos. O código original não mencionava campos ou os corpos de um comando, mas de certa forma os conceitos estavam lá. Por exemplo, algumas variáveis estavam sendo tratadas diferentemente e as chamamos de campos. No fim do processo, acabamos obtendo um projeto ortogonal muito mais limpo, mas não parecia que estávamos projetando. Era mais como se estivéssemos nos dando conta do que havia e levando o código para mais próximo de sua essência, para mais próximo do que ele realmente era.

Uma das coisas surpreendentes que descobrimos quando começamos a remover a duplicação zelosamente é que os projetos surgem. Você não precisa planejar a maioria dos botões de seu aplicativo; eles surgem. Mas não é perfeito. Por exemplo, seria bom se este método de Command:

```
public void write(OutputStream outputStream)
            throws Exception {
    outputStream.write(header);
    outputStream.write(getSize());
    outputStream.write(commandChar);
    writeBody(outputStream);
    outputStream.write(footer);
}
```

tivesse esta aparência:

```
public void write(OutputStream outputStream)
            throws Exception {
    writeHeader(outputStream);
    writeBody(outputStream);
    writeFooter(outputStream);
}
```

Agora temos um botão para a escrita de cabeçalhos e outro para a escrita de rodapés. Podemos adicionar botões conforme precisarmos, mas é interessante quando eles surgem naturalmente.

A remoção de duplicação é uma maneira poderosa de refinar um projeto. Além de tornar o projeto mais flexível, também acelera e facilita a aplicação de alterações.

Princípio Aberto/Fechado

O Princípio Aberto/Fechado foi articulado pela primeira vez por Bertrand Meyer. A ideia que ele expressa é a de que o código deve estar aberto para extensão mas fechado para modificação. O que isso significa? Significa que quando temos um bom projeto, não precisamos alterar muito o código para adicionar novos recursos.

O código que obtivemos neste capítulo exibe essas propriedades? Sim. Examinamos vários cenários de alteração. Em muitos deles, poucos métodos tiveram de mudar. Em alguns casos, pudemos adicionar o recurso apenas criando uma subclasse. É claro que, após criar a subclasse, é importante remover a duplicação (consulte *Programação por Diferença* (192) para ver mais informações sobre como adicionar recursos criando subclasses e integrá-los refatorando).

Quando removemos a duplicação, com frequência nosso código começa naturalmente a ficar alinhado com o *Princípio Aberto/Fechado*.

CAPÍTULO 22

Preciso alterar um método monstro e não consigo escrever testes para ele

Uma das coisas mais difíceis do trabalho com código legado é lidar com métodos grandes. Em muitos casos, podemos evitar a refatoração de métodos longos usando as técnicas *Brotar Método* (59) e *Brotar Classe* (62). Mesmo quando podemos evitá-la, no entanto, é lamentável ter de fazê-lo. Métodos longos são situações difíceis em uma base de código. Sempre que você precisar alterá-los, terá de tentar entendê-los novamente para então fazer suas alterações. Com frequência, isso demora mais do que se o código fosse menos confuso.

Métodos longos são um incômodo, mas métodos monstro são piores. Um método monstro é aquele que é tão longo e tão complexo que você não se sente confortável em mexer nele. Os métodos monstro podem ter centenas ou milhares de linhas, com identação suficiente para tornar a navegação quase impossível. Quando você tiver métodos monstro, ficará tentado a imprimi-los em listagens enormes e esticá-las em um corredor para decifrá-los com seus colegas de trabalho.

Certa vez, eu estava fora em uma reunião e quando estávamos voltando para nossos quartos de hotel um amigo disse: "Ei, você precisa ver isso". Ele entrou em seu quarto, pegou seu laptop e me mostrou um método que se estendia por mais de mil linhas. Meu amigo sabia que eu estava estudando refatoração e disse: "Como você refatoraria isso?". Começamos a pensar em uma solução. Sabíamos que testar era essencial, mas por onde começar em um método tão grande?

Este capítulo descreve o que aprendi desde então.

Tipos de monstro

Existem alguns tipos de métodos monstro. Eles não são necessariamente distintos. Os métodos encontrados por aí parecem misturas de vários tipos.

Métodos de marcadores

Um método de marcadores é aquele quase sem identação. É apenas uma sequência de código que lembra uma lista com marcadores. Parte do código dos trechos pode ter identação, mas o método propriamente dito não é dominado por identação. Quando olhamos um método de marcadores e forçamos a vista, vemos algo como a Figura 22.1.

Esse é um tipo geral de método de marcadores. Se você tiver sorte, talvez alguém terá colocado linhas adicionais entre as seções ou comentários indicando que suas funções são distintas. Em um mundo ideal, você conseguiria extrair um método para cada uma das seções, mas geralmente os métodos não são refatorados tão facilmente. O espaço entre as seções engana um pouco porque, com frequência, variáveis temporárias são declaradas em uma seção e usadas na seção seguinte. Dividir o método não costuma ser tão fácil quanto copiar e colar código. Mesmo assim, os métodos de marcadores são um pouco menos assustadores do que os outros tipos, principalmente porque a falta de identação forte nos permite manter o senso de orientação.

```
void Reservation::extend(int additionalDays)
{
    int status = RIXInterface::checkAvailable(type, location, startingDate);

    int identCookie = -1;
    switch(status) {
        case NOT_AVAILABLE_UPGRADE_LUXURY:
            identCookie = RIXInterface::holdReservation(Luxury,location,startingDate,
                additionalDays +additionalDays);
            break;
        case NOT_AVAILABLE_UPGRADE_SUV:
        {
            int theDays = additionalDays + additionalDays;
            if (RIXInterface::getOpCode(customerID) != 0)
                theDays++;
            identCookie = RIXInterface::holdReservation(SUV,location,startingDate, theDays);
        }
        break;
        case NOT_AVAILABLE_UPGRADE_VAN:
            identCookie = RIXInterface::holdReservation(Van,
                location,startingDate, additionalDays + additionalDays);
          break;
        case AVAILABLE:
        default:
            RIXInterface::holdReservation(type,location,startingDate);
            break;
    }

    if (identCookie != -1 && state == Initial) {
        RIXInterface::waitlistReservation(type,location,startingDate);
    }

    Customer c = res_db.getCustomer(customerID);

    if (c.vipProgramStatus == VIP_DIAMOND) {
        upgradeQuery = true;
    }
```

Continua

```
        if (!upgradeQuery)
            RIXInterface::extend(lastCookie, days + additionalDays);
        else {
            RIXInterface::waitlistReservation(type,location,startingDate);
            RIXInterface::extend(lastCookie, days + additionalDays +1);
        }
            ...
    }
```

Figura 22.1 *Método de marcadores. (Continuação)*

Métodos congestionados

Um método congestionado é aquele em que predomina uma única seção grande identada. O caso mais simples é um método que tenha uma grande sentença condicional, como na Figura 22.2.

```
Reservation::Reservation(VehicleType type, int customerID, long startingDate, int days, XLocation l)
: type(type), customerID(customerID), startingDate(startingDate), days(days), lastCookie(-1),
state(Initial), tempTotal(0)
{
        location = l;
        upgradeQuery = false;

        if (!RIXInterface::available()) {
                RIXInterface::doEvents(100);
                PostLogMessage(0, 0, "delay on reservation creation");
                int holdCookie = -1;
                switch(status) {
                        case NOT_AVAILABLE_UPGRADE_LUXURY:
                                holdCookie = RIXInterface::holdReservation(Luxury,l,startingDate);
                                if (holdCookie != -1) {
                                    holdCookie |= 9;
                                }
                                break;
                        case NOT_AVAILABLE_UPGRADE_SUV:
                                holdCookie = RIXInterface::holdReservation(SUV,l,startingDate);
                                break;
                        case NOT_AVAILABLE_UPGRADE_VAN:
                                holdCookie = RIXInterface::holdReservation(Van,l,startingDate);
                                break;
                        case AVAILABLE:
                        default:
                                RIXInterface::holdReservation;
                                state = Held;
                                break;
                }
        }
        ...
}
```

Figura 22.2 *Método congestionado simples.*

Mas esse tipo de método congestionado tem as mesmas qualidades de um método de marcadores. Os métodos congestionados que exigem toda a nossa atenção são os do tipo mostrado na Figura 22.3.

A melhor maneira de saber se você tem realmente um método congestionado é tentar alinhar os blocos em um método longo. Se começar a ficar tonto, está de frente a um método congestionado.

```
Reservation::Reservation(VehicleType type, int customerID, long startingDate, int days, XLocation l)
: type(type), customerID(customerID), startingDate(startingDate), days(days), lastCookie(-1),
state(Initial), tempTotal(0)
{
    location = l;
    upgradeQuery = false;

    while(!RIXInterface::available()) {
        RIXInterface::doEvents(100);
        PostLogMessage(0, 0, "delay on reservation creation");
        int holdCookie = -1;
        switch(status) {
            case NOT_AVAILABLE_UPGRADE_LUXURY:
                holdCookie =
                RIXInterface::holdReservation(Luxury,l,startingDate);
                if (holdCookie != -1) {
                    if (l == GIG && customerID == 45) {
                        // Special #1222
                        while (RIXInterface::notBusy()) {
                            int code =
                            RIXInterface::getOpCode(customerID);
                            if (code == 1 || customerID > 0)) {
                                PostLogMessage(1, 0, "QEX PID");
                                for (int n = 0; n < 12; n++) {
                                    int total = 2000;
                                    if (state == Initial || state == Held)
                                    {
                                        total += getTotalByLocation(location);
                                        tempTotal = total;
                                        if (location == GIG && days > 2)
                                        {
                                            if (state == Held)
                                                total += 30;
                                        }
                                    }
                                    RIXInterface::serveIDCode(n, total);
                                }
                            } else {
                                RIXInterface::serveCode(customerID);
                            }
                        }
                    }
                }
                break;
            case NOT_AVAILABLE_UPGRADE_SUV:
                holdCookie =
                RIXInterface::holdReservation(SUV,l,startingDate);
                break;
```

Continua

```
            case NOT_AVAILABLE_UPGRADE_VAN:
                holdCookie =
                RIXInterface::holdReservation(Van,1,startingDate);
                break;
            case AVAILABLE:
            default:
                RIXInterface::holdReservation(type,1,startingDate);
                state = Held;
                break;
        }
    }
    ...
}
```

Figura 22.3 *Método muito congestionado. (Continuação)*

A maioria dos métodos não é totalmente de marcadores ou congestionada, mas algo entre os dois. Muitos métodos congestionados têm longas seções de marcadores ocultas em seu aninhamento, mas já que estão aninhadas é difícil escrever testes que fixem seu comportamento. Os métodos congestionados apresentam desafios únicos.

Quando você estiver refatorando métodos longos, a presença ou a ausência de uma ferramenta de refatoração fará uma grande diferença. Quase toda ferramenta de refatoração dá suporte à refatoração *extrair método* porque esse suporte ajuda muito. Se uma ferramenta puder extrair métodos para você seguramente, não serão necessários testes para verificar suas extrações. A ferramenta fará a análise e você só terá de aprender como usar extrações para colocar um método em estado adequado para trabalho posterior.

Se não tivermos o suporte à extração de métodos, será mais difícil limpar métodos monstro. Com frequência, temos de ser mais conservadores porque o trabalho é limitado pelos testes que podemos definir.

Atacando monstros com o suporte de refatoração automatizada

Quando você tiver uma ferramenta que extraia métodos para você, terá de saber o que ela pode ou não fazer. A maioria das ferramentas de refatoração atuais faz extrações de métodos simples e várias outras refatorações, mas não manipula toda a refatoração auxiliar que geralmente as pessoas querem fazer quando dividem métodos grandes. Por exemplo, costumamos ficar tentados a reordenar instruções para agrupá-las para extração. Nenhuma ferramenta atual executa a análise necessária para sabermos se a reordenação pode ser feita seguramente. Isso é lamentável porque pode ser uma fonte de bugs.

Para usar ferramentas de refatoração de maneira eficaz com métodos grandes, é recomendável fazer uma série de alterações somente com a ferramenta e evitar todas as outras edições no código-fonte. Isso pode parecer refatorar com uma mão atada, mas fornece uma separação clara entre as alterações que sabemos ser seguras e as que não são. Quando você refatorar assim, deve evitar até mesmo coisas simples, como reordenar instruções e dividir expressões. Se sua ferramenta der suporte à renomeação de variáveis, ótimo; mas se não der, deixe para depois.

Quando fizer refatoração automatizada sem testes, use somente a ferramenta. Após uma série de refatorações automatizadas, geralmente podemos definir testes para usar na verificação de qualquer edição manual que fizermos.

Ao fazer extrações, estes devem ser seus principais objetivos:

1. Separar a lógica de dependências incômodas.
2. Introduzir pontos de extensão que facilitem a definição de testes para mais refatoração.

Aqui está um exemplo:

```
class CommoditySelectionPanel
{
    ...
    public void update() {
        if (commodities.size() > 0
                && commodities.GetSource().equals("local")) {
            listbox.clear();
            for (Iterator it = commodities.iterator();
                    it.hasNext(); ) {
                Commodity current = (Commodity)it.next();
                if (commodity.isTwilight()
                        && !commodity.match(broker))
                    listbox.add(commodity.getView());
            }
        }
        ...
    }
    ...
}
```

Nesse método, muitas coisas poderiam ser melhoradas. Uma coisa estranha é que esse tipo de filtragem de trabalho está ocorrendo em uma classe de painel, algo que idealmente seria responsável pela exibição. Vai ser difícil organizar esse código. Se quisermos começar a escrever testes para o método como ele se encontra agora, poderíamos escrevê-los para o estado da caixa de listagem, mas isso não nos aproximaria de um projeto melhor.

Com o suporte à refatoração baseada em ferramenta, podemos nomear partes de alto nível do método e quebrar dependências ao mesmo tempo. É assim que o código ficaria após uma série de extrações:

```
class CommoditySelectionPanel
{
    ...
    public void update() {
        if (commoditiesAreReadyForUpdate()) {
            clearDisplay();
            updateCommodities();
        }
        ...
    }

    private boolean commoditiesAreReadyForUpdate() {
        return commodities.size() > 0
                && commodities.GetSource().equals("local");
    }


    private void clearDisplay() {
        listbox.clear();
    }

    private void updateCommodities() {
        for (Iterator it = commodities.iterator(); it.hasNext(); ) {
            Commodity commodity= (Commodity)it.next();)
            if (singleBrokerCommodity(commodity)) {
                displayCommodity(commodity.getView());
            }
        }
    }

    private boolean singleBrokerCommodity(Commodity commodity) {
        return commodity.isTwilight() && !commodity.match(broker);
    }

    private void displayCommodity(CommodityView view) {
        listbox.add(view);
    }

    ...
}
```

Na verdade, o código de `update` não parece tão diferente estruturalmente; ainda é apenas uma sentença if com uma tarefa dentro. Mas agora a tarefa foi delegada para métodos. O método `update` parece um esboço do código do qual se originou. E quanto aos nomes? Parecem um pouco exagerados, não? Mas são um bom ponto de partida. Pelo menos, permitem que o código se comunique em um nível mais alto e introduzem pontos de extensão que nos permitem quebrar dependências. Podemos *Criar Subclasse e Sobrescrever Método* (376) para detectar efeitos através de `displayCommodity` e `clearDisplay`. Então, podemos estudar a possibilidade de criar uma classe de exibição e mover esses métodos para ela, usando os testes como ajuda. Nesse caso, no entanto, seria mais apropriado tentar mover `update` e `updateCommodities` para outra classe e deixar `clearDisplay` e `displayCommodity` aqui para nos beneficiarmos do fato dessa classe ser um painel, uma tela. Podemos renomear os métodos posteriormente quando eles estiverem em seus lugares. Após refatorações adicionais, nosso projeto deve ficar como a Figura 22.4.

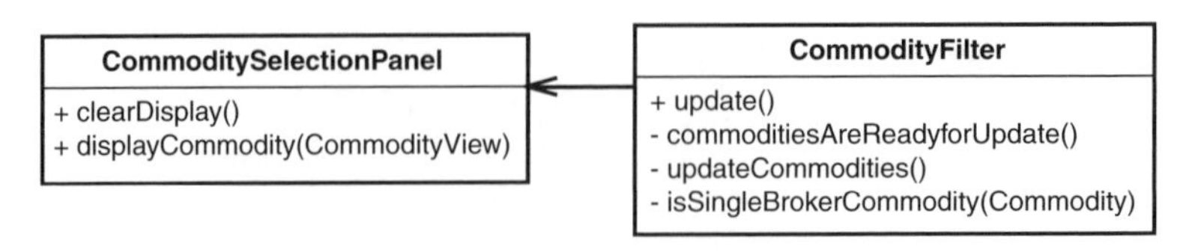

Figura 22.4 *Classe lógica extraída de* `CommoditySelectionPanel`.

O que você deve lembrar ao usar uma ferramenta automatizada para extrair métodos é que pode executar seguramente um grande volume de trabalho em um nível muito mais geral e manipular os detalhes após definir outros testes. Não se preocupe com métodos que pareçam não se enquadrar na classe. Eles quase sempre indicam a necessidade de extrair uma nova classe posteriormente. Consulte o Capítulo 20, *Esta classe é muito grande e não quero que ela cresça mais*, para ver mais ideias de como fazer isso.

O desafio da refatoração manual

Quando você tiver o suporte à refatoração automatizada, não precisará fazer nada demais para começar a dividir métodos grandes. Boas ferramentas de refatoração verificam cada refatoração e não permitem a aplicação das que não são seguras. Mas quando você não tiver uma ferramenta de refatoração, terá de se esforçar para manter a precisão, e os testes serão a ferramenta mais segura.

Os métodos monstro dificultam os testes, as refatorações e a inclusão de recursos. Se você conseguir criar instâncias da classe que contém o método em um framework de testes, poderá projetar um conjunto de casos de teste para ter mais confiança ao dividir o método. Se a lógica do método for particularmente complexa, isso pode ser um pesadelo. Felizmente, nesses casos, podemos usar algumas técnicas. Antes de examiná-las, no entanto, examinemos o que pode dar errado quando extraímos métodos.

Aqui está uma pequena lista. Ela não contém todos os erros possíveis, mas mostra os mais comuns:

1. Podemos nos esquecer de passar uma variável para o método extraído. Geralmente o compilador nos informa sobre a variável ausente (a menos que ela tenha o mesmo nome de uma variável de instância), mas poderíamos pensar que ela tem de ser uma variável local e declará-la no novo método.

2. Podemos dar ao método extraído um nome que oculte ou sobrescreva um método com o mesmo nome em uma classe base.
3. Podemos cometer um erro ao passar parâmetros ou atribuir valores de retorno. Poderíamos fazer algo realmente tolo, como retornar o valor errado. Ou, o que seria mais sutil, retornar ou aceitar os tipos errados no novo método.

Muita coisa pode dar errado. As técnicas desta seção podem ajudar a tornar a extração menos arriscada quando não tivermos testes definidos.

Introduzir variável de detecção

Podemos não querer adicionar recursos ao código de produção quando estivermos refatorando-o, mas isso não significa que não podemos adicionar nenhum código. Às vezes, ajuda adicionar uma variável a uma classe e usá-la para detectar condições no método que queremos refatorar. Após fazer a refatoração necessária, poderemos eliminar a variável e nosso código ficará em um estado limpo. Isso se chama *Introduzir Variável de Detecção*. Aqui está um exemplo. Começaremos com um método em uma classe Java chamada `DOMBuilder`. Queremos deixá-lo mais limpo, mas, infelizmente, não temos uma ferramenta de refatoração.

```
public class DOMBuilder
{
    ...
    void processNode(XDOMNSnippet root, List childNodes)
    {
        if (root != null) {
            if (childNodes != null)
                root.addNode(new XDOMNSnippet(childNodes));
            root.addChild(XDOMNSnippet.NullSnippet);
        }
        List paraList = new ArrayList();
        XDOMNSnippet snippet = new XDOMNReSnippet();
        snippet.setSource(m_state);
        for (Iterator it = childNodes.iterator();
                it.hasNext();) {
            XDOMNNode node = (XDOMNNode)it.next();
            if (node.type() == TF_G || node.type() == TF_H ||
                    (node.type() == TF_GLOT && node.isChild())) {
                paraList.addNode(node);
            }
            ...
        }
        ...
    }
    ...
}
```

Nesse exemplo, parece que grande parte do trabalho do método afeta um `XDOMNSnippet`. Ou seja, teríamos de tentar escrever todos os testes necessários passando valores diferentes como argumentos para esse método. Mas, na verdade, muito trabalho ocorre tangencialmente, coisas que só podem ser detectadas de uma maneira muito indireta. Em uma situação como essa, podemos introduzir variáveis de detecção para nos ajudar; por exemplo, poderíamos introduzir uma variável de instância para ver se um nó é adicionado a paraList quando ela tem o tipo de nó apropriado.

```
public class DOMBuilder
{
    public boolean nodeAdded = false;
    ...
    void processNode(XDOMNSnippet root, List childNodes)
    {
        if (root != null) {
            if (childNodes != null)
                root.addNode(new XDOMNSnippet(childNodes));
            root.addChild(XDOMNSnippet.NullSnippet);
        }
        List paraList = new ArrayList();
        XDOMNSnippet snippet = new XDOMNReSnippet();
        snippet.setSource(m_state);
        for (Iterator it = childNodes.iterator();
                    it.hasNext(); ) {
            XDOMNNode node = (XDOMNNode)it.next();
            if (node.type() == TF_G || node.type() == TF_H ||
                    (node.type() == TF_GLOT && node.isChild())) {
                paraList.add(node);
                nodeAdded = true;
            }
            ...
        }
        ...
    }
    ...
}
```

Após introduzir essa variável, ainda temos de trabalhar a entrada para produzir um caso que aborde essa condição. Quando o fizermos, poderemos extrair esse trecho de lógica e nossos testes continuarão passando.

Aqui está um teste que nos mostra que adicionamos um nó quando seu tipo é TF_G:

```
void testAddNodeOnBasicChild()
{
    DOMBuilder builder = new DOMBuilder();
    List children = new ArrayList();
    children.add(new XDOMNNode(XDOMNNode.TF_G));
    Builder.processNode(new XDOMNSnippet(), children);

    assertTrue(builder.nodeAdded);
}
```

E esse é um teste que mostra que não adicionamos um nó quando temos o tipo de nó errado:

```
void testNoAddNodeOnNonBasicChild()
{
    DOMBuilder builder = new DOMBuilder();
    List children = new ArrayList();
    children.add(new XDOMNNode(XDOMNNode.TF_A));
    Builder.processNode(new XDOMNSnippet(), children);
    assertTrue(!builder.nodeAdded);
}
```

Com esses testes definidos, devemos nos sentir melhor ao extrair o corpo da condição que determina se os nós estão sendo adicionados. Podemos copiar a condição inteira. O teste que acabamos de escrever mostra que o nó é adicionado quando a condição é satisfeita.

```
public class DOMBuilder
{
    void processNode(XDOMNSnippet root, List childNodes)
    {
        if (root != null) {
            if (childNodes != null)
                root.addNode(new XDOMNSnippet(childNodes));
            root.addChild(XDOMNSnippet.NullSnippet);
        }
        List paraList = new ArrayList();
        XDOMNSnippet snippet = new XDOMNReSnippet();
        snippet.setSource(m_state);
        for (Iterator it = childNodes.iterator();
                it.hasNext();) {
            XDOMNNode node = (XDOMNNode)it.next();
            if (isBasicChild(node)) {
                paraList.addNode(node);
                nodeAdded = true;
            }
            ...
        }
        ...
    }
   private boolean isBasicChild(XDOMNNode node) {
        return node.type() == TF_G
            || node.type() == TF_H
            || node.type() == TF_GLOT && node.isChild());
    }
    ...
}
```

Posteriormente, podemos remover a flag e o teste.

Nesse caso, usei uma variável booleana. Queria ver apenas se o nó ainda era adicionado após extrairmos a condição. Tinha bastante certeza de que poderia extrair o corpo inteiro da condição sem introduzir erros; assim, não testei toda a lógica da condição. Esses testes forneceram uma maneira rápida de verificarmos se a condição ainda fazia parte do caminho do código após a extração. Para ver mais orientações do volume de testes necessário durante a extração de métodos, consulte *Teste Direcionado* (180) no Capítulo 13, *Preciso fazer uma alteração, mas não sei que testes escrever.*

Ao usar *variáveis de detecção*, é uma boa ideia mantê-las na classe durante uma série de refatorações e excluí-las somente após a sessão inteira. Costumo agir assim para poder ver todos os testes que crio para fazer extrações e desfazê-las facilmente se decido que quero extrair de uma maneira diferente. Quando termino, excluo os testes ou refatoro-os para que testem os métodos extraídos em vez do método original.

As variáveis de detecção são uma ferramenta essencial na desconstrução de métodos monstro. Você pode usá-las para fazer uma refatoração bem profunda nos métodos congestionados, mas também para descongestioná-los progressivamente. Por exemplo, se tivermos um método que aninhe grande parte de seu código em um nível profundo de um conjunto de instruções condicionais, podemos usar variáveis de detecção para extrair instruções condicionais de nível superior ou extrair os corpos das instruções condicionais para novos métodos. Também podemos usar variáveis de detecção para trabalhar nesses novos métodos até descongestionar o código.

Extrair o que conhece

Outra estratégia que podemos usar ao trabalhar com métodos monstro é começar pequeno e encontrar trechos de código menores que possamos extrair confiantemente sem testes para então adicionar testes que os incluam. Certo, preciso dizer isso de uma maneira diferente porque as pessoas têm suas próprias ideias de "menor". Quando digo "menor", quero dizer duas ou três linhas – cinco, no máximo, um trecho de código que você possa nomear facilmente. O importante a considerar quando fazemos essas pequenas extrações é a *contagem de acoplamento* da extração. A *contagem de acoplamento* é o número de valores internos e externos do método que estamos extraindo. Por exemplo, se extrairmos um método `max` do método a seguir, sua contagem será 3:

```
void process(int a, int b, int c) {
    int maximum;
    if (a > b)
        maximum = a;
    else
        maximum = b;
    ...
}
```

Aqui está o código após a extração:

```
void process(int a, int b, int c) {
    int maximum = max(a,b);
    ...
}
```

A *contagem de acoplamento* do método é 3: duas variáveis dentro e uma fora. É recomendável dar preferência a extrações com uma contagem pequena porque assim não é tão fácil cometer erros. Quando estiver tentando selecionar extrações, procure um número menor de linhas e comece a contar as variáveis internas e externas. Os acessos de variáveis de instância não contam; eles não passam pela interface do método que estamos extraindo.

O maior perigo em uma extração de método é um erro de conversão de tipo; por exemplo, passar um inteiro como um double. Temos mais chances de evitar isso se só extrairmos métodos com uma baixa contagem de acoplamento. Ao identificar uma extração possível, devemos olhar para trás para saber onde cada variável passada é declarada e ver se a assinatura do método está correta.

Se extrações com uma baixa contagem de acoplamento são mais seguras, então extrações com contagem igual a 0 devem ser as mais seguras de todas – e são. Você pode fazer progressos em um método monstro extraindo apenas métodos que não aceitem nenhum parâmetro e não retornem nenhum valor. Esses métodos são na verdade comandos para se fazer algo. Você está solicitando ao objeto que faça algo a seu estado ou, o que seria menos adequado, que faça algo a algum estado global. De qualquer forma, quando tentamos nomear trechos de código como esse, geralmente temos uma percepção maior de sua finalidade e de como ele deve afetar o objeto. Esse tipo de insight pode produzir um efeito cascata na forma de mais insights e fazê-lo ver seu projeto a partir de perspectivas diferentes e mais produtivas.

Quando usar *Extrair O Que Conhece*, certifique-se de não selecionar trechos muito grandes. E quando a contagem de acoplamento for maior do que 0, pode ser melhor usar uma *variável de detecção*. Após extrair, escreva alguns testes para o método extraído.

Se você usar essa técnica com trechos pequenos, será difícil ver progressos enquanto faz cortes em um método monstro, mas os progressos têm sua maneira sutil de se fazer notar. Sempre que você voltar e extrair outra pequena parte conhecida, deixará o método um pouco mais claro. Com o tempo, deve ter uma ideia melhor do escopo do método e de que direções gostaria que tomasse.

Quando não tenho uma ferramenta de refatoração, geralmente começo extraindo métodos de contagem 0 só para ter uma ideia da estrutura geral. Com frequência, é um bom ponto de partida para a execução de testes e o trabalho posterior.

Se você tiver um método de marcadores, pode achar que conseguirá extrair muitos métodos de contagem 0 e que cada trecho de código do método principal será um deles. Às vezes, encontramos trechos que se prestam a isso, mas normalmente os trechos usam variáveis temporárias declaradas antes deles. Talvez você tenha de ignorar a "estrutura de trechos" de um método de marcadores e procurar métodos de contagem baixa dentro de trechos e entre trechos.

Coletando dependências

Algumas vezes existe código em um método monstro considerado secundário para a finalidade principal do método. Ele é necessário, mas não é tão complexo, e se o danificarmos acidentalmente, isso será notado. Mas, embora seja verdade, você não pode simplesmente se arriscar a quebrar a lógica principal do método. Em casos assim, pode usar uma técnica chamada *coletar dependências*. Você escreve testes para a lógica que deve preservar. Depois, extrai coisas que os testes não cobrem. Ao fazê-lo, poderá pelo menos ter a certeza de que está preservando o comportamento importante. Aqui está um exemplo simples:

```
void addEntry(Entry entry) {
    if (view != null && DISPLAY == true) {
        view.show(entry);
    }
    ...
    if (entry.category().equals("single")
              || entry.category("dual")) {
        entries.add(entry);
        view.showUpdate(entry, view.GREEN);
    }
    else {
        ...
    }
}
```

Se cometermos um erro com o código de exibição, veremos isso rapidamente. Um erro na lógica de add, no entanto, é algo que pode demorar um pouco para ser encontrado. Em um caso como esse, podemos escrever testes para o método e verificar se as ações add ocorrem sob as condições certas. Então, quando tivermos certeza de que todo esse comportamento foi abordado, poderemos extrair o código de exibição e saber se nossa extração não afetará a inclusão de entradas.

Em certos aspectos, *Coletar Dependências* é como uma desculpa. Você está preservando um conjunto de comportamentos e trabalhando com outro de maneira desprotegida. Mas nem todos os comportamentos são iguais em um aplicativo. Alguns são mais cruciais e podemos reconhecer isso ao trabalhar.

Coletar Dependências é uma técnica particularmente poderosa quando um comportamento crucial está ligado a outro comportamento. Quando há testes sólidos para o comportamento crucial, podemos fazer várias edições tecnicamente não abordadas por testes que o comportamento principal é preservado.

Extrair um objeto método

As *variáveis de detecção* são uma ferramenta muito poderosa de nosso arsenal, mas às vezes notamos que já temos variáveis ideais para a detecção que, no entanto, são locais do método. Se fossem variáveis de instância, poderíamos detectar efeitos por intermédio delas após um método ser executado. Podemos transformar variáveis locais em variáveis de instância, mas em muitos casos isso pode ser confuso. O estado inserido aí será comum apenas para o método monstro e os métodos que extrairmos dele. Embora o estado seja reinicializado sempre que o método monstro é chamado, pode ser difícil entender o que as variáveis conterão se quisermos chamar métodos extraídos independentemente.

Uma alternativa é *Extrair Objeto Método* (310). Essa técnica foi descrita pela primeira vez por Ward Cunningham e preconiza a ideia de uma abstração inventada. Quando você extrai um objeto método, cria uma classe cuja única responsabilidade é fazer o trabalho do método monstro. Os parâmetros do método passam a ser parâmetros de um construtor da nova classe e o código do método monstro pode entrar em um método chamado `run` ou `execute` nessa classe. Quando o código tiver sido movido para a nova classe, estaremos em ótima posição para refatorar. Podemos transformar as variáveis temporárias do método em variáveis de instância e detectar efeitos através delas ao dividir o método.

Extrair um objeto método é uma ação bem drástica, mas, diferentemente da introdução de uma *variável de detecção*, as variáveis usadas são necessárias na produção. Isso permite que você construa testes para manter. Consulte *Extrair Objeto Método* para ver um exemplo completo.

Estratégia

As técnicas que descrevi neste capítulo podem ajudá-lo a dividir métodos monstros para refatoração adicional ou para a inclusão de recursos. Esta seção contém algumas orientações de como pesar vantagens e desvantagens estruturais ao fazer esse trabalho.

Criar esqueletos de métodos

Quando você tiver uma instrução condicional e estiver procurando locais para extrair um método, terá duas opções. Pode extrair a condição e o corpo juntos ou extraí-los separadamente. Aqui está um exemplo:

```
if (marginalRate() > 2 && order.hasLimit()) {
    order.readjust(rateCalculator.rateForToday());
    order.recalculate();
}
```

Se você extrair a condição e o corpo para dois métodos diferentes, ficará em melhor posição para reorganizar a lógica do método posteriormente:

```
if (orderNeedsRecalculation(order)) {
   recalculateOrder(order, rateCalculator);
}
```

Chamo isso de *criar esqueleto* porque, quando terminamos, o método fica apenas com um esqueleto: a estrutura de controle e delegações para outros métodos.

Encontrar sequências

Quando você tiver uma sentença condicional e estiver procurando locais para extrair um método, terá duas opções. Pode extrair a condição e o corpo juntos ou extraí-los separadamente. Aqui está outro exemplo:

```
...
if (marginalRate() > 2 && order.hasLimit()) {
    order.readjust(rateCalculator.rateForToday());
    order.recalculate();
}
...
```

Se você transferir a condição e o corpo para o mesmo método, ficará em melhor posição para identificar uma sequência comum de operações:

```
...
recalculateOrder(order, rateCalculator);
...

void recalculateOrder(Order order,
                      RateCalculator rateCalculator) {
    if (marginalRate() > 2 && order.hasLimit()) {
        order.readjust(rateCalculator.rateForToday());
        order.recalculate();
    }
}
```

Pode ocorrer de o resto do método ser apenas uma sequência de operações que acontecem uma após a outra, e isso ficará mais claro se pudermos vê-la.

Espere, acabei de dar conselhos totalmente conflitantes? Sim, dei. A verdade é que, com frequência, me revezo entre *criar esqueletos de métodos* e *encontrar sequências*. Há chances de que você também faça isso. Crio esqueletos quando sinto que a estrutura de controle terá de ser refatorada após ser entendida. Tento encontrar sequências quando acho que identificar uma sequência abrangente tornará o código mais claro.

Os métodos de marcadores me fazem tender a encontrar sequências e os métodos congestionados me levam a criar esqueletos, mas sua estratégia preferida vai depender dos insights de projeto que obtiver quando estiver fazendo suas extrações.

Extrair primeiro para a classe atual

Quando começar a extrair métodos a partir do método monstro, provavelmente você notará que alguns dos trechos de código que está extraindo na verdade pertencem a outras classes. Uma forte indicação é o nome que ficar tentado a usar. Se examinar um trecho de código e ficar tentado a empregar o nome de uma das variáveis que está usando nele, há boas chances de que o código pertença à classe dessa variável. Seria esse o caso neste fragmento:

```
if (marginalRate() > 2 && order.hasLimit()) {
   order.readjust(rateCalculator.rateForToday());
   order.recalculate();
}
```

Parece que poderíamos chamar esse trecho de código de `recalculateOrder`. Esse seria um bom nome, mas se estivermos usando a palavra *order* no nome do método, talvez esse bloco de código deva ser passado para a classe `Order` e se chamar `recalculate`. Sim, já há um método chamado `recalculate`, portanto, seria bom pensar no que torna esse novo cálculo diferente e usar essa informação no nome, ou renomear o método `recalculate` que já existe. De qualquer forma, parece que esse trecho de código pertence a essa classe.

Embora seja tentador extrair diretamente para outra classe, não o faça. Use o nome inadequado primeiro. O nome `recalculateOrder` é inadequado, mas nos permite fazer algumas extrações fáceis de desfazer e verificar se extraímos o trecho de código correto para seguir adiante. Podemos mover o método para outra classe posteriormente quando surgir uma direção melhor para nossas alterações. Por enquanto, extrair para a classe atual nos faz avançar e é menos propenso a erros.

Extrair pequenas partes

Mencionei isto anteriormente, mas quero enfatizar: primeiro extraia pequenas partes. Antes de extrair essa pequena parte de um método monstro, pode parecer que isso não fará diferença. Após extrair mais partes, provavelmente você verá o método original de outra forma. Talvez veja uma sequência que antes estava oculta ou veja uma maneira melhor de organizar o método. Ao ver esses caminhos, você poderá segui-los. Essa é uma estratégia muito melhor do que tentar dividir um método em trechos maiores desde o início. Costuma não ser tão fácil quanto parece; nem é tão seguro. Fica mais fácil perder os detalhes, e são eles que fazem o código funcionar.

Estar preparado para refazer extrações

Há muitas maneiras de fatiar uma torta e muitas maneiras de dividir um método monstro. Após fazer algumas extrações, geralmente encontramos maneiras melhores e mais fáceis de acomodar novos recursos. Às vezes, a melhor maneira de prosseguir é desfazer uma extração ou duas e extrair novamente. Quando você o faz, isso não significa que as primeiras extrações foram trabalho perdido. Elas lhe deram algo muito importante: um insight do projeto antigo e de uma maneira melhor de seguir adiante.

Capítulo 23

Como saber se não estou quebrando algo?

O código é um tipo de material de construção estranho. A maioria dos materiais a partir dos quais você pode criar coisas, como metal, madeira e plástico, se desgasta. Com o tempo, eles quebram conforme vão sendo usados. O código é diferente. Se você não mexer nele, ele nunca se desgastará. Exceto se um raio cósmico atingir sua mídia de armazenamento, ele só falhará se alguém editá-lo. Use repetidamente uma máquina feita de metal e ela acabará quebrando. Execute o mesmo código repetidamente e ele apenas será executado de novo.

Isso coloca a nós, desenvolvedores, sob muita pressão. Além de sermos os principais introdutores de falhas em software, isso também ocorre com muita facilidade. O quão fácil é alterar código? Mecanicamente, é muito simples. Qualquer pessoa pode abrir um editor de texto e digitar o que quiser nele. Um poema, por exemplo. Alguns deles compilam (acesse www.ioccc.org e examine o concurso de código C ofuscado para ver detalhes). Piadas à parte, é realmente incrível como é fácil danificar software. Já rastreou um bug misterioso só para descobrir que era um caractere errado que você digitou acidentalmente? Ou um caractere que foi inserido sem querer quando um livro caiu quando você o alcançava para alguém por cima do teclado? O código é um material muito frágil.

Neste capítulo, discutiremos várias maneiras de reduzir os riscos ao editarmos. Algumas são mecânicas e outras psicológicas (como assim?), mas é importante nos concentrarmos nelas, principalmente ao quebrar dependências em código legado para definir testes.

Edição hiperatenta

O que fazemos realmente quando editamos código? O que estamos tentando obter? Geralmente temos grandes objetivos. Queremos adicionar um recurso ou corrigir um bug. É ótimo saber quais são esses objetivos, mas como chegar até eles?

Quando nos sentamos em frente a um teclado, podemos classificar cada pressionamento de tecla que fazemos em uma de duas categorias. O pressionamento de tecla pode ou não mudar o comportamento de um sistema de software. Digitar texto em um comentário? Isso não muda o comportamento. Digitar texto em um literal de sequência de caracteres? Isso muda, quase sempre. Se o literal de sequência estiver em código que nunca é chamado, o comportamento não mudará. Já o pressionamento de tecla que você executar posteriormente para terminar uma chamada de método que use esse literal de sequência mudará o comportamento. Portanto, tecnicamente, manter a barra de espaço pressionada quando estiver formatando seu código é refatoração em um sentido bem restrito. Às vezes, digitar um código também é refatoração. Alterar um literal numérico em uma expressão que seja usada em seu código não é refatoração; é uma *alteração funcional*, e é importante sabê-lo quando estamos digitando.

Esse é o âmago da programação, saber exatamente o que cada um de nossos pressionamentos de teclas faz. Isso não significa que devemos ser oniscientes, mas tudo que nos ajude a saber – a saber realmente – como estamos afetando software quando digitamos pode nos ajudar a reduzir o número de bugs. O *desenvolvimento guiado por testes* (86) é muito poderoso nesse aspecto. Quando você puder submeter seu código a um framework de testes e executar testes nele em menos de um segundo, poderá executá-los sempre que precisar de maneira incrivelmente rápida e saber quais são os efeitos reais de uma alteração.

> Se quando este livro for lançado ainda não houver algo assim disponível, suspeito que logo alguém desenvolverá um IDE que nos permita especificar um conjunto de testes a serem executados a cada pressionamento de tecla. Seria uma ótima maneira de fechar o loop do feedback.
>
> Isso precisa existir. Parece inevitável. Já há IDEs que verificam a sintaxe a cada pressionamento de tecla e alteram a cor do código no caso de erros. O teste acionado pela edição é a próxima etapa.

Os testes favorecem a edição hiperatenta. A programação em pares também. A edição hiperatenta parece exaustiva? Qualquer coisa em excesso cansa. O importante é que ela não é frustrante. A edição hiperatenta é um estado contínuo, um estado em que você pode simplesmente se desligar do mundo e trabalhar cautelosamente com o código. Na verdade, ela pode até ser bem revigorante. Pessoalmente, fico muito mais cansado quando não estou obtendo nenhum feedback. É quando fico com medo de estar quebrando o código sem sabê-lo. Então, começo a lutar para manter esse estado em minha mente, lembrando-me do que alterei ou não, e pensando em como ter certeza posteriormente de que fiz mesmo o que me propus a fazer.

Edição com objetivo único

Não espero que as primeiras impressões que as pessoas tenham da indústria de computadores sejam as mesmas, mas quando pensei em me tornar programador, estava realmente fascinado com histórias sobre programadores geniais, jovens que conseguiam manter o estado de um sistema inteiro em suas mentes, escrever código correto de uma só vez e saber imediatamente se alguma alteração estava certa ou errada. É verdade que as pessoas variam muito em sua capacidade de fixar grandes quantidades de detalhes em suas mentes. Posso fazer isso, até certo ponto. Costumava me lembrar de muitas partes obscuras da linguagem de programação C++ e, a certa altura, me lembrava claramente dos detalhes do metamodelo UML, até perceber que ser programador e saber tantos detalhes da UML não tinha muita importância e era até mesmo um pouco sem graça.

A verdade é que existem muitos tipos diferentes de "inteligência". Fixar vários estados mentalmente pode ser útil, mas não nos torna melhores na tomada de decisões. A esta altura de minha carreira, acho que sou um programador muito melhor do que costumava ser, ainda que saiba menos sobre os detalhes de cada linguagem em que trabalho. Tomar decisões é uma habilidade-chave da programação e podemos ter problemas se tentarmos agir como programadores acima da média.

Já passou por isto? Você começa a trabalhar em algo e então pensa: "Humm, talvez eu deva organizar um pouco mais". Aí faz uma pausa para refatorar, mas pensa em qual deve ser a aparência real do código e para novamente. O recurso em que estava trabalhando ainda precisa ser feito, portanto, você retorna ao ponto onde estava editando código. Decide que precisa chamar um método e vai até onde ele está, mas descobre que o método precisa fazer outra coisa; então, começa a alterá-lo enquanto a alteração original fica pendente e, enquanto isso, seu parceiro está gritando: "Isso! Corrija essa parte e então faremos aquela outra". Você se sente como um cavalo de corrida esbaforido e seu parceiro não está ajudando nem um pouco. Parece um jóquei cavalgando-o, ou, pior, um apostador berrando nas arquibancadas.

É mais ou menos isso que acontece em algumas equipes. Um par de programadores passa por uma prova de programação empolgante, mas os últimos três quartos dela envolvem corrigir todo o código que foi danificado na reta final. Parece um horror, não? Mas às vezes é divertido. Você e seu parceiro se sentem o máximo. Procuraram a fera em seu covil e a mataram. Vocês são demais!

Vale a pena as coisas serem assim? Examinemos outra maneira de fazer isso.

Você precisa fazer uma alteração em um método. A classe está em um framework de testes e você começa a fazer a alteração. Mas então pensa: "Ei, preciso alterar este outro método também" e vai até ele. Ele parece confuso, logo, você reformata uma ou duas linhas para ver o que está ocorrendo. Seu parceiro olha e diz: "O que você está fazendo?". Você responde: "Estava vendo se teremos de alterar o método X". Seu parceiro retruca: "Vamos fazer uma coisa de cada vez". Ele anota o nome do método X e você volta e termina a edição. Você executa seus testes e nota que todos passam. Então passa para o outro método. Com certeza terá de alterá-lo. Você começa a escrever outro teste. Após programar mais um pouco, executa seus testes e faz a integração. Você e seu parceiro olham para o outro lado da mesa. Veem dois outros programadores. Um está gritando: "Isso! Corrija essa parte e então faremos aquela outra".

Soa familiar? Eles estão trabalhando nessa tarefa há horas e parecem exaustos. Se a história pode ensinar algo, eles não conseguirão integrar e passarão mais algumas horas trabalhando juntos.

Tenho um pequeno mantra que sempre repito quando estou trabalhando: "Programar é a arte de fazer uma coisa de cada vez". Quando trabalho em pares, sempre peço a meu parceiro para me desafiar nesse aspecto, perguntando-me: "O que você está fazendo?". Quando respondo mais de uma coisa, selecionamos uma. Faço o mesmo com meu parceiro. Isso faz tudo ficar mais rápido. Quando programamos, é muito fácil pegar uma parte muito grande de uma só vez. Se fizer isso, você acabará trabalhando improdutivamente e apenas testando hipóteses para fazer as coisas funcionarem em vez de trabalhar de maneira mais deliberada e saber realmente o que seu código faz.

Preserve as assinaturas

Quando editamos código, há muitas maneiras de cometer erros. Podemos digitar errado, usar o tipo de dado incorreto, digitar uma variável pensando em outra – a lista é interminável. A refatoração é uma atividade particularmente propensa a erros. Com frequência, envolve uma edição muita invasiva. Copiamos coisas de um lugar para outro e criamos novas classes e métodos; a escala é muito maior do que apenas adicionar uma nova linha de código.

Em geral, a melhor maneira de lidar com essa situação é escrevendo testes. Quando temos testes definidos, podemos detectar muitos dos erros que cometemos ao alterar código. Infelizmente, em muitos sistemas, temos de refatorar um pouco só para tornar o sistema testável o suficiente e então refatorar mais. Essas refatorações iniciais (as técnicas de quebra de dependências do catálogo do Capítulo 25) devem ser feitas sem testes, e com muita cautela.

Quando comecei a usar essas técnicas, era tentador fazer coisas demais. Quando precisava extrair o corpo inteiro de um método, em vez de apenas copiar e colar os argumentos ao declarar o método, fazia outro trabalho de limpeza. Por exemplo, quando tinha de extrair o corpo de um método e torná-lo estático (*Expor Método Estático* (324)), desta forma:

```
public void process(List orders,
                    int dailyTarget,
                    double interestRate,
                    int compensationPercent) {
    ...
    // aqui entra um código mais complicado
    ...
}
```

extraía-o assim, criando algumas classes auxiliares no decorrer do processo.

```
public void process(List orders,
                    int dailyTarget,
                    double interestRate,
                    int compensationPercent) {
    processOrders(new OrderBatch(orders),
                  new CompensationTarget(dailyTarget,
                  interestRate * 100,
                  compensationPercent));
}
```

Tinha boas intenções. Queria melhorar o projeto ao quebrar dependências, mas não funcionou muito bem. Acabei cometendo erros tolos, e sem testes para detectá-los, geralmente eles eram encontrados mais tarde do que deveriam.

Quando quebramos dependências para teste, precisamos ter um cuidado extra. Uma coisa que faço é *Preservar Assinaturas* sempre que possível. Quando você recorta/copia e cola assinaturas de método inteiras de um local para outro, reduz qualquer chance de erros.

No exemplo anterior, eu acabaria obtendo um código como este:

```
public void process(List orders,
                    int dailyTarget,
                    double interestRate,
                    int compensationPercent) {
        processOrders(orders, dailyTarget, interestRate,
                      compensationPercent);
}

private static void processOrders(List orders,
                                  int dailyTarget,
                                  double interestRate,
                                  int compensationPercent) {
    ...
}
```

A edição de argumentos que tive de executar para obtê-lo foi muito fácil. Basicamente, só algumas etapas estavam envolvidas:

1. Copiei a lista de argumentos inteira em meu buffer de recorte/cópia e colagem:

```
List orders,
int dailyTarget,
double interestRate,
int compensationPercent
```

2. Em seguida, digitei a nova declaração de método:

```
private void processOrders() {
}
```

3. Colei o conteúdo do buffer na nova declaração de método:

```
private void processOrders(List orders,
                           int dailyTarget,
                           double interestRate,
                           int compensationPercent) {
}
```

4. Depois digitei a chamada do novo método:

```
processOrders();
```

5. Colei o conteúdo do buffer na chamada:

```
processOrders(List orders,
              int dailyTarget,
              double interestRate,
             int compensationPercent);
```

6. Para concluir, excluí os tipos, deixando os nomes dos argumentos:

```
processOrders(orders,
              dailyTarget,
              interestRate,
              compensationPercent);
```

Depois que essas ações forem executadas várias vezes, elas serão automáticas e você terá mais confiança em suas alterações. Poderá se concentrar em alguns dos outros problemas demorados que podem causar erros quando quebrar dependências. Por exemplo, seu novo método está ocultando um método com assinatura de mesmo nome em uma classe base?

Existem alguns cenários diferentes para *Preservar Assinaturas*. Você pode usar a técnica para criar novas declarações de métodos. Também pode usá-la para criar um conjunto de métodos de instância para todos os argumentos de um método quando estiver fazendo a refatoração *Extrair Objeto Método (330)*. Consulte para ver detalhes.

Confie no compilador

O principal objetivo de um compilador é converter código-fonte em alguma outra forma, mas em linguagens estaticamente tipadas você pode fazer muito mais com ele. Pode se beneficiar de sua verificação de tipos e usá-lo para identificar alterações que precisem ser feitas. Chamo essa prática de *confiar no compilador*. Aqui está um exemplo de como fazer isso.

Em um programa C++, tenho duas variáveis globais.

```
double domestic_exchange_rate;
double foreign_exchange_rate;
```

Um conjunto de métodos no mesmo arquivo usa as variáveis, mas quero encontrar alguma maneira de alterá-las em testes; portanto, uso a técnica *Encapsular Referências Globais* (318) do catálogo.

Para fazer isso, escrevo uma classe externa às declarações e declaro uma variável dessa classe.

```
class Exchange
{
public:
    double domestic_exchange_rate;
    double foreign_exchange_rate;
};

Exchange exchange;
```

Agora compilo para saber todos os locais onde o compilador não conseguiu encontrar `domestic_exchange_rate` e `foreign_exchange_rate` e altero-as para que sejam acessadas fora do objeto de câmbio. Aqui estão as versões anterior e posterior a uma dessas alterações:

```
total = domestic_exchange_rate * instrument_shares;
```

passa a ser:

```
total = exchange.domestic_exchange_rate * instrument_shares;
```

O importante nessa técnica é que estamos deixando o compilador nos guiar em direção às alterações necessárias. Isso não significa que você vai parar de pensar no que precisa alterar; significa apenas que pode deixar o compilador procurar por você, em alguns casos. É muito importante saber o que o compilador vai ou não encontrar para não sermos tomados por uma falsa confiança.

Confiar no Compilador envolve duas etapas:

1. Alterar uma declaração para causar erros de compilação.
2. Navegar até esses erros e fazer alterações.

Você pode confiar no compilador para fazer alterações estruturais em seu programa, como fizemos no exemplo de *Encapsular Referências Globais*. Também pode usar a técnica para iniciar alterações de tipo. Um caso comum é a alteração do tipo de uma declaração de variável de uma classe para uma interface e o uso dos erros na determinação dos métodos que têm de estar na interface.

Nem sempre é prático confiar no compilador. Se suas construções demorarem muito, pode ser mais prático procurar os locais onde é preciso fazer alterações. Consulte o Capítulo 7, *Leva uma eternidade fazer uma alteração*, para ver maneiras de resolver esse problema. Mas quando puder usá-la, *Confiar no Compilador* será uma prática útil. No entanto, tome cuidado; você pode introduzir bugs sutis se a usar cegamente.

O recurso de linguagem que provoca mais erros quando confiamos no compilador é a herança. Aqui está um exemplo:

Temos um método de classe chamado getX() em uma classe Java:

```
public int getX() {
    return x;
}
```

Queremos encontrar todas as suas ocorrências para o desativarmos com um comentário:

```
/*
public int getX() {
    return x;
} */
```

Agora recompilamos.

Adivinhe. Não vimos nenhum erro. Isso significa que getX() é um método não usado? Não necessariamente. Se getX() foi declarado como um método concreto em uma superclasse, desativá-lo com um comentário em nossa classe atual fará apenas com que o da superclasse seja usado. Uma situação semelhante pode ocorrer com variáveis e herança.

Confiar no Compilador é uma técnica poderosa, mas você precisa conhecer seus limites para não cometer erros graves.

Programação em pares

É provável que você já tenha ouvido falar na *Programação em Pares*. Se estiver empregando a Programação Extrema (XP) como seu processo, deve estar usando-a. Isso é bom. É uma ótima maneira de aumentar a qualidade e disseminar conhecimentos em uma equipe.

Se não estiver usando a programação em pares, sugiro que experimente. Especificamente, sugiro que você trabalhe em pares quando usar as técnicas de quebra de dependências que descrevi neste livro.

É fácil você cometer um erro e não saber que danificou o sistema de software. Por isso, ter alguém ao seu lado com certeza ajuda. Trabalhar em código legado é como uma cirurgia, e os médicos nunca operam sozinhos.

Para obter mais informações sobre a programação em pares, consulte *Pair Programming Illuminated*, de Laurie Williams e Robert Kessler (2002), e visite www.pairprogramming.com.

Capítulo 24

Estamos frustrados. Isso não vai melhorar

Trabalhar em código legado é difícil. Não há como negar. Embora cada caso seja diferente, há uma coisa que vai tornar o trabalho válido ou não para você como programador: saber o que vai ganhar. Para algumas pessoas, o importante é o pagamento, e não há nada de errado nisso – todos nós precisamos ganhar a vida. Mas deve haver alguma outra razão para você programar.

Se teve sorte, você começou escrevendo código porque achava divertido. Sentou-se à frente de seu primeiro computador perplexo com todas as possibilidades, todas as coisas bacanas que poderia fazer programando. Era algo a aprender e a dominar, e você pensou: "Uau! É divertido. Posso construir uma boa carreira se ficar bom nisso".

Nem todo mundo começa a programar assim, mas até para quem não começou dessa forma ainda é possível se conectar com o que é divertido em programar. Se você conseguir fazer isso – e alguns de seus colegas também –, não vai importar em que tipo de sistema está trabalhando. Você pode fazer coisas ótimas com qualquer sistema. O único risco é você ficar abatido se as coisas não saírem conforme o esperado. Afinal, todos merecemos o melhor.

É muito comum que pessoas que trabalham com sistemas legados prefiram trabalhar com sistemas novos. É divertido construir sistemas a partir do zero, mas, na verdade, até mesmo os sistemas novos têm seus próprios problemas. Várias vezes, vi surgir o seguinte cenário: um sistema existente se torna obscuro e difícil de alterar com o tempo. As pessoas da empresa ficam frustradas com a demora em fazer alterações nele e trazem seus melhores funcionários (quando não funcionários problemáticos!) para uma nova equipe incumbida da tarefa de "criar o sistema substituto com uma arquitetura melhor". No começo, tudo parece ótimo. Eles sabem quais são os problemas da arquitetura antiga e dedicam tempo a criar um novo projeto. Enquanto isso, os outros desenvolvedores estão trabalhando no sistema antigo. O sistema está sendo usado, portanto, são recebidas solicitações de correção de bugs e ocasionalmente novos recursos. A empresa avalia criteriosamente cada novo recurso e decide se ele deve estar no sistema antigo ou se o cliente pode esperar o novo sistema. Geralmente, o cliente não pode esperar, logo, a alteração entra nos dois sistemas. A equipe do novo sistema precisa trabalhar dobrado, tentando substituir um sistema que está em constante mudança. Com o passar do tempo, fica mais claro que eles não vão conseguir substituir o sistema antigo, o sistema que você está mantendo. A pressão aumenta. Eles trabalham dias, noites e finais de semana. Em muitos casos, a empresa percebe que o trabalho é crucial e que você está incumbido do investimento com que todos terão de contar no futuro.

Em outras palavras: nem sempre é tão maravilhoso desenvolver a partir do zero.

O segredo para ser bem-sucedido com código legado é saber o que lhe motiva. Embora muitos de nós, programadores, sejamos criaturas solitárias, não há muita coisa que substitua trabalhar em um bom ambiente com pessoas que você respeita e que sabem como tornar tudo mais agradável. Conheci alguns de meus melhores amigos no trabalho e até hoje eles são as pessoas com quem divido quando aprendo algo novo ou divertido ao programar.

Outra coisa que ajuda é participar de uma comunidade maior. Atualmente, entrar em contato com outros programadores para aprender e compartilhar mais elementos sobre o trabalho é mais fácil do que jamais foi. Você pode se inscrever em listas de discussão na Internet, ir a conferências e usar todos esses recursos para estabelecer uma rede de contatos, compartilhar estratégias e técnicas e ficar atualizado na área de desenvolvimento de software.

Ainda que você conte em um projeto com um grupo de pessoas que se preocupe com o trabalho e com melhorar as coisas, algum tipo de depressão pode surgir. Às vezes as pessoas se deprimem porque sua base de código é tão grande que elas e seus colegas poderiam trabalhar durante 10 anos e mesmo assim não conseguiram torná-la mais do que 10% melhor. Não é uma boa razão para ficar deprimido? Nem sempre. Já visitei equipes com milhões de linhas de código legado que encaravam cada dia como um desafio e como uma chance de melhorar as coisas e também se divertir. Também já vi equipes com bases de código bem melhores que estavam deprimidas mesmo assim. O modo como encaramos o trabalho é fundamental.

Use o TDD em um código fora do trabalho. Programe um pouco por diversão. Comece a sentir a diferença entre os pequenos projetos que cria por conta própria e o grande projeto do local onde trabalha. Ele pode trazer o mesmo prazer se você conseguir submeter as partes com as quais está trabalhando a um rápido framework de testes.

Se a motivação estiver baixa em sua equipe e a causa for a qualidade do código, aqui está algo que você pode tentar: selecione o conjunto de classes mais deselegante e detestável do projeto e submeta-o a teste. Quando vocês tiverem enfrentado o pior problema como uma equipe, se sentirão com a situação sob controle. Já testemunhei isso várias vezes.

À medida que você assumir o controle de sua base de código, começará a desenvolver oásis de bom código. E é justamente nesses oásis que o trabalho pode se tornar agradável.

PARTE III

Técnicas de eliminação de dependências

Capítulo 25

Técnicas de eliminação de dependências

Neste capítulo, descrevo várias técnicas de quebra de dependências. A lista não é definitiva; são apenas algumas técnicas que usei com equipes para desmembrar as classes o suficiente para submetê-las a teste. Tecnicamente, as atividades são refatorações – todas elas preservam o comportamento. Mas, diferentemente da maioria das refatorações descritas na indústria até o momento, essas devem ser executadas sem testes, para que eles possam ser definidos. Na maioria dos casos, se você seguir as etapas cuidadosamente, as chances de ocorrer erros serão pequenas. Isso não significa que as refatorações sejam totalmente seguras. Ainda podem ocorrer erros quando você as executar; portanto, deve tomar cuidado ao usá-las. Antes de usar essas refatorações, consulte o Capítulo 23, *Como saber se não estou quebrando algo?*.

As dicas deste capítulo podem ajudá-lo a usar as técnicas de maneira segura para definir testes. Quando o fizer, poderá executar alterações mais invasivas com a certeza de não estar quebrando nada.

Essas técnicas não melhorarão imediatamente seu projeto. Na verdade, se você tiver uma boa noção de projeto, algumas delas o farão hesitar. As técnicas podem ajudá-lo a submeter métodos, classes e grupos de classes a teste, e será mais fácil fazer manutenções em seu sistema por causa disso. Você poderá então usar refatorações suportadas por testes para tornar o projeto mais limpo.

> Algumas das refatorações deste capítulo foram descritas por Martin Fowler em seu livro *Refactoring: Improving the Design of Existing Code* (1999)*. Elas foram incluídas aqui com passos diferentes. Foram personalizadas para que possam ser usadas de maneira segura sem testes.

* N. de E.: Publicado pela Bookman Editora sob o título *Refatoração: Aperfeiçoando o Projeto de Código Existente* (2004).

Adaptar parâmetro

Quando faço alterações em métodos, geralmente encontro problemas de dependências causados pelos parâmetros desses. Há casos em que acho difícil criar o parâmetro de que preciso; em outros, tenho de testar o efeito do método sobre o parâmetro. Em muitos casos, a classe do parâmetro é que não facilita. Se a classe permitir modificação, posso usar *Extrair Interface* (339) para quebrar a dependência. *Extrair Interface* costuma ser a melhor opção quando se trata de quebrar dependências de parâmetros.

Geralmente, queremos fazer algo simples para quebrar dependências que impeçam o uso de testes, algo que não permita a ocorrência de erros. No entanto, em alguns casos, *Extrair Interface* não funciona muito bem. Se o tipo do parâmetro for de muito baixo nível, ou específico de alguma tecnologia de implementação, a extração de uma interface pode ser contraproducente ou mesmo impossível.

> Use *Adaptar Parâmetro* quando não puder usar *Extrair Interface (362)* na classe de um parâmetro ou quando um parâmetro for difícil de simular.

Aqui está um exemplo:

```
public class ARMDispatcher
{
    public void populate(HttpServletRequest request) {
        String [] values
            = request.getParameterValues(pageStateName);
        if (values != null && values.length  > 0)
        {
            marketBindings.put(pageStateName + getDateStamp(),
                               values[0]);
        }
        ...
    }
    ...
}
```

Nessa classe, o método `populate` aceita um `HttpServletRequest` como parâmetro. `HttpServletRequest` é uma interface que faz parte do padrão J2EE da Sun para Java. Se testássemos `populate` do jeito que se encontra agora, teríamos de criar uma classe que implementasse `HttpServletRequest` e fornecer uma maneira de preenchê-la com os valores de parâmetros que ela precisa retornar no teste. A documentação do SDK atual da linguagem Java mostra que há cerca de 23 declarações de métodos em `HttpServletRequest`, sem contar as declarações de sua superinterface que teríamos de implementar. Seria ótimo usar *Extrair Interface* para criar uma interface mais enxuta que fornecesse apenas os métodos de que precisamos, mas não podemos extrair uma interface de outra interface. Em Java, teríamos de fazer `HttpServletRequest` estender a interface que estamos extraindo – mas não podemos modificar uma interface padrão dessa forma. Felizmente, temos outras opções.

Várias bibliotecas de objetos mock estão disponíveis para o J2EE. Se fizermos o download de uma delas, poderemos usar um objeto mock para `HttpServletRequest` e fazer os testes de que precisamos. Isso pode economizar muito tempo; se seguirmos esse curso de ação, não precisaremos perder tempo criando uma solicitação de servlet fictícia manualmente. Logo, parece que temos uma solução – ou não?

Quando estou quebrando dependências, sempre tento me antecipar e prever qual será o resultado. Assim, decido se posso arcar com as consequências. Nesse caso, nosso código de produção não mudará muito, e teremos nos esforçado bastante para manter `HttpServletRequest`, uma interface de API. Há uma maneira de melhorar a aparência do código e facilitar a quebra de dependências? Na verdade, sim. Podemos encapsular o parâmetro a ser passado e quebrar totalmente nossa dependência da interface de API. Quando fizermos isso, o código terá esta forma:

```
public class ARMDispatcher
    public void populate(ParameterSource source) {
        String values = source.getParameterForName(pageStateName);
        if (value != null) {
            marketBindings.put(pageStateName + getDateStamp(),
                               value);
        }
        ...
    }
}
```

O que fizemos aqui? Introduzimos uma nova interface chamada `ParameterSource`. Nesse momento, o único método que ela tem se chama `getParameterForName`. Diferente do método `getParameterValue` de `HttpServletRequest`, `getParameterForName` só retorna o primeiro parâmetro. Escrevemos o método dessa forma porque só estamos interessados no primeiro parâmetro nesse contexto.

> Mova-se em direção a interfaces que comuniquem responsabilidades em vez de detalhes da implementação. Isso facilita a leitura e a manutenção de código.

Aqui está uma classe fictícia que implementa `ParameterSource`. Podemos usá-la em nosso teste:

```
class FakeParameterSource implements ParameterSource
{
    public String value;

    public String getParameterForName(String name) {
        return value;
    }
}
```

Agora o código fonte do parâmetro no código de produção ficará assim:

```
class ServletParameterSource implements ParameterSource
{
    private HttpServletRequest request;

    public ServletParameterSource(HttpServletRequest request) {
        this.request = request;
    }

    String getParameterValue(String name) {
        String [] values = request.getParameterValues(name);
        if (values == null || values.length < 1)
            return null;
        return values[0];
    }
}
```

Superficialmente, pode parecer que estamos fazendo melhorias pensando na estética, mas um problema que ocorre muito em bases de código legado é que geralmente não há nenhuma camada de abstração; o código mais importante do sistema costuma estar misturado com chamadas de API de baixo nível. Já vimos como isso pode dificultar os testes, mas os problemas vão bem além. O código é mais difícil de entender quando está misturado com interfaces amplas contendo vários métodos não usados. Quando criamos abstrações enxutas abordando apenas o necessário, nosso código se comunica melhor e obtemos um ponto de extensão melhor.

Se usarmos `ParameterSource` no exemplo, criaremos uma separação entre a lógica do preenchimento e as fontes. Não ficaremos mais presos a interfaces J2EE específicas.

> *Adaptar Parâmetro* é um caso em que não *Preservamos Assinaturas* (296). Tenha muito cuidado.

Adaptar Parâmetro pode ser arriscado se a interface simplificado que você está criando para a classe do parâmetro for muito diferente da interface atual dele. Se não tomarmos cuidado quando fizermos essas alterações, podemos introduzir bugs sutis. Como sempre, lembre-se de que o objetivo é quebrar dependências o suficiente para definir testes. Faça alterações nas quais tenha mais confiança e não as que lhe deem a melhor estrutura. Essas podem vir após os testes. Por exemplo, nesse caso podemos querer alterar `ParameterSource` para que seus clientes não precisem procurar um valor nulo ao chamar seus métodos (consulte *Padrão de Objeto Nulo* (109) para ver detalhes).

> Segurança em primeiro lugar. Quando seus testes estiverem definidos, você poderá fazer alterações invasivas com muito mais confiança.

Passos

Para usar *Adaptar Parâmetro*, siga os seguintes passos:

1. Crie a nova interface que usará no método. Ela deve ser tão simples e comunicativa quanto possível, mas tente não criar uma interface que demande mais do que apenas alterações triviais no método.
2. Crie um implementador de produção para a nova interface.
3. Crie um implementador fictício para a interface.
4. Escreva um caso de teste simples, passando o parâmetro fictício para o método.
5. Faça as alterações necessárias no método para usar o novo parâmetro.
6. Execute seus testes para ver se consegue testar o método usando o parâmetro fictício.

Extrair objeto método

Métodos longos são muito difíceis de manipular em várias aplicações. Geralmente, quando conseguimos instanciar a classe que os contém em um framework de testes, podemos começar a escrever testes. Em alguns casos, dá muito trabalho fazer uma classe ser instanciada separadamente. Pode até ser um exagero para as alterações que você precisa fazer. Se o método com o qual você precisa trabalhar for pequeno e não usar dados de instância, empregue *Expor Método Estático* (324) para submeter suas alterações a teste. Por outro lado, se seu método for grande ou utilizar métodos e dados de instância, considere o uso de *Extrair Objeto Método*. Em poucas palavras, a ideia existente por trás dessa refatoração é a transferência de um método longo para uma nova classe. Os objetos criados com o uso dessa nova classe se chamam objetos método porque contêm o código de um único método. Após usar *Extrair Objeto Método*, com frequência podemos escrever testes para a nova classe com mais facilidade do que seria possível para o método antigo. As variáveis locais do método antigo podem se tornar variáveis de instância na nova classe. Isso costuma facilitar a quebra de dependências e mover o código para um estado melhor.

Aqui está um exemplo em C++ (partes grandes da classe e do método foram removidas por questões de preservação ecológica):

```
class GDIBrush
{
public:
    void draw(vector<point>& renderingRoots,
              ColorMatrix& colors,
              vector<point>& selection);
    ...

private:
    void drawPoint(int x, int y, COLOR color);
    ...

};

void GDIBrush::draw(vector<point>& renderingRoots,
                    ColorMatrix& colors,
                    vector<point>& selection)
{
    for(vector<points>::iterator it = renderingRoots.begin();
            it != renderingRoots.end();
            ++it) {
        point p = *it;
        ...

        drawPoint(p.x, p.y, colors[n]);
    }
    ...

}
```

A classe GDIBrush tem um método longo chamado draw. Não podemos escrever testes facilmente para ele e vai ser muito difícil criar uma instância de GDIBrush em um framework de testes. Usaremos *Extrair Objeto Método* para mover draw para uma nova classe.

O primeiro passo é criar uma nova classe que execute a tarefa de desenhar. Podemos chamá-la de Renderer. Após criá-la, nós lhe daremos um construtor público. Os argumentos do construtor devem ser uma referência à classe original e aos argumentos do método original. Temos de *Preservar Assinaturas (312)* no último.

```
class Renderer
{
public:
    Renderer(GBIBrush *brush,
             vector<point>& renderingRoots,
             ColorMatrix& colors,
             vector<point>& selection);
    ...

};
```

Após criar o construtor, adicionaremos variáveis de instância para cada um de seus argumentos e as inicializaremos. Faremos isso com um conjunto de ações recortar/copiar/colar para continuar *Preservando Assinaturas (312)*.

```
class Renderer
{
private:
    GDIBrush *brush;
    vector<point>& renderingRoots;
    ColorMatrix& colors;
    vector<point>& selection;

public:
    Renderer(GDIBrush *brush,
              vector<point>& renderingRoots,
              ColorMatrix& colors,
              vector<point>& selection)
        : brush(brush), renderingRoots(renderingRoots),
          colors(colors), selection(selection)
        {}

};
```

Você deve estar olhando o código e dizendo: "Humm, parece que não saímos do lugar. Estamos aceitando uma referência a GDIBrush e não podemos instanciar esse objeto em nosso framework de testes. Em que isso nos beneficia?". Espere, vamos chegar a um local diferente.

Após concluir o construtor, podemos adicionar outro método à classe, um método que fará o trabalho que era feito no método draw(). Também podemos chamá-lo de draw().

```
class Renderer
{
private:
    GDIBrush *brush;
    vector<point>& renderingRoots;
    ColorMatrix& colors;
    vector<point>& selection;

public:
    Renderer(GDIBrush *brush,
             vector<point>& renderingRoots,
             ColorMatrix& colors,
             vector<point>& selection)
        : brush(brush), renderingRoots(renderingRoots),
          colors(colors), selection(selection)
        {}

    void draw();
};
```

Agora adicionaremos o corpo do método draw() a Renderer. Copiaremos o corpo do método draw() antigo para o novo e *Confiaremos no Compilador* (298).

```
void Renderer::draw()
{
    for(vector<points>::iterator it = renderingRoots.begin();
            it != renderingRoots.end();
            ++it) {
        point p = *it;
        ...
        drawPoint(p.x, p.y, colors[n]);
    }
    ...

}
```

Se o método draw() de Renderer tiver alguma referência a métodos ou variáveis de instância de GDIBrush, nossa compilação falhará. Para fazê-la ser bem-sucedida, podemos criar métodos de leitura para as variáveis e tornar públicos os métodos dos quais elas dependem. Nesse caso, há apenas uma dependência, um método privado chamado drawPoint. Após torná-lo público em GDIBrush, poderemos acessá-lo a partir de uma referência à classe Renderer e o código será compilado.

Agora podemos fazer o método draw de GDIBrush delegar para a nova classe Renderer.

```
void GDIBrush::draw(vector<point>& renderingRoots,
                    ColorMatrix& colors,
                    vector<point>& selection)
{
    Renderer renderer(this, renderingRoots,
                      colors, selection);
    renderer.draw();
}
```

Voltemos à dependência de GDIBrush. Se não conseguirmos instanciar GDIBrush em um framework de testes, podemos usar *Extrair Interface* para quebrar totalmente a dependência de GDIBrush. A seção sobre *Extrair Interface* (339) tem os detalhes, mas, para resumir, criamos uma classe de interface vazia e fazemos GDIBrush implementá-la. Nesse caso, podemos chamá-la de PointRenderer porque drawPoint é o método de GDIBrush ao qual precisamos realmente de acesso em Renderer. Então alteramos a referência que Renderer contém de GDIBrush para PointRenderer, compilamos e deixamos o compilador nos dizer que métodos têm de estar na interface. Aqui está a aparência final do código:

```
class PointRenderer
{
    public:
        virtual void drawPoint(int x, int y, COLOR color) = 0;
};


class GDIBrush : public PointRenderer
{
public:
    void drawPoint(int x, int y, COLOR color);
    ...
};


class Renderer
{
private:
    PointRender *pointRenderer;
    vector<point>& renderingRoots;
    ColorMatrix& colors;
    vector<point>& selection;

public:
    Renderer(PointRenderer *renderer,
             vector<point>& renderingRoots,
             ColorMatrix& colors,
             vector<point>& selection)
        : pointRenderer(pointRenderer),
          renderingRoots(renderingRoots),
          colors(colors), selection(selection)
        {}

    void draw();
};

void Renderer::draw()
{
    for(vector<points>::iterator it = renderingRoots.begin();
            it != renderingRoots.end();
            ++it) {
        point p = *it;
        ...
```

```
            pointRenderer->drawPoint(p.x,p.y,colors[n]);
        }
        ...

    }
```

A Figura 25.1 mostra a aparência em UML.

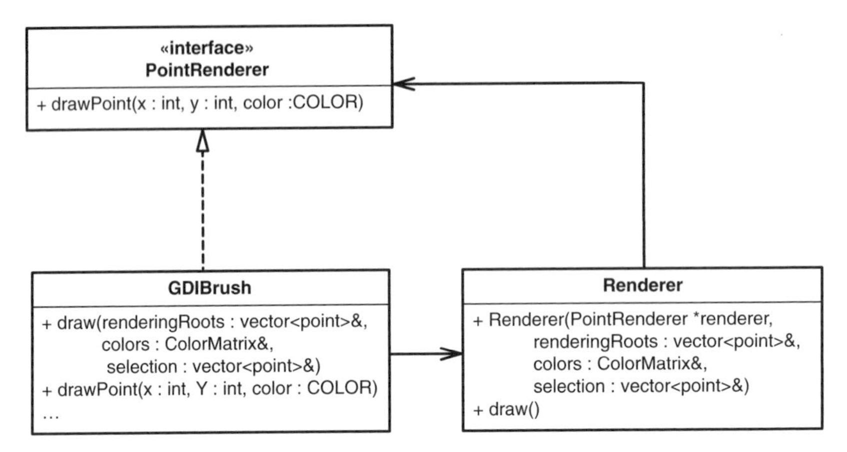

Figura 25.1 `GDIBrush` *após Extrair Objeto Método.*

Nosso resultado final ficou um pouco estranho. Temos uma classe (`GDIBrush`) que implementa uma nova interface (`PointRenderer`) e essa interface só é usada por um objeto (um `Renderer`) que é criado pela classe. Você pode não ter gostado de termos tornado públicos detalhes que eram privados na classe original para poder usar essa técnica. Agora o método `drawPoint`, que era privado em `GDIBrush`, está aberto ao público. O importante a ser notado é que ainda não terminamos.

Com o tempo, você ficará frustrado por não poder instanciar a classe original em um framework de testes e quebrará dependências para fazê-lo. Então, procurará outras opções. Por exemplo, `PointRenderer` deve ser uma interface? Poderia ser uma classe contendo um `GDIBrush`? Se puder, talvez você consiga se mover em direção a um projeto baseado nesse novo conceito de objetos `Renderer`.

Essa é apenas uma das refatorações simples que podemos fazer ao submeter a classe a teste. A estrutura resultante deve abrir espaço para muitas outras.

> *Extrair Objeto Método* tem diversas variações. No caso mais simples, o método original não usa nenhum método ou variável de instância da classe original. Não precisamos passar para ele uma referência à classe original. Em outros casos, o método só usa dados da classe original. Pode fazer sentido inseri-los em uma nova classe de armazenamento de dados e passá-la como argumento para o objeto método.
>
> O caso que estou mostrando nesta seção é o pior; temos de usar métodos da classe original, portanto, empregamos *Extrair Interface* (339) e construímos alguma abstração entre o objeto de método e a classe original.

Passos

Você pode usar estes passos para aplicar *Extrair Objeto Método* de maneira segura sem testes:

1. Crie uma classe para conter o código do método.
2. Crie um construtor para a classe e *Preserve Assinaturas* (296) para lhe dar uma cópia exata dos argumentos usados pelo método. Se o método usar dados de instância ou métodos da classe original, adicione uma referência à classe original como o primeiro argumento do construtor.
3. Para cada argumento do construtor, declare uma variável de instância e dê a ele exatamente o mesmo tipo da variável. *Preserve Assinaturas* copiando todos os argumentos diretamente na classe e formatando-os como declarações de variáveis de instância. Atribua todos os argumentos às variáveis de instância do construtor.
4. Crie um método de execução vazio na nova classe. Geralmente, esse método se chama `run()`. Usamos o nome `draw` no exemplo.
5. Copie o corpo do método antigo no método de execução, compile e *Confie no Compilador* (298).
6. As mensagens de erro do compilador devem indicar se o método ainda está usando métodos ou variáveis da classe antiga. Em cada um desses casos, faça o que for necessário para o método ser compilado. Em alguns, vai ser preciso apenas alterar uma chamada para usar a referência à classe original. Em outros, você pode ter de tornar os métodos públicos na classe original ou introduzir métodos de leitura para não precisar tornar as variáveis de instância públicas.
7. Após a nova classe ser compilada, volte ao método original e altere-o para que crie uma instância da nova classe e delegue seu trabalho para ela.
8. Se necessário, use *Extrair Interface* (339) para quebrar a dependência da classe original.

Complementação de definição

Em algumas linguagens, podemos declarar um tipo em um local e defini-lo em outro. As linguagens em que esse recurso tem mais destaque são C e C++. Em ambas, podemos declarar uma função ou método em um local e defini-lo em outro, geralmente em um arquivo de implementação. Se tivermos esse recurso, poderemos usá-lo para quebrar dependências.

Aqui está um exemplo:

```
class CLateBindingDispatchDriver : public CDispatchDriver
{
public:
                CLateBindingDispatchDriver ();
    virtual    ~CLateBindingDispatchDriver ();

    ROOTID      GetROOTID (int id) const;

    void        BindName (int id,
                 OLECHAR FAR *name);
    ...

private:
    CArray<ROOTID, ROOTID& > rootids;

};
```

Essa é a declaração de uma pequena classe em uma aplicação C++. Os usuários criam CLateBindingDispatchDrivers e então usam o método BindName para associar nomes a IDs. Queremos fornecer uma maneira diferente de vincular nomes quando usarmos essa classe em um teste. Em C++, podemos fazer isso usando *Complementação de definição*. O método BindName foi declarado no arquivo de cabeçalho da classe. Como podemos dar a ele uma definição diferente em um teste? Podemos incluir o cabeçalho que contém essa declaração de classe no arquivo de teste e fornecer definições alternativas para os métodos antes de nossos testes.

```
#include "LateBindingDispatchDriver.h"

CLateBindingDispatchDriver::CLateBindingDispatchDriver() {}

CLateBindingDispatchDriver::~CLateBindingDispatchDriver() {}

ROOTID GetROOTID (int id) const { return ROOTID(-1); }

void BindName(int id, OLECHAR FAR *name) {}


TEST(AddOrder,BOMTreeCtrl)
{
```

```
    CLateBindingDispatchDriver driver;
    CBOMTreeCtrl  ctrl(&driver);

    ctrl.AddOrder(COrderFactory::makeDefault());
    LONGS_EQUAL(1, ctrl.OrderCount());
}
```

Quando definimos esses métodos diretamente no arquivo de testes, estamos fornecendo as definições que serão usadas no teste. Podemos fornecer corpos nulos para métodos em que não estejamos interessados ou inserir métodos de detecção de efeitos que possam ser usados em todos os testes.

O uso de *Complementação de Definição* em C ou C++ nos obriga a criar um executável separado para os testes que utilizarão as complementações de definição. Se não o fizermos, elas entrarão em conflito com as definições reais no tempo de vinculação. Outro problema é que agora temos dois conjuntos de definições diferentes para os métodos de uma classe, um em um arquivo-fonte de teste e o outro em um arquivo-fonte de produção. Isso pode aumentar o trabalho de manutenção. Também pode confundir os depuradores se não configurarmos o ambiente corretamente. Portanto, não recomendo o uso de *Complementação de Definição* exceto nas piores situações de dependência. Mesmo então, recomendo sua aplicação apenas na quebra de dependências iniciais. Em seguida, você deve submeter a classe a testes rapidamente para que as definições duplicadas possam ser removidas.

Passos

Para usar *Complementação de Definição* em C++, siga os seguintes passos:

1. Identifique uma classe com definições que queira substituir.
2. Verifique se as definições de métodos estão em um arquivo-fonte e não em um cabeçalho. Se estiverem em um cabeçalho, mova-as para o arquivo-fonte.
3. Inclua o cabeçalho no arquivo-fonte de teste da classe que você está testando.
4. Certifique-se de que os arquivos-fonte da classe não façam parte da construção.
5. Construa para encontrar métodos ausentes.
6. Adicione definições de métodos ao arquivo-fonte de teste até ter uma construção completa.

Encapsular referências globais

Quando você estiver tentando testar código com dependências problemáticas de referências globais, terá basicamente três opções. Pode tentar fazer as referências globais agirem diferentemente nos testes, vincular-se a referências globais diferentes ou encapsular as referências globais para criar uma desvinculação maior. A última opção se chama *Encapsular Referências Globais*. Aqui está um exemplo em C++:

```
bool AGG230_activeframe[AGG230_SIZE];
bool AGG230_suspendedframe[AGG230_SIZE];

void AGGController::suspend_frame()
{
    frame_copy(AGG230_suspendedframe,
               AGG230_activeframe);
    clear(AGG230_activeframe);
    flush_frame_buffers();
}

void AGGController::flush_frame_buffers()
{
    for (int n = 0; n < AGG230_SIZE; ++n) {
        AGG230_activeframe[n] = false;
        AGG230_suspendedframe[n] = false;
    }
}
```

Nesse exemplo, temos um código que executa tarefas com alguns conjuntos globais. O método `suspend_frame` tem de acessar o quadro ativo e o suspenso. À primeira vista, parece que podemos transformar os quadros em membros da classe `AGGController`, mas outras classes (não mostradas) os usam. O que podemos fazer?

O que nos ocorre imediatamente é que podemos passá-los como parâmetros para o método `suspend_frame` usando *Parametrizar Método* (359), mas então teremos de passá-los como parâmetros para qualquer método que `suspend_frame` chamar e que precise deles. Nesse caso, `flush_frame_buffer` será um obstáculo.

A próxima opção é passar os dois quadros como argumentos de construtor para `AGGController`. Poderíamos fazer isso, mas é bom olhar outros locais onde eles são usados. Se sempre que usarmos um também usarmos o outro, podemos agrupá-los.

> Se várias referências globais forem sempre usadas ou modificadas perto umas das outras, elas pertencem à mesma classe.

A melhor maneira de lidar com essa situação é examinar os dados, o quadro ativo e o suspenso, e tentar inventar um bom nome para uma nova classe que armazene os dois. Às vezes isso é um pouco complicado. Temos de pensar no que esses dados significam no projeto e então considerar por que eles estão aí. Se criarmos uma nova classe, acabaremos movendo métodos para ela e há chances de que o código desses métodos já exista em algum outro local onde os dados são usados.

Ao nomear uma classe, pense nos métodos que residirão nela. O nome deve ser bom, mas não precisa ser perfeito. Lembre-se de que podemos renomeá-la posteriormente se necessário.

No exemplo anterior, é de se esperar que, com o tempo, os métodos `frame_copy` e `clear` possam passar para a nova classe que vamos criar. Há algum trabalho comum ao quadro suspenso e ao quadro ativo? Parece que nesse caso há. A função `suspend_frame` de `AGGController` pode ser passada para uma nova classe contanto que tenha tanto o vetor `suspended_frame` quanto o vetor `active_frame`. Como poderíamos chamar essa nova classe? Poderíamos chamá-la apenas de `Frame` e dizer que cada quadro tem um buffer ativo e um buffer suspenso. Isso requer que mudemos nossos conceitos e renomeemos variáveis, mas o que obteremos em troca será uma classe mais inteligente com maior ocultação de detalhes.

O nome que você inventar para a classe pode já estar sendo usado. Se estiver, considere se pode renomear o que quer que esteja usando o nome.

Veja como fazê-lo, passo a passo.

Primeiro, criamos uma classe com esta aparência:

```
class Frame
{
public:
    // declara AGG230_SIZE como uma constante
    enum { AGG230_SIZE = 256 };

    bool AGG230_activeframe[AGG230_SIZE];
    bool AGG230_suspendedframe[AGG230_SIZE];

};
```

Deixamos os nomes dos dados iguais intencionalmente só para facilitar a próxima etapa. Em seguida, declaramos uma instância global da classe `Frame`:

```
Frame frameForAGG230;
```

Agora desativamos as declarações originais dos dados com comentários e tentamos construir:

```
    // bool AGG230_activeframe[AGG230_SIZE];
    // bool AGG230_suspendedframe[AGG230_SIZE];
```

Nesse momento, veremos todo tipo de erros de compilação nos dizendo que AGG_activeframe e AGG230_suspendedframe não existem e nos ameaçando com consequências terríveis. Se o sistema de construção for suficientemente arrogante, ele contornará os problemas com uma tentativa de vinculação, deixando-nos com cerca de 10 páginas de erros de vinculação não resolvidos. Poderíamos ficar preocupados, mas esperávamos que tudo isso ocorresse, não?

Para contornar todos esses erros, podemos parar em cada um e inserir frameForAGG320. na frente de cada referência que está causando problemas.

```
void AGGController::suspend_frame()
{
    frame_copy(frameForAGG230.AGG230_suspendedframe,
               frameForAGG230.AGG230_activeframe);
    clear(frameForAGG230.AGG230_activeframe);
    flush_frame_buffer();
}
```

Após fazer isso, teremos um código mais feio, mas ele será compilado e funcionará corretamente; logo, trata-se de uma transformação que preserva o comportamento. Agora que terminamos, podemos passar um objeto Frame por intermédio do construtor da classe AGGController e ter a separação de que precisamos para seguir adiante.

> Referenciar um membro de uma classe em vez de uma simples variável global é só o primeiro passo. Depois considere se deve usar *Introduzir Método de Escrita Estático* (348) ou parametrizar o código usando *Parametrizar Construtor* (355) ou *Parametrizar Método* (359).

Bem, introduzimos uma nova classe adicionando variáveis globais a ela e tornando-as públicas. Por que agimos assim? Afinal, dedicamos algum tempo pensando em como chamar a nova classe e nos tipos de métodos que inseriríamos nela. Poderíamos ter iniciado criando um objeto Frame fictício para o qual pudéssemos delegar em AGGController e movido toda a lógica que usa essas variáveis para uma classe Frame real. Poderíamos tê-lo feito, mas é muita coisa para se tentar de uma só vez. Pior, quando não há testes definidos e fazemos o mínimo para defini-los, é melhor deixar a lógica de lado o máximo possível. Devemos evitar movê-la e tentar gerar a separação inserindo pontos de extensão que nos permitam chamar um método em vez de outro ou acessar um trecho dos dados em vez de outro. Posteriormente, quando tivermos mais testes, poderemos mover comportamento de uma classe para outra impunemente.

Após passar o quadro para AGGController, podemos fazer algumas renomeações para deixar as coisas um pouco mais claras. Aqui está nosso estado final para essa refatoração:

```
class Frame
{
public:
    enum { BUFFER_SIZE = 256 };
    bool activebuffer[BUFFER_SIZE];
```

```
    bool suspendedbuffer[BUFFER_SIZE];
};

Frame  frameForAGG230;

void AGGController::suspend_frame()
{
    frame_copy(frame.suspendedbuffer,
               frame.activebuffer);
    clear(frame.activeframe);
    flush_frame_buffer();
}
```

Pode não parecer uma grande melhoria, mas é um primeiro passo muito importante. Após termos movido os dados para uma classe, teremos separação e equilíbrio para tornar o código muito melhor com o tempo. Podemos até querer criar uma classe `FrameBuffer` em algum momento.

> Quando usar *Encapsular Referências Globais*, comece com dados ou métodos pequenos. Métodos mais substanciais podem ser movidos para a nova classe quando mais testes estiverem definidos.

No exemplo anterior, mostrei como *Encapsular Referências Globais* usando dados globais. Você pode fazer o mesmo com funções globais em programas C++. Geralmente, quando trabalhamos com alguma API da linguagem C, temos chamadas a funções globais espalhadas por uma área de código que queremos manipular. O único ponto de extensão é o vínculo entre as chamadas e suas respectivas funções. Podemos usar *Substituição de Vínculo* (353) para obter separação, mas teremos um código melhor estruturado se usarmos *Encapsular Referências Globais* para construir outro ponto de extensão. Aqui está um exemplo.

Em um trecho de código que queremos submeter a teste, há chamadas a duas funções: `GetOption(const string optionName)` e `setOption(string name, Option option)`. Elas são simplesmente funções livres, não anexadas a nenhuma classe, mas usadas prolificamente no código desta forma:

```
void ColumnModel::update()
{
    alignRows();
    Option resizeWidth = ::GetOption("ResizeWidth");
    if (resizeWidth.isTrue()) {
        resize();
    }  else {
        resizeToDefault();
    }
}
```

Em um caso assim, poderíamos pensar em antigos paliativos, técnicas como *Parametrizar Método* (359) e *Extrair e Sobrescrever Método de Leitura* (331), mas se as chamadas se estenderem por vários métodos e classes, seria mais elegante usar *Encapsular Referências Globais*. Para fazer isso, crie uma nova classe como a seguinte:

```
class OptionSource
{
public:
    virtual         ~OptionSource() = 0;
    virtual Option  GetOption(const string& optionName) = 0;
    virtual void    SetOption(const string& optionName,
                              const Option& newOption) = 0;
};
```

A classe contém métodos abstratos para cada uma das funções livres de que precisamos. Agora, crie uma subclasse para simular a classe. Nesse caso, poderíamos ter um mapa ou um vetor na subclasse fictícia que nos permitisse nos atermos a um conjunto de opções a ser usado durante os testes. Forneceríamos um método `add` para a subclasse fictícia ou apenas um construtor que aceitasse um mapa – o que fosse conveniente para os testes. Quando tivermos a subclasse fictícia, poderemos criar a fonte real de opções:

```
class  ProductionOptionSource : public OptionSource
{
public:
    Option GetOption(const string& optionName);
    void SetOption(const string& optionName,
                   const Option& newOption) ;
};

Option ProductionOptionSource::GetOption(
        const string& optionName)
{
    ::GetOption(optionName);
}

void ProductionOptionSource::SetOption(
        const string& optionName,
        const Option& newOption)
{
    ::SetOption(optionName, newOption);
}
```

Para encapsular referências a funções livres, crie uma classe de interface com subclasses fictícia e de produção. Cada uma das funções do código de produção deve apenas fazer a delegação para uma função global.

Essa refatoração funcionou bem. Introduzimos um ponto de extensão e acabamos fazendo uma delegação simples para a função da API. Agora que fizemos isso, podemos parametrizar a classe para que aceite um objeto `OptionSource` e usar um objeto fictício no teste e o real em produção.

No exemplo anterior, inserimos as funções em uma classe e as transformamos em funções virtuais. Poderíamos ter feito de outra forma? Sim, poderíamos ter criado funções livres que delegassem para outras funções livres ou adicionado-as a uma nova classe como funções estáticas, mas nenhuma dessas abordagens teria gerado bons pontos de extensão. Teríamos de usar o *ponto de extensão de vinculação* (36) ou o *ponto de extensão de pré-processamento* (33) para substituir uma implementação por outra. Quando usamos a abordagem de classe e função virtual e parametrizamos a classe, os pontos de extensão obtidos são explícitos e fáceis de gerenciar.

Passos

Para *Encapsular Referências Globais*, siga os seguintes passos:

1. Identifique as referências globais que deseja encapsular.
2. Crie uma classe a partir da qual queira referenciá-las.
3. Copie as referências globais para a classe. Se algumas forem variáveis, manipule sua inicialização na classe.
4. Comente as declarações originais das referências globais.
5. Declare uma instância global da nova classe.
6. *Confie no Compilador* (298) para encontrar todas as referências não resolvidas para as globais antigas.
7. Anteceda cada referência não resolvida com o nome da instância global da nova classe.
8. Em locais onde quiser usar elementos fictícios, use *Introduzir Método de Escrita Estático* (348), *Parametrizar Construtor* (355), *Parametrizar Método* (359) ou *Substituir Referência Global por Método de Leitura* (374).

Expor métodos estáticos

Trabalhar com classes que não podem ser instanciadas em um framework de testes é muito complicado. Aqui está uma técnica que uso em alguns casos. Se você tiver um método que não use métodos ou dados de instância, pode transformá-lo em um método estático. Quando ele for estático, poderá submetê-lo a teste sem precisar instanciar a classe. Vejamos um exemplo em Java.

Temos uma classe com um método `validate` e precisamos adicionar uma nova condição de validação. Infelizmente, seria muito difícil instanciar a classe onde ele está. Vou poupar-lhe do fardo de examinar a classe inteira, mas aqui está o método que devemos alterar:

```
class RSCWorkflow
{
    ...
    public void validate(Packet packet)
            throws InvalidFlowException {
        if (packet.getOriginator().equals( "MIA")
                || packet.getLength() > MAX_LENGTH
                || !packet.hasValidCheckSum()) {
            throw new InvalidFlowException();
        }
        ...
    }
    ...
}
```

O que podemos fazer para submeter esse método a testes? Quando o examinamos atenciosamente, vemos que o método usa vários métodos da classe `Packet`. Na verdade, faria sentido mover `validate` para a classe `Packet`, mas mover o método, não é a coisa menos arriscada que podemos fazer agora; definitivamente, não poderemos *Preservar Assinaturas* (296). Quando não temos um suporte automatizado para mover métodos, geralmente é melhor definir testes primeiro. *Expor Método Estático* pode ajudá-lo a fazer isso. Com testes, você pode fazer a alteração necessária e ficar muito mais confiante ao mover o método depois.

> Quando estiver quebrando dependências sem testes, *Preserve Assinaturas* dos métodos sempre que possível. Se recortar/copiar e colar assinaturas de métodos inteiras, terá menos chances de introduzir erros.

O código que estamos examinando não depende de nenhum método ou variável de instância. O que aconteceria se o método `validate` fosse público e estático? Qualquer pessoa poderia escrever essa sentença em algum lugar do código e validar um pacote:

```
RSCWorkflow.validate(packet);
```

Quem quer que tenha criado a classe, não imaginaria nunca que alguém tornaria esse método estático algum dia, muito menos público. Então, não é adequado fazê-lo? Não, não é isso. O encapsulamento é ótimo para as classes, mas a área estática de uma classe não faz realmente parte dela. Na verdade, em algumas linguagens, faz parte de outra classe, às vezes conhecida como a metaclasse da classe.

Quando um método é estático, sabemos que ele não acessa nenhum dos dados privados da classe; é apenas um método utilitário. Se você tornar o método público, poderá escrever testes para ele. Esses testes lhe darão suporte se você optar por mover o método para outra classe posteriormente.

Métodos e dados estáticos agem realmente como se fizessem parte de uma classe diferente. Os dados estáticos existem durante a vida de um programa, e não durante a vida de uma instância, e elementos estáticos podem ser acessados sem uma instância.

As partes estáticas de uma classe podem ser vistas como uma "área temporária" para coisas que não pertencem realmente à classe. Se encontrarmos um método que não use nenhum dado de instância, pode ser uma boa ideia transformá-lo em estático para que fique mais visível até descobrirmos a que classe ele pertence de verdade.

Aqui está a classe `RSCWorkFlow` após termos extraído um método estático para `validate`.

```
public class RSCWorkflow {
    public void validate(Packet packet)
            throws InvalidFlowException {
        validatePacket(packet);
    }

    public static void validatePacket(Packet packet)
            throws InvalidFlowException {
        if (packet.getOriginator() == "MIA"
                || packet.getLength() <= MAX_LENGTH
                || packet.hasValidCheckSum()) {
            throw new InvalidFlowException();
        }
        ...
    }
    ...
}
```

Em algumas linguagens há uma maneira mais simples de *Expor Método Estático*. Em vez de extrair um método estático do método original, você pode apenas tornar o método original estático. Se o método estiver sendo usado por outras classes, ele ainda poderá ser acessado fora de uma instância de sua classe. Aqui está um exemplo:

```
RSCWorkflow workflow = new RCSWorkflow();
...
// chamada estática que parece uma chamada não estática
workflow.validatePacket(packet);
```

No entanto, certas linguagens exibem um aviso de compilação quando isso é feito. É melhor tentar colocar o código em um estado em que não haja avisos de compilação.

Se você estiver preocupado com o fato de alguém usar o método estático de uma maneira que cause problemas de dependência posteriormente, pode expor o método usando algum modo de acesso não público. Em linguagens como Java e C#, que têm visibilidade de pacote ou interna, você pode restringir o acesso ao método estático ou torná-lo protegido e acessá-lo por intermédio de uma *subclasse de teste*. Em C++, existem as mesmas opções: você pode declarar o método estático como protegido ou usar um espaço de nome.

Passos

Para *Expor Método Estático*, siga os seguintes passos:

1. Escreva um teste que acesse o método que você deseja expor como um método estático público da classe.
2. Extraia o corpo do método para um método estático. Lembre-se de *Preservar Assinaturas* (296). Você terá de usar um nome diferente para o método. Geralmente, os nomes dos parâmetros nos ajudam a inventar um novo nome. Por exemplo, se um método chamado `validate` aceitar um objeto `Packet`, você poderá extrair seu corpo como um método estático chamado `validatePacket`.
3. Compile.
4. Se houver erros relacionados ao acesso de métodos ou dados de instância, examine esses recursos e veja se eles também podem ser tornados estáticos. Se puderem, torne-os estáticos para o sistema ser compilado.

Extrair e sobrescrever chamada

Às vezes, as dependências que atrapalham durante o teste são localizadas. Podemos ter uma única chamada de método que precise ser substituída. Se conseguirmos quebrar a dependência de uma chamada de método, poderemos impedir a ocorrência de efeitos colaterais estranhos em nosso teste ou detectar valores passados para a chamada.

Vejamos um exemplo:

```
public class PageLayout
{
    private int id = 0;
    private List styles;
    private StyleTemplate template;
    ...
    protected void rebindStyles() {
        styles = StyleMaster.formStyles(template, id);
        ...
    }
    ...
}
```

PageLayout faz uma chamada a uma função estática de nome formStyles em uma classe chamada StyleMaster. Ela atribui o valor de retorno a uma variável de instância: styles. O que podemos fazer se quisermos detectar efeitos através de formStyles ou isolar nossa dependência de StyleMaster? Uma opção é extrair a chamada para um novo método e sobrescrevê-lo em uma *subclasse de teste*. Isso é conhecido como *Extrair e Sobrescrever Chamada*.

Aqui está o código após a extração:

```
public class PageLayout
{
    private int id = 0;
    private List styles;
    private StyleTemplate template;
    ...
    protected void rebindStyles() {
        styles = formStyles(template, id);
        ...
    }


    protected List formStyles(StyleTemplate template,
                              int id) {
        return StyleMaster.formStyles(template, id);
    }
    ...
}
```

Agora que temos nosso próprio método formStyles local, podemos sobrescrevê-lo para quebrar a dependência. Nesse exemplo, por enquanto não precisamos de estilos para as coisas que estamos testando; logo, podemos retornar apenas uma lista vazia.

```
public class TestingPageLayout extends PageLayout {
    protected List formStyles(StyleTemplate template,
                              int id) {
        return new ArrayList();
    }
    ...
}
```

Ao desenvolver testes que precisem de vários estilos, poderemos alterar esse método para configurar o que será retornado.

Extrair e Sobrescrever Chamada é uma refatoração muito útil; uso-a com muita frequência. É uma maneira ideal de quebrar dependências de variáveis globais e métodos estáticos. Em geral, tendo a usá-la a menos que haja muitas chamadas diferentes ao mesmo método global. Quando há, costumo usar *Substituir Referência Global por Método de Leitura* (374) ou *Parametrizar Construtor* (355).

Se você tiver uma ferramenta de refatoração automatizada, será fácil *Extrair e Sobrescrever Chamada*. Você pode fazê-lo usando a refatoração *Extrair Método* (389). No entanto, se não tiver, use os passos a seguir. Eles lhe permitirão extrair qualquer chamada com segurança, mesmo se não houver testes.

Passos

Para *Extrair e Sobrescrever Chamada*, siga os seguintes passos:

1. Identifique a chamada que deseja extrair. Encontre a declaração de seu método. Copie a assinatura do método para poder *Preservar Assinaturas* (296).
2. Crie um novo método na classe atual. Dê a ele a assinatura que acabou de copiar.
3. Copie a chamada para o novo método e substitua-a por uma chamada a esse método.
4. Introduza uma subclasse de teste e sobrescreva o novo método.

Extrair e sobrescrever método fábrica

A criação de objetos em construtores pode ser incômoda quando você quiser submeter uma classe a testes. Em algumas situações, o trabalho que está ocorrendo nesses objetos não deveria ocorrer em um framework de testes. Em outras, podemos querer definir apenas um objeto de detecção, mas não conseguir porque a criação desse objeto está embutida no código de um construtor.

> Um trabalho de inicialização embutido no código de construtores pode ser muito difícil de contornar nos testes.

Examinemos um exemplo:

```
public class WorkflowEngine
{
    public WorkflowEngine () {
        Reader reader
            = new ModelReader(
                AppConfig.getDryConfiguration());

        Persister persister
            = new XMLStore(
                AppConfiguration.getDryConfiguration());

        this.tm = new TransactionManager(reader, persister);
        ...
    }
    ...
}
```

`WorkflowEngine` cria um `TransactionManager` em seu construtor. Se a criação estivesse em outro local, poderíamos introduzir alguma separação mais facilmente. Uma das opções que temos é usar *Extrair e Sobrescrever Método Fábrica.*

> *Extrair e Sobrescrever Método Fábrica* é uma técnica muito poderosa, mas apresenta alguns problemas em certas linguagens. Por exemplo, você não pode usá-la em C++. C++ não permite que chamadas de funções virtuais sejam resolvidas para funções em classes derivadas. A linguagem Java e muitas outras linguagens permitem isso. Em C++, *Substituir Variável de Instância* e *Extrair e Sobrescrever Método de Leitura* são boas alternativas. Consulte o exemplo de *Substituir Variável de Instância* para ver uma discussão desse problema.

```
public class WorkflowEngine
{
    public WorkflowEngine () {
        this.tm = makeTransactionManager();
        ...
    }
```

```
    protected TransactionManager makeTransactionManager() {
        Reader reader
            = new ModelReader(
                AppConfiguration.getDryConfiguration());

        Persister persister
            = new XMLStore(
                AppConfiguration.getDryConfiguration());

        return new TransactionManager(reader, persister);
    }
    ...
}
```

Quando tivermos esse método fábrica, poderemos criar uma subclasse e sobrescrevê-lo para retornar um novo gerenciador de transações sempre que precisarmos de um:

```
public class TestWorkflowEngine extends WorkflowEngine
{
    protected TransactionManager makeTransactionManager() {
        return new FakeTransactionManager();
    }
}
```

Passos

Para *Extrair e Sobrescrever Método Fábrica*, siga os seguintes passos:

1. Identifique a criação de objetos em um construtor.
2. Extraia todo o trabalho envolvido na criação para um método fábrica.
3. Crie uma *subclasse de teste* e sobrescreva seu método fábrica para evitar dependências de tipos problemáticos no teste.

Extrair e sobrescrever método de leitura

Extrair e Sobrescrever Método Fábrica (329) é uma maneira poderosa de separar dependências geradas por tipos, mas não funciona em todos os casos. A grande "lacuna" nessa aplicabilidade é C++. Em C++, não podemos chamar uma função virtual em uma classe derivada a partir de um construtor de uma classe base. Felizmente, há uma solução para o caso em que apenas criamos o objeto em um construtor sem fazer nenhum trabalho adicional com ele.

O importante nessa refatoração é a introdução de um método de leitura para a variável de instância que você deseja substituir por um objeto fictício. Depois, refatore para usar o método de leitura em todos os locais da classe. Agora você poderá criar uma subclasse e sobrescrever o método de leitura para fornecer objetos alternativos nos testes.

Nesse exemplo, criamos um gerenciador de transações em um construtor. Queremos organizar as coisas de tal forma que a classe possa usar esse gerenciador na produção e um de detecção no teste.

Este foi o nosso ponto de partida:

```
// WorkflowEngine.h
class WorkflowEngine
{
private:
    TransactionManager    *tm;
public:
    WorkflowEngine ();
    ...
}

// WorkflowEngine.cpp
WorkflowEngine::WorkflowEngine()
{
    Reader *reader
        = new ModelReader(
            AppConfig.getDryConfiguration());

    Persister *persister
        = new XMLStore(
            AppConfiguration.getDryConfiguration());

    tm = new TransactionManager(reader, persister);
    ...
}
```

E este é o nosso resultado final:

```
// WorkflowEngine.h
class WorkflowEngine
{
private:
    TransactionManager    *tm;

protected:
```

```
    TransactionManager    *getTransaction manager() const;

public:
                          WorkflowEngine ();
    ...
}


// WorkflowEngine.cpp
WorkflowEngine::WorkflowEngine()
:tm (0)
{
    ...
}

TransactionManager *workflowengine::getTransactionManager() const
{
    if (tm == 0) {
        Reader *reader
            = new ModelReader(
                AppConfig.getDryConfiguration());

        Persister *persister
            = new XMLStore(
                AppConfiguration.getDryConfiguration());

        tm = new TransactionManager(reader,persister);
    }
    return tm;
}
...
```

A primeira coisa que fizemos foi introduzir um *método de leitura preguiçoso*, uma função que cria o gerenciador de transações na primeira chamada. Depois substituímos todos os usos da variável pelas chamadas ao método de leitura.

Um *método de leitura preguiçoso* é um método que parece um método de leitura normal para todos os seus chamadores. A principal diferença é que os métodos de leitura preguiçosos criam o objeto que devem retornar na primeira vez que são chamados. Para fazer isso, geralmente contêm uma lógica parecida com a mostrada a seguir. Observe como a variável de instância `thing` está sendo inicializada

```
Thing getThing() {
    if (thing == null) {
        thing = new Thing();
    }
    return thing;
}
```

Os métodos de leitura preguiçosos também são usados no *Padrão de Projeto Singleton* (348).

Quando tivermos esse método de leitura, poderemos criar uma subclasse e sobrescrever para introduzir outro objeto:

```
class TestWorkflowEngine : public WorkflowEngine
{
public:
    TransactionManager  *getTransactionManager()
                        { return &transactionManager; }

    FakeTransactionManager  transactionManager;
};
```

Quando você usar *Extrair e Sobrescrever Método de Leitura*, terá de tomar muito cuidado com problemas de tempo de vida dos objetos, principalmente em uma linguagem sem coleta de lixo, como C++. Não se esqueça de excluir a instância de teste de uma maneira consistente com o modo como o código exclui a instância de produção.

Em um teste, podemos acessar facilmente o gerenciador de transações fictício se precisarmos:

```
TEST(transactionCount, WorkflowEngine)
{
    auto_ptr<TestWorkflowEngine>  engine(new TestWorkflowEngine);
    engine.run();
    LONGS_EQUAL(0,
        engine.transactionManager.getTransactionCount());
}
```

Uma desvantagem de *Extrair e Sobrescrever Método de Leitura* é que há a chance de alguém usar a variável antes de ela ser inicializada. Portanto, é bom assegurar que todo o código da classe esteja usando o método de leitura.

Extrair e Sobrescrever Método de Leitura não é uma técnica que eu use muito. Quando há apenas um método em um objeto que é problemático, é muito mais fácil usar *Extrair e Sobrescrever Chamada* (327). Mas *Extrair e Sobrescrever Método de Leitura* é uma opção melhor quando há muitos métodos problemáticos no mesmo objeto. Se você puder se ver livre de todos esses problemas extraindo um método de leitura e sobrescrevendo-o, é claro que essa será a melhor opção.

Passos

Para *Extrair e Sobrescrever Método de Leitura*, siga os seguintes passos:

1. Identifique o objeto para o qual precisa de um método de leitura.
2. Extraia toda a lógica necessária à criação do objeto para um método de leitura.
3. Substitua todos os usos do objeto por chamadas ao método de leitura e inicialize a referência que contém o objeto com nulo em todos os contrutores.
4. Adicione a lógica de criação na primeira vez ao método de leitura para que o objeto seja construído e atribuído à referência sempre que ela for nula.
5. Crie uma subclasse e sobrescreva o método de leitura para fornecer um objeto alternativo para testes.

Extrair implementador

Extrair Interface (339) é uma técnica útil, mas uma parte dela é difícil: a nomeação. Costumo me deparar com casos em que quero extrair uma interface mas o nome que desejo usar já é o nome da classe. Quando estou trabalhando em um IDE com suporte à renomeação de classes e a *Extrair Interface*, isso é fácil de manipular. Caso contrário, tenho algumas opções:

- Posso inventar um nome tolo.
- Posso examinar os métodos de que preciso e ver se eles são um subconjunto dos métodos públicos da classe. Se forem, talvez sugiram outro nome para a nova interface.

Uma coisa que simplesmente não faço é colocar um prefixo "I" no nome da classe para criar um nome para a nova interface, a menos que essa já seja a convenção da base de código. Não há nada pior do que trabalhar em uma área de código desconhecida em que metade dos nomes de tipos começa com *I* e metade não. Você estará errado na metade das tentativas em que digitar o nome de um tipo. Terá esquecido ou não o *I* necessário.

> Nomear é uma parte importante do projeto. Se você escolher bons nomes, reforçará o entendimento do sistema e facilitará sua manipulação. Se escolher nomes fracos, dificultará o entendimento e transformará num inferno a vida dos programadores que o sucederem.

Quando o nome de uma classe é perfeito para o nome da interface e não tenho ferramentas de refatoração automatizada, uso *Extrair Implementador* para obter a separação de que preciso. Para extrair o implementador de uma classe, transformamos a classe em interface criando uma subclasse e trazendo todos os seus métodos concretos para ela.

Aqui está um exemplo em C++:

```
// ModelNode.h
class ModelNode
{
private:
    list<ModelNode *>    m_interiorNodes;
    list<ModelNode *>    m_exteriorNodes;
    double               m_weight;
    void                 createSpanningLinks();

public:
    void addExteriorNode(ModelNode *newNode);
    void addInternalNode(ModelNode *newNode);
    void colorize();
    ...
};
```

O primeiro passo é copiar toda a declaração da classe ModelNode em outro arquivo de cabeçalho e alterar o nome da cópia para ProductionModelNode. Aqui está uma parte da declaração da classe copiada:

```
// ProductionModelNode.h
class ProductionModeNode
{
private:
    list<ModelNode *>    m_interiorNodes;
    list<ModelNode *>    m_exteriorNodes;
    double               m_weight;
    void                 createSpanningLinks();
public:
    void addExteriorNode(ModelNode *newNode);
    void addInternalNode(ModelNode *newNode);
    void colorize();
    ...
};
```

O próximo passo é voltar ao cabeçalho de ModelNode e remover todas as declarações de métodos e declarações de variáveis não públicas. Em seguida, transformamos todos os métodos públicos restantes em métodos puramente virtuais (abstratos):

```
// ModelNode.h
class ModelNode
{
public:
virtual void addExteriorNode(ModelNode *newNode) = 0;
virtual void addInternalNode(ModelNode *newNode) = 0;
virtual void colorize() = 0;
    ...
};
```

Nesse ponto, ModelNode é uma interface pura. Contém só métodos abstratos. Como estamos trabalhando em C++, também temos de declarar um destruidor puramente virtual e definir um arquivo de implementação para ele:

```
// ModelNode.h
class ModelNode
{
public:
    virtual          ~ModelNode () = 0;
    virtual void      addExteriorNode(ModelNode *newNode) = 0;
    virtual void      addInternalNode(ModelNode *newNode) = 0;
    virtual void      colorize() = 0;
    ...
};

// ModelNode.cpp
ModelNode::~ModelNode()
{}
```

Agora voltaremos à classe ProductionModelNode e faremos com que herde a nova classe de interface:

```
#include "ModelNode.h"
class ProductionModelNode : public ModelNode
{
private:
    list<ModelNode *>    m_interiorNodes;
    list<ModelNode *>    m_exteriorNodes;

    double               m_weight;
    void                 createSpanningLinks();

public:
    void addExteriorNode(ModelNode *newNode);
    void addInternalNode(ModelNode *newNode);
    void colorize();
    ...
};
```

A essa altura, ProductionModelNode deve ser compilada sem problemas. Se você construir o resto do sistema, encontrará os locais em que as pessoas tentam instanciar ModelNodes. Se quiser, altere-os para que em vez disso sejam criados ProductionModelNodes. Nessa refatoração, estamos substituindo a criação de objetos de uma classe concreta por objetos de outra classe; portanto, não estamos melhorando realmente nossa situação geral de dependência. Porém, é bom examinar essas áreas de criação de objetos e tentar descobrir se um método factory pode ser usado para reduzir as dependências posteriormente.

Passos

Para *Extrair Implementador*, siga os seguintes passos:

1. Faça uma cópia da declaração original da classe. Dê a ela um nome diferente. É útil que haja uma convenção de nomeação para as classes que você extrair. Geralmente uso o prefixo Production para indicar que a nova classe é a implementadora de uma interface para o código de produção.
2. Transforme a classe de origem em uma interface excluindo todas as variáveis e todos os métodos não públicos.
3. Transforme todos os métodos públicos restantes em métodos abstratos. Se estiver trabalhando em C++, certifique-se de que os métodos que você tornou abstratos não sejam sobrescritos por métodos não virtuais.
4. Examine todas as importações ou inclusões de arquivos existentes no arquivo da interface e veja se elas são necessárias. Geralmente podemos remover muitas delas. Se quiser, *Confie no Compilador* (298) para detectá-las. Apenas exclua uma de cada vez e recompile para ver se são necessárias.

5. Faça sua classe de produção implementar a nova interface.
6. Compile a classe de produção para verificar se todas as assinaturas de métodos da interface foram implementadas.
7. Compile o resto do sistema para encontrar todos os locais em que instâncias da classe de origem foram criadas. Substitua-as por criações da nova classe de produção.
8. Recompile e teste.

Um exemplo mais complexo

Extrair Implementador é relativamente simples quando a classe de origem não tem nenhuma classe pai ou filha em sua hierarquia de herança. Quando tem, é preciso ser um pouco mais inteligente. A Figura 25.2 mostra `ModelNode` novamente, mas em Java e com uma superclasse e uma subclasse:

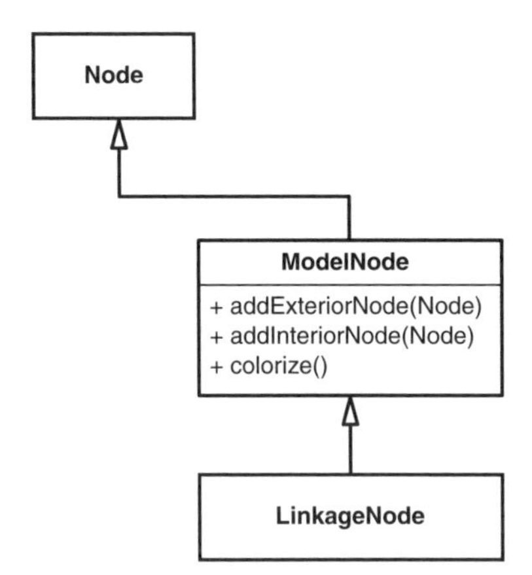

Figura 25.2 `ModelNode` *com superclasse e subclasse.*

Nesse projeto, `Node`, `ModelNode` e `LinkageNode` são classes concretas. `ModelNode` usa métodos protegidos de `Node`. Ela também fornece métodos que são usados por sua subclasse, `LinkageNode`. *Extrair Implementador* requer uma classe concreta que possa ser convertida em uma interface. Então, você terá uma interface e uma classe concreta.

Nessa situação, podemos fazer o seguinte. Podemos executar *Extrair Implementador* na classe `Node`, inserindo a classe `ProductionNode` abaixo de `Node` na hierarquia de herança. Também alteramos o relacionamento de herança para que `ModelNode` herde `ProductionNode` em vez de `Node`. A Figura 25.3 mostra como ficou o projeto.

Agora aplicamos *Extrair Implementador* em `ModelNode`. Como `ModelNode` já tem uma subclasse, introduzimos `ProductionModelNode` na hierarquia entre `ModelNode` e `LinkageNode`. Então, podemos fazer a interface `ModelNode` estender `Node` como mostrado na Figura 25.4.

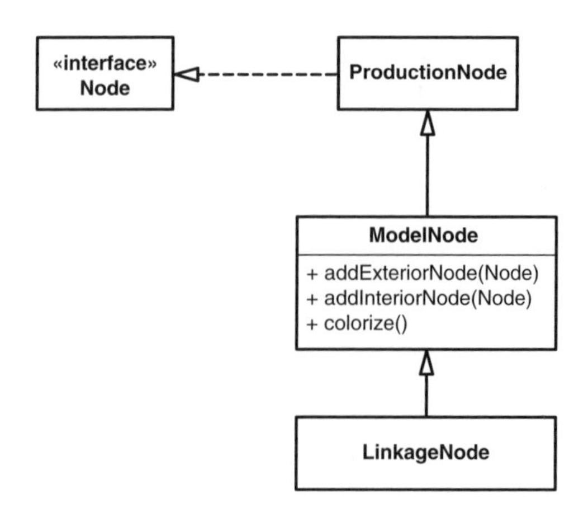

Figura 25.3 *Após Extração de Implementador em* `Node`.

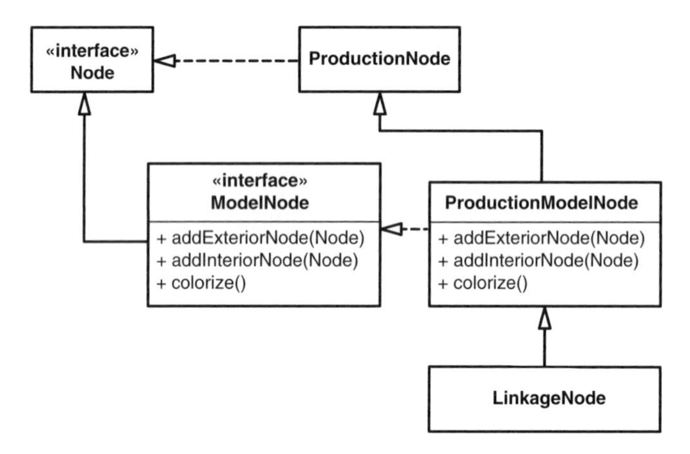

Figura 25.4 *Extração de Implementador em* `ModelNode`.

Quando você tiver uma classe incorporada a uma hierarquia dessa forma, terá de considerar se não seria melhor usar *Extrair Interface* (339) e selecionar nomes diferentes para suas interfaces. É uma refatoração muito mais direta.

Extrair interface

Em muitas linguagens, *Extrair Interface* é uma das técnicas mais seguras de quebra de dependências. Se você fizer algo errado, o compilador o informará imediatamente; logo, há muito pouca chance de introdução de um bug. O mais importante na técnica é que criamos uma interface para uma classe com declarações para todos os métodos que queremos usar em algum contexto. Quando você tiver feito isso, poderá implementar a interface para detecção ou separação, passando um objeto fictício para a classe que deseja testar.

Há pelo menos três maneiras de aplicar *Extrair Interface* e algumas pequenas "armadilhas" em que devemos prestar atenção. A primeira maneira é usar o suporte à refatoração automatizada se você tiver a sorte de tê-lo. Ferramentas que têm esse suporte geralmente fornecem alguma maneira de selecionar métodos de uma classe e digitar o nome da nova interface. As realmente boas perguntam se queremos que percorram o código e encontrem locais em que possam alterar referências para usar a nova interface. Ferramentas assim podem nos poupar de muito trabalho.

Se você não tiver o suporte automatizado à extração de interface, pode usar a segunda maneira de extração de um método: pode extraí-la incrementalmente usando as etapas que descrevo nesta seção.

A terceira maneira de extrair uma interface é recortar/copiar e colar vários métodos de uma classe de uma só vez e inserir suas declarações em uma interface. Não é tão seguro quanto os dois primeiros métodos, mas ainda assim é seguro e com frequência é a única maneira prática de extrair uma interface quando não temos o suporte automatizado e nossas construções demoram muito.

Extrairemos uma interface usando o segundo método. Durante o processo, discutiremos algumas das coisas com as quais é preciso ter cuidado.

Temos de extrair uma interface para submeter uma classe `PaydayTransaction` a teste. A Figura 25.5 mostra `PaydayTransaction` e uma de suas dependências, uma classe chamada `TransactionLog`.

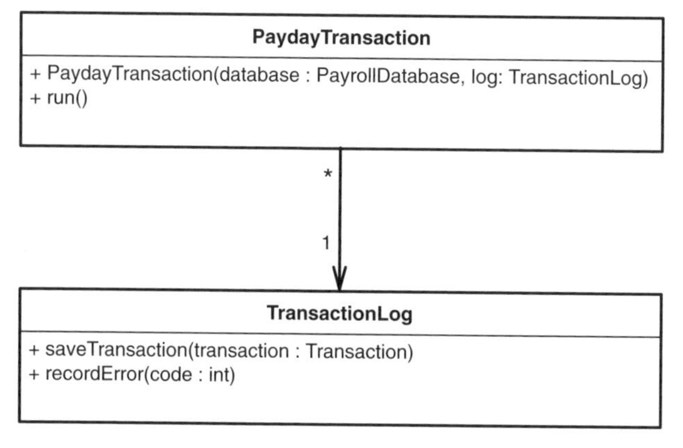

Figura 25.5 `PaydayTransaction` *dependendo de* `TransactionLog`.

Aqui está nossa primeira tentativa em um caso de teste:

```
void testPayday()
{
    Transaction t = new PaydayTransaction(getTestingDatabase());
    t.run();

    assertEquals(getSampleCheck(12),
                 getTestingDatabase().findCheck(12));
}
```

Mas temos de passar algum `TransactionLog` para que ela seja compilada. Criaremos uma chamada a uma classe que ainda não existe, `FakeTransactionLog`.

```
void testPayday()
{
    FakeTransactionLog aLog = new FakeTransactionLog();
    Transaction t = new PaydayTransaction(
                        getTestingDatabase(),
                        aLog);
    t.run();

    assertEquals(getSampleCheck(12),
                 getTestingDatabase().findCheck(12));
}
```

Para que esse código seja compilado, precisamos extrair uma interface para a classe `TransactionLog`, fazer uma classe chamada `FakeTransactionLog` implementar a interface e então permitir que `PaydayTransaction` aceite um `FakeTransactionLog`.

Primeiro, o mais importante: extrair a interface. Criaremos uma nova classe vazia chamada `TransactionRecorder`. Se você estiver se perguntando de onde veio esse nome, leia a nota a seguir.

Nomeação de interfaces

As interfaces são relativamente novas como estruturas de programação. A linguagem Java e muitas linguagens .NET as têm. Em C++, é preciso simulá-las com a criação de uma classe que não contenha nada a não ser funções puramente virtuais.

Quando as interfaces foram introduzidas nas linguagens, algumas pessoas começaram a nomeá-las inserindo um *I* antes do nome da classe da qual eram derivadas. Por exemplo, se você tivesse uma classe `Account` e quisesse uma interface, poderia lhe dar o nome `IAccount`. A vantagem desse tipo de nomeação é não ser preciso pensar no nome ao fazer a extração. É só adicionar um prefixo. A desvantagem é que acabamos obtendo várias partes do código que precisam saber se estão lidando com uma interface. Idealmente, elas não deveriam ter de se importar com uma coisa ou com outra. Você também acabará obtendo uma base de código em que alguns nomes têm prefixos *I* e outros não. A remoção do *I*, se você quiser voltar a uma classe comum, pode ser uma alteração ampla. Se não fizer a alteração, o nome permanecerá no código como uma mentira sutil.

Quando desenvolvemos novas classes, o mais fácil é criar nomes de classe simples, até mesmo para grandes abstrações. Por exemplo, se estivermos escrevendo um pacote de contabilidade, podemos começar com uma classe que se chame apenas `Account`. Então, podemos escrever testes para adicionar novas funcionalidades. A certa altura, podemos querer que `Account` seja uma interface. Se isso ocorrer, é só criar uma subclasse abaixo dela, levar todos os dados e métodos para baixo e tornar `Account` uma interface. Assim, não precisaremos percorrer o código renomeando o tipo de cada referência a `Account`.

Em casos como o exemplo de `PaydayTransaction`, em que já temos um bom nome para uma interface (`TransactionLog`), podemos fazer o mesmo. A desvantagem é que são necessários vários passos para trazermos os dados e métodos para baixo para uma nova subclasse. Mas quando o risco é suficientemente pequeno, às vezes uso essa técnica. Ela se chama *Extrair Implementador* (334).

Quando não tenho muitos testes e quero extrair uma interface para definir mais deles, com frequência tento inventar um novo nome para a interface. Às vezes, demora um pouco pensar em um. Se você não tiver ferramentas que renomeiem classes automaticamente, tente se certificar do nome que deseja usar antes que cresça muito o número de locais que o usam.

```
interface TransactionRecorder
{
}
```

Agora voltamos e fazemos `TransactionLog` implementar a nova interface.

```
public class TransactionLog implements TransactionRecorder
{
    ...
}
```

Em seguida, criamos `FakeTransactionLog` como uma classe vazia.

```
public class FakeTransactionLog implements TransactionRecorder
{
}
```

Deve ser tudo compilado corretamente porque apenas introduzimos algumas classes novas e alteramos uma classe para que implemente uma interface vazia.

Nesse momento, entraremos com força total na refatoração. Alteraremos o tipo de cada referência nos locais em que queremos usar a interface. `PaydayTransaction` usa `TransactionLog`; temos de alterá-la para que use `TransactionRecorder`. Quando fizermos isso, ao compilar, encontraremos vários casos em que métodos estão sendo chamados a partir de um `TransactionRecorder` e poderemos nos livrar dos erros um a um adicionando declarações de métodos à interface `TransactionRecorder` e definições de métodos vazias a `FakeTransactionLog`.

Aqui está um exemplo:

```
public class PaydayTransaction extends Transaction
{
    public PaydayTransaction(PayrollDatabase db,
                             TransactionRecorder log) {
        super(db, log);
    }

    public void run() {
        for(Iterator it = db.getEmployees(); it.hasNext(); ) {
            Employee e = (Employee)it.next();
            if (e.isPayday(date)) {
                e.pay();
            }
        }
        log.saveTransaction(this);
    }
    ...
}
```

Nesse caso, o único método que estamos chamando em `TransactionRecorder` é `saveTransaction`. Já que `TransactionRecorder` ainda não tem um método `saveTransaction`, veremos um erro de compilação. Podemos fazer nosso teste ser compilado simplesmente adicionando esse método a `TransactionRecorder` e `FakeTransactionLog`.

```
interface TransactionRecorder
{
    void saveTransaction(Transaction transaction);
}

public class FakeTransactionLog implements TransactionRecorder
{
    void saveTransaction(Transaction transaction) {
    }
}
```

E terminamos. Não precisamos criar um `TransactionLog` real em nossos testes.

Você pode olhar para tudo isso e dizer: "Bem, na verdade, ainda não terminamos; não adicionamos o método `recordError` à interface e à classe fictícia". Você tem razão, o método `recordError` está em `TransactionLog`. Se tivéssemos de extrair a interface inteira, também teríamos adicionado uma assinatura desse método, mas a verdade é que não precisamos dele nos testes. Embora seja bom que a interface englobe todos os métodos públicos de uma classe, se seguirmos esse caminho, acabaremos trabalhando mais do que o necessário para submeter uma parte do aplicativo a testes. Se você quiser um projeto em que certas abstrações-chave tenham interfaces que englobem totalmente um conjunto de métodos públicos de suas classes, lembre-se de que pode fazer isso incrementalmente. Às vezes, é melhor esperar até que você possa ter uma cobertura de testes maior antes de fazer uma alteração mais ampla.

Ao extrair uma interface, não precisamos extrair todos os métodos públicos da classe que está originando a extração. *Confie no Compilador* (298) para encontrar os que estão sendo usados.

Quase sempre é fácil extrair interfaces. Só fica difícil quando estamos lidando com métodos não virtuais. Em Java, eles podem ser métodos estáticos. Linguagens como C# e C++ também permitem métodos de instância não virtuais. Para ver mais detalhes sobre sua manipulação, consulte a nota no final página.

Passos

Para *Extrair Interface* sem o suporte automatizado, siga os seguintes passos:

1. Crie uma nova interface com o nome que gostaria de usar. Não adicione nenhum método a ela ainda.
2. Faça a classe que está originando a extração implementar a interface. Isso não vai danificar nada porque a interface não tem nenhum método, mas é bom compilar e executar seu teste só para confirmar.
3. Altere o local onde deseja usar o objeto para que ele use a interface em vez da classe original.
4. Compile o sistema e introduza uma nova declaração de método na interface para cada uso de método em que o compilador relatar um erro.

A extração de interfaces e as funções não virtuais

Quando temos uma chamada como `bondRegistry.newFixedYield(client)` no código, em muitas linguagens é difícil dizer apenas olhando para ela se o método é um método estático ou um método de instância virtual ou não virtual. Em linguagens que permitem métodos de instância não virtuais, você pode ter problemas se extrair uma interface e adicionar a ela a assinatura de um dos métodos não virtuais das classes. Geralmente, quando a classe não tem subclasses, podemos tornar o método virtual e então extrair a interface. Tudo correrá bem. Mas se sua classe tiver subclasses, trazer a assinatura do método para cima para uma interface pode quebrar o código. Aqui está um exemplo em C++. Temos uma classe com um método não virtual:

```
class BondRegistry
{
public:
    Bond *newFixedYield(Client *client) { ... }
};
```

E temos uma subclasse com um método com o mesmo nome e assinatura:

```
class PremiumRegistry : public BondRegistry
{
public:
    Bond *newFixedYield(Client *client) { ... }
};
```

Se extrairmos uma interface de BondRegistry:

```
class BondProvider
{
public:
    virtual Bond *newFixedYield(Client *client) = 0;
};
```

e fizermos BondRegistry implementá-la:

```
class BondRegistry : public BondProvider { … };
```

podemos quebrar código com essa aparência passando um PremiumRegistry:

```
void disperse(BondRegistry *registry) {
    ...
    Bond *bond = registry->newFixedYield(existingClient);
    ...
}
```

Antes de extrairmos a interface, o método newFixedYield de BondRegistry era chamado porque o tipo da variável de registro em tempo de compilação é BondRegistry. Se tornarmos newFixedYield virtual no processo de extrair a interface, alteraremos o comportamento. O método de PremiumRegistry será chamado. Em C++, quando tornamos um método virtual em uma classe base, os métodos que o sobrescrevem em suas subclasses passam a ser virtuais. Observe que não temos esse problema em Java ou C#. Em Java, todos os métodos de instância são virtuais. Em C#, as coisas são um pouco mais seguras porque a inclusão de uma interface não afeta as chamadas existentes a métodos não virtuais.

Em geral, a criação de um método em uma classe derivada com a mesma assinatura de um método não virtual da classe base não é boa prática em C++ porque pode levar a enganos. Se você quiser ter acesso a uma função não virtual por intermédio de uma interface e ela não estiver em uma classe sem subclasses, a melhor coisa a fazer é adicionar um método virtual com um novo nome. Esse método pode delegar para um método não virtual ou até mesmo para um estático. Você só tem de verificar se o método faz a coisa certa para todas as subclasses abaixo da que está originando a extração.

Introduzir delegador de instância

As pessoas usam métodos estáticos nas classes por muitas razões. Uma das mais comuns é implementar o *Padrão de Projeto Singleton* (348). Outra razão comum para o uso de métodos estáticos é criar classes utilitárias.

As classes utilitárias são muito fáceis de encontrar em vários projetos. São classes que não têm nenhuma variável ou método de instância. Em vez disso, são compostas por um conjunto de métodos estáticos e constantes.

As pessoas criam classes utilitárias por várias razões. Quase sempre, elas são criadas quando é difícil encontrar uma abstração comum para um conjunto de métodos. A classe `Math` do JDK Java é um exemplo disso. Ela tem métodos estáticos para funções trigonométricas (cosseno, seno, tangente) e muitas outras funções. Quando os projetistas constroem suas linguagens a partir de objetos "durante todo o processo", eles verificam se os primitivos numéricos sabem fazer essas coisas. Por exemplo, você tem de poder chamar o método `sin()` no objeto `1` ou qualquer outro objeto numérico e obter o resultado correto. Quando este texto foi escrito, a linguagem Java não dava suporte a métodos matemáticos em tipos primitivos; logo, a classe utilitária é uma solução justa, mas também é um caso especial. Em quase todos os casos, podemos usar as velhas e boas classes com dados e métodos de instância para fazer nosso trabalho.

Se você tiver métodos estáticos em seu projeto, há boas chances de que não tenha nenhum problema com eles a menos que tragam alguma dependência difícil de usar em um teste. (O termo técnico para isso é *vinculação estática*.) Nesses casos, seria bom se você pudesse usar um *ponto de extensão de objeto* (40) para introduzir algum outro comportamento quando os métodos estáticos forem chamados. O que fazer em uma situação como essa?

Uma coisa que podemos fazer é começar a introduzir métodos de instância delegadores na classe. Quando você fizer isso, terá de encontrar uma maneira de substituir as chamadas estáticas por chamadas de métodos em um objeto. Aqui está um exemplo:

```
public class BankingServices
{
    public static void updateAccountBalance(int userID,
                                            Money amount) {
        ...
    }
    ...
}
```

Nele temos uma classe que só contém métodos estáticos. Mostrei apenas um aqui, mas você deve ter entendido a ideia. Podemos adicionar um método de instância à classe desta forma e fazê-lo delegar para o método estático:

```
public class BankingServices
{
    public static void updateAccountBalance(int userID,
                                            Money amount) {
```

```
        ...
    }

    public void updateBalance(int userID, Money amount) {
        updateAccountBalance(userID, amount);
    }
    ...
}
```

Nesse caso, adicionamos um método de instância chamado updateBalance e o fizemos delegar para o método estático updateAccountBalance.

Agora, no código chamador, podemos substituir referências como esta:

```
public class SomeClass
{
    public void someMethod() {
        ...
        BankingServices.updateAccountBalance(id, sum);
    }
}
```

por esta:

```
public class SomeClass
{
    public void someMethod(BankingServices services) {
        ...
        services.updateBalance(id, sum);
    }
    ...
}
```

Observe que só seremos bem-sucedidos ao fazer isso se conseguirmos encontrar alguma maneira de criar externamente o objeto BankingServices que estamos usando. É um passo de refatoração adicional, mas em linguagens estaticamente tipadas podemos *Confiar no Compilador* (298) para definir o objeto.

A técnica é bem simples com métodos estáticos, mas quando você aplicá-la com classes utilitárias, poderá se sentir desconfortável. Uma classe com cinco ou dez métodos estáticos e só um ou dois métodos de instância parece realmente estranha. E mais estranha ainda quando há apenas métodos simples delegando para métodos estáticos. Mas quando você usar essa técnica, poderá definir um ponto de extensão de objeto facilmente e substituir diferentes comportamentos nos testes. Com o tempo, deve chegar a um ponto em que todas as chamadas à classe utilitária virão dos métodos estáticos. Nesse momento, poderá mover os corpos dos métodos estáticos para os métodos de instância e excluir os métodos estáticos.

Passos

Para *Introduzir Delegador de Instância*, siga os seguintes passos:

1. Identifique um método estático que seja difícil usar em um teste.
2. Crie um método de instância para o método na classe. Lembre-se de *Preservar Assinaturas* (296). Faça o método de instância delegar para o método estático.
3. Encontre locais onde os métodos estáticos sejam usados na classe que você está testando. Use *Parametrizar Método* (359) ou outra técnica de quebra de dependências para fornecer uma instância para o local onde a chamada de método estático foi feita.
4. Substitua a chamada problemática ao método estático original por uma chamada ao delegador da instância introduzida no passo 3.

Introduzir método de escrita estático

Posso estar sendo purista, mas não gosto de dados globais mutáveis. Quando visito equipes, geralmente eles são o obstáculo mais óbvio à sujeição de partes do sistema a um framework de testes. Queremos submeter um conjunto de classes a um framework de testes e descobrimos que algumas delas devem ser deixadas em estados específicos para serem usadas. Quando estiver com seu framework de testes definido, você terá de percorrer a lista de dados globais para verificar se eles têm o estado necessário à condição a ser testada. Os físicos quânticos ainda não detectaram nenhuma "ação fantasma à distância"; mas em software, ela ocorre há anos.

Deixando de lado a implicância com os dados globais, muitos sistemas os têm. Em alguns sistemas, seu uso é muito direto e desleixado: alguém apenas declara uma variável em algum local. Em outros, eles são apresentados como singletons com aderência rigorosa ao *Padrão de Projeto Singleton*. De qualquer forma, definir um dado fictício para detecção é muito simples. Se a variável for claramente um dado global, estando fora de uma classe ou apresentando-se como uma variável estática pública, você pode apenas substituir o objeto. Se a referência tiver sido definida como constante ou final, talvez seja preciso remover essa proteção. Deixe um comentário no código dizendo que está fazendo isso para testar e que as pessoas não devem tirar proveito do acesso no código de produção.

O Padrão de Projeto Singleton

O *Padrão de Projeto Singleton* é um padrão que muitas pessoas usam para assegurar que só possa haver uma instância de uma classe específica em um programa. Há três características que a maioria dos singletons compartilha:

1. Geralmente os construtores de uma classe singleton são privados.
2. Um membro estático da classe contém a única instância que será criada no programa.
3. Um método estático é usado para dar acesso à instância. Geralmente esse método se chama `instance` ou `getInstance`.

Embora os singletons impeçam as pessoas de criar mais de uma instância de uma classe em um código de produção, eles também impedem que elas criem mais de uma instância de uma classe em um framework de testes.

A substituição de singletons dá apenas um pouco mais de trabalho. Adicione um método de escrita estático ao singleton para substituir a instância e então torne o construtor protegido. Assim, poderá criar uma subclasse do singleton, criar um objeto novo e passá-lo para o método de escrita.

Você pode ter ficado um pouco preocupado com a ideia de estar removendo a proteção de acesso ao usar um método de escrita estático, mas lembre-se de que a finalidade de proteger o acesso é evitar erros. Também estamos definindo testes para evitar erros. Só que, nesse caso, precisamos de uma ferramenta mais forte.

Aqui está um exemplo de *Introduzir Método de Escrita Estático* em C++:

```
void MessageRouter::route(Message *message) {
    ...
    Dispatcher *dispatcher
            = ExternalRouter::instance()->getDispatcher();
    if (dispatcher != NULL)
        dispatcher->sendMessage(message);
}
```

Na classe MessageRouter usamos singletons em vários locais para acessar despachantes. A classe ExternalRouter é um desses singletons. Ela usa um método estático chamado instance para dar acesso à sua única instância. A classe ExternalRouter tem um método de leitura que acessa um despachante. Podemos substituir o despachante por outro substituindo o roteador externo que o atende.

Esta é a aparência da classe ExternalRouter antes de introduzirmos o método de escrita estático:

```
class ExternalRouter
{
private:
    static ExternalRouter *_instance;
public:
    static ExternalRouter *instance();
    ...
};

ExternalRouter *ExternalRouter::_instance = 0;

ExternalRouter *ExternalRouter::instance()
{
    if (_instance == 0) {
        _instance = new ExternalRouter;
    }
    return _instance;
}
```

Observe que o roteador é criado na primeira chamada ao método instance. Para substituí-lo por outro, temos de alterar o que instance retorna. O primeiro passo é introduzir um novo método para substituir a instância.

```
void ExternalRouter::setTestingInstance(ExternalRouter *newInstance)
{
    delete _instance;
    _instance = newInstance;
}
```

É claro que para fazer isso temos de poder criar uma nova instância. Quando as pessoas usam o padrão singleton, com frequência elas tornam o construtor da classe privado para impedir a criação de mais de uma instância. Se você tornar o construtor protegido, poderá criar uma subclasse do singleton para detecção ou separação e passar a nova instância para o método setTestingInstance. No exemplo anterior, criaríamos uma subclasse de ExternalRouter chamada

TestingExternalRouter e sobrescreveríamos o método getDispatcher para que ele retornasse o despachante que queremos, um despachante fictício.

```
class TestingExternalRouter : public ExternalRouter
{
public:
    virtual void Dispatcher *getDispatcher() const {
        return new FakeDispatcher;
    }
};
```

Parece uma maneira muito indireta de introduzir um novo despachante. Acabamos criando um novo ExternalRouter só para substituir despachantes. Podemos tomar alguns atalhos, mas eles também terão suas vantagens e desvantagens. Outra coisa que podemos fazer é adicionar um flag booleano a ExternalRouter e deixá-lo retornar um despachante diferente quando o flag for ativado. Em C++ ou C#, também podemos usar uma compilação condicional para selecionar despachantes. Essas técnicas funcionam bem, mas são invasivas e podem ser difíceis de controlar se você usá-las em toda a aplicação. Em geral, gosto de manter a separação entre código de produção e código de testes.

O uso de um método de escrita e de um construtor protegido em um singleton é um pouco invasivo, mas ajuda a definir testes. As pessoas poderiam usar mal o construtor público e criar mais de um singleton no sistema de produção? Sim, mas, em minha opinião, se for importante ter apenas uma instância de um objeto no sistema, a melhor maneira de manipular isso é se certificar de que todos na equipe estejam cientes dessa restrição.

> Uma alternativa à diminuição da proteção do construtor e à criação de uma subclasse é usar *Extrair Interface* (339) na classe singleton e fornecer um método de escrita que aceite um objeto com essa interface. O problema é que você terá de alterar o tipo da referência usada para conter o singleton na classe e o tipo do valor de retorno do método instance. Essas alterações podem ser muito complicadas e não conduzem a um estado melhor. O "estado melhor" ideal é reduzir as referências globais ao singleton até ele se tornar uma classe comum.

No exemplo anterior, substituímos um singleton usando um método de escrita estático. O singleton era um objeto que fornecia outro objeto, um despachante. Ocasionalmente, vemos um tipo diferente de classe global nos sistemas, uma classe fábrica global. Em vez de usar uma instância, elas fornecem objetos novos sempre que chamamos um de seus métodos estáticos. Criar outro objeto para ser retornado é um pouco complicado, mas podemos fazê-lo se a classe fábrica delegar para outra classe fábrica. Examinemos um exemplo em Java:

```
class TestingExternalRouter : pu
{
public:
    virtual void Dispatcher *get
        return new FakeDispatche
    }
```

RouterFactory é uma classe fábrica global simples. Como se encontra, ela não nos permite substituir os roteadores que fornece nos testes, mas podemos alterá-la para que permita.

```
interface RouterServer
{
    Router makeRouter();
}

public class RouterFactory
{
    static Router makeRouter() {
        return server.makeRouter();
    }

    static setServer(RouterServer server) {
        this.server = server;
    }

    static RouterServer server = new RouterServer() {
        public RouterServer makeRouter() {
            return new EWNRouter();
        }
    };
}
```

Em um teste, podemos fazer isto:

```
protected void setUp() {
    RouterServer.setServer(new RouterServer() {
        public RouterServer makeRouter() {
            return new FakeRouter();
        }
    });
}
```

É importante lembrar que, em todos esses padrões de métodos de escrita estáticos, você está modificando o estado usado em todos os testes. Você pode usar o método tearDown em frameworks de teste xUnit para trazer tudo novamente para um estado conhecido antes do resto de seus testes ser executado. Em geral, só faço isso quando o uso do estado errado no próximo teste pode levar a erros. Quando uso um MailSender fictício em todos os meus testes, introduzir outro não faz muito sentido. Por outro lado, quando um elemento global mantém um estado que afeta os resultados do sistema, faço a mesma coisa nos métodos setUp e tearDown para ter certeza de que deixei o ambiente em um estado limpo:

```
protected void setUp() {
    Node.count = 0;
    ...
}

protected void tearDown() {
    Node.count = 0;
}
```

A essa altura, aposto que sei o que você está pensando. Está inconformado com o estrago que fiz no sistema só para definir alguns testes. E está certo: esses padrões podem tornar partes de um sistema consideravelmente mais feias. O resultado da cirurgia nunca é belo, principalmente no início. O que você pode fazer para trazer o sistema novamente para um estado decente?

Algo que devemos considerar é a passagem de parâmetros. Examine as classes que precisam de acesso à sua referência global e considere se pode fornecer uma superclasse comum para elas. Se puder fazer isso, poderá passar a referência global no momento da criação e, aos poucos, não precisará mais de referências globais. Geralmente, as pessoas ficam com medo de que todas as classes do sistema precisem de alguma referência global. Podemos nos surpreender. Certa vez, trabalhei em um sistema embarcado que encapsulava o gerenciamento de memória e o relato de erros como classes, passando um objeto de memória ou um relator de erros para quem precisasse dele. Com o tempo, houve uma separação clara entre as classes que precisavam desses serviços e as que não precisavam. As que precisavam tinham uma superclasse comum. Os objetos passados em todo o sistema eram criados no início do programa e isso quase não era notado.

Passos

Para *Introduzir Método de Escrita Estático*, siga os seguintes passos:

1. Diminua a proteção do construtor para poder criar um objeto fictício por intermédio de uma subclasse do singleton.
2. Adicione um método de escrita estático à classe singleton. O método de escrita deve aceitar uma referência a essa classe. Verifique se o método de escrita destruiu a instância singleton apropriadamente antes de definir o novo objeto.
3. Se precisar de acesso a métodos privados ou protegidos do singleton para prepará-lo apropriadamente para testes, considere criar uma subclasse ou extrair uma interface e dar ao singleton uma instância dela como referência cujo tipo seja o da interface.

Substituição de vínculo

A orientação a objetos nos dá ótimas oportunidades de substituir um objeto por outro. Se duas classes implementarem a mesma interface ou tiverem a mesma superclasse, você poderá substituir uma pela outra com muita facilidade. Infelizmente, pessoas que trabalham em linguagens procedurais como a C não têm essa opção. Quando temos uma função assim, não há como substituir uma pela outra em tempo de compilação, a não ser usando o pré-processador:

```
void account_deposit(int amount);
```

Há outras alternativas? Sim, você pode *Substituir Vínculos* para trocar uma função por outra. Para fazer isso, crie uma biblioteca fictícia que tenha funções com as mesmas assinaturas das funções que deseja simular. Se estiver usando a detecção, terá de definir alguns mecanismos para salvar notificações e consultá-las. Você pode usar arquivos, variáveis globais ou qualquer coisa que for conveniente para o teste.

Aqui está um exemplo:

```
void account_deposit(int amount)
{
    struct Call *call =
        (struct Call *)calloc(1, sizeof (struct Call));
    call->type = ACC_DEPOSIT;
    call->arg0 = amount;
    append(g_calls, call);
}
```

Nesse caso, estamos interessados em detectar um efeito; logo, criamos uma lista de chamadas global para registrar cada vez que essa função (ou qualquer outra que estejamos simulando) é chamada. Em um teste, poderíamos verificar a lista após usar um conjunto de objetos e ver se as funções fictícias foram chamadas na ordem apropriada.

Nunca tentei usar *Substituição de Vínculo* com classes C++, mas suponho ser possível. Tenho certeza de que os nomes confusos que os compiladores C++ produzem dificultariam muito; no entanto, em chamadas a funções C, é bem prático. O caso mais útil é na simulação de bibliotecas externas. As melhores bibliotecas que podemos simular são aquelas que em grande parte são apenas coletores de dados: você chama funções delas, mas geralmente não se preocupa com os valores de retorno. Por exemplo, é particularmente útil simular bibliotecas de elementos gráficos com a *Substituição de Vínculos*.

A técnica de *Substituição de Vínculos* também pode ser usada em Java. Crie classes com os mesmos nomes e métodos e altere o caminho de classe para que as chamadas sejam redirecionadas para elas em vez de para as classes com dependências ruins.

Passos

Para usar *Substituição de Vínculo,* siga os seguintes passos:

1. Identifique as funções ou classes que deseja simular.
2. Produza definições alternativas para elas.
3. Ajuste sua construção para que as definições alternativas sejam incluídas em vez das versões de produção.

Parametrizar construtor

Quando estamos criando um objeto em um construtor, geralmente a maneira mais fácil de substituí-lo é exteriorizar sua criação, criar o objeto fora da classe, e fazer o cliente passá-lo para o construtor como parâmetro. Aqui está um exemplo.

Começamos assim:

```
public class MailChecker
{
    public MailChecker (int checkPeriodSeconds) {
        this.receiver = new MailReceiver();
        this.checkPeriodSeconds = checkPeriodSeconds;
    }
    ...
}
```

Então, introduzimos um novo parâmetro desta forma:

```
public class MailChecker
{
    public MailChecker (MailReceiver receiver,
                        int checkPeriodSeconds) {
        this.receiver = receiver;
        this.checkPeriodSeconds = checkPeriodSeconds;
    }
    ...
}
```

Uma razão pela qual as pessoas não costumam pensar nessa técnica é por acharem que ela força todos os clientes a passarem um argumento adicional. No entanto, você também pode escrever um construtor que mantenha a assinatura original:

```
public class MailChecker
{
    public MailChecker (int checkPeriodSeconds) {
        this(new MailReceiver(), checkPeriodSeconds);
    }

    public MailChecker (MailReceiver receiver,
                        int checkPeriodSeconds) {
        this.receiver = receiver;
        this.checkPeriodSeconds = checkPeriodSeconds;
    }
    ...

}
```

Se o fizer, poderá fornecer diferentes objetos para testes sem que os clientes da classe precisem saber a diferença.

Examinemos como fazê-lo passo a passo. Este é o nosso código original:

```
public class MailChecker
{
    public MailChecker (int checkPeriodSeconds) {
        this.receiver = new MailReceiver();
        this.checkPeriodSeconds = checkPeriodSeconds;
    }
    ...
}
```

Fazemos uma cópia do construtor:

```
public class MailChecker
{
    public MailChecker (int checkPeriodSeconds) {
        this.receiver = new MailReceiver();
        this.checkPeriodSeconds = checkPeriodSeconds;
    }

    public MailChecker (int checkPeriodSeconds) {
        this.receiver = new MailReceiver();
        this.checkPeriodSeconds = checkPeriodSeconds;
    }
    ...
}
```

Em seguida, adicionamos um parâmetro a ele para o `MailReceiver`:

```
public class MailChecker
{
    public MailChecker (int checkPeriodSeconds) {
        this.receiver = new MailReceiver();
        this.checkPeriodSeconds = checkPeriodSeconds;
    }

    public MailChecker (MailReceiver receiver,
                        int checkPeriodSeconds) {
        this.receiver = new MailReceiver();
        this.checkPeriodSeconds = checkPeriodSeconds;
    }
    ...
}
```

Agora atribuímos esse parâmetro à variável de instância, nos livrando da expressão `new`.

```
public class MailChecker
{
    public MailChecker (int checkPeriodSeconds) {
        this.receiver = new MailReceiver();
        this.checkPeriodSeconds = checkPeriodSeconds;
```

```
    }

    public MailChecker (MailReceiver receiver,
                        int checkPeriodSeconds) {
        this.receiver = receiver;
        this.checkPeriodSeconds = checkPeriodSeconds;
    }

    ...
}
```

Voltamos então ao construtor original e removemos seu corpo, substituindo-o por uma chamada ao novo construtor. O construtor original usa `new` para criar o parâmetro que precisa passar.

```
public class MailChecker
{
    public MailChecker (int checkPeriodSeconds) {
        this(new MailReceiver(), checkPeriodSeconds);
    }

    public MailChecker (MailReceiver receiver,
                        int checkPeriodSeconds) {
        this.receiver = receiver;
        this.checkPeriodSeconds = checkPeriodSeconds;
    }
    ...
}
```

Há algum problema nessa técnica? Na verdade, há um. Quando adicionamos um novo parâmetro a um construtor, estamos abrindo a porta para dependências da classe do parâmetro. Usuários da classe podem usar o novo construtor em código de produção e aumentar as dependências em todo o sistema. No entanto, esse não é um grande problema. *Parametrizar Construtor* é uma refatoração fácil que costumo usar bastante.

Em linguagens que permitem argumentos padrão, há uma maneira mais simples de executar *Parametrizar Construtor*. Podemos simplesmente adicionar um argumento padrão ao construtor existente.

Aqui está um construtor que tem sido parametrizado desta forma em C++:

```
class AssemblyPoint
{
public:
    AssemblyPoint(EquipmentDispatcher *dispatcher
                  = new EquipmentDispatcher);
    ...
};
```

Há apenas um problema quando fazemos isso em C++. O arquivo de cabeçalho que contém essa declaração de classe deve incluir o cabeçalho de `EquipmentDispatcher`. Se não fosse pela chamada do construtor, poderíamos ter usado uma declaração antecipada para `EquipmentDispatcher`. É por isso que não costumo usar argumentos padrão em C++.

Passos

Para *Parametrizar Construtor*, siga os seguintes passos:

1. Identifique o construtor que deseja parametrizar e faça uma cópia dele.
2. Adicione um parâmetro ao construtor para o objeto cuja criação você vai substituir. Remova a criação do objeto e adicione uma atribuição do parâmetro à variável de instância do objeto.
3. Se puder chamar um construtor a partir de outro em sua linguagem, remova o corpo do construtor antigo e substitua-o por uma chamada ao construtor. Adicione uma expressão new à chamada do novo construtor no construtor antigo. Se sua linguagem não permitir chamar um construtor a partir de outro, talvez você tenha de extrair as duplicações encontradas entre os construtores para um novo método.

Parametrizar método

Você tem um método que cria um objeto internamente e deseja substituir o objeto para detecção ou separação. Com frequência, a maneira mais fácil de fazer isso é passar o objeto a partir do ambiente externo. A seguir temos um exemplo em C++:

```
void TestCase::run() {
    delete m_result; m_result=0;
    m_result = new TestResult;
    try {
        setUp();
        runTest(m_result);
    }
    catch (exception& e) {
        result->addFailure(e, this);
    }
    tearDown();
}
```

Aqui temos um método que cria um objeto `TestResult` sempre que é chamado. Se quisermos detectar efeitos ou criar separação, podemos passá-lo como parâmetro.

```
void TestCase::run(TestResult *result) {
    delete m_result;
    m_result = result;
    try {
        setUp();
        runTest(m_result);
    }
    catch (exception& e) {
        result->addFailure(e, this);
    }
    tearDown();
}
```

Podemos usar um pequeno método de encaminhamento que mantenha a assinatura original intacta:

```
void TestCase::run() {
    run(new TestResult);
}
```

> Em C++, Java, C# e muitas outras linguagens, você pode ter dois métodos com o mesmo nome em uma classe, contanto que as assinaturas sejam diferentes. No exemplo, nos beneficiamos disso e usamos o mesmo nome para o novo método parametrizado e o método original. Embora essa tática poupe algum trabalho, às vezes pode ser confusa. Uma alternativa é usar o tipo do parâmetro no nome do novo método. Por exemplo, nesse caso, poderíamos manter `run()` como o nome do método original, mas chamar o novo método `runWithTestResult(TestResult)`.

Como em *Parametrizar Construtor, Parametrizar Método* pode fazer os clientes dependerem de novos tipos que foram usados na classe antes mas não estavam presentes na interface. Quando acho que isso vai ser um problema, considero como alternativa *Extrair e Sobrescrever Método Fábrica.*

Passos

Para *Parametrizar Método*, siga os seguintes passos:

1. Identifique o método que deseja substituir e faça uma cópia dele.
2. Adicione um parâmetro ao método para o objeto cuja criação você vai substituir. Remova sua criação e adicione uma atribuição do parâmetro à variável que contém o objeto.
3. Exclua o corpo do método copiado e faça uma chamada ao método parametrizado, usando a expressão de criação do objeto original.

Primitivizar parâmetro

Normalmente, a melhor maneira de fazer uma alteração em uma classe é criar uma instância em um framework de testes, escrever um teste para a alteração que queremos fazer e então fazer a alteração para atender ao teste. Mas às vezes o volume de trabalho que temos de executar para submeter uma classe a testes é ridiculamente grande. Uma equipe que visitei herdou um sistema legado com classes de domínio que dependiam temporariamente de quase todas as outras classes do sistema. Como se isso não bastasse, todas elas também estavam ligadas a um framework de persistência. Submeter uma dessas classes a um framework de testes era algo que poderia ser feito, mas a equipe não conseguiria progredir nos recursos se passasse todo o seu tempo brigando com as classes de domínio. Para obter alguma separação, usamos a seguinte estratégia. (O exemplo a seguir foi modificado para proteger a vítima.)

Em uma ferramenta de composição musical, uma trilha contém várias sequências de eventos musicais. Temos de encontrar o "tempo morto" em cada sequência para preenchê-lo com pequenos padrões musicais recorrentes. Precisamos escrever um método chamado `bool Sequence::hasGapFor(Sequence& pattern) const`. O método deve retornar um valor que indique se um padrão pode ser ajustado a uma sequência.

O ideal é que esse método estivesse em uma classe chamada `Sequence`, mas `Sequence` seria uma dessas classes horríveis que traria de tudo para nosso framework de testes quando tentássemos instanciá-la. Para começar a escrever esse método, temos de descobrir como escrever um teste para ele. O que vai tornar isso possível é o fato de as sequências terem uma representação interna que pode ser simplificada. Toda sequência é composta por um vetor de eventos. Infelizmente, os eventos apresentam o mesmo problema das sequências: dependências terríveis que levam a problemas de construção. Ainda bem que para fazer esse cálculo só precisamos das durações de cada evento. Podemos escrever outro método que faça o cálculo em inteiros. Quando o tivermos, poderemos escrever `hasGapFor` e deixá-lo fazer seu trabalho delegando para o outro método.

Comecemos a escrita do primeiro método. Aqui está um teste para ele:

```
TEST(hasGapFor, Sequence)
{
    vector<unsigned int> baseSequence;
    baseSequence.push_back(1);
    baseSequence.push_back(0);
    baseSequence.push_back(0);

    vector<unsigned int> pattern;
    pattern.push_back(1);
    pattern.push_back(2);

    CHECK(SequenceHasGapFor(baseSequence, pattern));
}
```

A função SequenceHasGapFor é simplesmente uma função livre; ela não faz parte de nenhuma classe, mas opera em uma representação composta por primitivos – nesse caso, inteiros sem sinal. Se construirmos a funcionalidade para SquenceHasGapFor em um framework de testes, poderemos escrever uma função bem simples em Sequence para fazer a delegação para a nova funcionalidade:

```
bool Sequence::hasGapFor(Sequence& pattern) const
{
    vector<unsigned int> baseRepresentation
            = getDurationsCopy();

    vector<unsigned int> patternRepresentation
            = pattern.getDurationsCopy();

    return SequenceHasGapFor(baseRepresentation,
                             patternRepresentation);
}
```

Essa função precisa de outra para obter uma lista das durações, então temos de escrevê-la:

```
vector<unsigned int> Sequence::getDurationsCopy() const
{
    vector<unsigned int> result;
    for (vector<Event>::iterator it = events.begin();
            it != events.end(); ++it) {
        result.push_back(it->duration);
    }
    return result;
}
```

Conseguimos introduzir o recurso, mas de uma maneira muito inadequada. Veja uma lista de todas as coisas horríveis que fizemos aqui:

1. Expusemos a representação interna de Sequence.
2. Tornamos a implementação de Sequence um pouco mais difícil de entender transferindo parte dela para uma função livre.
3. Escrevemos código não testado (não pudemos realmente escrever um teste para getDurationCopy()).
4. Duplicamos dados no sistema.
5. Prolongamos o problema. Não começamos o difícil trabalho de quebrar dependências entre nossas classes de domínio e a infraestrutura. (Essa é a única coisa que fará uma grande diferença ao avançarmos e ainda temos de manipulá-la.)

Mesmo com todos esses problemas, pudemos adicionar um recurso testado. Não gosto de fazer essa refatoração, mas a usarei se não tiver saída. Com frequência, é uma boa antecessora de *Brotar Classe* (62). Para ver isso, imagine o encapsulamento de SequenceHasGapFor em uma classe chamada GapFinder.

Primitivizar Parâmetro (361) deixa o código em um estado muito frágil. Além disso, é melhor adicionar o novo código à classe original ou usar *Brotar Classe* (62) para construir algumas abstrações novas que possam servir como base para o trabalho posterior. Só uso *Primitivizar Parâmetro* quando tenho certeza de que terei tempo para submeter a classe a testes posteriormente. Nesse momento, a função pode ser incorporada à classe como um método real.

Passos

Para *Primitivizar Parâmetro*, siga os seguintes passos:

1. Desenvolva uma função livre que faça o trabalho que você teria de fazer na classe. No processo, desenvolva uma representação intermediária que possa usar para fazer o trabalho.
2. Adicione uma função à classe que construa a representação e a delegue para a nova função.

Elevar recurso

Às vezes temos de trabalhar com um grupo de métodos em uma classe e as dependências que nos impedem de instanciá-la não têm ligação com o grupo. Por "não ter ligação", quero dizer que os métodos com os quais queremos trabalhar não referenciam direta ou indiretamente nenhuma das dependências incômodas. Poderíamos aplicar *Expor Método Estático* (324) ou *Extrair Objeto Método* (310) repetidamente, mas essa não seria a maneira mais direta de lidar com a dependência.

Nessa situação, você pode elevar o grupo de métodos, o recurso, para uma superclasse abstrata. Quando tiver essa superclasse, poderá criar uma subclasse e criar instâncias dela em seus testes. Aqui está um exemplo:

```
public class Scheduler
{
    private List items;

    public void updateScheduleItem(ScheduleItem item)
            throws SchedulingException {
        try {
            validate(item);
        }
        catch (ConflictException e) {
            throw new SchedulingException(e);
        }
        ...
    }

    private void validate(ScheduleItem item)
            throws ConflictException {
        // faz chamadas a um banco de dados
        ...
    }

    public int getDeadtime() {
        int result = 0;
        for (Iterator it = items.iterator(); it.hasNext(); ) {
            ScheduleItem item = (ScheduleItem)it.next();
            if (item.getType() != ScheduleItem.TRANSIENT
                    && notShared(item)) {
                result += item.getSetupTime() + clockTime();
            }
            if (item.getType() != ScheduleItem.TRANSIENT) {
                result += item.finishingTime();
            }
            else {
                result += getStandardFinish(item);
            }
```

```
        }
        return result;
    }
}
```

Suponhamos que quiséssemos fazer modificações em getDeadTime, mas não estivéssemos interessados em updateScheduleItem. Seria bom não ter de lidar com a dependência do banco de dados. Poderíamos tornar getDeadTime estático e empregar *Expor Método Estático* (324), mas estamos usando muitos recursos não estáticos da classe Scheduler. *Extrair Objeto Método* (310) é outra possibilidade, mas trata-se de um método muito pequeno e as dependências de outros métodos e campos da classe tornarão o trabalho de submetê-lo a testes mais complicado do que gostaríamos.

Outra opção é elevar os métodos em que estamos interessados para uma superclasse. Quando fizermos isso, poderemos deixar as dependências incômodas nessa classe, onde não atrapalharão ao fazermos testes. A classe ficará assim:

```
public class Scheduler extends SchedulingServices
{
    public void updateScheduleItem(ScheduleItem item)
            throws SchedulingException {
        ...
    }

    private void validate(ScheduleItem item)
            throws ConflictException {
        // faz chamadas a um banco de dados
        ...
    }
    ...
}
```

Transferimos getDeadTime (o recurso que queremos testar) e todos os recursos que ele usa para uma classe abstrata.

```
public abstract class SchedulingServices
{
    protected List items;

    protected boolean notShared(ScheduleItem item) {
        ...
    }

    protected  int getClockTime() {
        ...
    }

    protected int getStandardFinish(ScheduleItem item) {
        ...
```

```
    }

    public int getDeadtime() {
        int result = 0;
        for (Iterator it = items.iterator(); it.hasNext(); ) {
            ScheduleItem item = (ScheduleItem)it.next();
            if (item.getType() != ScheduleItem.TRANSIENT
                    && notShared(item)) {
                result += item.getSetupTime() + clockTime();
            }
            if (item.getType() != ScheduleItem.TRANSIENT) {
                result += item.finishingTime();
            }
            else {
                result += getStandardFinish(item);
            }
        }
        return result;
    }
    ...
}
```

Agora podemos criar uma *subclasse de teste* que nos permita acessar esses métodos em um framework de testes:

```
public class TestingSchedulingServices extends SchedulingServices
{
    public TestingSchedulingServices() {
    }

    public void addItem(ScheduleItem item) {
        items.add(item);
    }
}

import junit.framework.*;

class SchedulingServicesTest extends TestCase
{
    public void testGetDeadTime() {
        TestingSchedulingServices services
            = new TestingSchedulingServices();
        services.addItem(new ScheduleItem("a",
                        10, 20, ScheduleItem.BASIC));
        assertEquals(2, services.getDeadtime());
    }
    ...
}
```

O que fizemos aqui foi elevar os métodos que queremos testar para uma superclasse abstrata e criar uma subclasse concreta que possamos usar para testá-los. Isso é bom? Do ponto de vista do projeto, não é o ideal. Distribuímos um conjunto de recursos em duas classes só para facilitar os testes. A distribuição pode ser confusa se o relacionamento entre os recursos em cada uma das classes não for muito forte, e esse é o caso aqui. Temos `Scheduler`, que é responsável por atualizar itens de agendamento, e `SchedulingServices`, que é responsável por várias coisas, inclusive obter os tempos padrão dos itens e calcular o tempo morto. Uma refatoração melhor seria fazer `Scheduler` delegar para algum objeto validador que soubesse como conversar com o banco de dados, mas se esse passo parecer muito arriscado para ser dado imediatamente ou houver outras dependências incômodas, elevar os recursos é uma boa primeira etapa. Se *Preservarmos Assinaturas* (296) e *Confiarmos no Compilador* (298), será bem menos arriscado. Podemos passar para a delegação posteriormente quando mais testes estiverem definidos.

Passos

Para *Elevar Recurso*, siga os seguintes passos:

1. Identifique os métodos que deseja elevar.
2. Crie uma superclasse abstrata da classe que contém os métodos.
3. Copie os métodos para a superclasse e compile.
4. Copie cada referência ausente sobre a qual o compilador o alertar para a nova superclasse. Lembre-se de *Preservar Assinaturas* ao fazer isso, para reduzir a chance de erros.
5. Quando as duas classes forem compiladas com sucesso, crie uma subclasse da classe abstrata e adicione os métodos necessários à sua introdução nos testes.

Você deve estar se perguntando por que tornarmos a superclasse abstrata. Gosto de torná-la abstrata para ser mais fácil entender o código. É ótimo poder olhar o código de um aplicativo e saber que todas as classes concretas estão sendo usadas. Se você pesquisar o código e encontrar classes concretas que não estejam sendo instanciadas em nenhum local, elas vão parecer "código morto".

Rebaixar dependência

Algumas classes têm poucas dependências problemáticas. Se as dependências estiverem contidas em apenas algumas chamadas de método, você pode usar *Criar Subclasse e Sobrescrever Método* (376) para tirá-las do caminho ao escrever testes. Mas se as dependências estiverem espalhadas, *Criar Subclasse e Sobrescrever Método* pode não funcionar. Talvez você tenha de usar *Extrair Interface* (339) várias vezes para remover dependências de tipos específicos. *Rebaixar Dependência* é outra opção. Essa técnica ajuda a separar dependências problemáticas do resto da classe, tornando mais fácil manipulá-la em um framework de testes.

Quando usar *Rebaixar Dependência*, você tornará sua classe atual abstrata. Em seguida, criará uma subclasse que será sua nova classe de produção e rebaixará todas as dependências problemáticas para essa classe. Então poderá criar uma subclasse da classe original para disponibilizar seus métodos para teste. Aqui está um exemplo em C++:

```
class OffMarketTradeValidator : public TradeValidator
{
private:
    Trade& trade;
    bool flag;

    void showMessage() {
        int status  = AfxMessageBox(makeMessage(),
                                    MB_ABORTRETRYIGNORE);
        if (status == IDRETRY) {
            SubmitDialog dlg(this,
                    "Press okay if this is a valid trade");
            dlg.DoModal();
            if (dlg.wasSubmitted()) {
                g_dispatcher.undoLastSubmission();
                flag = true;
            }
        }
        else
        if (status == IDABORT) {
            flag = false;
        }
    }

public:
    OffMarketTradeValidator(Trade& trade)
    : trade(trade), flag(false)
    {}

    bool isValid() const {
```

```
        if (inRange(trade.getDate())
                && validDestination(trade.destination)
                && inHours(trade) {
            flag = true;
        }
        showMessage();
        return flag;
    }
    ...
};
```

Se tivermos de fazer alterações em nossa lógica de validação, podemos ter problemas se não quisermos vincular classes e funções específicas da interface de usuário ao nosso framework de testes. *Rebaixar Dependência* é uma boa opção nesse caso.

O código ficará assim após *Rebaixar Dependência*:

```
class OffMarketTradeValidator : public TradeValidator
{
protected:
    Trade& trade;
    bool flag;
    virtual void showMessage() = 0;

public:
    OffMarketTradeValidator(Trade& trade)
    : trade(trade), flag(false) {}

    bool isValid() const {
        if (inRange(trade.getDate())
                && validDestination(trade.destination)
                && inHours(trade) {
            flag = true;
        }
        showMessage();
        return flag;
    }
    ...
};

class WindowsOffMarketTradeValidator
        : public OffMarketTradeValidator
{
protected:
    virtual void showMessage() {
        int status  = AfxMessageBox(makeMessage(),
                          MB_ABORTRETRYIGNORE);
        if (status == IDRETRY) {
            SubmitDialog dlg(this,
                "Press okay if this is a valid trade");
            dlg.DoModal();
```

```
                if (dlg.wasSubmitted()) {
                    g_dispatcher.undoLastSubmission();
                    flag = true;
                }
            }
            else
            if (status == IDABORT) {
                flag = false;
            }
        }
        ...
};
```

Quando tivermos o trabalho específico da interface de usuário rebaixado para uma nova subclasse (`WindowsOffMarketValidator`), poderemos criar outra subclasse para teste. Tudo que ela precisa fazer é anular o comportamento de `showMessage`:

```
class TestingOffMarketTradeValidator
        : public OffMarketTradeValidator
{
protected:
    virtual void  showMessage() {}
};
```

Agora temos uma classe para teste sem nenhuma dependência da interface de usuário. É o ideal usar a herança dessa forma? Não, mas ajuda a submeter parte da lógica de uma classe a testes. Quando tivermos testes para `OffMarketTradeValidator`, poderemos limpar a lógica de novas tentativas e elevá-la de `WindowsOffMarketTradeValidator`. Quando só sobrarem as chamadas da interface de usuário, poderemos delegá-las para uma nova classe. Essa nova classe acabará contendo apenas as dependências da interface de usuário.

Passos

Para *Rebaixar Dependência*, siga os seguintes passos:

1. Tente construir a classe que tem problemas de dependência em seu framework de testes.
2. Identifique que dependências criam problemas na construção.
3. Crie uma nova subclasse com um nome que comunique o ambiente específico dessas dependências.
4. Copie as variáveis e métodos de instância que contêm as dependências problemáticas para a nova subclasse, tomando o cuidado de preservar assinaturas. Torne os métodos protegidos e abstratos na classe original e torne a classe original abstrata.
5. Crie uma subclasse de teste e altere o teste para tentar instanciá-la.
6. Construa seus testes para ver se consegue instanciar a nova classe.

Substituir função por ponteiro para função

Quando você precisar quebrar dependências em linguagens procedurais, não terá tantas opções como teria em linguagens orientadas a objetos. Não poderá usar *Encapsular Referências Globais* (318) ou *Criar Subclasse e Sobrescrever Método* (376). Todas essas opções estarão indisponíveis. Poderá usar as técnicas *Substituição de Vínculo* (353) *ou Complementação de Definição* (316), mas elas costumam ser exageradas para doses menores de quebra de dependências. *Substituir Função por Ponteiro para Função* é uma alternativa em linguagens que dão suporte a ponteiros para função. A linguagem mais conhecida que tem esse suporte é C.

Equipes diferentes têm pontos de vista distintos sobre os ponteiros para função. Em algumas, eles são vistos como terrivelmente inseguros porque é possível corromper seu conteúdo e acabar chamando alguma área de memória aleatória. Em outras, são vistos como uma ferramenta útil, para ser usada com cuidado. Se você tende mais para o lado do "uso com cuidado", pode separar dependências que de outro modo seriam difíceis ou impossíveis de separar.

Primeiro, o mais importante. Examinemos um ponteiro para função em seu ambiente natural. O exemplo a seguir mostra a declaração de alguns ponteiros para função em C e as chamadas que passam por eles:

```
struct base_operations
{
    double (*project)(double,double);
    double (*maximize)(double,double);
};

double default_projection(double first, double second) {
    return second;
}

double maximize(double first, double second) {
    return first + second;
}

void init_ops(struct base_operations *operations) {
    operations->project = default_projection;
    operations->maximize = default_maximize;
}

void run_tesselation(struct node *base,
                     struct base_operations *operations) {
    double value = operations->project(base.first, base.second);
    ...
}
```

Com ponteiros para função, podemos fazer alguma programação orientada a objetos bastante simples, mas como eles são úteis na quebra de dependências? Considere o cenário a seguir:

Temos um aplicativo de rede que armazena informações de pacote em um banco de dados online. Interagimos com o banco de dados por intermédio de chamadas como estas:

```
void db_store(
    struct receive_record *record,
    struct time_stamp receive_time);
struct receive_record * db_retrieve(time_stamp search_time);
```

Poderíamos usar *Substituição de Vínculo* (353) para nos vincular a novos corpos dessas funções, mas às vezes essa técnica causa alterações incomuns na construção. Podemos ter de dividir as bibliotecas para separar as funções que queremos simular. E o mais importante, os pontos de extensão obtidos com *Substituição de Vínculo* não são do tipo que gostaríamos de explorar para variar o comportamento em código de produção. Se quisermos submeter nosso código a testes e fornecer flexibilidade para, por exemplo, variar o tipo de banco de dados com o qual o código pode conversar, *Substituir Função por Ponteiro para Função* pode ser útil. Examinemos os passos.

Primeiro encontramos a declaração da função que queremos substituir.

```
// db.h
void db_store(struct receive_record *record,
              struct time_stamp receive_time);
```

Em seguida, declaramos um ponteiro para função com o mesmo nome.

```
// db.h
void db_store(struct receive_record *record,
              struct time_stamp receive_time);

void (*db_store)(struct receive_record *record,
                 struct time_stamp receive_time);
```

Agora renomeamos a declaração original.

```
// db.h
void db_store_production(struct receive_record *record,
                         struct time_stamp receive_time);

void (*db_store)(struct receive_record *record,
                 struct time_stamp receive_time);
```

Inicializamos o ponteiro em um arquivo-fonte C:

```
// main.c
extern void db_store_production(
                struct receive_record *record,
                struct time_stamp receive_time);

void initializeEnvironment() {
```

```
    db_store = db_store_production;
    ...
}

int main(int ac, char **av) {
    initializeEnvironment();
    ...
}
```

Encontramos a definição da função `db_store` e a renomeamos como `db_store_production`.

```
// db.c
void db_store_production(
        struct receive_record *record,
        struct time_stamp receive_time) {
    ...
}
```

E podemos copilar e testar.

Com os ponteiros para função definidos, os testes podem fornecer definições alternativas para detecção ou separação.

Substituir Função por Ponteiro para Função é uma boa maneira de quebrar dependências. Uma das vantagens dessa técnica é que ela ocorre totalmente em tempo de compilação; logo, tem um impacto mínimo sobre o sistema de construção. No entanto, se você estiver usando-a em C, considere a atualização para C++ para poder se beneficiar de todos os outros pontos de extensão que essa linguagem fornece. Quando este texto foi escrito, muitos compiladores C ofereciam diretivas para permitir uma compilação combinada de C e C++. Ao usar esse recurso, você poderá migrar lentamente seu projeto C para C++, pegando primeiro somente os arquivos em que deseja quebrar dependências.

Passos

Para usar *Substituir Função por Ponteiro para Função*, siga os seguintes passos:

1. Encontre as declarações das funções que deseja substituir.
2. Crie ponteiros para função com os mesmos nomes antes de cada declaração de função.
3. Renomeie as declarações de funções originais para que seus nomes não sejam os mesmos dos ponteiros para função que acabou de declarar.
4. Inicialize os ponteiros com os endereços das funções antigas em um arquivo C.
5. Execute uma construção para encontrar os corpos das funções antigas. Renomeie-as com os nomes das novas funções.

Substituir referência global por método de leitura

As variáveis globais podem ser um grande problema quando você quiser trabalhar com trechos de código independentemente. Não direi mais nada sobre isso aqui. Fiz um discurso taxativo contra variáveis globais no início de *Introduzir Método de Escrita Estático* (348). Vou poupá-lo da repetição.

Uma maneira de solucionar as dependências de variáveis globais é introduzir métodos de leitura para cada uma delas na classe. Quando tivermos os métodos de leitura, poderemos *Criar Subclasse e Sobrescrever Método* (376) para fazê-los retornar algo apropriado. Em alguns casos, podemos até usar *Extrair interface* (339) para quebrar dependências na classe da variável global. Aqui está um exemplo em Java:

```
public class RegisterSale
{
    public void addItem(Barcode code) {
        Item newItem =
            Inventory.getInventory().itemForBarcode(code);
        items.add(newItem);
    }
    ...
}
```

Nesse código, a classe `Inventory` é acessada como uma classe global. Então você diz: "Espere! Uma classe global? É apenas uma chamada a um método estático em uma classe, certo?". Para nossos fins, isso conta como classe global. Em Java, a própria classe é um objeto global e parece que ela deve referenciar algum estado para poder fazer seu trabalho (retornar objetos de itens dados códigos de barras). Podemos resolver esse problema com *Substituir Referência Global por Método de Leitura*? Tentaremos.

Primeiro criamos o método de leitura. Observe que ele é protegido para podermos sobrescrevê-lo no teste.

```
public class RegisterSale
{
    public void addItem(Barcode code) {
        Item newItem = Inventory.getInventory().itemForBarcode(code);
        items.add(newItem);
    }

    protected Inventory getInventory() {
        return Inventory.getInventory();
    }
    ...
}
```

Em seguida, substituímos cada acesso da classe global pelo método de leitura.

```
public class  RegisterSale
{
    public void addItem(Barcode code) {
        Item newItem = getInventory().itemForBarcode(code);
        items.add(newItem);
    }

    protected Inventory getInventory() {
        return Inventory.getInventory();
    }
    ...
}
```

Agora podemos criar uma subclasse de Inventory para usar no teste. Já que Inventory é um singleton, temos de tornar seu construtor protegido em vez de privado. Quando fizermos isso, poderemos criar uma subclasse como mostrado a seguir e inserir a lógica que quisermos para converter códigos de barra em itens em um teste.

```
public class FakeInventory extends Inventory
{
    public Item itemForBarcode(Barcode code) {
        ...
    }
    ...
}
```

Podemos então escrever a classe que usaremos no teste.

```
class TestingRegisterSale extends RegisterSale
{
    Inventory inventory = new FakeInventory();

    protected Inventory getInventory() {
        return inventory;
    }
}
```

Passos

Para *Substituir Referência Global por Método de Leitura*, siga os seguintes passos:

1. Identifique a referência global que deseja substituir.
2. Crie um método de leitura para a referência global. Certifique-se de que a proteção de acesso do método seja suficientemente flexível para que você possa sobrescrever o método de leitura em uma subclasse.
3. Substitua referências à classe global por chamadas ao método de leitura.
4. Crie uma subclasse de teste e sobrescreva o método de leitura.

Criar subclasse e sobrescrever método

Criar Subclasse e Sobrescrever Método é uma técnica básica para a quebra de dependências em programas orientados a objetos. Na verdade, muitas das outras técnicas de quebra de dependências deste capítulo são variações dela.

A ideia central de *Criar Subclasse e Sobrescrever Método* é a de que você pode usar a herança no contexto de um teste para anular um comportamento em que não esteja interessado ou ter acesso a um comportamento que seja de seu interesse.

Examinemos um método de um pequeno aplicativo:

```
class MessageForwarder
{
    private Message createForwardMessage(Session session,
                                         Message message)
                throws MessagingException, IOException {
        MimeMessage forward = new MimeMessage (session);
        forward.setFrom (getFromAddress (message));
        forward.setReplyTo (
                new Address [] {
                    new InternetAddress (listAddress) });
        forward.addRecipients (Message.RecipientType.TO,
                               listAddress);
        forward.addRecipients (Message.RecipientType.BCC,
                               getMailListAddresses ());
        forward.setSubject (
                transformedSubject (message.getSubject ()));
        forward.setSentDate (message.getSentDate ());
        forward.addHeader (LOOP_HEADER, listAddress);
        buildForwardContent(message, forward);

        return forward;
    }
    ...
}
```

MessageForwarder tem alguns métodos que não são mostrados aqui. Um dos métodos públicos chama um método privado, createForwardMessage, para construir uma nova mensagem. Suponhamos que não quiséssemos ter uma dependência da classe MimeMessage quando estivermos testando. Ela usa uma variável chamada session e não teremos uma sessão real ao testar. Se quisermos isolar a dependência de MimeMessage, podemos tornar createForwardMessage protegido e sobrescrevê-lo em uma nova subclasse criada só para o teste:

```
class TestingMessageForwarder extends MessageForwarder
{
    protected Message createForwardMessage(Session session,
                                           Message message) {
```

```
        Message forward = new FakeMessage(message);
        return forward;
    }
    ...
}
```

Nessa nova subclasse, podemos fazer o que for preciso para obter a separação ou detecção necessária. Aqui estamos basicamente anulando grande parte do comportamento de `createForwardMessage`, mas se não precisarmos dele para o que estivermos testando, não deve haver problema.

Em código de produção, instanciaremos `MessageForwarders` e, em testes, `TestingMessageForwarders`. Conseguimos obter a separação com uma modificação mínima no código de produção. Tudo que fizemos foi alterar o escopo de um método de privado para protegido.

Em geral, a fatoração que temos em uma classe determina o nível de satisfação do uso da herança para separar dependências. Às vezes, temos uma dependência da qual queremos nos livrar isolada em um método pequeno. Em outro caso, podemos ter de sobrescrever um método maior para isolar uma dependência.

Criar Subclasse e Sobrescrever Método é uma técnica poderosa, mas é preciso tomar cuidado. No exemplo anterior, posso retornar uma mensagem vazia sem um assunto, o endereço do emitente e assim por diante, mas isso só faria sentido se eu fosse, digamos, testar o fato de que posso transferir uma mensagem de um local para outro no aplicativo de software e não estivesse preocupado com o conteúdo e o endereçamento.

Para mim, programar é uma atividade predominantemente visual. Vejo todo tipo de cenários em minha mente quando trabalho e eles me ajudam a escolher alternativas. É lamentável que nenhum desses cenários seja em UML, mas eles me ajudam mesmo assim.

Uma imagem que me ocorre com frequência é o que chamo de *visão baseada em folhas*. Olho para um método e vejo todas as maneiras pelas quais posso agrupar sentenças e expressões. Para quase todo pequeno fragmento que identifico em um método, percebo que se conseguir extraí-lo para outro método, poderei substituí-lo por algo diferente durante o teste. É como se eu inserisse um pedaço de papel translúcido acima daquele que tem o código. A nova folha pode ter um código diferente para o fragmento que desejo substituir. A pilha de folhas é o que testo e os métodos que vejo na folha superior são os que podem ser executados em um teste. A Figura 25.6 é uma tentativa de mostrar essa *visão baseada em folhas* de uma classe.

```
public class Account
{
        public void deposit(int value) {
                balance += value;
                log.newLogMessage(date, value);
                log.flush();
        }
}
```

```
public class TestingAccount extends Account
{
    protected void logDeposit(Date date, int value) {
    }
}
```

Figura 25.6 TestingAccount *sobreposta a* Account.

A *visão baseada em folhas* me ajuda a ver o que é possível, mas quando uso *Criar Subclasse e Sobrescrever Método*, tento sobrescrever métodos que já existem. Afinal, o objetivo é definir testes, e extrair métodos sem testes às vezes pode ser arriscado.

Passos

Para *Criar Subclasse e Sobrescrever Método*, siga os seguintes passos:

1. Identifique as dependências que deseja separar ou o local onde deseja detectar efeitos. Tente encontrar o menor conjunto de métodos que você pode sobrescrever para atingir seus objetivos.
2. Torne os métodos passíveis de serem sobrescritos. A maneira de fazer isso varia entre as linguagens de programação. Em C++, os métodos têm de ser tornados virtuais, se já não forem. Em Java, têm de ser tornados não finais. Em muitas linguagens .NET, também temos de tornar o método passível de ser sobrescrito explicitamente.
3. Se sua linguagem pedir, ajuste a visibilidade dos métodos que irá sobrescrever para que eles possam ser sobrescritos em uma subclasse. Em Java e C#, os métodos devem ter pelo menos visibilidade protegida para serem sobrescritos em subclasses. Em C++, podem permanecer privados e ainda assim serem sobrescritos em subclasses.
4. Crie uma subclasse que sobrescreva os métodos. Verifique se consegue construí-la em seu framework de testes.

Substituir variável de instância

A criação de objetos em construtores pode ser problemática, principalmente quando é difícil depender desses objetos em um teste. Quase sempre, podemos usar *Extrair e Sobrescrever Método Fábrica* (329) para resolver esse problema. No entanto, em linguagens que não permitem a sobrescrita de chamadas de funções virtuais em construtores, temos de examinar outras opções. Uma delas é *Substituir Variável de Instância.*

A seguir, temos um exemplo que mostra o problema da função virtual em C++:

```
class Pager
{
public:
    Pager() {
        reset();
        formConnection();
    }

    virtual void formConnection() {
        assert(state == READY);
        // aqui entra um código incômodo que conversa com o hardware
        ...
    }

    void sendMessage(const std::string& address,
                     const std::string& message) {
        formConnection();
        ...
    }
    ...
};
```

Nesse exemplo, o método `formConnection` é chamado no construtor. Não há nada errado em construtores que delegam trabalho para outras funções, mas existe algo estranho nesse código. O método `formConnection` é declarado como virtual; logo, parece que poderíamos simplesmente *Criar Subclasse e Sobrescrever Método* (376). *Mas* não tão rápido. Tentemos primeiro:

```
class TestingPager : public Pager
{
public:
    virtual void formConnection() {
    }
};

TEST(messaging,Pager)
{
    TestingPager pager;
```

```
    pager.sendMessage("5551212",
                      "Hey, wanna go to a party? XXXOOO");
    LONGS_EQUAL(OKAY, pager.getStatus());
}
```

Quando sobrescrevemos uma função virtual em C++, estamos substituindo o comportamento dessa função em classes derivadas como esperávamos, mas com uma exceção. Quando uma chamada é feita a uma função virtual em um construtor, a linguagem não permite a sobrescrita. Ou seja, no exemplo, quando `sendMessage` é chamado, `TestingPager::formConnection` é usado, e isso é ótimo: não queríamos enviar uma página com uma cantada para o operador de informações, mas, infelizmente, já enviamos. Quando construímos `TestingPager`, `Page::formConnection` foi chamado durante a inicialização porque C++ não permitiu a sobrescrita no construtor.

C++ tem essa regra porque chamadas do construtor a funções virtuais sobrescritas podem ser inseguras. Imagine este cenário:

```
class A
{
public:
    A() {
        someMethod();
    }

    virtual void someMethod() {
    }
};

class B : public A
{
    C *c;
public:

    B() {
        c = new C;
    }

    virtual void someMethod() {
        c.doSomething();
    }
};
```

Aqui temos o método `someMethod` de `B` sobrescrevendo o de `A`. Mas lembre-se da ordem das chamadas de construtor. Quando criamos um objeto `B`, o construtor de `A` é chamado antes do de `B`. Logo, o construtor de `A` chama `someMethod`, e `someMethod` é sobrescrito; portanto, o de `B` é usado. Ele tenta chamar `doSomething` em uma referência de tipo `C`, mas adivinhe... Não é inicializado porque o construtor de `B` ainda não foi executado.

C++ não deixa que isso aconteça. Outras linguagens são mais permissivas. Por exemplo, métodos sobrescritos podem ser chamados a partir de construtores em Java, mas não recomendo fazê-lo em código de produção.

Em C++, esse pequeno mecanismo de proteção nos impede de substituir o comportamento em construtores. Felizmente, temos outras maneiras de fazer isso. Se o objeto que estamos substituindo não for usado no construtor, podemos usar *Extrair e Sobrepor Método de Leitura* (331) para quebrar a dependência. Se usarmos o objeto mas tivermos de verificar se podemos substituí-lo antes de outro método ser chamado, podemos empregar *Substituir Variável de Instância*. Aqui está um exemplo:

```
BlendingPen::BlendingPen()
{
    setName("BlendingPen");
    m_param = ParameterFactory::createParameter(
                    "cm", "Fade", "Aspect Alter");
    m_param->addChoice("blend");
    m_param->addChoice("add");
    m_param->addChoice("filter");

    setParamByName("cm", "blend");
}
```

Nesse caso, um construtor está criando um parâmetro por intermédio de um método fábrica. Poderíamos usar *Introduzir Método de Escrita Estático* (348) para ter algum controle sobre o próximo objeto que o método fábrica vai retornar, mas seria muito invasivo. Se não nos importarmos em adicionar um método extra à classe, podemos substituir o parâmetro que criamos no construtor:

```
void BlendingPen::supersedeParameter(Parameter *newParameter)
{

    delete m_param;
    m_param = newParameter;

}
```

Em testes, podemos criar canetas quando precisarmos delas e chamar `supersedeParameter` quando tivermos de inserir um objeto de detecção.

À primeira vista, *Substituir Variável de Instância* parece uma maneira inferior de definir um objeto de detecção, mas em C++, quando a técnica *Parametrizar Construtor* (355) é confusa demais devido à lógica emaranhada do construtor, *Substituir Variável de Instância* (379) pode ser a melhor opção. Em linguagens que permitem chamadas virtuais em construtores, geralmente *Extrair e Sobrescrever Método Fábrica* (329) é uma escolha melhor.

> Geralmente, é uma prática ruim fornecer métodos de escrita que alterem os objetos base que um objeto usa. Esses métodos de escrita permitem que clientes alterem drasticamente o comportamento de um objeto durante seu tempo de vida. Se alguém puder fazer essas alterações, teremos de conhecer a história desse objeto para entender o que acontece quando chamamos um de seus métodos. Quando não temos métodos de escrita, o código é mais fácil de entender.

Uma coisa boa no uso da palavra *supersede* como prefixo do método é que ela é elegante e incomum. Se você ficar preocupado querendo saber se as pessoas estão usando os métodos substitutos em código de produção, pode fazer uma pesquisa rápida para descobrir.

Passos

Para *Substituir Variável de Instância*, siga os seguintes passos:

1. Identifique a variável de instância que deseja substituir.
2. Crie um método chamado `supersedeXXX`, onde `XXX` é o nome da variável que você deseja substituir.
3. No método, escreva o código que for necessário para destruir a instância anterior da variável e configurá-la com o novo valor. Se a variável for uma referência, verifique se não há nenhuma outra referência na classe ao objeto para o qual ela aponta. Se houver, você pode ter de fazer um trabalho adicional no método substituto para assegurar que a substituição do objeto seja segura e produza o efeito correto.

Redefinição de template

Muitas das técnicas de quebra de dependências deste capítulo se baseiam em mecanismos básicos da orientação a objetos como a herança de implementação e de interface. Alguns recursos de linguagem mais novos fornecem opções adicionais. Por exemplo, se uma linguagem fornecer tipos genéricos e uma maneira de usar alias nos tipos, você poderá quebrar dependências usando uma técnica chamada *Redefinição de template*. Aqui está um exemplo em C++:

```
// AsyncReceptionPort.h

class AsyncReceptionPort
{
private:
    CSocket m_socket;
    Packet m_packet;
    int m_segmentSize;
    ...

public:
    AsyncReceptionPort();
    void Run();
    ...
};


// AsynchReceptionPort.cpp

void AsyncReceptionPort::Run() {
    for(int n = 0; n < m_segmentSize; ++n) {
        int bufferSize = m_bufferMax;
        if (n = m_segmentSize - 1)
            bufferSize = m_remainingSize;
        m_socket.receive(m_receiveBuffer, bufferSize);
        m_packet.mark();
        m_packet.append(m_receiveBuffer,bufferSize);
        m_packet.pack();
    }
    m_packet.finalize();
}
```

Se tivermos um código como esse e quisermos fazer alterações na lógica do método, seremos confrontados com o fato de não poder executar o método em um framework de testes sem enviar algo por um soquete. Em C++, podemos evitar isso tornando `AsyncReceptionPort` um template em vez de uma classe comum. O código ficará assim após a alteração. Veremos os passos em breve.

```
// AsynchReceptionPort.h

template<typename SOCKET> class AsyncReceptionPortImpl
{
private:
    SOCKET m_socket;
    Packet m_packet;
    int m_segmentSize;
    ...

public:
    AsyncReceptionPortImpl();
    void Run();
    ...
};

template<typename SOCKET>
void AsyncReceptionPortImpl<SOCKET>::Run() {
    for(int n = 0; n < m_segmentSize; ++n) {
        int bufferSize = m_bufferMax;
        if (n = m_segmentSize - 1)
            bufferSize = m_remainingSize;
        m_socket.receive(m_receiveBuffer, bufferSize);
        m_packet.mark();
        m_packet.append(m_receiveBuffer,bufferSize);
        m_packet.pack();
    }
    m_packet.finalize();
}

typedef AsyncReceptionPortImpl<CSocket> AsyncReceptionPort;
```

Quando tivermos definido essa alteração, poderemos instanciar o template com um tipo diferente no arquivo de teste:

```
// TestAsynchReceptionPort.cpp

#include "AsyncReceptionPort.h"

class FakeSocket
{
public:
    void receive(char *, int size) { ... }
};


TEST(Run,AsyncReceptionPort)
{
    AsyncReceptionPortImpl<FakeSocket> port;
    ...
}
```

O mais interessante nessa técnica é podermos usar uma definição de tipo para não ser preciso alterar referências em toda a base do código. Sem esse recurso, teríamos de substituir todas as referências a `AsyncReceptionPort` por `AsyncReceptionPort<CSocket>`. Seria um grande volume de trabalho monótono, mas é mais fácil do que parece. Podemos *Confiar no Compilador* (298) para verificar se alteramos todas as referências apropriadas. Em linguagens que têm tipos genéricos sem um mecanismo de criação de alias para os tipos, como typedef, temos de *Confiar no Compilador*.

Em C++, podemos usar essa técnica para fornecer definições alternativas de métodos em vez de dados, mas é um pouco confuso. As regras de C++ nos obrigam a ter um parâmetro de template para podermos pegar uma variável e tornar seu tipo um parâmetro de template aleatoriamente ou introduzir uma nova variável somente para tornar a classe parametrizada por algum tipo – mas eu só faria isso como último recurso. Primeiro veria com muito cuidado se posso usar as técnicas baseadas em herança.

A *Redefinição de Template* em C++ pode aumentar as dependências nos sistemas, forçando os usuários do template a recompilar sempre que o código do template for alterado.

Em geral, tendo a usar técnicas baseadas em herança para quebrar dependências em C++. No entanto, a *Redefinição de Template* pode ser útil se as dependências que você deseja quebrar já estiverem em um código que usa templates. A seguir, temos um exemplo:

```
template<typename ArcContact> class CollaborationManager
{
    ...
    ContactManager<ArcContact>  m_contactManager;
    ...
};
```

Se quisermos quebrar a dependência de `m_contactManager`, não poderemos usar *Extrair Interface* (339) devido à maneira como estamos usando templates aqui. Podemos, no entanto, parametrizar o template diferentemente:

```
template<typename ArcContactManager> class CollaborationManager
{
    ...
    ArcContactManager  m_contactManager;
    ...
};
```

Passos

Esta é uma descrição de como executar a *Redefinição de Template* em C++. Os passos podem ser diferentes em outras linguagens com suporte a tipos genéricos, mas a descrição dá uma ideia da técnica:

1. Identifique os recursos que deseja substituir na classe que precisa testar.
2. Transforme a classe em um template, parametrizando-a com as variáveis que precisa substituir e copiando os corpos dos métodos no cabeçalho.

3. Dê ao template outro nome. Uma maneira mecânica de fazer isso é inserir um sufixo `Impl` no nome original.
4. Adicione uma instrução typedef após a definição do template, definindo-o com seus argumentos originais e usando o nome da classe original.
5. No arquivo de teste, inclua a definição do template e instancie-o em novos tipos que substituirão os que você precisa substituir para os testes.

Redefinição de texto

Algumas das linguagens interpretadas mais recentes fornecem uma maneira muito interessante de quebrar dependências. Quando elas são interpretadas, os métodos podem ser redefinidos dinamicamente. Aqui está um exemplo na linguagem Ruby:

```
# Account.rb
class Account
    def report_deposit(value)
        ...
    end

    def deposit(value)
        @balance += value
        report_deposit(value)
    end

    def withdraw(value)
        @balance -= value
    end
end
```

Se não quisermos que report_deposit seja executado nos testes, podemos redefini-lo no arquivo de teste e colocar testes após a redefinição:

```
# AccountTest.rb
require "runit/testcase"
require "Account"

class Account
    def report_deposit(value)
    end
end

# os testes começam aqui
class AccountTest < RUNIT::TestCase
    ...
end
```

É importante notar que não estamos redefinindo a classe Account inteira – só o método report_deposit. O interpretador de Ruby interpreta todas as linhas de um arquivo Ruby como sentenças executáveis. A instrução class Account abre a definição da classe Account para que definições adicionais possam ser incluídas nela. A sentença def report_deposit(value) inicia o processo de inclusão de uma definição na classe aberta. O interpretador de Ruby não se preocupa com o fato de já existir uma definição desse método; se existir, ele apenas a substituirá.

A *Redefinição de Texto* em Ruby tem uma desvantagem. O novo método substitui o antigo até o programa terminar. Isso pode causar algum problema se você esquecer que um método específico foi redefinido por um teste anterior.

Também podemos executar a *Redefinição de Texto* em C e C++, usando o pré-processador. Para ver como fazer isso, examine o exemplo do *Ponto de extensão de Pré-Processamento (33)* no Capítulo 4, *O modelo de uso de pontos de extensão.*

Passos

Para usar *Redefinição de Texto* em Ruby, siga os seguintes passos:

1. Identifique uma classe com definições que queira substituir.
2. Adicione uma cláusula `require` com o nome do módulo que contém essa classe no início do arquivo-fonte de teste.
3. Forneça definições alternativas no início do arquivo-fonte de teste para cada método que deseja substituir.

APÊNDICE

Refatoração

Refatoração é uma técnica básica para melhoria de código. A referência canônica para refatoração é o livro de Martin Fowler, *Refactoring: Improving the Design of Existing Code* (1999)*. Recomendo que você recorra a esse livro para obter mais informações sobre o tipo de refatoração que poderá usar quando tiver testes definidos em código.

Neste apêndice, descrevo uma refatoração essencial: *Extrair Método*. Ela deve lhe dar uma ideia da mecânica envolvida na refatoração com testes.

Extrair método

De todas as refatorações, *Extrair Método* talvez seja a mais útil. A ideia existente por trás de *Extrair Método* é a de que podemos dividir sistematicamente grandes métodos existentes em métodos menores. Ao fazer isso, tornaremos nosso código mais fácil de entender. E geralmente podemos reutilizar as partes e evitar a duplicação da lógica em outras áreas de nosso sistema.

> Em bases de código com manutenção precária, os métodos tendem a ficar maiores. As pessoas adicionam lógica a métodos existentes e eles apenas continuam a crescer. Quando isso acontece, os métodos acabam fazendo duas ou três coisas diferentes para seus chamadores. Em casos patológicos, acabam fazendo dezenas ou centenas. *Extrair método* é o remédio nesses casos.

Quando você quiser extrair um método, a primeira coisa de que precisará é um conjunto de testes. Se tiver testes que exercitem totalmente um método, poderá extrair outros métodos a partir dele usando estes passos:

* N. de E.: Publicado pela Bookman Editora sob o título *Refatoração: Aperfeiçoando o Projeto de Código Existente*.

1. Identifique o código que deseja extrair e desative-o com um comentário.
2. Pense em um nome para o novo método e crie-o como um método vazio.
3. Insira uma chamada ao novo método no método antigo.
4. Copie o código que deseja extrair para o novo método.
5. *Confie no Compilador* para descobrir os parâmetros que terá de passar e os valores que terá de retornar.
6. Ajuste a declaração do método para acomodar os parâmetros e o valor de retorno (se houver).
7. Execute seus testes.
8. Exclua o código comentado.

Aqui está um exemplo simples em Java:

```
public class Reservation
{
    public int calculateHandlingFee(int amount) {
        int result = 0;

        if (amount < 100) {
            result += getBaseFee(amount);
        }
        else {
            result += (amount * PREMIUM_RATE_ADJ) + SURCHARGE;
        }
        return result;
    }
    ...
}
```

A lógica da sentença else calcula a taxa de manipulação de reservas premium. Temos de usar essa lógica em outro local de nosso sistema. Em vez de duplicar o código, podemos extraí-lo daqui e usá-lo no outro local.

Este é o primeiro passo:

```
public class Reservation
{
    public int calculateHandlingFee(int amount) {
        int result = 0;

        if (amount < 100) {
            result += getBaseFee(amount);
        }
        else {
            // result += (amount * PREMIUM_RATE_ADJ) + SURCHARGE;
        }
        return result;
    }
    ...
}
```

Queremos chamar o novo método de getPremiumFee, portanto, adicionamos o novo método e sua chamada:

```
public class Reservation
{
    public int calculateHandlingFee(int amount) {
        int result = 0;

        if (amount < 100) {
            result += getBaseFee(amount);
        }
        else {
            // result += (amount * PREMIUM_RATE_ADJ) + SURCHARGE;
            result += getPremiumFee();
        }
        return result;
    }

    int getPremiumFee() {
    }
    ...
}
```

Em seguida, copiamos o código antigo no novo método e vemos se ele é compilado:

```
public class Reservation
{
    public int calculateHandlingFee(int amount) {
        int result = 0;

        if (amount < 100) {
            result += getBaseFee(amount);
        }
        else {
            // result += (amount * PREMIUM_RATE_ADJ) + SURCHARGE;
            result += getPremiumFee();
        }
        return result;
    }

    int getPremiumFee() {
        result += (amount * PREMIUM_RATE_ADJ) + SURCHARGE;
    }
    ...
}
```

Não é. O código usa variáveis chamadas `result` e `amount` que não são declaradas. Já que estamos calculando apenas uma parte do resultado, podemos retornar o que calcularmos. Também podemos dar um jeito na quantia se a tornarmos parâmetro do método e a adicionarmos à chamada:

```
public class Reservation
{
    public int calculateHandlingFee(int amount) {
        int result = 0;

        if (amount < 100) {
            result += getBaseFee(amount);
        }
        else {
           // result += (amount * PREMIUM_RATE_ADJ) + SURCHARGE;
            result += getPremiumFee(amount);
        }
        return result;
    }

    int getPremiumFee(int amount) {
       return (amount * PREMIUM_RATE_ADJ) + SURCHARGE;
    }
    ...
}
```

Agora podemos usar nossos testes e ver se eles ainda funcionam. Se funcionarem, poderemos voltar e remover o código comentado:

```
public class Reservation
{
    public int calculateHandlingFee(int amount) {
        int result = 0;

        if (amount < 100) {
            result += getBaseFee(amount);
        }
        else {
            result += getPremiumFee(amount);
        }
        return result;
    }

    int getPremiumFee(int amount) {
        return (amount * PREMIUM_RATE_ADJ) + SURCHARGE;
    }
    ...
}
```

Embora não seja estritamente necessário, gosto de desativar com um comentário o código que vou extrair; dessa forma, se cometer um erro e um teste falhar, posso voltar facilmente ao código anterior, fazer o teste passar e tentar novamente.

O exemplo que acabei de mostrar é apenas uma maneira de aplicar *Extrair Método*. Quando você tiver testes, será uma operação relativamente simples e segura. Se tiver uma ferramenta de refatoração, será ainda mais fácil. Só terá de selecionar parte de um método e fazer uma escolha no menu. A ferramenta verificará se esse código pode ser extraído como um método e solicitará o nome do novo método.

Extrair Método é uma técnica básica para o trabalho com código legado. Você pode usá-la para extrair duplicação, separar responsabilidades e dividir métodos longos.

Glossário

contagem de acoplamento O número de valores que entram e saem de um método quando ele é chamado. Quando não há valor de retorno, trata-se do número de parâmetros. Quando há, é o número de parâmetros mais um. A contagem de acoplamento pode ser um cálculo muito útil se tivermos de extrair métodos pequenos e tivermos de extrair sem testes.

desenvolvimento guiado por testes (TDD) Um processo de desenvolvimento que consiste na escrita de casos de teste malsucedidos e em torná-los exitosos um de cada vez. Ao fazer isso, refatoramos para manter o código o mais simples possível. Código desenvolvido com o uso do TDD têm cobertura de testes, por padrão.

esboço de efeitos Um pequeno esboço feito à mão que mostra as variáveis e os valores de retorno dos métodos que podem ser afetados por uma alteração de software. Os esboços de efeitos podem ser úteis quando você estiver tentando decidir onde escrever testes.

esboço de recursos Um pequeno esboço feito à mão que mostra como os métodos de uma classe usam outros métodos e variáveis de instância. Os esboços de recursos podem ser úteis quando você estiver tentando decidir como dividir uma classe grande.

framework de testes Um sistema de software que permite a execução de testes de unidade.

função livre Uma função que não faz parte de nenhuma classe. Em C e outras linguagens procedurais, são chamadas apenas de funções. Em C++ são chamadas de funções não membro. Não existem funções livres em Java e C#.

objeto fictício Um objeto que simula um colaborador de uma classe durante testes.

objeto mock Um objeto fictício que verifica condições internamente.

ponto de extensão de objeto Um local onde podemos variar o comportamento substituindo um objeto por outro. Em linguagens orientadas a objetos, geralmente fazemos isso criando uma subclasse de uma classe no código de produção e sobrescrevendo vários métodos da classe.

ponto de extensão de vinculação Um local onde você pode variar o comportamento fazendo a vinculação com uma biblioteca. Em linguagens compiladas, você pode substituir bibliotecas de produção, DLLs, montagens ou arquivos JAR por outros durante os testes para se livrar de dependências ou detectar alguma condição que possa ocorrer em um teste.

ponto de extensão Um local onde você pode variar o comportamento de um sistema de software sem fazer edições. Por exemplo, uma chamada a uma função polimórfica em um objeto é um ponto de extensão porque você pode criar uma subclasse da classe do objeto e fazê-la se comportar diferentemente.

ponto de fixação Estreitamento em um esboço de efeitos que indica um local ideal para testar um grupo de recursos.

ponto de intercepção Um local onde um teste pode ser escrito para detectar alguma condição em um trecho de software.

ponto de mudança Um local no código onde você precisa fazer uma alteração.

programação por diferença Uma maneira de usar a herança para adicionar recursos em sistemas orientados a objetos. Com frequência é usada como uma maneira de introduzir um novo recurso no sistema rapidamente. Os testes escritos para exercitar o novo recurso podem ser usados depois na refatoração do código para um estado melhor.

subclasse de teste Uma subclasse criada para permitir o acesso a uma classe para teste.

teste de caracterização Um teste criado para documentar o comportamento atual de um trecho de software e preservá-lo enquanto você altera seu código.

teste de unidade Um teste que é executado em menos de um décimo de segundo e é suficientemente pequeno para ajudá-lo a localizar problemas se falhar.

Índice

D

E

F

N

O

P

U

V

W

X